해심밀경

해심밀경

발행일	2025년 12월 12일
옮긴이	최석규
펴낸이	최석규
펴낸곳	해심밀
출판등록	2025. 11. 7(제2025-000075호)
주소	서울특별시 은평구 연서로44길7 414동 1402호
이메일	chsky58@gmail.com
전화번호	010-2735-7332
ISBN	979-11-995832-0-7 03220 (종이책) 979-11-995832-1-4 05220 (전자책)

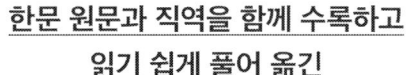

한문 원문과 직역을 함께 수록하고
읽기 쉽게 풀어 옮긴

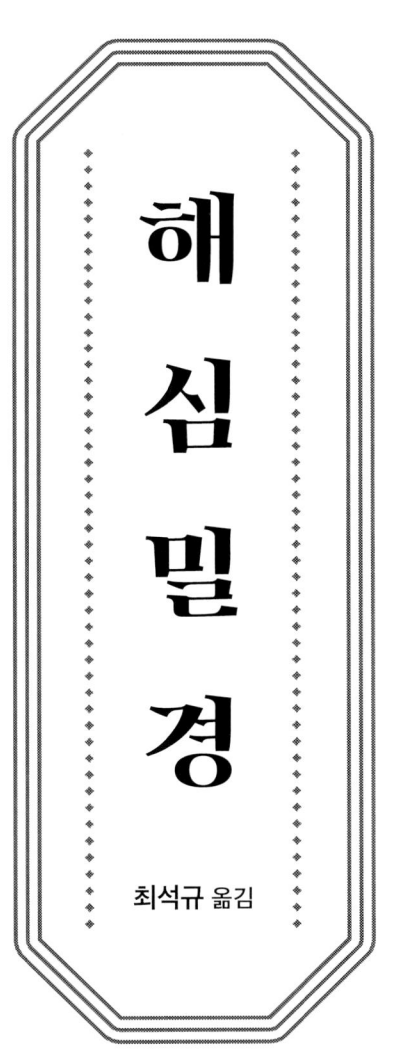

해
심
밀
경

최석규 옮김

해심밀

《해심밀경》에 대해서

　　《해심밀경(解深密經)》은 정확한 연대는 알 수 없지만 대략 서기 300년 전후에 성립한 것으로 봅니다. 산스크리트어로 'Samdhinirmocana sutra'이며, 현재 전해지는 산스크리트어 원본은 없습니다. 《해심밀경》은 유가유식불교의 근본경전입니다. 그런데 유가유식불교라고 이름하는 경우는 거의 없고 대체로 '유식유가학파'나 '유식사상', '유식철학'이라고 합니다. 유가유식에서 유가의 비중이 높고, 학파나 사상이라고 부르기에는 불교에서 유가유식이 차지하는 자리와 의미가 크다고 생각하여 감히 유가유식불교라고 이름하겠습니다. 서력기원을 전후하여 《반야경》이 등장하고 이후 나가르주나의 〈중론〉으로 대표되는 반야공(=중관)사상을 바탕으로 대승불교가 자리를 잡습니다. 반야공(=중관)사상은 불교의 핵심인 '무아'와 '연기'를 '공'으로 잘 승화시켜 냅니다. 하지만 이론적 담론에 머물러 교리와 수행 실천의 합일에 상응하지 못하는 한계를 보이고, 또한 '악취공'이라는 허무주의 경향으로 흐르자 이에 대한 비판과 성찰을 거치면서 유가유식불교가 등장합니다. 유가유식불교는 초기불교에서 설파한 부처님의 원음을 바탕으로 부파불교의 아비달마의 교법을 되돌아보며 반야공(=중관)사상의 불요의한[자세히 명료하게 밝히지 못한] 부분을 명료하게 해명하면서 불교 교법을 보다 치밀하게 체계화합니다. 《해심밀경》은 이전 불교에서 설한 적이 없는 유가유식불교의 핵심적인 교설인 일체종자심식설과

3성설[변계소집성·의타기성·원성실성]과 3무자성설[상무자성·생무자성·승의무자성]을 처음으로 제시합니다. 이 교설들은 초기불교부터 부파불교를 거쳐 반야공(=중관)사상에 이르기까지의 불교 교설을 두루 살피며 아직 명료하고 자세하게 밝히지 못한 영역을 보다 심층적이고 체계적으로 설하는 데에 중요한 역할을 합니다. 일체종자심식설은 기존의 6식 구조의 마음을 더 깊이 세분화하여 6식 아래 심층에 잠재하는 일체종자심식이 있음을 밝힙니다. 3성설은 마음 작용인 식이 일체 모든 존재를 인식하는 방식을 변계소집성·의타기성·원성실성이라는 세 가지 차원의 사고방식으로 설합니다. 3무자성설은 '일체법이 무자성'이라는 반야공(=중관)사상을 보다 자세히 밝히고 체계화합니다. 변계소집성으로 드러난 상은 자성이 없다는 상무자성, 의타기성으로 생기는 것은 자성이 없다는 생무자성, 원성실성은 승의(=진여)는 자성이 없다는 승의무자성을 설합니다.

유가유식불교는 이전 불교에서 명료하게 밝히지 못한 점들을 제시하고 체계화하여 불교 교학을 종합하여 정리했다고 할 수 있습니다. 하지만 유가유식불교를 유식학파라든가 유식사상이라고 하여 단지 대승불교의 교리적인 한 분파로 자리매김하는 경향이 강한 것 같습니다. 유가(=요가,yoga)라는 실천적 수행으로 '해심밀(解深密)', 즉 '깊이 비밀스러운 부처님의 교법을 자세히 풀어서' 깨우치려 했던 수많은 유가사들의 용맹정진과 성과를 간과하는 것은 아닌지 아쉽습니다. 유가유식불교는 수많은 유가수행자, 즉 유가사의 지난한 학습과 수행의 결과물입니다. 유가유식불교에서 유가는 깊은 사유와 성찰에 의거하여 부처님의 교법과 어긋남이 없이 하나 되는 수행을 말합니다. 부처님의 교법을 온몸과 마음에 상응시키는 유가는 부처님의 자리인 불지에 이르는 참으로 중요한 실천적 수행입니다. 학문적 교리 탐구에 치우친 논사(論師)에 대해서 유가사(瑜伽師)는 유가와 함께 교법의 뜻을 철두철미하게 파고들면서 이전 불교가 명료하게 드러내지 못한 교법의 뜻을 풀어내고 교법을 두루 통섭합니다. 수행의 과정에서 마음(=식)이 일으키는 온갖 번뇌와 망상의 장애들을 하나하나 파헤치면서 예리하게 제거해 가는 유가 수행의 모범을 제시합니다. 그 지난한 유가 수행의 과정에서 끊임없이 찰나생 찰나멸하는 마음(=식)을 주시하면서 마음을 치열하게 분석하고 해체합니다. 그리고 마침내 번뇌와 망상의 마음을 떨쳐버립니다. 마음을 떠나 열반에 이르는 것입니다. 그래서 만법유식(萬法唯識), 오직 마음일 뿐이라고 설합니다. 《해심밀경》은 바로 그 유가유식불교의 중심에 있습니다.

　원측의 〈해심밀경소〉에 따르면 원래 《해심밀경》은 광본과 약본 두 종류가 있었다고 합니다. 광본은 10만 송으로 구성되어 있었다고 합니다. 약본은 1천5백 송으로 구성된 것으로 현재 전해지는 《해심밀경》입니다. 오늘날 산스크리트어 《해심밀경》 원본은 전해지지 않습니다. 현재 전해지는 《해심밀경》의 한역본은 네 종류가 있습니다. 시대순으로 보면 부분 역으로 구나발타의 《상속해탈경》1권이 있는데, 현장의 《해심밀경》 중 〈지바라밀다품〉과 〈여래성소작사품〉의 두 품에 해당합니다. 다음으로 보리유지의 《심밀해탈경》5권이 있는데, 이 경은 11품으로 구성되어 있습니다. 그리고 부분 역으로 파라마르타(진제)의 《해절경》1권입니다. 이 《해심밀경》은 현장이 옮긴 한역본으로 다른 역본에 비교해 가장 체계적으로 서술된 것이라고 인정됩니다. 삼장법사 현장이 구법을 위해 인도로 갔을 때, 그가 가장 배움에 목말랐던 부분이 바로 유가유식불교였습니다. 그는 인도에서 계현을 스승으로 유가유식불교를 섭렵하여 유명한 인도의 승려들을 능가할 정도였다고 합니다. 그가 17년의 구법 기행을 끝내고 돌아올 때 방대한 팔리어와 산스크리트어 불교 원서를 가지고 왔습니다. 그리고 탁월한 능력으로 수많은 경전과 논서를 한역하여 동아시아 불교 전승과 교학 발전에 지대한 영향을 미쳤습니다. 오늘날 그 세가 약하기는 하지만 중국의 유가유식불교 종파인 법상종을 열었습니다. 그는 《해심밀경》 외에도 《유가사지론》 등 대부분의 유가유식불교 논서를 한역하기도 합니다.

한국불교에서 《해심밀경》은 널리 알려진 경전이 아닙니다. 유가유식불교 또한 일반인들은 물론 불교에 친근한 사람들에게도 그다지 익숙하지 않습니다. 그 이유를 여기서 길게 이야기할 수 없지만, 나름의 이유를 든다면 한국불교가 교법에 대한 폭 넓고 치밀한 분석과 판단을 함께 하는 유가 수행보다는 선 중심의 수행에 치중해 왔기 때문이 아닌지 조심스럽게 짐작해 봅니다. 그러나 유가 수행은 《해심밀경》에서 설하고 있듯이 교법 전반에 대한 철저한 이해와 올바른 판단을 바탕으로 성문과 보살의 선정은 물론 보살의 바라밀다 수행까지 포함하고 있습니다. 따라서 유가유식불교는 이후 등장하는 선불교에도 지대한 영향을 주었을 것이고, 결국 선불교도 유가유식불교와 깊은 연계성을 갖고 있을 것으로 생각됩니다.

《해심밀경》은 비교적 분량은 적지만 부처님의 교법 전반을 간결하게 체계적으로 설한 경전입니다. 초기불교부터 대승불교를 연 반야공(=중관)사상까지 폭넓게 아우르며 수용하고 있습니다. 유가유식불교의 근본경전이지만 불교 전반을 원융하게 포용하는 경전입니다. 그리고 무엇보다 중요한 것은 교리의 체계화에 머물지 않고 유가 수행의 실천에 대해서도 단계별로 잘 정리하여 체계적으로 설하고 있습니다. 그러나 유가유식불교는 의식 세계 아래 심층적인 잠재의식을 바탕으로 세세하고 치밀하게 교법을 설하기 때문에 단박에 이해하기란 쉽지 않습니다. 그야말로 이치에 맞게 작의사유(作意思惟), 의식을 집중해 사유하는 정진이 필요합니다. 더구나 《해심밀경》은 분량은 간결하지만, 방대한 교법을 압축하고 있기 때문에 읽어내기가 만만치 않습니다. 다른 대승 경전을 읽을 때 가끔 다가오는 환희심 같은 감동은 《해심밀경》에서는 거의 느끼기 힘듭니다. 《해심밀경》은 꾸밈없이 치열하게 깊이 들어가는 경전입니다. 그래서 '해심밀'입니다. 쉽게 다가서지 못하는 비밀스러운 교법과 수행을 깊이 들어가 풀어 밝히는 경전입니다. 따라서 《해심밀경》을 우리말로 옮기면서 이해하기 어려운 한문 불교의 용어들을 될 수 있는 한 요즘 사용하는 말과 단어로 바꾸려고 노력했습니다. 문장도 좀 쉽게 풀어보려고 했습니다. 하지만 원래 불교 한자 용어가 고도로 함축적이며 다의적인 내용을 담고 있기 때문에 그것을 풀어내는 작업은 쉽지 않았습니다. 부족함이 많은 번역서지만, 《해심밀경》 자체가 지니는 부처님의 무량하고 광대한 깨달음의 힘이 있으니, 읽고 사유하고 다시 용맹정진으로 읽고 사유하면 다른 경전에서 접하지 못한 부처님 교법의 정수를 《해심밀경》에서 만나게 될 것입니다. 감히 말씀드리건대 《해심밀경》은 불교의 교법과 수행에 대해 보다 자세하고 체계적으로 살필 수 있는 혜안을 열어줄 것이라 믿습니다.

목차

제1장

법회를
열다(序品)

〈서품〉에 들어가며

　대승경전은 대체로 서분(序分), 정종분(正宗分), 유통분(流通分) 등으로 나누어 구성됩니다. 서분은 교기인연분(教起因緣分)이라고도 하는데, 경전을 설하게 된 계기와 이유를 밝히는 부분으로 〈서품〉에 해당합니다. 정종분은 성교정설분(聖教正說分)이라고도 하는데, 정설을 본격적인 설한 부분으로 경전 분량의 대부분을 차지하는 본론입니다. 유통분은 의교봉행분(依教奉行分)이라고도 하는데, 설법 자리에 모인 대중들이 부처님의 설법을 듣고 수지하고 봉행했음을 밝히는 부분으로 경전 말미에 나오며 설법을 끝맺음합니다. 서분에 해당하는 《해심밀경》〈서품〉에서는 총현이문(總顯已聞)이라 하여 '여시아문(如是我聞)', 즉 '나는 이렇게 들었다'로 시작합니다. 그리고 언제, 누가, 어디서, 어떤 이들이 모여 부처님 말씀을 들었는지를 밝히고 있습니다. 다른 대승경전에서는 서분에 '발기서(發起序)'라 하여 부처님이 경을 설하기 전에 큰 광명을 발하거나 대지가 진동하는 등의 경이로운 일들을 밝히는 경우가 많습니다. 하지만 《해심밀경》〈서품〉에서는 그런 부분이 없습니다. 이는 《해심밀경》의 간결하고 담백한 분석적인 설법의 분위기와 상응한다고 생각합니다.

　《해심밀경》 설법 집회에 해심심의밀의보살마하살·여리청문보살마하살·법용보살마하살·선청정혜보살마하살·광혜보살마하살·덕본보살마하살·승의생보살마하살·관자재보살마하살·자씨보살마하살·만수실리보살마하살 등 많은 상수 보살들이 등장합니다. 관자재보살이나 자씨보살(미륵보살), 만수실리보살(문수보살)을 제외하면 다른 보살들은 흔히 들어보지 못한 보살들입니다. 이 보살들의 이름은 해심밀경의 설법 내용과 관련하여 붙여진 것으로 볼 수 있습니다. 이 지점에서 한 가지 강조하고 싶은 것은, 수많은 대승경전에 등장하는 보살들과 마찬가지로 《해심밀경》에 등장하는 보살들은 모두 역사적으로 실존했던 인물들이 아니라는 점입니다. 그러면 대승경전 가운데 등장하는 보살들을 어떻게 이해하는 것이 바람직할까요. 부처가 되기 위해 용맹정진 수행하여 부처의 경지 가까이 도달했지만, 중생들을 구제하기 위해 중생의 세계에 머물러 있는 수행자 중 지극히 뛰어난 경지에 도달한 보살들을 상징적으로 표현했다고 생각하는 것이 좋을 듯합니다.

제1장 법회를 열다(序品)

如是我聞 一時 薄伽梵住 最勝光耀七寶莊嚴 放大光明 普照一切無邊世
界 無量方所 妙飾間列 周圓無際 其量難測 超過三界所行之處 勝出世
間善根所起 最極自在淨識爲相 如來所都 諸大菩薩衆所雲集 無量 天
龍 藥叉 健達縛 阿素洛 揭路茶 緊捺洛 牟呼洛伽 人非人等 常所翼從 廣
大法味 喜樂所持 現作衆生一切義利 滅諸煩惱災橫纏垢 遠離衆魔 過
諸莊嚴如來莊嚴之所依處 大念慧行 以爲遊路 大止妙觀 以爲所乘 大
空 無相 無願解脫 爲所入門 無量功德衆所莊嚴 大寶花王衆 所建立大
宮殿中

이와 같이 나는 들었다. 한때 박가범[1]께서 큰 궁전에 머무셨다. 그곳은
가장 찬란하게 빛나는 칠보로 장엄하고 큰 광명을 밝혀 널리 일체 무변
의 세계를 비추고, 무량한 천장 곳곳에 묘한 장식이 사이마다 펼쳐져 있
으며, 그 둘레가 끝이 없어 규모를 재기 어렵다. 삼계에서 행하는 영역을
벗어났으며, 뛰어난 출세간의 선근으로 일어난 곳으로 가장 자재하고 청
정한 식을 모습으로 삼는다. 여래가 도읍으로 삼은 곳이다. 모든 대보살이

---

1 산스크리트어 바가바트(bhagavat) 혹은 바가반(bhagaban)의 음역으로 불교에서는 흔히 부처님
 을 가리키는 세존을 말한다.

운집하였다. 무량한 천·용·약차·[2]·건달박·[3]·아소락·[4]·게로다·[5]·긴날락·[6]·모호락가·[7] 등 인비인(人非人)·[8]들이 항상 보좌하며 따른다. 광대한 법의 맛을 기쁘고 즐겁게 지니고, 중생의 모든 이익을 바로 짓는다. 티끌 같은 모든 번뇌를 없애고, 온갖 마(魔)를 멀리 여읜다. 모든 장엄보다 뛰어난 여래 장엄의 의지처이다. 대념(大念)과 대혜(大慧)의 행이 노니는 길로 삼고, 대지(大止)와 묘관(妙觀)을 교법(乘)으로 삼으며, 대공(大空)·무상(無相)·무원(無願)의 해탈로 들어가는 문으로 삼는다. 그 궁전은 무량한 공덕으로 장엄하고 큰 보배인 꽃의 왕으로 세워졌다.

> 이와 같이 나는 들었다. 한때 세존께서 큰 궁전에 머무셨다. 그 궁전은 가장 찬란하게 빛나는 칠보로 장엄하여 큰 광명을 밝혀 널리 일체 빠뜨림 없이 모든 구석구석의 세계를 비추고, 헤아릴 수 없는 천장 곳곳에 오묘한 장식이 사이사이마다 펼쳐져 있으며, 그 둘레가 끝이 없어 규모를 짐작하기 어렵다. 욕계·색계·무색계 등 삼계의 영역을 벗어났으며, 뛰어난 출세간의 선근으로 일어난 곳으로 가장 걸림 없이 자재하고 청정한 식으로 드러난 모습이다. 여러가 도읍으로 삼은 곳으로, 모든 대보살이 운집하고 수많은 천·용·약차·건달박·아소

---

2 산스크리트어 yaksa으로 야차라고도 한다. 사천왕 중 하나로 무서운 모습으로 사람들을 괴롭히 마귀로 여겨진다.

3 산스크리트어 gandharva이다. 사천왕 중 하나로 음악과 무희에 뛰어난 존재이다.

4 산스크리트어로 asura로 아수라라고도 한다. 다투고 싸우는 분쟁의 존재이다.

5 산스크리트어로 galuda로 가루다라고도 한다. 날개를 가진 맹금류로 불법을 수호하는 존재로 상징된다.

6 산스크리트어로 kimnara로 노래를 잘 부는 존재이다.

7 산스크리트어로 mahoraga로 용이나 뱀같이 배로 다니는 존재이다.

8 천·용·약차·건달박·아소락·게로다·긴날락·모호락가 등을 불법을 수호하는 팔부대중이라고 한다. 이들은 사람은 아니지만 때로는 사람 모양으로 나타나기 때문에 인비인이라고 한다.

락·게로다·긴날락·모호락가 등 사람인 듯 아닌 듯한 팔부대중[9]이 언제나 옆을 보좌하며 따른다. 광대한 교법의 맛을 기뻐하며 즐겁게 지니고, 중생의 모든 이익을 바로 그 자리에서 짓는다. 티끌 같은 모든 번뇌를 없애고, 온갖 마구니를 멀리 떠나보낸다. 그곳은 그 어떤 보살들이 지니는 장엄보다 뛰어난 여래 장엄이 자리하는 곳이다. 스스로 이롭게 하는 큰 선정과 중생을 이롭게 하는 큰 지혜의 수행이 노니는 길로 삼고, 깊은 사마타와 오묘한 비파사나를 교법으로 삼으며, 대공(大空)·무상(無相)·무원(無願)의 해탈로 들어가는 문으로 삼는다. 그곳은 헤아릴 수 없는 공덕으로 장엄하고 큰 보배인 붉은 연꽃으로 세워진 여래의 궁전이다.

是薄伽梵 最淸淨覺 不二現行 趣無相法 住於佛住 逮得一切佛平等性 到無障處 不可轉法 所行無碍 其所安立不可思議 遊於三世平等法性 其身流布一切世界 於一切法 智無疑滯 於一切行 成就大覺 於諸法智 無有疑惑 凡所現身 不可分別 一切菩薩 正所求智 得佛無二 住勝彼岸 不相間雜 如來解脫妙智究竟 證無中邊佛地平等 極於法界 盡虛空性 窮未來際

박가범께서는 가장 청정한 깨달음을 성취한 분이다. 두 가지 장애가 일어나지 않고, 무상법에 나아가며, 부처님이 거주하는 곳에 머무신다. 일

---

9 팔부대중은 원래 힌두교의 잡신들에 해당한다. 불교에 와서는 이들을 모두 부처님 아래에서 부처님을 수호하는 위치로 변화시켰다. 이를 지나치게 실체화하는 것은 경계해야 할 것이다. 불교가 기존의 브라만교와 혼습되는 역사적 과정에서 출현한 것으로 이해하는 것이 바람직할 것이다.

체 부처님의 평등한 성품을 체득하고, 장애없는 곳에 도달하셨다. 교법은 퇴전할 수 없고, 소행은 걸림이 없으며, 안립[10]한 바는 불가사의하다. 삼세의 평등한 법성에 노닐고, 그 몸을 모든 세계에 유포하며, 일체법에 대한 지혜로 의심과 막힘이 없다. 일체행에 대해 큰 깨달음을 성취하시고, 모든 법에 대한 지혜로 의혹은 없으며, 무릇 나타내신 몸은 분별할 수 없다. 모든 보살이 바르게 구한 지혜로 부처님의 둘이 없는 경지를 증득하여 뛰어난 피안에 머문다. 청정한 여래의 해탈묘지로 궁극에는 중간과 극단이 없는 불지의 평등함을 증득한다. 법계에 지극하고, 허공의 성품을 다하며, 미래세를 다한다.

세존께서는 가장 청정한 깨달음을 성취한 분이다. 생과 사의 두 가지 장애가 일어나지 않고, 모습이 없는 법인 진여에 나아가며, 모든 부처님이 자리하는 대자비심에 머무신다. 모든 부처님의 평등한 성품을 깨우쳐 터득하고, 걸림이 없는 자리에 이르셨다. 부처님의 교법은 외도 등에 의해 물러섬이 없고, 부처님의 영역은 가로막힘이 없으며, 교법으로 설하신 바가 불가사의하다. 과거·현재·미래가 평등한 법성인 진여에 노닐고, 그 몸을 모든 세계에 나타내 보이며, 일체 모든 존재에 대한 지혜로 의심과 막힘이 없으시다. 중생을 이롭게 하는 모든 마음 작용에 있어서 큰 깨달음을 성취하시고, 모든 존재에 대한 지혜로 의혹이 없으시며, 무릇 나타내신 몸은 분별할 수 없다. 모든 보살이 바르게 구한 지혜로 부처님의 둘이 없는 경지인 법신 진여를 깨우쳐 터득하여 뛰어난 바라밀에 머문다. 번뇌에서 벗어난 청정한 여래의 오묘한 지혜로 궁극에는 중간과 극단이 없는 불지의 평등함을 깨우쳐 터득한다. 법계 진여에 지극하고, 티끌 하나 없는 텅 빈 공의 성품을 다하며, 미래세를 다하도록 끝이 없다.

---

10 부처님이 설하여 교법으로 세운 것을 말한다.

與無量大聲聞衆俱 一切調順 皆是佛子 心善解脫 慧善解脫 戒善淸淨
趣求法樂 多聞聞持 其聞積集 善思所思 善說所說 善作所作 捷慧 速慧
利慧 出慧 勝決擇慧 大慧 廣慧及無等慧 慧寶成就 具足三明 逮得一切
現法樂住 大淨福田 威儀寂靜 無不圓滿 大忍柔和成就 無減 已善奉行
如來聖敎

그때 박가범께서 무량한 대성문들과 함께하셨다. 그들은 모두 잘 따르
는 불자들이다. 마음이 잘 해탈하고, 지혜가 잘 해탈하며, 계율이 아주
청정하다. 법의 즐거움을 추구하고, 많이 들으며, 들은 것을 잘 지닌다.
들은 것을 모아서 잘 사유하고, 말할 것을 잘 말하며, 지을 것을 잘 짓는
다. 바로 다가가는 지혜, 빠르게 아는 지혜, 예리하게 아는 지혜, 번뇌 망
상을 벗어나는 지혜, 뛰어나게 판단하는 지혜, 큰 지혜, 드넓은 지혜, 견
줄 바 없는 지혜 등 지혜의 보물들을 성취하여 세 가지 명[11]을 갖추고, 일
체 현법의 즐거움에 머묾을 체득하였다. 크고 청정한 복전이 되고, 위의
가 적정하여 원만치 않음이 없으며, 큰 인욕과 온화함을 성취하였다. 이
제 모자람은 없다. 이미 여래의 성스러운 가르침을 잘 봉행하였다.

> 그때 세존께서 헤아릴 수 없는 훌륭한 성문들과 함께하셨다. 그들은 모두 부
> 처님을 잘 따르는 부처님의 제자들이다. 번뇌에 물든 마음을 잘 벗어나고, 망상
> 을 벗어나 지혜를 잘 구하며, 계율을 잘 지켜 청정하다. 교법의 즐거움을 추구
> 하고, 많이 들으며 들은 것은 잘 새긴다. 들은 것을 정리하여 잘 사유하고, 말할

---

[11] 과거세의 모든 일을 아는 지혜, 미래세의 모든 일을 아는 지혜, 현재세의 모든 일을 아는 지혜
등 3가지에 밝은 지혜.

것은 잘 말하며, 실천할 것은 잘 실천한다. 바로 다가가는 지혜, 빠르게 아는 지혜, 예리하게 아는 지혜, 번뇌 망상을 벗어나는 지혜, 뛰어나게 판단하는 지혜, 큰 지혜, 드넓은 지혜, 견줄 바 없는 지혜 등 지혜의 보물들을 성취하여 과거세와 미래세, 현재세를 밝히는 지혜를 갖추고, 일체 모든 선정의 수행으로 해탈의 즐거움에 머무는 경지에 이르렀다. 청정한 큰 복전을 이루었고, 위엄 있는 모습이 고요하고 정숙하여 원만치 않음이 없다. 크게 인욕하고 온화하여 몸과 말과 뜻의 세 가지 업을 원만히 성취하였다. 이제 모자람이 없고 물러섬이 없다. 헤아릴 수 없는 훌륭한 성문들은 이미 여래의 성스러운 가르침을 잘 받들어 행하였다.

復有無量菩薩摩訶薩 從種種佛土而來集會 皆住大乘 遊大乘法 於諸衆生 其心平等 離諸分別及不分別種種分別 摧伏一切衆魔怨敵 遠離一切聲聞獨覺所有作意 廣大法味 喜樂所持 超五怖畏 一向趣入不退轉地 息一切衆生 一切苦惱所逼迫地 而現在前 其名曰 解甚深義密意菩薩摩訶薩 如理請問菩薩摩訶薩 法涌菩薩摩訶薩 善淸淨慧菩薩摩訶薩 廣慧菩薩摩訶薩 德本菩薩摩訶薩 勝義生菩薩摩訶薩 觀自在菩薩摩訶薩 慈氏菩薩摩訶薩 曼殊室利菩薩摩訶薩等 而爲上首

다시 무량한 보살마하살들이 여러 불국토로부터 이곳으로 와서 모여있었다. 그들은 모두 대승에 머물고, 대승법에서 노닐며, 모든 중생을 평등한 마음으로 대하고, 분별하고 분별하지 않음의 갖가지 분별심을 여의었다. 일체 마구의 적들을 항복시키고, 일체 성문과 독각의 모든 작의를 멀리 여의었다. 광대한 교법의 맛을 기뻐하며 즐겁게 지니고, 다섯 가지 두려움[12]에서 벗어나서 한결같이 불퇴전지로 나아갔다. 일체[13] 모든 중생이 핍박받는 일체 고뇌를 없애주는 지위이다. 보살들은 바로 불퇴전지에 머물고 있다. 그들 가운데 상수 보살은 해심심의밀의보살마하살·여리청문보살마하살·법용보살마하살·선청정혜보살마하살·광혜보살마하살·덕본보살마하살·승의생보살마하살·관자재보살마하살·자씨보살마하살·만수실리보살마하살 등이다.

다시 헤아릴 수 없는 보살마하살들이 여러 불국토로부터 이곳에 와서 모여 있었다. 그들은 모두 대승에 머물고, 대승법에서 노닐며, 모든 중생을 평등한 마음으로 대하고, 분별하고 분별하지 않음의 갖가지 분별심을 멀리하였다. 일체 모든 마구니 적들을 항복시키고, 일체 모든 성문과 독각의 생각을 멀리 벗어났다. 광대한 교법의 맛을 기뻐하며 즐겁게 지니고, 다섯 가지 두려움에서 벗어나서 한결같이 불퇴전의 지위로 나아갔다. 불퇴전의 지위는 일체 모든 중생들이 핍박받는 일체 모든 고뇌를 없애주는 지위이다. 지금 모여있는 보살들은 바로 불퇴전의 지위에 머물고 있다. 그들 가운데 상좌 보살은 해심심의밀의보살마하살·여리청문보살마하살·법용보살마하살·선청정혜보살마하살·광혜보살마하살·덕본보살마하살·승의생보살마하살·관자재보살마하살·자씨보살마하살·만수실리보살마하살 등이다.

---

12 다섯 가지 두려움으로, 첫째는 전부 보시하면 굶주리지 않을까 하는 두려움이고 둘째는 악명을 들을까 하는 두려움이며 셋째는 죽음에 대한 두려움이고 넷째는 악도에 떨어지는 두려움이며 다섯째는 대중을 무서워하는 두려움이다.

13 일체를 흔히 우리말로 '모든'이라고 옮기는데, 일체(一切)는 하나하나(一) 나누어진(切) 것들을 통칭하는 뜻을 갖는다. 그래서 이 책에서는 일체를 '일체 모든'이라고 옮겼다. 예를 들어, 제법은 '모든 법(존재)', 일체법은 일체 모든 법(존재)라고 옮겨 '제(諸)'와 '일체'와의 차이를 구분해 보았다.

제2장

궁극적인 진리는
무엇인가(勝義諦相品)

〈승의제상품〉에 들어가며

우리는 언제나 어느 정도 예상했거나 미처 생각지도 못한 여러 상황과 국면을 마주하며 살아갑니다. 그러한 상황과 국면에서 우리는 가능한 한 상황을 정확히 판단하여 국면을 바람직한 방향으로 풀어가길 원합니다. 상황에 대한 정확한 판단과 바람직한 문제 해결은 무엇을 바탕으로 할까요. 그 바탕이 바로 진리 아닐까요. 시시각각 변하는 상황을 나름의 논리로 판단하여 진리의 길이라고 나아가는 것입니다. 그래서 세상 모든 개개인에게 각자의 상황과 처지에 따라 '나에게는 이것이 진리야'라고 하는 수많은 진리가 다가옵니다. 그렇듯 진리는 세상사 가운데서 셀 수 없는 즐거움이나 기쁨과 함께 헤아릴 수 없는 슬픔이나 아픔과 함께 가까이 왔다 멀어지고 생겨났다 사라집니다. 그리곤 늘 괴로움의 그림자가 틈새로 드리웁니다. 이 모두가 진리일지 모릅니다. 그러면 이 모든 세상사의 진리를 다 거두어들여 어떤 안과 밖이 없이 원융한 궁극적인 진리는 있는 것일까요. 있다면 무엇이고 어떻게 구할 수 있을까요. 승의제는 글자대로 풀이하면 '가장 뛰어난 진리'이고 바로 이러한 궁극적인 진리를 의미합니다. 〈승의제상품〉은 '궁극적인 진리란 무엇인가'를 설하고 있습니다.

세상사의 진리를 불교에서는 세속제라고 합니다. 그래서 부처님은 고성제·집성제·멸성제·도성제라는 4성제를 설하였습니다. 헤아릴 수 없는 온갖 세상의 희노애락과 생로병사의 일들을 4성제로 정리한 것입니다. 5온·12처·18계·12연기를 설하고, 수행 방법에 대해서는 8정도를 포함한

37보리분법을 설하였습니다. 승의제란 이런 세상사의 세속제를 넘어서 깊고 뛰어난 지혜로 만나는 궁극적인 진리를 가리킵니다. 그러나 승의제는 이 세상을 등진 저 건너편에 있지 않습니다. 세속제를 거치지 않고 승의제로 갈 수 없습니다. 세속제 없이 승의제는 없습니다. 세속제와 승의제는 둘이 아닙니다. 우리의 마음속에 세속제와 승의제는 마치 양자의 중첩처럼 함께 있는 것입니다. 짐작도 할 수 없는 확률로 세속의 몸을 타고났기 때문에 우리는 승의제를 만날 수 있는 것입니다. 우리가 사람으로 태어나 세상을 살아가는 인연도 너무나 희귀하지만, 부처님의 교법을 듣고 사유하고 수행하여 궁극적인 진리를 깨우칠 수 있는 인연은 더할 나위 없이 희귀하고 소중합니다. 〈승의제상품〉에 등장하는 보살은 여리청문보살·해심심의밀의보살·법용보살·선청정혜보살·선현존자 등입니다. 이들이 질문하고 대답하거나, 세존이 주로 답하며 설합니다. 여기 등장하는 보살들은 대부분 대승경전이 그러하듯 실존했던 역사적 인물들이 아닙니다. 부처가 되고자 용맹정진 수행함으로써 수승한 경지에 오른 보살들을 상징하는 존재들입니다. 보살은 누구일까요. 보살은 중생으로 태어나 살아가면서 부처님의 교법을 만나 듣고 발심하여 궁극적인 진리, 즉 승의제를 구하는 높은 단계의 수행자들입니다. 유가유식불교에서는 바로 유가사들이 그들입니다.

〈승의제상품〉에서 설하는 내용을 대략 정리해 보겠습니다.

첫째는 승의제는 둘이 없는 무이(無二)이며 언설로 표현될 수 없는 이언법성(離言法性)입니다. 관찰하는 주체와 관찰되는 대상이 없다는 뜻입니다. 제법무아이며, 인무아(人無我)·법무아(法無我)입니다. 또한 유위도 아니고 무위도 아니며, 유위이면서도 무위입니다. 따라서 승의제는 언설로 표현될 수 없는, 변계소집의 언어를 넘어서는 진여(眞如)인 것입니다.

둘째는 승의제는 심사(尋伺)의 영역을 넘어섭니다. 존재와 존재가 작용하는 이치를 관찰하는 것이 심구(尋求)이고, 그 이치를 생각하는 마음을 관찰하는 것이 사찰(伺察)입니다. 이러한 심구와 사찰의 차원을 넘어선다는 것입니다.

셋째는 승의제는 세속제와 같은 것도 아니고 다른 것도 아닙니다. 승의제는 세속제를 두루 밝혀야 구할 수 있습니다. 그렇다고 세속제에 머물러 그치는 것은 아닙니다. 승의제는 세속제 없이 바로 갈 수 없는 것입니다.

넷째는 승의제는 세속제에 두루 한 맛으로 늘 존재합니다. 승의제는 5온·12처·18계·12연기·4성제·37보리분법 등 이른바 유소득현관(有所得現觀)의 세속제[14]에 두루 하나의 맛으로 존재합니다. 즉 진여는 세상사와 세속제 가운데 어디서나 언제나 두루 하는 것입니다.

---

14 유소득현관은 언어를 통해 사유하여 터득할 수 있는 부처님의 교법을 말한다. 언어를 통해 터득할 수 있는 영역은 세속제이다. 승의제인 진여는 언어를 통한 분별적인 사유로 터득할 수 있는 영역이 아니다.

제2장 궁극적인 진리는 무엇인가(勝義諦相品)

爾時 如理請問菩薩摩訶薩 卽於佛前 問解甚深義密意菩薩言 最勝子
言一切法無二 一切法無二者 何等一切法 云何爲無二

이때 여리청문보살마하살이 부처님 앞에서 해심심의밀의보살마하살에
게 물었다.

"최승자[15]여, '일체법[16]은 둘이 없다'라고 말합니다. 일체법은 둘이 없다
'라고 하는데, 무엇이 일체법이며, 어째서 '둘이 없다'라고 합니까?"

이때 여리청문보살마하살이 부처님 앞에서 해심심의밀의보살마하살에게
물었다.
"가장 뛰어난 부처님 제자여, '일체 모든 법은 둘이 없다'라고 말합니다. '일
체 모든 법은 둘이 없다'라고 하는데, 무엇이 일체 모든 법이며, 어째서 둘이 없

---

15 가장 뛰어난 부처님의 제자.

16 일체법에서 법은 우리가 몸으로 감각하는 것은 물론이고 생각으로 유추할 수 있는 것들을 말
한다. 나아가 유추할 수 없다고 상상하는 것까지 포함한다. 따라서 일체법이란 감각과 생각의
대상이 되는 유형·무형, 심적·물적인 모든 존재를 말한다. 부처님의 설법 중 가장 기본적인 바
탕이 되는 내용은 일체법이 무엇인지에 대한 것이다. 이에 대해 부처님은 교법의 핵심이 되는
'모든 존재는 고유한 실체가 없다'라는 제법무아, '모든 법의 작용은 언제나 변한다'라는 제행
무상을 설하셨다. 즉 법이란 무엇이며, 법이 어떻게 작용하는지를 밝힌 것이다. 그래서 '법'은
법에 대해 설한 부처님의 '교법'을 의미하기도 한다. 그리고 일체를 흔히 우리말로 '모든'이라고
옮기는데, 일체(一切)는 하나하나(一) 나누어진(切) 것들을 통칭하는 뜻을 갖는다. 그래서 이 책
에서는 일체를 '일체 모든'이라고 옮겼다. 예를 들어, 제법은 '모든 법(존재)', 일체법은 일체 모든
법(존재)라고 옮겨 '제(諸)'와 '일체'와의 차이를 구분해 보았다.

解甚深義密意菩薩 告如理請問菩薩曰 善男子 一切法者 略有二種 一者
有爲 二者 無爲 是中 有爲 非有爲 非無爲 無爲 亦非無爲 非有爲

해심심의밀의보살이 여리청문보살에게 말했다.

"선남자여, 일체법이란 대략 두 가지가 있습니다. 곧 유위와 무위입니다. 이 가운데 유위는 유위도 아니고 그렇다고 무위도 아닙니다. 무위 역시 무위도 아니고 유위도 아닙니다."

해심심의밀의보살이 여리청문보살에게 말했다.
"선남자여, 일체 모든 법에는 대략 두 가지 부류가 있습니다. 곧 인연이 화합하여 생멸이 있는 유위법[17]과 그렇지 않은 무위법[18]입니다. 여기서 인연이 화합하여 생멸이 있는 유위법은 언어로 분별하여 표현한 유위도 아니고 그렇다고 무위도 아닙니다. 인연이 끊어지고 생멸이 없는 무위법 또한 언어로 분별하여 표현한 무위도 아니고 그렇다고 유위도 아닙니다."

---

17 인연화합하여 생주이멸, 즉 생기고 머물고 변하고 없어지는 법(존재).
18 인연화합이 작용하지 않고 늘 항상하는 법(존재).

如理請問菩薩 復問解甚深義密意菩薩言 最勝子 如何有爲 非有爲 非
無爲 無爲 亦非無爲 非有爲

여리청문보살이 다시 해심심의밀의보살에게 물었다.

"최승자여, 어째서 유위가 유위도 아니고 무위도 아닙니까? 무위 역시
무위도 아니고 유위도 아닙니까?"

> 여리청문보살이 다시 해심심의밀의보살에게 물었다.
> "가장 뛰어난 부처님 제자여, 어째서 유위법이 유위도 아니고 무위도 아닙니
> 까? 무위법 또한 무위도 아니고 유위도 아닙니까?"

解甚深義密意菩薩 謂如理請問菩薩曰 善男子 言有爲者 乃是本師 假
施設句 若是本師 假施設句 卽是遍計所執言辭所說 若是遍計所執言辭
所說 卽是究竟種種遍計言辭所說 不成實故 非是有爲

해심심의밀의보살이 여리청문보살에게 말했다.

"선남자여, 유위라는 것은 석가 본사께서 가정하여 시설하신 용어입니
다. 만약 본사께서 가정하여 시설하신 용어라면 곧 변계소집[19]의 언사로

---

19 '두루 헤아리고 분별하여 집착한다'는 의미이다. 유가유식불교의 근본경전인 《해심밀경》〈일
체법상품〉에서는 일체법을 변계소집성·의타기성·원성실성의 세 가지의 사고낭식으로 본다
는 3성설을 설한다. 3성설은 유가유식불교에서 아뢰야식설과 더불어 유가유식불교의 가장 중
요한 교리 중 하나이다.

설하신 것입니다. 만약 변계소집의 언사로 설하신 것이라면 곧 이것은 결국 갖가지 변계소집의 언사로 설하신 것으로 진실하지 못하기 때문에 유위가 아닙니다.

해심심의밀의보살이 여리청문보살에게 말했다.
"선남자여, 유위법이라는 것은 석가 본사께서 가정하여 교법으로 설하신 용어입니다. 만약 본사께서 가정하여 교법으로 설하신 용어라면 곧 이것은 두루 헤아리고 분별하여 집착한 언어로 설하신 것입니다. 만약 두루 헤아리고 분별하여 집착한 언어로 설하신 유위라면 곧 그 유위는 결국 갖가지 두루 헤아리고 분별하여 집착한 언사로 설하신 것으로 참으로 실재하지 않습니다. 그러므로 그 유위는 유위가 아닙니다.[20]

善男子 言無爲者 亦墮言辭 設離有爲無爲 少有所說 其相亦爾 然非無事而有所說 何等爲事 謂諸聖者 以聖智聖見 離名言故 現等正覺 即於如是離言法性 爲欲令他現等覺故 假立名想 謂之有爲

선남자여, 무위라는 것도 역시 언사에 지나지 않습니다. 설사 유위와 무위를 떠나서 조금이라도 설한 바가 있으면 그 상도 역시 그러합니다. 그러나 일이 없음에도 설하신 것은 아닙니다. 무엇이 일인가? 모든 성자

---

20 '유위'라는 말은 부처님이 교법을 전하기 위한 방편으로 편의상 언어로 정의한 것이지 '유위'라는 말에 그대로 대응하여 참으로 실재하는 것은 없다는 것을 강조하고 있다.

는 성스러운 지혜와 성스러운 견해로써 명과 언어를 떠났기 때문에 바로 등정각[21]을 이루는 것을 말합니다. 곧 이와 같은 이언법성에 대해서 다른 이들도 등정각을 이루게 하고자 명과 상[22]을 가립합니다. 그래서 유위라고 말합니다.

선남자여, 무위법이라는 것도 또한 언어로 표현한 것에 지나지 않습니다. 설사 유위와 무위를 떠나서 조금이라도 설한 것이 있으면 그 설한 대상도 또한 언어로 표현한 것에 지나지 않습니다. 그러나 아무런 일이 일어나지 않았는데도 설하신 것은 아닙니다. 무엇이 일어난 일인가. 모든 성자는 성스러운 지혜와 성스러운 견해로써 이름과 언어를 떠났기 때문에 바로 등정각을 이룬 것을 말합니다. 곧 이와 같은 언어를 떠난 법성인 진여에 대해서 번뇌에 물든 다른 이들도 등정각을 이루게 하고자 이름과 생각을 가정하여 언어로 규정하는 것입니다. 그래서 유위라는 말을 합니다.[23]

---

21 보살의 수행단계인 10주·10행·10회향·10지 다음의 불지에 해당하는 평등하고 바른 깨달음으로 등각 또는 정등각이라고도 한다. 여기서 '등'에 대해서 여러 해석이 있을 수 있지만 평등하다는 의미가 가장 포괄적이고 적확하다고 생각한다. 흔히 가장 높은 깨달음인 아뇩다라삼먁삼보리를 무상정등각이라고 하는데, 아뇩다라가 무상(위없는)이라는 뜻이고 삼먁삼보리가 등정각이다.

22 명은 지각하는 대상에 부여한 이름이고, 상은 지각된 대상을 이름을 통해 분별하고 표상하는 것을 말한다.

23 유위와 마찬가지로 무위도 언어로 표현한 것이고 유위와 무위를 넘어서는 것도 언어로 표현한 것일 뿐이라는 것이다. 그렇다고 해서 아무런 일이 없이 그런 것이 아니라 진여를 깨우쳐 등정각을 이루신 부처님이 다른 중생들을 깨우치기 위해 언어를 통해 이름과 개념을 일부러 정해 교법을 설하게 되는 참으로 불가사의한 일이 있게 되었다는 것이다. 이렇게 이름과 개념을 일부러 정하여 교법을 설하는 일을 유위라고 하는 것이다.

善男子 言無爲者 亦是本師 假施設句 若是本師 假施設句 卽是遍計所
執言辭所說 卽是遍計所執言辭所說 若是遍計所執言辭所說 卽是究竟
種種遍計言辭所說 不成實故 非是無爲

선남자여, 무위라는 것도 역시 석가모니 본사께서 가정하여 시설하신
용어입니다. 만약 본사께서 가정하여 시설하신 용어라면 곧 변계소집의
언사로 설하신 것입니다. 만약 변계소집의 언사로 설하신 것이라면, 곧 결
국 갖가지 변계소집의 언사로 설하신 것은 진실하지 못하기 때문에 무위
가 아닙니다.

> 선남자여, 무위법이라는 것도 또한 부처님께서 가정하여 교법으로 설하신
> 용어입니다. 만약 부처님께서 가정하여 교법으로 설하신 용어라면 곧 이것은
> 유정들이 알아들을 수 있도록 변계소집의 언어로 표현하여 설하신 것입니다.
> 만약 변계소집의 언어로 표현하여 설하신 것이라면 곧 이것은 결국 갖가지 변
> 계소집의 언어로 표현하여 설하신 것으로 참으로 실재하지 않기 때문에 무위
> 가 아닙니다.

善男子 言有爲者 亦墮言辭 設離無爲有爲 少有所說 其相亦爾 然非無
事而有所說 何等爲事 謂諸聖者 以聖智聖見 離名言故 現等正覺 卽於
如是離言法性 爲欲令他現等覺故 假立名想 謂之無爲

선남자여, 유위라는 것도 역시 언사에 지나지 않습니다. 설사 유위와 무위를 떠나서 조금이라도 설하신 것이 있으면 그 상도 또한 그러합니다. 그러나 일이 없음에도 설하신 것은 아닙니다. 무엇이 일인가? 고든 성자는 성스러운 지혜와 성스러운 견해로 명과 언어를 떠나기 때문에 등정각을 이룬 것을 말합니다. 곧 이와 같은 이언법성에 대해서 다른 이들도 등정각을 이루게 하고자 명과 상을 가립합니다. 그래서 무위라고 말합니다."

선남자여, 유위법이라는 것도 또한 언어로 표현한 것에 지나지 않습니다. 설사 유위와 무위를 떠나서 조금이라도 설하신 것이 있으면 그 설한 대상도 또한 언어에 지나지 않습니다. 그러나 아무런 일이 일어나지 않았는데도 설하신 것은 아닙니다. 무엇이 일어난 일인가. 모든 성자는 성스러운 지혜와 성스러운 견해로써 이름과 언어를 떠났기 때문에 등정각을 이룬 것을 일이라고 합니다. 곧 이와 같은 언어를 떠난 법성인 진여에 대해서 번뇌에 물든 다른 이들도 등정각을 이루게 하고자 이름과 생각을 가정하여 언어로 규정합니다. 그래서 무위라는 말을 합니다.

爾時 如理請問菩薩摩訶薩 復問解甚深義密意菩薩摩訶薩言 最勝子 如何此事 彼諸聖者 以聖智聖見 離名言故 現等正覺 即於如是離言法性 爲欲令他現等覺故 假立名想 或謂有爲 或謂無爲

이때 여리청문보살마하살이 다시 해심심의밀의보살마하살에게 물었다. "최승자여, 그 모든 성자는 성스러운 지혜와 성스러운 견해로 명과 언을 떠났기 때문에 등정각을 이룹니다. 곧 이언법성에 대해서 다른 이들이 등정각을 이루게 하고자 명과 상을 가립하는데, 어떤 것은 유위라고 하고 어떤 것은 무위라고 합니다. 왜 이렇게 하는 것입니까?"

이때 여리청문보살마하살이 다시 해심심의밀의보살마하살에게 물었다.
"가장 뛰어난 부처님 제자여, 그 모든 성자는 성스러운 지혜와 성스러운 견해로 이름과 언어를 떠나기 때문에 등정각을 이룹니다. 곧 이와 같은 언어를 떠난 법성인 진여에 대해 번뇌에 물든 다른 이들도 등정각을 이루게 하고자 이름과 생각을 가정하여 언어로 규정하는데, 어떤 것은 유위법이라고 하고 어떤 것은 무위법이라고 합니다. 왜 이렇게 하는 것입니까?"

解甚深義密意菩薩 謂如理請問菩薩曰 善男子 如善幻師 或彼弟子 住四衢道 積集瓦礫草葉木等 現作種種幻化事業 所謂象身 馬身 車身 步身 末尼 眞珠 琉璃 螺貝 碧玉 珊瑚 種種財穀庫藏等身 若諸衆生 愚癡頑鈍 惡慧種類 無所曉知 於瓦礫草葉木等上 諸幻化事 見已聞已 作如是念 此所見者 實有 象身 實有 馬身 車身 步身 末尼 眞珠 琉璃 螺貝 碧玉 珊瑚 種種財穀庫藏等身 如其所見 如其所聞 堅固執着 隨起言說 唯此諦實 餘皆愚妄 彼於後時 應更觀察

해심심의밀의보살이 여리청문보살에게 말했다.
"선남자여, 어떤 능숙한 요술쟁이나 그 제자가 네거리에서 기와나 조약돌, 풀잎과 나무 등을 모아놓고 갖가지 요술을 부려서 코끼리·말·수레·보병·마니·진주·유리·소라·벽옥·산호 그리고 갖가지 재물과 곡식과 창고 등의 모양을 만들어 현장에서 보여줍니다. 만약 중생들이 어리석고 우둔하여 잘못된 지혜 따위로 밝게 알지 못한다면, 풀·잎·나무·기와·조약돌 등으로 요술 부려 만든 갖가지 사물들을 보고 듣고서, '지금 본 이것들은 실제로 코끼리·말·수레·보병·마니·진주·유리·소라·벽옥·산호 그리고 갖가지 재물과 곡식과 창고들이다'라고 생각할 것입니다. 본 대로 들은 대로 굳게 집착하고 이에 따라 '오직 이것만이 진실이고 그밖에 다른 것은 모두 어리석고 헛되다'라고 말하게 됩니다. 그는 나중에 반드시 다시 관찰해야 합니다.

해심심의밀의보살이 여리청문보살에게 말했다.

"선남자여, 어떤 능숙한 요술쟁이나 그 제자가 네거리에서 기와나 조약돌, 풀잎과 나무 등을 모아놓고 갖가지 요술을 부려서 코끼리·말·수레·보병·마니·진주·유리·소라·벽옥·산호 그리고 갖가지 재물과 곡식과 창고 등의 모양을 만들어 현장에서 보여줍니다. 만약 중생들이 어리석고 무뎌 잘못된 지혜 따위로 밝게 알지 못한다면, 풀·잎·나무·기와·조약돌 등으로 요술 부려 만든 갖가지 사물들을 보고 듣고서, '지금 본 이것들은 실제로 코끼리·말·수레·보병·마니·진주·유리·소라·벽옥·산호 그리고 갖가지 재물과 곡식과 창고들이다'라고 생각할 것입니다. 본 대로 들은 대로 굳게 집착하고 이를 좇아서 '오직 이것만이 진실이고 그밖에 다른 것은 모두 어리석고 헛되다'라고 말하게 됩니다. 그는 나중에 반드시 다시 살펴보아야 합니다.

若有衆生 非愚非鈍 善慧種類 有所曉知 於瓦礫草葉木等上 諸幻化事
見已聞已 作如是念 此所見者 無實象身 無實馬身 車身 步身 末尼 眞珠
琉璃 螺貝 碧玉 珊瑚 種種財穀庫藏等身 然有幻狀 迷惑眼事於中 發起
大象身想 或大象身差別之想 乃至 發起種種財穀庫藏等想 或彼種類差
別之想 不如所見 不如所聞 堅固執着 隨起言說 唯此諦實 餘皆愚妄 爲
欲表知如是義故 亦於此中 隨起言說 彼於後時 不須觀察

만약 어떤 중생이 어리석거나 둔하지 않고 선한 지혜들로 밝게 안다면,
기와·조약돌·풀·잎·나무 등으로 요술을 부려 만든 갖가지 사물들을
보거나 듣고서, '여기서 본 이것들은 실제로 코끼리·말·수레·보병·마
니·진주·유리·소라·벽옥·산호 그리고 갖가지 재물과 곡식과 창고 등이
아니라, 환상으로 눈을 미혹하게 하는 일이 있는 가운데 큰 코끼리라는
상이나 혹은 큰 코끼리라는 차별상, 나아가 갖가지 재물과 곡식과 창고
등의 상 혹은 그러한 종류의 차별상을 일으킨다'라고 생각할 것입니다. 그
리하여 본 대로 들은 대로 굳게 집착하지 않습니다. 따라서 '오직 이것만
이 진실이고 그밖에 다른 것은 모두 어리석고 허망하다'라고 말하지 않습
니다. 이런 뜻을 밖으로 알리기 위해서 역시 이러한 가운데서 말하게 됩
니다. 그는 나중에 반드시 관찰할 필요가 없습니다.

만약 어떤 중생이 어리석거나 둔하지 않고 선한 지혜들로 밝게 안다면, 기
와·조약돌·풀·잎·나무 등으로 요술을 부려 만든 갖가지 사물들을 보거나 듣
고서, '지금 본 이것들은 실제로 코끼리·말·수레·보병·마니·진주·유리·소
라·벽옥·산호 그리고 갖가지 재물과 곡식과 창고 등이 아니라, 환상으로 눈을

미혹하게 하는 일이 있는 가운데 큰 코끼리라는 모습, 혹은 큰 코끼리라고 차별 짓는 현상[모습], 나아가 갖가지 재물과 곡식과 창고 등이라는 모습 혹은 그렇게 차별되는 모습을 일으킨다'라고 생각할 것입니다. 그리하여 본 대로 들은 대로 굳게 집착하지 않습니다. 따라서 '오직 이것만이 진실이고 그밖에 다른 것은 모두 어리석고 헛되다'라고 말하지 않습니다. 이런 뜻을 밖으로 알리기 위해서 또한 이러한 일에 대해서 말하게 됩니다. 그는 나중에 반드시 살펴볼 필요가 없습니다.

如是 若有衆生 是愚夫類 是異生類 未得諸聖出世間慧 於一切法離言法性 不能了知 彼於一切有爲無爲 見已聞已 作如是念 此所得者 決定實有 有爲無爲 如其所見 如其所聞 堅固執着 隨起言說 唯此諦實 餘皆癡妄 彼於後時 應更觀察

이와 같이 만약 어떤 중생이 어리석은 범부의 무리이고 이생[24]의 무리여서 아직 성인의 출세간 지혜를 득하지 못했다면, 일체법의 이언법성을 알 수 없습니다. 그는 일체 유위와 무위를 보거나 듣고서, '이렇게 득한 것은 결정적으로 실제 존재하는 유위와 무위이다'라는 생각을 갖습니다. 본 대로 들은 그대로 굳게 집착합니다. 따라서 '오직 이것만이 진실이고 그밖에 다른 것은 모두 어리석고 헛되다'라고 말하게 됩니다. 그들은 나중에 반드시 다시 관찰해야 합니다.

---

24 번뇌를 떨치지 못한 사람으로 중생을 가리킨다.

이와 같이 만약 어떤 중생이 어리석은 범부의 무리이고 번뇌를 끊지 못한 무리여서 아직 성인의 출세간 지혜를 터득하지 못했다면, 일체 모든 법의 본성이 언어를 떠난 진여임을 바로 알 수 없습니다. 그는 일체 모든 유위와 무위를 보거나 듣고서, '이렇게 터득한 것은 반드시 실제로 존재하는 유위와 무위이다'라는 생각을 갖습니다. 그래서 본 대로 들은 대로 굳게 집착합니다. 따라서 '오직 이것만이 진실이고 그밖에 다른 것은 모두 어리석고 헛되다'라고 말하게 됩니다. 그들은 나중에 반드시 다시 살펴보아야 합니다.

若有衆生 非愚夫類 已見聖諦 已得諸聖出世間慧 於一切法離言法性 如實了知 彼於一切有爲無爲 見已聞已 作如是念 此所得者 決定無實 有爲無爲 然有分別所起行相 猶如幻事 迷惑覺慧 於中發起 爲無爲想 或爲無爲差別之想 不如所見 不如所聞 堅固執着 隨起言說 唯此諦實 餘皆愚妄 爲欲表知如是義故 亦於此中 隨起言說 彼於後時 不須觀察

만약 어떤 중생이 어리석은 범부의 무리가 아니고 이미 성스러운 진리를 보았으며 이미 모든 성인의 출세간 지혜를 득했다면 일체법의 이언법성을 여실하게 알게 됩니다. 그는 일체의 유위와 무위를 보거나 듣고서, '이렇게 득한 것은 결정적으로 실제 존재하는 유위와 무위가 아니라 분별로 일으킨 행상[25]이다. 다만 환상적인 일로 지혜를 미혹하는 것과 같이

---

25 행은 인식하는 주체의 인식 작용이고 상은 인식 작용으로 나타난 현상이라고 할 수 있다. 마음이 분별하여 인식하는 대상을 말한다.

이 가운데서 유위·무위라는 상이나, 유위·무위로 차별[26]되는 상을 일으 킨다라는 생각을 갖습니다. 본 대로 들은 대로 굳게 집착하지 않습니다. 따라서 '오직 이것만이 진실이고 그밖에 다른 것은 모두 어리석고 헛되다' 라고 말하지 않습니다. 이와 같은 뜻을 밖으로 알리기 위해 역시 이러한 가운데서 말하게 됩니다. 그는 나중에 반드시 관찰할 필요가 없습니다.

> 만약 어떤 중생이 어리석은 범부의 무리에서 벗어나 이미 성스러운 진리를 보았으며 이미 모든 성인의 출세간 지혜를 터득했다면 일체 모든 존재의 본성 이 언어를 떠난 진여임을 여실하게 바로 알게 됩니다. 그는 일체 모든 유위와 무위를 보거나 듣고서, '이렇게 얻게 된 것은 결정적으로 실제 존재하는 유위 와 무위가 아니라 마음이 분별하여 일으킨 현상이다. 다만 환상을 일으켜서 지 혜를 미혹하는 것과 같이 이 가운데서 유위·무위라는 현상이나, 유위·무위로 차별되는 현상을 일으킨다'라고 알게 됩니다. 그래서 본 대로 들은 대로 굳게 집착하지 않습니다. 따라서 '오직 이것만이 진실이고 그밖에 다른 것은 모두 어 리석고 헛되다'라고 말하지 않습니다. 이와 같은 뜻을 밖으로 알리기 위해 또한 이러한 가운데서 말하게 됩니다. 그는 나중에 반드시 관찰할 필요가 없습니다.

如是 善男子 彼諸聖者 於此事中 以聖智聖見 離名言故 現等正覺 即於 如是離言法性 爲欲令他現等覺故 假立名想 謂之有爲 謂之無爲

---

26 여기서 차별은 코끼리 안에서도 크다, 작다 등의 차별이 있는 것처럼 코끼리란 자성이 있고 자 성 안에서의 차별도 있음을 말한다.

이와 같이 선남자여, 그 모든 성자는 이러한 일 가운데서 성스러운 지혜와 성스러운 견해로 명과 언을 떠났기 때문에 등정각을 이루고, 곧 이러한 이언법성에 대해서 다른 이들이 등정각을 이루게 하고자 명과 상을 가립합니다. 그래서 '유위'라고 하거나 '무위'라고 합니다."

　　이와 같이 선남자여, 그 모든 성자는 이러한 일 가운데서 성스러운 지혜와 성스러운 견해로 이름과 언어를 떠나기 때문에 등정각을 이룹니다. 곧 이러한 언어를 떠난 법의 본성인 진여에 대해 다른 이들이 등정각을 이루게 하고자 이름과 생각을 가정하여 언어로 규정합니다. 그래서 '유위'라는 말을 하거나 '무위'라는 말을 합니다."

爾時 解甚深義密意菩薩 欲重宣此義 而說頌曰
佛說離言無二義甚深非愚之所行
愚夫於此癡所惑樂着二依言戲論

彼或不定或邪定流轉極長生死苦
復違如是正智論當生牛羊等類中

　　이때 해심심의밀의보살마하살이 이 뜻을 거듭 널리 펼치고자 게송으로 설하였다.

부처님이 설하신 '말을 떠나 둘이 없다'라는 말씀의 뜻은
매우 심오하여 어리석은 범부가 행하는 바가 아니네.
어리석은 범부는 이를 모르고 미혹하여 이것과 저것으로 나누어 달로 희론하네.

그들은 결정하지 못하거나 삿되게 결정하니 길이길이 생사 괴로움의 바다를 떠돈다네.
다시 이런 바른 지혜의 말씀을 그르치면 장차 소, 양 같은 축생 무리 가운데 태어난다네.

爾時 法涌菩薩 白佛言 世尊 從此東方 過七十二殑伽河沙等世界 有世界 名具大名稱 是中如來 號廣大名稱 我於先日 從彼佛土 發來至此 我於彼佛土 曾見一處有七萬七千外道 幷其師首 同一會座

이때 법용보살마하살이 부처님께 말씀드렸다.

"세존이시여, 여기서 동쪽으로 72긍가하사[27]만큼의 세계를 지나서 구대라고 불리는 세계가 있습니다. 이곳 여래는 광대라고 불립니다. 저는 예전에 그 불국토에서 이곳에 왔습니다. 저는 그 불국토에서 일찍이 7만 7천의 외도가 그들의 스승과 함께 한곳에 모여 앉아 있는 것을 보았습니다.

---

27 보통 항하사라고 하는데 항하의 모래 즉 갠지즈강의 모래알 수를 가리킨다. 헤아리기 어려울 만큼의 수를 말한다.

이때 법용보살마하살이 부처님께 말씀드렸다.

"세존이시여, 여기서 동쪽으로 갠지즈강 모래알 수의 72배나 되는 만큼의 수 많은 세계를 지나서 구대라고 부르는 세계가 있습니다. 그곳 여래의 이름은 광 대라고 부릅니다. 저는 예전에 그 불국토에서 이곳으로 왔습니다. 저는 그 불국 토에서 일찍이 7만 7천의 외도가 그들의 스승과 함께 한곳에 모여 앉아 있는 것을 보았습니다.[28]

爲思諸法勝義諦相 彼共思議 稱量觀察 遍推求時 於一切法勝義諦相
竟不能得 唯除種種意解 別異意解 變異意解 互相違背 共興諍論 口出
矛楯更相戳已 刺已 惱已 壞已 各各離散

제법의 승의제 상을 사유하기 위해 그들이 함께 사의하고 칭량하고 관 찰했습니다. 두루 심구할 때 일체법의 승의제 상에 대해 결국 득하지 못 했습니다. 갖가지라는 뜻의 해석[29], 별개로 다르다는 뜻의 해석[30], 변하여

---

28 법용보살이 한량없이 드넓은 세계를 오고 갔다는 능력, 흔히 말하는 신통력을 가졌다는 것은 무슨 의미인가. 보살과 부처님이 초인적인 여섯 가지의 신통력을 가졌다고 한다. ①신족통은 공간을 자유자재로 이동하는 통력 ②천이통은 들을 수 없는 소리를 들을 수 있는 통력 ③타심 통은 타인의 마음을 읽는 통력 ④숙명통은 전생을 아는 통력 ⑤천안통은 볼 수 없는 것을 막 힘없이 꿰뚫어 볼 수 있는 통력 ⑥누진통: 번뇌가 다 했음을 아는 통력 등이다. 이러한 신통력 을 물리 운동 법칙이 작동하는 현실 세계에 그대로 투영시켜 믿는 것은 바람직하지 않을 것이 다. 이러한 신통력은 깊숙한 인간의 의식 세계를 반영한 것이며 속제를 넘어선 승의제의 세계 에서 가능한 능력을 상징적으로 표현했다고 생각할 수 있다.

29 갖가지라는 뜻의 해석은 갖가지 제법을 승의제로 삼고 별도의 진여는 없다는 뜻으로 승의제를 해석하는 것을 말한다.

30 별개로 다르다는 뜻의 해석은 제법과 별개로 승의제가 있어서 승의제는 일체법과는 결코 다른 별개의 것이라는 해석을 말한다.

달라진다는 뜻의 해석[31]만을 빼고는 오로지 서로 달리 등지고 서로 논쟁을 일으키며 창같이 날카로운 말로 서로 찌를 뿐이었습니다. 또다시 서로 찌르고 헐뜯으며, 이윽고 괴롭혀 망가뜨리고서는 뿔뿔이 흩어졌습니다.

그들은 모든 존재의 궁극적인 진리란 무엇인가를 고민하면서 함께 사유하고 논의했습니다. 헤아리며 분석하고 관찰했습니다. 두루 자세히 살펴보았지만 결국에는 일체 모든 존재의 궁극적인 진리가 무엇인지를 깨닫지 못했습니다. 어떤 부류는 궁극적인 진리는 하나가 아니라 여러 가지 부분적인 현상이 고유한 진리를 갖는다고 주장했습니다. 어떤 부류는 일체 모든 법과는 달리 별개의 궁극적인 진리가 따로 있다고 주장했으며, 어떤 부류는 진리는 고정되어 상주하지 않고 변하는 것이라고 주장했습니다. 이러한 주장만 되풀이하면서 오로지 서로 등지고 서로 논쟁을 일으키며 창같이 날카로운 말로 서로 찌를 뿐이었습니다. 또다시 서로 찌르고 헐뜯으며, 이윽고 괴롭혀 망가뜨리고서는 뿔뿔이 흩어졌습니다.

世尊 我於爾時 竊作是念 如來出世 甚奇希有 由出世故 乃於如是一切尋思所行 勝義諦相 亦有通達 作證可得

세존이시여, 저는 이때 혼자 조용히 '여래께서 세간을 벗어나신 것이 매우 기이하고 희유한 일이구나. 여래께서 세간을 벗어나셨기 때문에 마침

---

31 변하여 달라진다는 뜻의 해석은 승의제는 상주하는 것이 아니라는 해석을 말한다.

내 이와 같이 행해진 일체 심사소행[32]를 넘어선 승의제의 상에 대해서 역시 통달하고 증득할 수 있었구나라고 생각했습니다."

세존이시여, 저는 이때 혼자 조용히 '여래께서 진리에 대한 세간의 주장과 논쟁을 벗어나신 것이 매우 기이하고 드물게 있는 일이구나. 여래께서 진리에 대한 세간의 주장과 논쟁을 벗어나셨기 때문에 마침내 이와 같이 언설과 분석을 통해 행한 세간의 일체 모든 사유하고 분별하는 영역을 넘어서 궁극적인 진리에 대하여 또한 통달하고 깨우쳐 터득할 수 있었구나'라고 생각했습니다."

說是於已 爾時 世尊 告法涌菩薩曰 善男子 如是如是 如汝所說 我於超過一切尋思 勝義諦相 現等正覺 現等覺已 爲他宣說 顯現開解 施設照了何以故 我說勝義 是諸聖者 內自所證 尋思所行 是諸異生 展轉所證

이렇게 말을 마치고 나자, 이때 세존께서 법용보살마하살에게 말씀하셨다. "선남자여, 그러하고 그러합니다. 그대가 말한 것과 같이 나는 일체 심사를 넘어선 승의제의 상에 대해 등정각을 이루었습니다. 등정각을 이루고서는 다른 이를 위해 널리 설하였습니다. 열어서 풀고 드러내 보이며 시설하여 밝혀주었습니다. 왜냐하면 내가 설한 승의는 모든 성자가 내자소증[33]한

---

32 바깥의 대상을 관찰하고 안으로 사유하고 판단하는 영역.
33 타인의 언설을 통하지 않고 내적으로 스스로 증득함.

것이기 때문입니다. 심사소행은 모든 이생이 전전소증[34]한 것입니다.

> 이렇게 말을 마치고 나자, 이때 세존께서 법용보살마하살에게 말씀하셨다.
> "선남자여, 참으로 그러합니다. 그대가 말한 것과 같이 나는 언설과 분석을 통한 일체 모든 사유분별을 넘어서 궁극적인 진리란 무엇인가에 대해 등정각을 이루었습니다. 등정각을 이루고 나서는 번뇌에 물든 다른 이를 위해 널리 설하였습니다. 언어적 방편을 통해 열어서 풀고 드러내 보이며 교법으로 설하여 밝혀주었습니다. 왜냐하면 내가 설한 궁극적인 진리는 모든 성스러운 자가 타인의 언설과 분석을 통하지 않고 안으로 스스로 깨우쳐 터득한 것이기 때문입니다. 언설과 분석을 통해 사유하고 분별하는 영역은 모든 중생이 서로 언설과 논쟁을 통해 터득하는 것입니다.

是故 法涌 由此道理 當知 勝義 超過一切尋思境相 復次 法涌 我說勝義
無相所行 尋思 但行有相境界 是故 法涌由此道理 當知 勝義 超過一切
尋思境相

그러므로 법용이여, 이러한 도리로 말미암아 승의는 일체 심사의 경계상을 넘어섬을 알아야 합니다. 다시 법용이여, 나는 '승의는 무상의 소행[35]이

---

34 서로 간의 언설과 분석을 통해 사유 분별하여 증득함.
35 인식되는 대상이 없는 소행. 승의는 인식하는 주체와 인식되는 대상이 없는 영역임을 말한다.

고 심사는 다만 유상의 경계[36]에서 행한다'라고 설합니다. 그러므로 법용이여, 이러한 도리로 승의는 일체 심사의 경계상을 넘어섬을 알아야 합니다.

그러므로 법용이여, 이러한 도리로 말미암아 궁극적인 진리는 언설과 분석을 통한 일체 모든 사유분별의 범위를 넘어섬을 알아야 합니다. 다시 법용이여, 나는 '궁극적인 진리는 인식하는 주체와 인식되는 대상이 없는 영역에서 이루어지고, 언설과 분석을 통한 사유분별은 다만 인식하는 주체와 인식되는 대상이 있는 영역에서 일어난다'라고 설합니다. 그러므로 법용이여, 이러한 도리로 궁극적인 진리는 일체 모든 언설과 분석을 통해 사유하고 분별하는 범위를 넘어섬을 알아야 합니다.

復次 法涌 我說勝義 不可言說 尋思 但行言說境界 是故 法涌 由此道理 當知 勝義 超過一切尋思境相 復次 法涌 我說勝義 絶諸表示 尋思 但行 表示境界

다시금 법용이여, 나는 '승의는 언설할 수 없지만 심사는 다만 언설의 경계에서 행해진다'라고 설합니다. 그러므로 법용이여, 이러한 도리로 말미암아 승의는 일체 심사의 경계상을 넘어섭니다. 또한 법용이여, 나는

---

36 인식되는 대상이 있는 경계. 심사는 언설과 분석으로 사유 분별하는 것으로 반드시 인식되는 대상의 경계를 출현시킨다.

'승의는 모든 표시³⁷를 끊어 버리지만 심사는 다만 표시의 경계에서 행해지다'라고 설합니다.

> 다시금 법용이여, 나는 '궁극적인 진리는 언어로 설할 수 없으나 언술과 분석을 통한 사유분별은 다만 언어로 설하는 영역에서 행해진다'라고 설합니다. 그러므로 법용이여, 이러한 도리로 말미암아 궁극적인 진리는 언설과 분석을 통한 일체 모든 사유분별의 범위를 넘어섭니다. 다시금 법용이여, 나는 '궁극적인 진리는 눈으로 보고 귀로 듣고 헤아려 관찰하고 내적으로 수용하고 사유한 모든 대상을 끊어 버린다. 하지만 언설과 분석을 통한 사유분별은 다만 눈으로 보고 귀로 듣고 헤아려 관찰하고 마음으로 수용하고 획득하는 모든 영역에서 행해진다'라고 설합니다.³⁸

是故 法涌 由此道理 當知 勝義 超過一切尋思境相復次 法涌 我說勝義絕諸諍論 尋思 但行諍論境界 是故 法涌 由此道理 當知 勝義 超過一切尋思境相

그러므로 법용이여, 이러한 도리로 말미암아 승의는 모든 심사의 경계

---

37 언설은 언어로 설해지는 것이고, 표시는 견(見)·문(聞)·각(覺)·지(知) 등으로 나타내는 것이다. 승의제는 언설과 표시를 넘어선다. 견·문·각·지에서 견은 눈으로 직접 보는 것, 문은 귀로 받아들이는 것, 각은 스스로 사유·칭량·관찰하는 것, 지는 내면에 감수되고[소수] 증득되고[소증], 감촉되고[소촉] 획득된 것[소획]이다.

38 눈이 색을 보는 것도 아니고 식이 색을 보는 것도 아니다. 모든 법에는 본다는 작용이 없다. 근·경·식(예를 들어 안근·안경·안식)의 화합으로 견을 언어로 규정한 것이다.

상을 넘어섬을 알아야 합니다. 다시 법용이여, 나는 '승의는 모든 쟁론을 끊어 버리고 심사는 다만 쟁론의 경계에서 행해진다'라고 설합니다. 그러므로 법용이여, 이 도리로 마땅히 승의는 모든 심사의 경계상를 넘어섬을 알아야 합니다.

> 그러므로 법용이여, 이러한 도리로 말미암아 궁극적인 진리는 일체 모든 언설과 분석을 통해 사유하고 분별하는 범위를 넘어섬을 알아야 합니다. 다시금 법용이여, 나는 '궁극적인 진리는 모든 주장과 다툼을 끊어 버린다. 언설과 분석을 통한 사유분별은 다만 주장과 다툼의 영역에서 행해진다'라고 설합니다. 그러므로 법용이여, 이러한 도리로 궁극적인 진리는 일체 모든 언설과 분석을 통해 사유하고 분별하는 범위를 넘어섬을 알아야 합니다.

法涌 當知 譬如有人 盡其壽量 習辛苦味 於蜜石蜜上妙美味 不能尋思 不能比度 不能信解

법용이여, 비유하면 마치 어떤 사람이 한평생 시고 쓴맛에 익숙해짐으로써 꿀과 사탕의 달콤한 맛을 심사할 수도 없고 비탁할 수도 없으며 신해할 수도 없는 것과 같음을 알아야 합니다.

> 법용이여, 비유하면 마치 어떤 사람이 한평생 시고 쓴맛에 길들어짐으로써 꿀과 사탕의 달콤한 맛을 깊이 음미할 수도 없고 견주어 헤아릴 수도 없으며

믿어 알 수도 없는 것과 같음을 알아야 합니다.

或於長夜 由欲貪勝解 諸欲熾火 所燒然故 於內除滅一切色聲香味觸相 妙遠離樂 不能尋思 不能比度 不能信解

혹은 기나긴 밤 동안 탐욕에 익숙해짐으로 말미암아 모든 욕망의 치열한 불꽃이 타오르기 때문에, 내면의 모든 색·성·향·미·촉의 상을 없애버린 오묘한 원리(遠離)의 즐거움을 심사할 수 없고 비탁할 수도 없으며 신해할 수도 없는 것과 같음을 알아야 합니다.

혹은 기나긴 밤 동안 탐욕에 길들어짐으로 말미암아 모든 욕망이 치열한 불꽃처럼 타오르기 때문에, 내면의 일체 모든 색·성·향·미·촉으로 오는 느낌을 멀리 떠나보내 없애버린 오묘한 즐거움을 깊이 음미할 수 없고 견주어 헤아릴 수도 없으며 믿어 알 수도 없는 것과 같음을 알아야 합니다.

或於長夜 由言說勝解 樂着世間綺言說故 於內寂靜 聖默然樂 不能尋思 不能比度 不能信解

혹은 기나긴 밤 동안 언설에 익숙해짐으로 말미암아 세간의 화려한 언설을 즐겨 집착하기 때문에, 내면의 적정하고 성스러운 침묵의 즐거움을 심사할 수 없고 비탁할 수도 없으며 신해할 수도 없는 것과 같음을 알아야 합니다.

> 혹은 기나긴 밤 동안 언설에 길들어짐으로 말미암아 세간의 화려한 언설에 즐겨 집착하기 때문에, 내면의 적정하고 성스러운 침묵의 즐거움을 깊이 음미할 수 없고 견주어 헤아릴 수도 없으며 믿어 알 수도 없는 것과 같음을 알아야 합니다.

或於長夜 由見聞覺知 表示勝解 樂着世間諸表示故 於永除斷一切表示 薩迦耶滅 究竟涅槃 不能尋思 不能比度 不能信解

혹은 기나긴 밤 동안 보고 듣고 느끼고 알게 된 표시에 익숙해짐으로 말미암아 세간의 모든 표시를 즐겨 집착하기 때문에, 영원히 일체 표시를 끊어 버리고 육신[薩迦耶]이 멸한 구경열반을 심사할 수 없고 비탁할 수도 없으며 신해할 수도 없는 것과 같음을 마땅히 알아야 합니다.

> 혹은 기나긴 밤 동안 눈으로 보고 귀로 듣고 헤아려 관찰하고 마음으로 수용하고 획득하는 모든 세간의 대상에 길들어짐으로 말미암아 세간의 모든 대상을 즐겨 집착하기 때문에, 영원히 모든 대상을 끊어 버리고 육체가 소멸한 궁극적인 열반을 깊이 음미할 수 없고 견주어 헤아릴 수도 없으며 믿어 알 수

도 없는 것과 같음을 마땅히 알아야 합니다.

法涌 當知 譬如有人 於其長夜 由有種種我所 攝受 諍論勝解 樂着世間 諸諍論故 於北拘盧洲 無我所 無攝受 離諍論 不能尋思 不能比度 不能 信解

법용이여, 비유하면 마치 어떤 사람이 기나긴 밤 동안 갖가지의 '내 것', '내가 섭수한 것'이라는 쟁론에 익숙해짐으로 말미암아 세간의 모든 쟁론을 즐겨 집착하기 때문에, 북구로주[39]에서는 내 것도 없고, 내가 섭수한 것도 없어서 쟁론을 떠나 있음을 심사할 수 없고 비탁할 수도 없으며 신해할 수도 없는 것과 같음을 마땅히 알아야 합니다.

법용이여, 비유하면 마치 어떤 사람이 기나긴 밤 동안 '원래 나의 것', '내가 노력해 일구어낸 것'이라는 갖가지의 주장과 다툼에 길들어짐으로 말미암아 세상사 모든 쟁론을 즐겨 집착하기 때문에 좁은 현실에 갇혀서 북쪽의 더 좋은 세계에서는 '원래 나의 것'도 없고, 내가 노력해 일구어낸 것'도 없어서 주장과 다툼을 떠나 있음을 깊이 생각할 수 없고 견주어 헤아릴 수도 없으며 믿어 알 수도 없는 것과 같음을 알아야 합니다.

---

39 불교에서 우주의 중심이 된다는 수미산 북쪽 지역으로 사람 수명이 1천세이고 증생, 처소, 재물 등이 모두 뛰어난 곳이다.

如是 法涌 諸尋思者 於超一切尋思所行 勝義諦相 不能尋思 不能比度 不能信解

이와 같이 법용이여, 모든 심사란 일체 심사소행을 넘어서는 승의제의 상을 심사할 수 없고 비탁할 수도 없으며 신해할 수도 없습니다."

이와 같이 법용이여, 언설과 분석을 통한 모든 사유분별이란 일체 모든 언설과 분석을 통해 사유하고 분별하는 영역을 넘어서는 궁극적인 진리에 대해 깊이 관찰해 살필 수 없고 견주어 헤아릴 수도 없으며 믿어 알 수도 없습니다."

爾時 世尊 欲重宣此義 而說頌曰
內證無相之所行 不可言說絶表示
息諸諍論勝義諦 超過一切尋思相

이때 세존께서 거듭 이 뜻을 널리 펴시고자 게송으로 설하셨다.

자신 스스로 무상의 영역을 깨우쳐 터득하여
말로 표현할 수 없고 보고 듣고 느끼고 생각함이 끊어지니
모든 쟁론을 끊어 버린 승의제는 모든 사유분별을 넘어서는 무상이라네.

爾時 善淸淨慧菩薩 白佛言 世尊 甚奇 乃至 世尊善說 如世尊言 勝義諦相 微細甚深 超過諸法一異性相 難可通達

이때 선청정혜보살마하살이 부처님께 말하였다.

"세존이시여, 매우 기묘합니다. 나아가 세존께서는 참으로 잘 설해주셨습니다. 세존께서 말씀하신 것과 같이 승의제의 상은 미세하고 매우 심오해서 제법과의 동일성과 차이성[40]을 초과하는 상임을 통달하기 어렵습니다.

> 이때 선청정혜보살마하살이 부처님께 말하였다.
> "세존이시여, 매우 기묘합니다. 나아가 세존께서는 참으로 모든 존자의 실상을 제대로 설해주셨습니다. 세존께서 말씀하신 것과 같이 궁극적인 진리의 참 모습은 매우 깊고 세밀해서 깨우치기 힘들고 궁극적인 진리는 모든 현상계의 존재와 같다거나 다르다는 차원을 넘어서는 것임을 통달하기 어렵습니다.

世尊 我卽於此 曾見一處 有衆菩薩等 正修行勝解行地 同一會座 皆共思議勝義諦相 與諸行相一異性相 於此會中 一類菩薩 作如是言 勝義諦相 與諸行相 都無有異 一類菩薩 復作是言 非勝義諦相與諸行相 都無有異 然勝義諦相 異諸行相 有餘菩薩 疑惑猶豫 復作是言 是諸菩薩 誰言諦實 誰言虛妄 誰如理行 誰不如理 或唱是言 勝義諦相 與諸行相 都

---

40 동일성은 제법과 승의제의 관계를 동일하다고 생각하는 것이고 차이성은 오로지 다른 것이라고 생각하는 것이다.

無有異 或唱是言 勝義諦相 異諸行相

　세존이시여, 저는 곧 이에 대하여 예전에 어떤 한 곳에서 많은 보살 무리가 바르게 승해행지[41]를 수행하는 것을 보았습니다. 한자리에 모여 앉아서 모두 함께 승의제의 상이 제행의 상[42]과 같은 상인지 다른 상인지를 생각하며 논의하였습니다. 이 모임 가운데 한 부류의 보살들이 '승의제의 상은 제행의 상과 전혀 다름이 없다'라고 말했습니다. 한 부류의 보살들은 '승의제의 상은 제행의 상과 전혀 다름이 없는 것이 아니라 승의제의 상은 제행의 상과는 다르다'라고 말했습니다. 나머지 보살들은 의혹을 품고 주저하며 '이 보살들 가운데 누구의 말이 참이고 누구의 말이 거짓인가? 누가 이치대로 행하고, 누가 이치대로 행하지 않는가?'라고 말하거나, 혹은 소리높여 '승의제의 상은 제행의 상과 전혀 다름이 없다'라고 외치거나, 혹은 소리높여 '승의제의 상은 제행의 상과 다르다'라고 외쳤습니다.

　세존이시여, 저는 곧 이것에 대하여 예전에 어떤 한 곳에서 많은 보살 무리가 바르게 아직 초지인 환희지에 들지 못하고 궁극적인 진리를 열심히 탐구하는 것을 보았습니다. 같이 한자리에 모여 앉아서 모두 함께 궁극적인 진리의 참모습이 모든 세속의 현상과 같은 것인지 다른 것인지를 생각하며 논의하였습니다. 이 모임 가운데 한 부류의 보살들은 '궁극적인 진리의 참모습은 모든 세속의 현상과 전혀 다름이 없다'라고 말했습니다. 다른 한 부류의 보살들은 '궁

---

41 보살의 수행 계위 중 하나로 교법에 대한 나름 뛰어난 이해에 의거해 수행하지만 아직 보살의 초지에 들어가지 못한 단계.

42 행은 끊임없이 찰나생 찰나멸하는 인식 작용이라고 할 수 있고 상은 그 결과로 나타나는 현상이라고 할 수 있다. 행과 상은 동시적이며 연기적이다.

극적인 진리의 참모습은 모든 세속의 현상과 전혀 다름이 없는 것이 아니라, 궁극적인 진리의 참모습은 모든 세속의 현상과는 전혀 다르다'라고 말했습니다. 나머지 보살들은 의혹을 품고 주저하며 '이 보살들 가운데 누구의 말이 참이고 누구의 말이 거짓인가? 누가 이치대로 행하고, 누가 이치대로 행하지 않는가?' 라고 말하거나, 혹은 소리높여 '궁극적인 진리의 참모습은 모든 세속의 현상과 전혀 다름이 없다'라고 외치거나, 혹은 소리높여 '궁극적인 진리의 참도습은 모든 세속의 현상과는 다르다'라고 외쳤습니다.[43]

世尊 我見彼已 竊作是念 此諸善男子 愚癡頑鈍 不明不善 不如理行 於勝義諦 微細甚深 超過諸行一異性相 不能解了

세존이시여, 저는 그것을 보고 혼자서 조용히 '이 선남자들은 어리석고 미련하구나. 명확하지도 않고 능숙하지도 못하구나. 이치에 맞게 행하지도 않는구나. 승의제는 미세하고 매우 심오해서 제행과의 동일성과 차이성을 초과하는 상임을 이해할 수 없구나'라고 생각을 했습니다."

세존이시여, 저는 그 광경을 보고 혼자서 조용히 '이 선남자들은 어리석고 미련하구나. 명확하지도 않고 능숙하지도 못하구나. 이치에 맞게 수행하지도 않

---

43 상(相): 상이란 한자어는 여러 갈래의 의미를 함축하고 있기 때문에 쓰이는 상황이나 문맥에 맞게 우리말로 다르게 옮길 수 있다. '모습'이라고 옮겨도 괜찮겠지만, 〈승의제상품〉에서는 '행상'을 이라는 말을 옮기면서 행+상의 의미를 담아 '현상'이라고 옮겼다. 이 책 전체적으로는 상(相)은 대체로 평범하게 많이 쓰는 '모습'이라고 옮겼다. '생각', '대상', '현상', '관념', '표상', '내용' 등등으로 옮기는 것이 괜찮겠다는 부분도 있었지만 거의 대부분 '모습'으로 옮겼다.

는구나. 궁극적인 진리는 매우 깊고 세밀해서 깨우치기 힘들고, 궁극적인 진리가 모든 세속의 현상과 같다거나 다르다는 차원을 넘어서는 것임을 이해할 수 없구나'라고 생각했습니다."

說是於已 爾時 世尊 告善淸淨慧菩薩曰 善男子 如是如是 如汝所說 彼諸善男子 愚癡頑鈍 不明不善 不如理行 於勝義諦 微細甚深 超過諸行一異性相 不能解了

이렇게 말하고 나자, 이때 세존께서 선청정혜보살에게 말씀하셨다.

"선남자여, 참으로 그러합니다. 그대가 말한 것과 같이 그 선남자들은 어리석고 미련합니다. 명확하지도 않고 능숙하지도 못합니다. 이치에 맞게 행하지도 않습니다. 승의제는 미세하고 매우 심오해서 제행과의 동일성과 차이성을 초과하는 상임을 이해할 수 없습니다.

이렇게 말하고 나자, 이때 세존께서 선청정혜보살에게 말씀하셨다.

"선남자여, 참으로 그러합니다. 그대가 말한 것과 같이 그 선남자들은 어리석고 미련합니다. 명확하지도 않고 능숙하지도 못합니다. 이치에 맞게 수행하지도 않습니다. 궁극적인 진리의 참모습은 매우 깊고 세밀해서 깨닫기 힘들고, 궁극적인 진리가 모든 세속의 현상과 같다거나 다르다는 차원을 넘어서는 것임을 이해할 수 없습니다.

何以故 善淸淨慧 非於諸行 如是行時 名能通達勝義諦相 或於勝義諦
而得作證 何以故 善淸淨慧 若勝義諦相 與諸行相 都無異者 應於今時
一切異生 皆已見諦 又諸異生 皆應已得無上方便安隱涅槃 或應已證阿
耨多羅三藐三菩提

왜냐하면 선청정혜여, 제행을 이와 같이 행할 때, 승의제의 상을 통달
할 수 있다거나 혹은 승의제를 증득할 수 있다고 말하지 않습니다. 왜냐
하면 선청정혜여, 만약 승의제의 상이 전혀 제행의 상과 다름이 없다면
마땅히 지금 일체 모든 이생이 다 이미 승의제를 깨달았을 것입니다. 또
모든 이생이 모두 이미 무상방편의 안은열반[44]을 얻고 아뇩다라삼먁삼보
리를 증득했을 것입니다.

왜냐하면 선청정혜여, 모든 세속의 현상에 대해 이와 같이 관찰하고 수행
할 때, 궁극적인 진리의 참모습이 무엇인지를 통달했다거나 혹은 궁극적인 진
리가 가져오는 열반과 보리의 과보를 터득할 수 있다고 말하지 않습니다. 왜냐
하면 선청정혜여, 만약 궁극적인 진리의 참모습이 전혀 모든 세속의 현상과 다
름이 없다면 마땅히 지금 번뇌에 물든 모든 중생이 모두 이미 궁극적인 진리를
깨달았을 것입니다. 또 마땅히 번뇌에 물든 모든 중생이 모두 이미 가장 높은
방편으로 평안하고 확고한 열반을 얻고, 아뇩다라삼먁삼보리[45]를 깨우쳐 터득

---

44 평안하고 확고한 열반.
45 산스크리트어로 anuttara-samyak-sambodhi로 최상의 지혜. 'a'는 없다(무), 'nuttara'는 위(상),
'sam'은 바르다(정), 'yak'은 고르다(등), 'bodhi'는 지혜를 뜻한다. 무상정등정각, 등정각, 정등각
이라고도 한다.

했을 것입니다.⁴⁶

若勝義諦相 與諸行相 一向異者 已見諦者 於諸行相 應不除遣 若不除遣諸行相者 應於相縛 不得解脫 此見諦者 於諸相縛 不解脫故 於麤重縛 亦應不脫 由於二縛 不解脫故 已見諦者 應不能得無上方便安隱涅槃 或不應證阿耨多羅三藐三菩提

만약 승의제의 상이 제행의 상과 한결같이 다른 것이라면, 이미 진리를 본 자도 모든 행의 상을 마땅히 떨쳐 버리지 못할 것입니다. 만약 제행의 상을 떨쳐 버리지 못한 자라면 마땅히 상박⁴⁷을 해탈하지 못할 것입니다. 이렇게 진리를 본 자가 모든 상박을 해탈하지 못하기 때문에 추중박⁴⁸도 역시 해탈하지 못합니다. 두 가지 속박에서 해탈하지 못하기 때문에, 이미 진리를 본 자라도 마땅히 위없는 방편의 안은열반을 득할 수 없고, 또한 아뇩다라삼먁삼보리를 증득할 수도 없습니다.

---

46 열반은 불교에서 가장 중요한 핵심 내용 중 하나이다. 번뇌를 끊고 깨우침의 지혜를 완성하여 평안한 완전한 깨달음의 차원을 뜻하며, 불교 수행의 궁극적인 도달점이다. 유가유식불교에서는 이러한 열반에 대해서 네 가지로 나누어 본다. 즉 본래자성청정열반, 유여열반, 무여열반, 무주처열반이다. 이중 무주처열반은 생사에도 열반에도 머물지 않는 열반으로 번뇌의 불을 꺼버린 열반으로 아집을 멸했다면 아뇩다라삼먁삼보리로 소지장(분별지로 인한 장애)인 법집까지도 멸한 성불의 경지로 본다.

47 인식 대상에 매이는 속박.

48 추는 거친 소지장으로 망상이나 미혹이고, 중은 무거운 번뇌장이다. 이 둘의 속박.

만약 궁극적인 진리의 참모습이 모든 세속의 현상과 한결같이 다른 것이라면 이미 진리가 무엇인지를 통찰하여 견도를 이룬 자도 마땅히 모든 세속의 현상을 떨쳐 버리지 못할 것입니다. 만약 모든 세속의 현상을 떨쳐 버리지 못한 자라면 마땅히 현상의 속박에서 벗어나지 못할 것입니다. 이렇게 진리 가 무엇인지를 통찰하여 견도를 이룬 자가 모든 세속 현상의 속박에서 벗어나-지 못하기 때문에 무거운 번뇌장과 거친 소지장의 속박에서도 또한 벗어나자 못합니다. 두 가지 속박에서 해탈하지 못하기 때문에 이미 진리가 무엇인지를 통찰하여 견도를 이룬 자라도 마땅히 가장 뛰어난 방편으로 평안하고 확고한· 열반을 얻을 수 없고, 또한 아뇩다라삼먁삼보리를 깨우쳐 터득할 수도 없습니다.

善淸淨慧 由於今時 非諸異生 皆已見諦 非諸異生 已能獲得 無上方便 安隱涅槃 亦非已證阿耨多羅三藐三菩提 是故 勝義諦相 與諸行相 都無異相 不應道理 若於此中 作如是言 勝義諦相 與諸行相 都無異者 由此道理 當知 一切 非如理行 不如正理

선청정혜여, 그러므로 아직도 모든 이생[49]은 모두 다 진리를 보지 못했습니다. 모든 이생은 무상방편의 안은열반을 획득할 수 없었습니다. 역시 아뇩다라삼먁삼보리를 증득할 수 없었습니다. 그러므로 승의제의 상이 제행의 상과 전혀 다름이 없다는 것은 도리에 맞지 않습니다. 단약 이 가운데서 '승의제의 상이 제행의 상과 전혀 다름이 없다'라고 이렇게 말한다

---

49 생사의 번뇌에 사로잡힌 중생.

면, 이러한 도리에 따라서는 일체 도리에 맞는 행도 아니고 바른 도리도
아님을 알아야 합니다.

> 선청정혜여, 그러므로 아직도 생사의 번뇌에 사로잡힌 모든 중생은 다 진리
> 를 제대로 보지 못했습니다. 생사의 번뇌에 사로잡힌 모든 중생은 가장 높은
> 방편의 평안하고 확고한 열반을 얻을 수 없었습니다. 또한 아뇩다라삼먁삼보
> 리를 깨우쳐 터득할 수 없었습니다. 그러므로 궁극적인 진리의 참모습이 모든
> 세속의 현상과 전혀 다름이 없다는 것은 도리에 맞지 않습니다. 만약 이 가운
> 데서 '궁극적인 진리의 참모습이 모든 세속의 현상과 전혀 다름이 없다'라고 이
> 렇게 말한다면, 이러한 도리에 따라서는 전혀 도리에 맞게 관찰하고 수행하는
> 것도 아니고, 이러한 도리는 전혀 바른 도리도 아님을 알아야 합니다.

善淸淨慧 由於今時 非見諦者 於諸行相 不能除遣 然能除遣 非見諦者
於諸相縛 不能解脫 然能解脫 非見諦者 於麤重縛 不能解脫 然能解脫
以於二障 能解脫故 亦能獲得無上方便安隱涅槃 或有能證阿耨多羅三
藐三菩提 是故 勝義諦相 與諸行相 一向異相 不應道理 若於此中 作如
是言 勝義諦相 與諸行相 一向異者 由此道理 當知 一切 非如理行 不如
正理

선청정혜여, 지금에 와서 진리를 본 자[견도를 이룬 자]는 제행의 상을 떨
쳐 버릴 수 없는 것이 아니라 떨쳐 버릴 수 있습니다. 진리를 본 자는 모
든 상박을 해탈할 수 없는 것이 아니라 해탈할 수 있습니다. 진리를 본 자

는 추중박을 해탈할 수 없는 것이 아니라 해탈할 수 있습니다. 두 가지 장애를 해탈할 수 있기 때문에, 또한 무상 방편으로 안은열반을 획득할 수 있고, 혹은 아뇩다라삼먁삼보리도 증득할 수 있습니다. 그러므로 승의제의 상은 제행의 상과 한결같이 다른 상이라는 것은 도리에 맞지 않습니다. 만약 이 가운데서 '승의제의 상이 모든 행의 상과 한결같이 다르다'라고 말한다면, 이러한 도리에 따라서는 일체 도리에 맞는 행도 아니고 바른 도리도 아님을 알아야 합니다.

선청정혜여, 지금에 와서 진리가 무엇인지를 통찰하여 견도를 이룬 자는 모든 세속의 현상을 떨쳐 버릴 수 없는 것이 아니라 떨쳐 버릴 수 있습니다. 진리가 무엇인지를 통찰하여 견도를 이룬 자는 모든 현상의 속박에서 벗어날 수 없는 것이 아니라 벗어날 수 있습니다. 진리가 무엇인지를 통찰하여 견도를 이룬 자는 무거운 번뇌장과 거친 소지장의 속박에서 벗어날 수 없는 것이 아니라 벗어날 수 있습니다. 두 가지 장애에서 벗어날 수 있기 때문에, 또한 가장 뛰어난 방편으로 평안하고 확고한 열반을 얻을 수 있고, 혹은 아뇩다라삼먁삼보리도 깨우쳐 터득할 수 있습니다. 그러므로 궁극적인 진리의 참모습은 모든 세속의 현상과 한결같이 다르다는 것은 도리에 맞지 않습니다. 만약 이 가운데서 '궁극적인 진리의 참모습은 모든 세속의 현상과 한결같이 다르다'라고 말한다면, 이러한 도리를 따라서는 전혀 도리에 맞게 관찰하고 수행하는 것도 아니고, 이러한 도리는 전혀 바른 도리도 아님을 알아야 합니다.

復次 善清淨慧 若勝義諦相 與諸行相 都無異者 如諸行相 墮雜染相 此
勝義諦相 亦應如是 墮雜染相

다시 선청정혜여, 만약 승의제의 상이 제행의 상과 전혀 다름이 없는 것
이라면 제행의 상이 잡염상으로 떨어지듯이 승의제의 상도 역시 이렇게
잡염상에 떨어질 것입니다.

> 다시 선청정혜여, 만약 궁극적인 진리의 참모습이 모든 세속의 현상과 전혀
> 다름이 없는 것이라면 모든 세속의 현상이 번뇌에 물든 모습으로 떨어지듯이
> 궁극적인 진리의 참모습도 또한 그렇게 번뇌에 물든 모습으로 떨어질 것입니다.

善清淨慧 若勝義諦相 與諸行相 一向異者 應非一切行相共相 名勝義
諦相

선청정혜여, 만약 승의제의 상이 제행의 상과 한결같이 다른 것이라면
일체행의 상의 공상[50]을 승의제의 상이라고 말하는 것은 마땅하지 않습니다.

> 선청정혜여, 만약 궁극적인 진리의 참모습이 모든 세속의 현상과 한결같이
> 다른 것이라면 일체 모든 세속의 현상이 갖는 보편적인 현상을 궁극적인 진리

---

50 자상에 대비되는 말로, 추리하는 지혜나 언어에 의해 드러나는 보편성을 말한다. 모든 법에 있
어 무아나 진여, 승의는 모든 법에 편재하기 때문에 공상이라고 한다.

의 참모습이라고 말하는 것은 마땅하지 않습니다.

善淸淨慧 由於今時 勝義諦相 非墮雜染相 諸行共相 名勝義諦相 是故
勝義諦相 與諸行相 都無異相 不應道理 勝義諦相 與諸行相 一向異相
不應道理 若於此中 作如是言 勝義諦相 與諸行相 都無有異 或勝義諦
相 與諸行相 一向異者 由此道理 當知 一切 非如理行 不如正理

　선청정혜여, 지금 승의제의 상이 잡염상으로 떨어지지 않고, 제행의 공
상을 승의제의 상이라 말합니다. 그러므로 승의제의 상이 제행의 상과 전
혀 다름이 없는 상이라는 것은 도리에 맞지 않습니다. 승의제의 상이 제행
의 상과 한결같이 다른 상이라는 것도 도리에 맞지 않습니다. 만약 이 가
운데서 '승의제의 상이 제행의 상과 전혀 다름이 없다거나 혹은 승의제의
상이 제행의 상과 한결같이 다른 것이다'라고 말한다면, 이러한 도리에 따
르면 일체 도리에 맞는 행도 아니고 바른 도리도 아님을 알아야 합니다.

　선청정혜여, 지금 궁극적인 진리의 참모습이 번뇌에 물든 현상으로 떨어지
지 않고 모든 세속 현상의 보편적인 현상을 궁극적인 진리의 참모습이라 말합
니다. 그러므로 궁극적인 진리의 참모습이 모든 세속의 현상과 전혀 다름이 없
는 현상이라는 것은 도리에 맞지 않습니다. 궁극적인 진리의 참모습이 모든 세
속의 현상과 한결같이 다른 현상이라는 것도 도리에 맞지 않습니다. 만약 이
가운데서 '궁극적인 진리의 참모습이 모든 세속의 현상과 전혀 다름이 없다거
나 혹은 궁극적인 진리의 참모습이 모든 세속의 현상과 한결같이 다른 것이다'

라고 말한다면, 이러한 도리를 따르면 전혀 도리에 맞게 관찰하고 수행하는 것도 아니고, 이러한 도리는 전혀 바른 도리도 아님을 알아야 합니다.

復次 善淸淨慧 若勝義諦相 與諸行相 都無異者 如勝義諦相 於諸行相 無有差別 一切行相 亦應如是 無有差別 修觀行者 於諸行中 如其所見 如其所聞 如其所覺 如其所知 不應後時 更求勝義

다시 선청정혜여, 만약 승의제의 상이 제행의 상과 도무지 다름이 없는 것이라면 승의제의 상이 제행의 상과 차별이 없는 것같이 일체행의 상 역시 마땅히 이와 같이 차별이 없습니다. 관행[51]을 수행하는 자가 모든 행 가운데서 본 대로, 들은 대로, 느낀 대로, 생각한 대로 안 대로 받아들이고 마땅히 나중에 다시 승의를 구하지 않습니다.

다시 선청정혜여, 만약 궁극적인 진리의 참모습이 모든 세속의 현상과 전혀 다름이 없는 것이라면 궁극적인 진리의 참모습이 모든 세속의 현상과 차별이 없는 것과 같이 일체 모든 세속의 현상 또한 마땅히 이와 같이 차별이 없습니다. 세속의 현상에 대한 관찰을 수행하는 자가 모든 세속의 현상에 대해서 눈으로 본 대로, 귀로 들은 대로, 헤아려 관찰한 대로 사유하고 판단한 대로 받아들이고 마땅히 나중에 다시 궁극적인 진리를 구하지 않습니다.

---

[51] 마음이 드러낸 세속의 현상을 관찰함.

**若勝義諦相 與諸行相 一向異者 應非諸行 唯無我性 唯無自性之所顯現
是勝義相 又應俱時 別相成立 謂雜染相 及淸淨相**

만약 승의제의 상이 제행의 상과 한결같이 다른 것이라면 제행이 오직 무아성으로 오직 무자성으로 현현하는 것이 승의제의 상이 아니어야 합니다. 또 동시에 별개의 상이 성립해야만 합니다. 이른바 잡염상과 청정상입니다.

> 만약 궁극적인 진리의 참모습이 모든 세속의 현상과 한결같이 다른 것이라면 마땅히 모든 세속의 현상이 오직 고유한 실체가 없는 성품으로 오직 고유한 본성이 없는 성품으로 바로 드러난 것은 궁극적인 진리의 참모습이 아니어야 합니다. 또 동시에 서로 다른 현상, 말하자면 번뇌에 물든 현상과 번뇌를 벗어난 현상이 함께 성립해야 합니다.

**善淸淨慧 由於今時 一切行相 皆有差別 非無差別 修觀行者 於諸行中
如其所見 如其所聞 如其所覺 如其所知 復於後時 更求勝義**

선청정혜여, 지금 일체행의 상이 모두 다 차별이 있는 것이지 차별이 없는 것이 아닙니다. 관행을 수행하는 자는 제행 가운데서 본 대로, 들은 대로, 느낀 대로, 생각한 대로 받아들이고 나중에 다시 승의를 구합니다.

선청정혜여, 지금 일체 모든 세속의 현상이 모두 다 차별이 있는 것이지 차별이 없는 것이 아닙니다. 세속의 현상에 대한 관찰을 수행하는 자는 모든 세속의 현상에 대해서 눈으로 본 대로, 귀로 들은 대로, 헤아려 관찰한 대로 사유하고 판단한 대로 받아들이고 나중에 다시 궁극적인 진리를 구합니다.

又卽諸行 唯無我性 唯無自性之所顯現 名勝義相 又非俱時 染淨二相 別相 成立 是故 勝義諦相 與諸行相 都無有異 或一向異 不應道理 若於此中 作如是言 勝義諦相 與諸行相 都無有異 或一向異者 由此道理 當知 一切 非如理行 不如正理

또 곧 제행이 오직 무아성으로 오직 무자성으로 현현하는 것을 승의제의 상이라고 합니다. 또 동시에 잡염과 청정 두 가지 별개의 상이 성립하지 않습니다. 그러므로 승의제의 상이 제행의 상과 전혀 다름이 없거나 혹은 한결같이 다르다는 것은 도리에 맞지 않습니다. 만약 이 가운데서 '승의제의 상이 제행의 상과 전혀 다름이 없거나 혹은 한결같이 다르다'라고 말한다면, 이 도리에 따르면 전혀 일체 도리에 맞는 행도 아니고 바른 도리도 아님을 알아야 합니다.

또 곧 모든 속세의 현상이 오직 고유한 실체가 없는 성품으로 오직 고유한 본성이 없는 성품으로 바로 드러난 것을 궁극적인 진리의 참모습이라고 합니다. 또 동시에 번뇌에 물든 현상과 번뇌에서 벗어난 현상, 두 가지 서로 다른 현상이 성립하지 않습니다. 그러므로 궁극적인 진리의 참모습이 모든 서속의 현상과 전혀 다름이 없거나 혹은 한결같이 다르다는 것은 도리에 맞지 않습니다. 만약 이 가운데서 '궁극적인 진리의 참모습이 모든 세속의 현상과 전혀 다름이 없거나 혹은 한결같이 다른 것이다'라고 말한다면, 이러한 도리에 따르면 전혀 도리에 맞게 관찰하며 수행하는 것이 아니고, 이러한 도리는 전혀 바른 도리도 아님을 알아야 합니다.

善清淨慧 如螺貝上 鮮白色性 不易施設與彼螺貝一相異相 如螺貝上 鮮白色性 金上黃色 亦復如是 如箜篌聲上 美妙曲性 不易施設與箜篌聲一相異相 如黑沈上 有妙香性 不易施設與彼黑沈一相異相 如胡椒上 辛猛利性 不易施設與彼胡椒一相異相 如胡椒上 辛猛利性 訶梨淡性 亦復如是 如蠱羅綿上 有柔軟性 不易施設與蠱羅綿一相異相 如熟酥上 所有醍醐 不易施設與彼熟酥一相異相

선청정혜여, 마치 소라의 새하얀 색깔의 속성이 그 소라와 같은 상인지 다른 상인지를 시설하기 쉽지 않음과 같습니다. 소라의 새하얀 색깔의 속성과 같이 금의 누런 색깔도 또한 그와 같습니다. 마치 공후 소리의 미묘한 선율의 속성이 공후 소리와 같은 상인지 다른 상인지를 시설하기 쉽지 않음과 같습니다. 마치 흑침향의 묘한 향기의 속성이 그 흑침향과 같은 상인지 다른 상인지를 시설하기 쉽지 않음과 같습니다. 마치 후추의 아주 매운 맛의 속성이 그 후추와 같은 상인지 다른 상인지를 시설하기 쉽지 않음과 같습니다. 후추의 아주 매운 속성처럼, 하리[52]의 떫은 맛의 속성도 또한 이와 같습니다. 마치 두라면[53]의 보드라운 속성은 두라면과 같은 상인지 다른 상인지를 시설하기 쉽지 않음과 같습니다. 마치 숙소와 제호[54]맛은 그 잘 발효된 타락죽과 같은 상인지 다른 상인지를 시설하기 쉽지 않음과 같습니다.

> 선청정혜여, 마치 소라의 새하얀 색깔의 속성이 그 소라와 같은 것인지 다른 것인지를 언어로 설명하기 쉽지 않음과 같습니다. 소라의 새하얀 색깔의 속성처럼, 금의 누런 색깔도 또한 그와 같습니다. 마치 공후 소리의 미묘한 선율의 속성이 공후 소리와 같은 것인지 다른 것인지를 언어로 설명하기 쉽지 않음과 같습니다. 마치 흑침향의 묘한 향기의 속성이 그 흑침향과 같은 것인지 다른 것인지를 언어로 설명하기 쉽지 않음과 같습니다. 마치 후추의 아주 매운 맛의 속성은 그 후추와 같은 것인지 다른 것인지를 언어로 설명하기 쉽지 않음과 같습니다. 후추의 아주 매운 속성처럼, 하리의 떫은 맛의 속성도 또한 이와 같습니다. 마치 두라면의 보드라운 속성은 두라면과 같은 것인지 다른 것인지를 언어로 설명하기 쉽지 않음과 같습니다. 마치 숙소와 제호 맛은 그 잘 발효된 타락죽과 같은 것인지 다른 것인지를 언어로 설명하기 쉽지 않음과 같습니다.

---

52 산스크리트어로 haritak, 하리달계로 음역. 노란 미로바란 나무와 열매로 감초 용도의 약초나 감미료 같은 것을 말한다.

53 산스크리트어로 tura, 버들가지에 보송보송 붙어 있는 꽃눈이 부드러운 솜털처럼 보인다.

54 숙소는 산스크리트어로 sarpis, 제호는 manda. 소나 양의 젖을 가공하여 낙(酪 dadhi)을 만들고, 이 낙을 다시 가공하여 생소(生酥 navanita)를 만들며 이 생소를 발효시켜 숙소를 만든다. 이 숙소를 발효시키면 가장 정제된 맛을 가진 제호가 나온다. 불교에서는 이 제호를 불성이나 열반에 비유한다.

又如一切行相 無常性 一切有漏法上 苦性 一切法上 補特伽羅 無我性 不易施設與彼行等一相異相 又如貪上 不寂靜相及雜染相 不易施設此 與彼貪一相異相 如於貪上 於瞋癡上 當知亦爾 如是 善清淨慧 勝義諦 相 不可施設與諸行相一相異相

또한 일체 행의 상의 무상성, 일체 유루법의 고성, 일체법의 보특가라 무아성은 그 행 등과 동일상인지 차이상인지를 시설하기 쉽지 않음과 같습니다. 또 탐욕의 부적정상과 잡염상은 그 탐욕과 동일상인지 차이상인지를 시설하기 쉽지 않음과 같습니다. 탐욕에서와 마찬가지로 성냄과 어리석음의 경우에서도 또한 마찬가지임을 알아야 합니다. 이와 같이 선청정혜여, 승의제의 상은 제행의 상과 동일상인지 차이상인지를 시설할 수 없습니다.

또한 일체 모든 세속의 현상이 무상하다는 성품[제행무상], 일체 번뇌가 끊이지 않는 법이 고통과 함께하는 성품[일체개고], 일체법이 고유한 실체를 갖지 않는다는 성품[제법무아]은 그 세속의 현상, 유루법, 일체법 등과 같은 것인지 다른 것인지를 언어로 설명하기 쉽지 않음과 같습니다. 또 탐욕이 적정하지 않고 번뇌에 물들어 있는 속성이 그 탐욕과 같은 것인지 다른 것인지를 언어로 설명하기 쉽지 않음과 같습니다. 탐욕에서와 마찬가지로 성냄과 어리석음의 경우에서도 또한 마찬가지임을 알아야 합니다. 이와 같이 선청정혜여, 궁극적인 진리의 참모습은 모든 속세의 현상과 같은 것인지 다른 것인지를 언어로 설명할 수 없습니다.

善淸淨慧 我於如是微細極微細 甚深極甚深 難通達 極難通達 超過諸
法 一異性相 勝義諦相 現正等覺 現等覺已 爲他宣說 顯示開解 施設照
了

　선청정혜여, 나는 이와 같이 미세하면서도 극히 미세하고, 심히 심오하
면서도 극히 심히 심오하며, 통달하기 어려우면서도 극히 통달하기 어려
운, 제법의 동일성과 차이성의 상을 초과하는 승의제의 상에 대해서 바로
정등각을 이루었습니다. 바로 정등각을 이루고 나서는 다른 이들에게 널
리 설하여 현시하고 이해시키기 위해 시설하여 밝혀주었습니다."

　선청정혜여, 나는 이와 같이 미세하면서도 그지없이 미세하고, 매우 심오하
면서도 그지없이 매우 심오하며, 통달하기 어려우면서도 그지없이 통달하기
어려운, 모든 속세의 현상이 궁극적인 진리의 참모습과 같거나 다르다는 생각
을 넘어서는 궁극적인 진리의 참모습을 바르고 평등하게 깨달았습니다. 바르
고 평등하게 깨닫고 나서는 다른 이들에게 널리 설하여 드러내고 일깨우기 위
해 교법으로 설하여 밝혀주었습니다."

爾時 世尊 欲重宣此義 而說頌曰
行界勝義相 離一異性相
若分別一異 彼非如理行

衆生爲相縛 及彼麤重縛

要勤修止觀 爾乃得解脫

　이때 세존께서 거듭 이 뜻을 널리 펴시고자 다음과 같이 게송으로 설하셨다.

> 세속의 현상계와 승의의 참모습은 같음과 다름을 떠난 모습이니
> 만약 같다거나 다르다고 분별하면 그건 이치대로 행함이 아니네.
>
> 중생은 대상에 얽매이고 또 번뇌와 망상에 얽매이지만
> 모름지기 부지런히 지관을 수행하면 마침내 해탈할 수 있다네.

爾時 世尊 告長老善現曰 善現 汝於有情界中 知幾有情 懷增上慢 爲增上慢所執持故 記別所解 汝於有情界中 知幾有情 離增上慢 記別所解

　이때 세존께서 장로 선현에게 말씀하셨다.

　"선현이여, 그대는 유정계 가운데서 얼마만큼의 유정[55]들이 증상만(增上慢)[56]을 품고 증상만에 사로잡혀 이해한 것만 기별[57]하는 줄 아십니까? 그

대는 유정계 가운데서 얼마만큼의 유정들이 증상만을 여의고서 이해한 것을 기별하는 줄 아십니까?"

이때 세존께서 선현장로에게 말씀하셨다.

> "선현이여, 그대는 유정계 가운데서 얼마만큼의 유정들이 교법을 제대로 알지도 못하면서 안다는 자만심을 품고 자만심에 사로잡혀서 자신이 이해한 것만 묻고 답하는 줄 아십니까? 그대는 유정계 가운데서 얼마만큼의 유정들이 그러한 자만심을 벗어나 이해한 것을 묻고 답하는 줄 아십니까?"

長老善現 白佛言 世尊 我知 有情界中 少分有情 離增上慢 記別所解 世尊 我知 有情界中 有無量無數不可說有情 懷增上慢 爲增上慢所執持故 記別所解

선현장로가 부처님께 말씀드렸다.

"세존이시여, 저는 유정계 가운데 적은 수의 유정들만이 증상만을 여의고서 이해한 것을 기별하는 줄로 압니다. 세존이시여, 저는 유정계 가운데 무량무수 불가수의 유정들이 증상만을 품고서 증상만에 사로잡혀 이해한 것만 기별하는 줄 압니다.

> 선현장로가 부처님께 말씀드렸다.
> "세존이시여, 저는 유정계 가운데 아주 적은 유정들만이 자만심을 벗어나 이

해한 것을 묻고 답하는 줄로 압니다. 세존이시여, 저는 유정계 가운데 헤아릴 수 없고 이루 다 말할 수 없는 수많은 유정이 교법을 제대로 알지도 못하면서 자만심을 품고 자만심에 사로잡혀서 이해한 것만 묻고 답하는 줄 압니다.

世尊 我於一時 住阿練若 大樹林中 時有衆多苾芻 亦於此林 依近我住 我見 彼諸苾芻 於日後分 展轉聚集 依有所得現觀 各說種種相法 記別 所解

세존이시여, 저는 한때 울창한 숲속 아련야[58]에 머물고 있었습니다. 때마침 많은 필추[59]가 역시 그 숲속에서 저와 가까운 곳에 머무르고 있었습니다. 해 질 무렵 제가 그 필추들이 서로서로 모여서 유소득 현관[60]에 의거해 제각기 갖가지 상의 법을 설한다면서 이해한 것을 기별하는 것을 보았습니다.

세존이시여, 저는 한때 울창한 숲속의 한적하고 고요한 곳에 머물고 있었습니다. 때마침 많은 비구가 또한 그 숲속에서 저와 가까운 곳에 머물고 있었습니다. 그 비구들이 해 질 무렵 서로서로 모여서 언설로 알게 된 일부의 교법에

---

58 수행하기 좋은 한적하고 조용한 곳.

59 비구.

60 부처님이 언어로 설하여 수습하여 얻을 수 있는 13가지 교법(5온·12처·12연기·4식·4제·18계·4념주·4전단·4신족·5근·5력·7각지·8정도)을 말한다. 그러나 유소득 현관에 의거하여 말 그대로의 의미에 집착해 이해하면 궁극의 승의제를 증득하지 못한다.

의거하여 제각기 갖가지 세속의 현상과 법칙을 설한다면서 이해한 것을 묻고 답하는 것을 보았습니다.

於中 一類 由得蘊故 得蘊相故 得蘊起故 得蘊盡故 得蘊滅故 得蘊滅作 證故 記別所解

그 가운데서 한 부류는 5온을 득했다면서, 5온의 상을 득했다면서, 5온의 일어남을 득했다면서, 5온의 다함을 득했다면서, 5온의 소멸을 득했다면서, 5온 소멸의 작증[61]을 득했다면서 이해한 것을 기별하였습니다.

그 가운데 한 부류는 5온이 무엇인지를 터득했다면서, 5온이 무슨 뜻을 갖는지를 터득했다면서, 5온이 어떻게 작용하는지를 터득했다면서, 5온이 어떻게 다하는지를 터득했다면서, 5온이 왜 소멸하는지를 터득했다면서, 5온을 어떻게 소멸시키는지를 터득했다면서, 제각기 이해한 것을 묻고 답했습니다.

如此一類 由得蘊故 復有一類 由得處故 復有一類 得緣起故 當知亦爾

---

61 앞의 5온의 소멸을 득한 것은 5온의 멸성제를 말하고 5온 소멸의 작증은 5온의 도성제, 즉 5온을 소멸시키는 방법을 터득했다는 의미이다.

이렇게 한 부류가 5온을 득했다면서 이해한 것을 기별한 것과 같이, 다시 한 부류는 12처를 득했다면서, 다시 한 부류는 12연기를 득했다면서 역시 그렇게 했음을 알아야 합니다.

이렇게 한 부류가 5온이 무엇인지을 터득했다면서 이해한 것을 묻고 답한 것과 같이, 다시 한 부류는 12처가 무엇인지를 터득했다면서, 다시 한 부류는 12연기가 무엇인지를 터득했다면서 또한 묻고 답했음을 알아야 합니다.

復有一類 由得食故 得食相故 得食起故 得食盡故 得食滅故 得食滅作證故 記別所解

다시 한 부류는 4식을 득했다면서, 4식의 상을 득했다면서, 4식의 일어남을 득했다면서, 4식의 다함을 득했다면서, 4식의 소멸을 득했다면서, 4식의 소멸의 작증을 득했다면서 이해한 것을 기별하였습니다.

다시 한 부류는 4식이 무엇인지를 터득했다면서, 4식이 무슨 뜻을 갖는지를 터득했다면서, 4식이 어떻게 작용하는지를 터득했다면서, 4식이 어떻게 다하는지를 터득했다면서, 4식이 어떻게 소멸하는지를 터득했다면서, 4식을 어떻게 소멸시키는지를 터득했다면서 이해한 것을 묻고 답하였습니다.

復有一類 由得諦故 得諦相故 得諦遍知故 得諦永斷故 得諦作證故 得諦修習故 記別所解

다시 한 부류는 4성제를 득했다면서, 4성제의 상을 득했다면서, 4성제의 변지를 득했다면서, 4성제의 영단을 득했다면서, 4성제의 작증을 득했다면서, 4성제의 수습을 득했다면서 이해한 것을 기별하였습니다.

　다시 한 부류는 4성제가 무엇인지를 터득했다면서, 4성제가 무슨 뜻을 갖는지를 터득했다면서, 4성제를 어떻게 두루 알게 되는지를 터득했다면서, 고성제와 집성제를 어떻게 영원히 끊게 되는지를 터득했다면서, 멸성제는 어떻게 이루는지를 터득했다면서, 도성제를 어떻게 닦아 익히는지를 터득했다면서 이해한 것을 묻고 답하였습니다.

復有一類 由得界故 得界相故 得界種種性故 得界非一性故 得界滅故 得界滅作證故 記別所解

다시 한 부류는 18계를 득했다면서, 18계의 상을 득했다면서, 18계의 갖가지 성품을 득했다면서, 18계의 소멸을 득했다면서, 18계 소멸의 작증을 득했다면서 이해한 것을 기별하였습니다.

다시 한 부류는 18계가 무엇인지를 터득했다면서, 18계가 무슨 뜻을 갖는지를 터득했다면서, 18계가 각기 어떤 특징을 갖는지를 터득했다면서, 18계는 어떻게 소멸되는지를 터득했다면서, 18계를 어떻게 소멸시키는지를 터득했다면서 이해한 것을 묻고 답하였습니다.

復有一類 由得念住故 得念住相故 得念住能治所治故 得念住修故 得念住未生令生故 得念住生已 堅住不忘 倍修增廣故 記別所解

다시 한 부류는 4념주를 득했다면서, 4념주의 상을 득했다면서, 4념주의 능치와 소치를 득했다면서, 4념주의 수행을 득했다면서, 아직 생기지 않은 4념주를 생기게 함을 득했다면서, 4념주가 생기고 나서 견주불망하며 배로 수행하여 증광함을 득했다면서 이해한 것을 기별하였습니다.

다시 한 부류는 4념주가 무엇인지를 터득했다면서, 4념주가 무슨 뜻을 갖는지를 터득했다면서, 4념주를 다스리는 주체와 다스려지는 대상이 무엇인지를 터득했다면서, 4념주를 어떻게 수행하는지를 터득했다면서, 아직 생기 지 않은 4념주를 어떻게 일어나게 하는지를 터득했다면서, 4념주가 생기고 나서 굳게 그 자리에 머물러 잊지 않고 거듭 수행하여 어떻게 4념주의 역량이 ㄷ욱 커졌는지를 터득했다면서 이해한 것을 묻고 답하였습니다.

如有一類 得念住故 復有一類 得正斷故 得神足故 得諸根故 得諸力故
得覺支故 當知亦爾

한 부류가 4념주를 득했다면서 이해한 것을 기별한 것과 같이, 다시 한
부류는 4정단을 득했다면서, 4신족을 득했다면서, 5근을 득했다면서, 5력
을 득했다면서, 7각지를 득했다면서 이해한 것을 역시 그렇게 했음을 알
아야 합니다.

> 한 부류가 4념주가 무엇인지를 터득했다면서 이해한 것을 묻고 답한 것과
> 같이, 다시 한 부류는 4정단이 무엇인지를 터득했다면서, 4신족이 무엇인지를
> 터득했다면서, 5근이 무엇인지를 터득했다면서, 5력이 무엇인지를 터득했다면
> 서, 7각지가 무엇인지를 터득했다면서 또한 묻고 답했음을 알아야 합니다.

復有一類 得八支聖道故 得八支聖道相故 得八支聖道能治所治故 得八
支聖道修故 得八支聖道未生令生故 得八支聖道生已 堅住不忘 倍修增
廣故 記別所解

다시 한 부류는 8정도를 득했다면서, 8정도의 상을 득했다면서, 8정도
의 능치와 소치를 득했다면서, 8정도의 수행을 득했다면서, 아직 생기지
않은 8정도를 어떻게 생기게 하는지를 터득했다면서, 8정도를 득하여 생
기게 하고 나서 견주불망하며 배로 수행하여 증광함을 득했다면서 이해

한 것을 기별하였습니다.

다시 한 부류는 8정도가 무엇인지를 터득했다면서, 8정도가 무슨 뜻을 갖는지를 터득했다면서, 8정도에서 다스리는 주체와 다스려지는 대상이 무엇인지를 터득했다면서, 8정도를 어떻게 수행하는지를 터득했다면서, 아직 생기지 않은 8정도를 어떻게 생기게 하는지를 터득했다면서, 8정도를 터득하여 생기게 하고 나서 어떻게 굳게 그 자리에 머물러 잊지 않고 거듭 수행하여 어떻게 3정도의 역량이 더욱 커졌는지를 터득했다면서 이해한 것을 묻고 답하였습니다.

世尊 我見彼已 竊作是念 此諸長老 依有所得現觀 各設種種相法 記別所解 當知 彼諸長老 一切皆懷增上慢 爲增上慢所執持故 於勝義諦 遍一切一味相 不能解了

세존이시여, 저는 그것을 보고 나서 조용히 다음과 같이 생각했습니다. '이 모든 장로는 유소득 현관에 의거해 제각기 갖가지 상의 법을 설한다면서 이해한 것을 기별하는구나. 저 모든 장로는 다 증상만을 품고 증상만에 사로잡혔기 때문에 승의제가 일체 일미로 두루 하는 상임을 이해할 수 없음을 알아야 한다'라고.

세존이시여, 저는 그 광경을 보고 나서 조용히 '이 모든 장로는 언술로 알게 된 일부의 교법에 의거하여 제각기 갖가지 현상과 법칙을 설한다면서 이해한 것을 묻고 답하는구나. 저 모든 장로는 일체 모두 다 교법을 제대로 알지도 못하면서 자만심을 품고 그러한 자만심에 사로잡혀 있기 때문에, 궁극적인 진리가 일체 모두에 두루 한 맛으로 작용하는 참모습임을 이해할 수 없음을 알아야 한다'라고 생각했습니다.

是故 世尊 甚奇 乃至 世尊 善說 如世尊言 勝義諦相 微細最微細 甚深最甚深 難通達 最難通達 遍一切一味相 世尊 此聖敎中 修行 苾芻 於勝義諦 遍一切一味相 尙難通達 況諸外道

그러므로 세존께서는 심히 기묘합니다. 나아가 세존께서 '승의제의 상은 미세하면서도 가장 미세하고, 심히 심오하면서도 가장 심히 심오하며, 통달하기 어려우면서도 가장 통달하기 어려운, 일체 일미로 두루 하는 상이다'라고 말씀하신 것과 같이 세존께서는 잘 설하셨습니다. 세존이시여, 이 성스러운 가르침 가운데 수행하는 비구들조차도 승의제가 일체 일미로 두루 하는 상임에 대해 또한 통달하기 어렵습니다. 하물며 모든 외도는 어떻겠습니까."

그러므로 세존께서는 매우 기묘하십니다. 나아가 세존께서 '궁극적인 진리의 참모습은 미세하면서도 가장 미세하고, 매우 심오하면서도 가장 매우 심오하며, 통달하기 어려우면서도 가장 통달하기 어려운, 일체 모두에 두루 한 맛으로 작용하는 참모습이다'라고 말씀하신 것과 같이 세존께서는 능숙하게 설하셨습니다. 세존이시여, 이 성스러운 가르침 가운데 수행하는 비구들조차도 궁극적인 진리가 일체 모두에 두루 한 맛으로 작용하는 참모습임을 또한 통달하기 어렵습니다. 하물며 모든 외도는 얼마나 통달하기 어렵겠습니까."

爾時 世尊 告長老善現曰 如是如是 善現 我於微細最微細 甚深最甚深 難通達 最難通達 遍一切一味相 勝義諦 現正等覺 現等覺已 爲他宣說 顯示開解 施設照了

이때 세존께서 선현 장로에게 말씀하셨다.

"참으로 그러합니다. 선현이여, 나는 미세하면서도 가장 미세하고, 심히 심오하면서도 가장 심히 심오하며, 통달하기 어려우면서도 가장 통달하기 어려운, 일체 일미로 두루 하는 상인 승의제에 대해 정등각을 이루었습니다. 정등각을 이루고서는 다른 이들에게 널리 설하여 드러내 보이고 풀어 일깨우기 위해 시설하여 밝혀주었습니다.

이때 세존께서 선현 장로에게 말씀하셨다.
"참으로 그러합니다. 선현이여, 나는 미세하면서도 가장 미세하고, 매우 심오하면서도 가장 매우 심오하며, 통달하기 어려우면서도 가장 통달하기 어려운, 일체 모두에 두루 한 맛으로 작용하는 궁극적인 진리의 참모습을 바르고 평등하게 깨달았습니다. 바르고 평등하게 깨닫고 나서는 다른 이들에게 널리 설하여 드러내고 일깨우기 위해 교법으로 설하여 밝혀주었습니다.

何以故 善現 我已顯示 於一切蘊中 淸淨所緣 是勝義諦 我已顯示 於一切處 緣起 食 諦 界 念住 正斷 神足 根 力 覺支 道支中 淸淨所緣 是勝義諦

왜냐하면 선현이여, 나는 이미 일체 온 가운데서 청정한 소연이 승의제라고 드러내 보였습니다. 나는 이미 일체의 처·연기·식·제·계·념주·정단·신족·근·력·각지·도지 가운데서 청정한 소연이 승의제라고 드러내 보였습니다.

왜냐하면 선현이여, 나는 이미 일체 5온 가운데서 청정한 대상이 궁극적인 진리라고 드러내 보였습니다. 나는 이미 일체 모든 12처·12연기·4식·4성제·18계·4념주·4정단·4신족·5근·5력·7각지·8정도 가운데서 청정한 대상이 궁극적인 진리라고 드러내 보였습니다.

此淸淨所緣 於一切蘊中 是一味相 無別異相 如於蘊中 如是於一切處中 乃至 一切道支中 是一味相 無別異相 是故 善現 由此道理 當知 勝義諦 是遍一切一味相

이 청정한 소연은 일체 온 가운데 일미의 상으로서 별도의 다른 상은 없습니다. 온 가운데와 같이, 일체 처 가운데서도 나아가 일체 도지 가운데서도 일미의 상으로서 별도의 다른 상은 없습니다. 그러므로 선현이여,

이러한 도리로 말미암아 승의제는 일체 일미의 두루 하는 상임을 알아야
합니다.

이 청정한 대상은 5온 가운데서 한 맛으로 두루 하는 참모습이며 별도의 다
른 참모습은 없습니다. 5온 가운데서와 같이, 그와 같이 12처 가운데서도 나아
가 8정도 가운데서도 두루 한 맛으로 작용하는 참모습이며 별도의 다른 참모
습은 없습니다. 그러므로 선현이여, 이러한 도리로 말미암아 궁극적인 진리는
일체 모두에 두루 한 맛으로 작용하는 참모습임을 알아야 합니다.

復次 善現 修觀行苾芻* 通達一蘊 眞如 勝義 法無我性已 更不尋求各別
餘蘊 諸處 緣起 食 諦 界 念住 正斷 神足 根 力 覺支 道支 眞如 勝義 法
無我性 唯卽隨此眞如勝義 無二智 爲依止故 於遍一切一味相 勝義諦
審察趣證 是故 善現 由此道理 當知 勝義諦 是遍一切一味相

다시 선현이여, 관행[62]을 수습하는 비구는 한 온(蘊)의 진여·승의·법무
아성을 통달하고 나면, 다시 다른 나머지 온 모든 처·연
기·식·제·계·념주·정단·신족·근·력·각지·도지의 진여·승의·법무아
성을 각기 별도로 심구하지 않습니다. 오직 이러한 진여·승의·구이에 따
르는 지혜에 의거하기 때문에, 일체 일미로 두루 하는 상인 승의제에 대

---

62 마음이 드러낸 세속의 현상을 관찰함.

해서 심찰하여 증득으로 나아갑니다. 그러므로 선현이여, 이러한 도리로 말미암아 승의제는 일체에 두루 하는 일미의 상임을 알아야 합니다.

다시 선현이여, 세속의 현상에 대한 관찰을 수행하고 학습하는 비구는 한 가지 온(蘊)의 진여·승의·법무아성을 통달하고 나면, 다시 다른 나머지 온·12처·12연기·4식·4성제·18계·4념주·4정단·4신족·5근·5력·7각지·8정도의 진여·승의·법무아성을 하나하나 별도로 관찰하여 살펴보지 않습니다. 오직 이러한 진여·승의·무이[인무아·법무아가 없음]에 따르는 지혜에 의거하기 때문에, 일체 모두에 두루 한 맛으로 작용하는 참모습인 궁극적인 진리에 대해 안으로 자세히 사유하고 살펴서 깨우쳐 터득해 갑니다. 그러므로 선현이여, 이러한 도리로 말미암아 궁극적인 진리는 일체 모두에 두루 한 맛으로 작용하는 참모습임을 알아야 합니다.

復次 善現 如彼諸蘊 展轉異相 如彼諸處 緣起 食 諦 界 念住 正斷 神足 根 力 覺支 道支 展轉異相 若一切法 眞如 勝義 法無我性 亦異相者 是 卽眞如 勝義 法無我性 亦應有因 從因所生 若從因生 應是有爲 若是有 爲 應非勝義 若非勝義 應更尋求餘勝義諦

다시 선현이여, 저 모든 온이 전전이상**63**인 것과 같이, 저 모든 처·연

---

63 전전이란 말은 어떤 것들을 시간적 전후 관계에서 비교하거나 혹은 상호 대망하여 보는 관계를 모두 가리킨다. 전전이상이란 서로 비교해 보았을 때 모습이 각기 다르다는 것뿐 아니라 시간이 지남에 따라 점점 모습이 달라진다는 것을 모두 의미한다.

기·식·제·계·주·정단·신족·근·력·각지·도지가 전전이상인 것과 같이, 만약 일체법의 진여·승의·법무아성도 역시 다른 상인 것이라면, 곧 진여·승의·법무아성도 역시 마땅히 원인이 있어서 원인으로부터 생기는 것이어야 합니다. 만약 원인으로부터 생긴다고 하면 마땅히 이는 유위일 것입니다. 만약 이것이 유위라면 마땅히 승의가 아닐 것입니다. 만약 승의가 아니라면 마땅히 다시 다른 승의제를 심구해야 할 것입니다.

　다시 선현이여, 저 5온이 서로서로 다른 현상인 것과 같이, 저 모든 12처·12연기·4식·4성제·18계·4념주·4정단·4신족·5근·5력·7각지·8정도가 서로서로 다른 현상인 것과 같이, 만약 일체모든 존재의 진여·승의·법무아성도 또한 다른 현상인 것이라면, 곧 진여·승의·법무아성도 또한 원인이 있어서 원인으로부터 생기는 것이어야 합니다. 만약 원인으로부터 생긴다고 하면 마땅히 이는 인연 화합으로 작용하는 것입니다. 만일 이것이 인연 화합으로 작용하는 것이라면 마땅히 궁극적인 진리가 아닐 것입니다. 만일 궁극적인 진리가 아니라면 다시 다른 궁극적인 진리를 찾아 구해야 할 것입니다.

善現 由此 眞如 勝義 法無我性 不名有因 非因所生 亦非有爲 是勝義諦
得此勝義 更不尋求餘勝義諦 唯有常常時 恒恒時 如來出世 若不出世
諸法法性 安立 法界安住 是故 善現 由此道理 當知 勝義諦 是遍一切一
味相

선현이여, 이로 말미암아 진여·승의·법무아성은 원인이 있다고 말하지 않습니다. 원인으로부터 생기는 것이 아니고 역시 유위도 아닙니다. 이것이 승의제입니다. 이 승의제를 득하면 다시 다른 승의제를 심구하지 않습니다. 오직 언제나 영원히 여래께서 세간에 나시든 나시지 않든, 제법의 법성은 안립하여 법계에 안주합니다. 그러므로 선현이여, 이러한 도리로 말미암아 승의제는 바로 일체에 두루 하는 일미의 상임을 알아야 합니다.

> 선현이여, 이로 말미암아 진여·승의·법무아성은 원인이 있다고 말하지 않습니다. 원인이 있어서 생기는 것도 아니고 또한 인연 화합으로 작용하는 것도 아닙니다. 이것이 궁극적인 진리입니다. 이러한 궁극적인 진리를 터득하면 다시 다른 궁극적인 진리를 찾아 구하지 않습니다. 오직 변함없이 언제나 여래께서 세간에 나시든 나시지 않든, 모든 법의 법성인 진여·승의·법무아성은 잘 자리하면서 법계에 평안히 머뭅니다. 그러므로 선현이여, 이러한 도리로 말미암아 궁극적인 진리는 일체 모두에 두루 한 맛으로 작용하는 참모습임을 알아야 합니다.

善現 譬如種種非一品類 異相色中 虛空 無相 無分別 無變異 遍一切一味相 如是 異性異相 一切法中 勝義諦 遍一切一味相 當知亦然

선현이여, 비유하면 하나의 품류가 아닌 갖가지 다른 상의 색 가운데 허공은 상도 없고 분별도 없으며 달라짐도 없이 일체에 두루 하는 일미의 상인 것과 같습니다. 이와 같이 성품이 다르고 상이 다른 일체법 가운데 승의제가 일체에 두루 하는 일미의 상이라는 것도 또한 그러함을 알아야 합니다."

> 선현이여, 비유하면 하나의 종류가 아닌 갖가지 다른 모습의 물질 가운데 허공은 속성도 없고 분별도 없으며 달라짐도 없이 일체 모두에 두루 한 맛으로 작용하는 참모습인 것과 같습니다. 이와 같이 성품이 다르고 모습이 다른 일체 모든 존재 가운데 궁극적인 진리는 일체 모두에 두루 한 맛으로 작용하는 참모습이라는 것도 또한 알아야 합니다."

爾時 世尊 欲重宣此義 而說頌曰
此遍一切一味相 勝義諦佛說無異
若有於中異分別 彼定愚癡依上慢

이때 세존께서 거듭 이 뜻을 펴시고자 게송으로 설하셨다.

> 이 일체 모두에 한 맛으로 두루 하는 참모습인 승의제는 부처님이 ᄒ·나로 설하시니
> 만일 그 가운데서 다르다고 분별하면 그는 반드시 어리석은 자만심에 의지한 것이네.

제3장

마음이란 무엇인가
(心意識相品)

〈심의식상품〉에 들어가며

불교에 관심 가지고 공부하면 흔히들 '마음공부' 한다고들 말합니다. 불교의 핵심을 한마디로 잘 표현했다는 생각이 듭니다. 그래서 불교를 '심학(心學)'이라고도 합니다. 우리들은 세상을 살아가면서 끊임없이 사람들과 만나고 각양각색의 사물들을 접하게 됩니다. 예상했거나 미처 예상치 못한 사건들을 마주하게 됩니다. 현재를 살아가면서도 이러저러한 계기로 지난 과거의 기억을 떠올리거나 혹은 불현듯 과거의 일들이 떠오르기도 합니다. 앞으로 다가올 미래에 대한 기대에 부풀기도 하고 혹은 불안으로 잠 못 이루기도 합니다. 그런 가운데 정도의 차이는 있지만 기대와 희망으로 즐겁거나 들뜨기도 하고 불안과 절망으로 슬프거나 침울해지기도 합니다. 이렇듯 우리는 언제나 변화무쌍한 자신을 만납니다. 그리고 변화무쌍한 자신을 내 마음대로 어떻게 할 수 있을 것 같지만 언제나 마음대로 하지 못합니다. 마음은 바로 우리 각자의 자신 속에 있는 주체로도 작용하지만 동시에 우리에게 대상으로 다가옵니다. 사람들은 개인 내면에서 일어나는 문제, 온갖 외부 대상을 마주하며 일어나는 문제, 사람과 사람 사이에 일어나는 각종 사회 문제 등과 늘 부딪히며 살아갑니다. 곰곰이 생각하면 이 문제들은 따로따로 분리되어 있지 않고 가깝든 멀든 서로서로 연계되어 있습니다. 그리고 그러한 문제들로 마음은 바람 잘 날 없이 끊임없이 순간순간 흔들립니다. 마음을 다잡아 보기도 합니다. 그러나 마음 같지 않게 마음 안의 갈등은 그치질 않습니다. 살아가면서 마주하게 되는 모든 문제의 근저에 바로 이 마음이 자리하고 있음이 자명하다고 할 것입니다.

우리는 언제나 마음과 함께 살아갑니다. 어쩌면 한순간도 마음 없이 살아갈 수 없을지도 모릅니다. 늘 마음대로 할 수 없음에도 언제나 마음대로 하길 바라는 마음은 무엇일까요? 하지만 막상 '마음이 무엇일까'라는 물음에 답하기 쉽지 않습니다. 이번 제3장 〈심의식상품〉을 우리말로 풀이하면 '심의식의 모습을 다룬 장'입니다. 다르게 풀면 '마음이란 무엇인가?'입니다. 유가유식의 '유식'은 '오직 식(=마음)'을 말합니다. 그러나 〈심의식상품〉은 압축하여 아주 간결하게 정리하여 설하기 때문에 내용을 바로 이해하기란 매우 어렵습니다. 그래서 유가유식불교의 가장 중요한 핵심 내용에 해당하는 마음(=식), 즉 심의식에 대해서 본문에 들어가기 전에 좀 길게 설명하겠습니다.

마음에 대한 유가사들의 심층적인 고찰

유가유식불교가 등장하기 전에는, 마음은 안식(眼識=시각)·이식(耳識=청각)·비식(鼻識=후각)·설식(舌識=미각)·신식(身識=촉각)·의식(意識) 등 6식으로 구성된다고 설합니다. 안식은 색깔과 형태를 대상으로 하는 마음, 이식은 소리를 대상으로 하는 마음, 비식은 냄새를 대상으로 하는 마음, 설식은 맛을 대상으로 하는 마음, 신식은 감촉을 대상으로 하는 마음, 의식은 앞의 5식의 1차적인 감각 작용을 제외한 유위법과 무위법을 대상으로 하여 사유하고 판단하는 마음입니다. 6식으로 구성된 마음은 심·의·식이라는 세 가지 갈래로 작용합니다. 대강 설명하자면, 심(心)은 산스크리트어로 citta인데, 신(身)·구(口)·의(意)의 세 가지 업을 쌓고 일으킨다[집기(集起)]는 의미입니다. 이는 몸과 말과 의도의 행위를 쌓아 모으고 그 행위를 바탕으로 또 다른 몸과 말과 의도의 행위를 일으키는 것을 말합니다. 의(意)는 산스크리트어로 manas인데, 생각하고 헤아린다[사량(思量)]는 의미입니다. 이는 살아가면서 끊임없이 직접적으로 마주하는 사물이나 사건, 그리고 간접적으로 유추하는 추상적인 대상을 생각하고 헤아리는 것을 말합니다. 식(識)은 산스크리트어로 vijnana인데, 명료하게 분별한다[요별(了別)]는 의미입니다. 이는 앞에서 사량한 결과를 통해 다른 사물이나 사건, 추상적인 대상을 서로 구분하여 식별하는 것을 말합니다. 초기불교에서는 이러한 심·의·식은 6식의 작용으로 보았고 그것이 마음 작용이라고 하였습니다. 심·의·식이라는 마음 작용을 갈래지어 보지 않았습니다. 부파불교에 와서도 마음을 6식 구조로 이해하면서 심·의·식은 마음의 한 측면이거나 상태로 보았습니다.

〈심의식상품〉에서는 유가 수행에 반드시 선행되어야 할 '마음이란 무엇인가'에 대해 설합니다. 이전의 6식 구조보다 심층적인 마음의 구조를 제시합니다. 이러한 분석을 제공한 수행자들이 바로 유가사입니다. 초기불교 이후 부파불교를 거치면서 많은 논사들은 다양한 시각과 견해로 불교 교법에 대한 풍성한 해석과 이론적 심화를 가져옵니다. 그와 함께 부파불교라는 분파적 경향도 나타나게 됩니다. 이후 부파불교가 가져온 이론적 편향성이나 오류, 분파적 쟁론을 극복하는 노력이 있게 됩니다. 나가르주나의 중관사상은 연기=공이라는 교법에 대한 새로운 해석의 지평을 열어냄으로써 이후 불교 역사에 커다란 전환점을 가져옵니다. 중관사상은 불교가 제시하는 무아·무상·불이·연기를 전도됨이 없이 하나로 긁아내는 이론 이상의 의미를 갖습니다. 무아·무상·불이·연기로 제법과 제행의 실체화를 경계한 불교의 진리가 공사상으로 잘 마무리된 듯 보였습니다. 하지만 공에 대한 그릇된 견해로 공을 무(無)로 오도하는 '악취공'에 빠지기도 합니다. 게다가 교법을 이론적으로 완벽하게 이해한다고 해서 깨달음이 완성되는 것은 아닙니다. 궁극적인 깨달음의 완성은 교법어 대한 논증만으로 오지 않는 것입니다. 교법의 이론적 접근을 중심에 두는 논사들에 비해 마음을 깊이 성찰하며 실천적인 마음 수행을 추구한 이들이 바로 유가사입니다.

유가사들은 '마음'이란 것이 언어로써 표현되는 교법처럼 쉽게 청정해지지 않는다는 것을 몸소 실천적인 수행을 통해서 뼈저리게 경험한 것 같습니다. 왜 마음이 마음대로 안 되는지를 고민하고 사유하고 또다시 고민하고 사유했을 것입니다. 그러면서 부처님의 교법을 바탕으로 실천적인 수행인 유가를 통해 마음이 무엇인지를 깊게 또 깊게 파고들었을 것입니다. 그리고 유가 수행의 단계 단계마다 그들이 치열한 용맹정진으로 몸소 깨우친 결과물이 바로 유가유식불교인 것입니다. 《해심밀경》〈심의식상품〉은 유가유식불교 가운데 가장 핵심적인 주제인 마음이란 무엇인가를 설하고 있습니다. 다음 장인 〈일체법상품〉은 마음이 그려내는 대상에 대해 설합니다. 이후 이어지는 〈분별유가품〉에서는 자리(自利)의 마음 수행인 유가행에 대해 밝히고, 〈지바라밀다품〉에서 보살이 행하는 이타(利他)의 실천적 수행을 제시합니다. 결국 유가유식불교는 마음 수행의 과정에서 물리치기 힘든 번뇌와 망상의 장애물을 타개할 수 있는 지혜의 길잡이로서 불교 교학에 큰 변혁을 가져온 것은 자명하다고 할 것입니다.

〈심의식상품〉에서 설하는 마음: 일체종자심식-분별의식(제6식)-전5식

1) 일체종자심식

《해심밀경》〈심의식상품〉에서는 마음을 일체종자심식-6식의 구조로 설합니다. 그리고 6식 중 제6식인 의식을 분별의식이라고 합니다. 이전 불교에서 보이지 않던 '일체종자심식'은 《해심밀경》에서 비로소 처음 등장하는데 대단히 뛰어난 획기적인 발상입니다. 표면에 드러나는 식인 6식을 쌓아 모으고 또 일으키는[集起] 작용을 하는 일체종자심식이 포착하기 어려운 심층에 잠재한다는 것입니다. 감각하는 전5식과 해석하고 판단하는 제6식 아래 심층에 일체종자심식이 작용한다는 것을 밝힌 것입니다. 근대 이후 서양심리학의 거장인 지그문트 프로이트의 개인적인 성적 무의식이나 칼 융의 집단 무의식의 담론보다 훨씬 위대하다고 생각하지 않을 수 없습니다. 이러한 잠재의식[무의식]의 세계를 약 1700년 전 무렵에 이미 성찰했다는 점도 놀랍습니다. 더구나 유가사들이 정진수행을 통해 나란 누구인지, 우리는 왜 온갖 고통을 안고 살아가는지, 이 세상은 어떻게 존재하며 작동하는지와 같은 인간의 근원적인 문제를 고민하며 마음의 심층을 깨우쳤다는 사실도 경이롭습니다. 그들의 치열한 고민과 수행 덕에 오늘날 이와 같은 일체종자심식이라는 심층의 잠재의식을 우리는 다시금 들여다보는 것입니다.

〈심의식상품〉에서는 일체종자심식에 대하여 아주 간결하게 서술하고 그와 관련해 적절한 비유 두 가지를 들고 있습니다. 짧은 분량의 서술이지만, 일체종자심식을 통해 세상의 모든 존재와 현상을 이해하고 판단할 수 있는 그 폭과 깊이는 이루 헤아리기 어려울 정도입니다. 우리 자신과 우리가 살고 있는 세상은 어떻게 돌아가는지, 그 가운데 발생하는 온갖 개인적, 사회적 삶의 문제들은 어떻게 서로 연결되는지, 우리는 그러한 복잡다단한 문제를 어떻게 풀어갈 수 있는지 등 인간이 살아가면서 고민하고 또 고민할 수밖에 없는 일체 모든 문제의 가장 근원적인 바탕에 바로 일체종자심식이 있다고 설하는 것입니다. 〈심의식상품〉에서 일체종자심식은 세 갈래의 성품을 담고 있다고 설합니다. 첫째 일체종자심식은 붙잡아 유지한다는 뜻에서 아타나식이라고도 합니다. 몸을 따라 쫓아서 몸을 붙잡아 일체 종자를 유지하기 때문입니다. 둘째 일체종자심식은 저장한다는 뜻에서 아뢰야식이라고도 합니다. 몸을 붙잡아 일체 종자를 받아들이고 은밀하게 저장하기 때문입니다. 셋째 일체종자심식은 쌓아서 부풀린다는 뜻에서 심(心)이라고도 합니다. 안식·이식·비식·설식·신식을 통해 경험된 감각을 바탕으로 사유하고 판단하여 부풀리기 때문입니다. 쉽게 풀어 쓰면 우리의 생명을 유지하는 가장 근저에 일체종자심식이 있고, 일체종자심식은 우리가 살아가면서 행하는 모든 행위와 경험들을 저장한다는 것입니다. 그리고 행위와 경험들이 종자가 되어, 또 다른 행위와 경험을 일으킨다는 것입니다. 즉 우리 삶을 지탱하고 이어가게 하는 가장 근저의 힘이 바로 일체종자심식이라는 것입니다. 이해하기 쉽지 않지만, 더 중요한 것은 일체종자심식은 언제 어디서부터 비롯되는지 처음도 없으며 마지막도 없습니다. 그저 세속의 현상계에서 인연화합으로 찰나생 찰나멸합니다. 즉 자성이 없습니다. 고유한 실체가 없습니다.

〈심의식상품〉이라는 제목에서 보듯이 마음을 어느 정도는 심·의·식으로 나누고 있음을 엿볼 수 있습니다. 하지만 심·의·식을 확실하게 구분

지어 설명하지는 않습니다. 왜냐하면 분별하여 인식함으로써 마음을 마치 고유한 본성을 가진 실체로 이해할까 깊이 경계하는 것입니다. 〈심의식상품〉을 마무리하는 게송에서 이에 대해 경계하며, "아타나식은 매우 심오하고 미세하며 일체종자식은 폭포의 흐름과 같다. 나는 어리석은 범부들에게는 열어 보이지 않으니, 그들이 분별하고 자아로 집착할까 염려하기 때문이다"라고 설합니다.

2) 분별의식과 전5식

유가유식불교 이전에는 마음을 6식 구조로 설했다고 앞에서 말씀드렸습니다. 6식 구조란 안식·이식·비식·설식·신식·의식입니다. 이 가운데 앞의 다섯 가지 식인 안식·이식·비식·설식·신식은 감각작용을 하는 식으로 의식 앞에 있는 다섯 가지 식이란 의미로 전5식이라고 부릅니다. 전5식의 감각 작용을 분별하고 해석하고 판단하는 것이 제6식인 의식입니다. 분별의식은 이 제6식을 말합니다. 《해심밀경》〈심의식상품〉에서는 일체종자심식과 분별의식과 전5식에 대해서 다음과 같이 설하고 있습니다.

"광혜보살이여, 몸을 붙잡아 유지하는 아타나식을 바탕으로 하여 6식이 일어나고 작용합니다. 6식은 안식·이식·비식·설식·신식·의식을 말합니다. 이 가운데 보고 있는 눈과 보이는 색을 조건으로 하여 안식이 일어납니다. 안식과 더불어 같은 때 같은 경계를 따라 분별의식인 제6식이 일어나 작용합니다. 듣고 있는 귀와 들리는 소리를 조건으로 하여 이식이 일어나고, 맡고 있는 코와 냄새를 조건으로 하여 비식이 일어나고, 맛을 보고 있는 혀와 맛을 조건으로 하여 설식이 일어나고, 접촉하고 있는 몸과 접촉을 조건으로 하여 신식이 일어납니다. 이식·비식·설식·신식과 더불어 같은 때 같은 경계를 따라 분별의식인 제6식이 일어나 작용합니다."

《해심밀경》 이후 〈유식30송〉에서 설하는 8식3층 구조의 마음

유가유식불교가 출현하기 전에는 마음을 심·의·식의 3층 구즈로 나누어 보지 않았습니다. 마음의 양상을 마음이 작용하는 상황에 따라, 때에 맞추어 심이라고도 하고 의라고도 하고 식이라고도 했던 것입니다. 《해심밀경》〈심의식상품〉에서도 근저 심층의 의식으로 일체종자심식을 설하지만 뚜렷하게 마음을 3층 구조로 나누어 설하지 않았습니다. 특히 말나식에 대한 언급은 없습니다. 혹자는 집지식인 아타나식을 제7식인 말나식이라고 주장하기도 합니다. 앞서 언급했듯이 어쩌면 부처님은 마음을 세분하여 3층 구조로 층을 나누어 설하는 것을 멀리하고 경계하지 않았을까 짐작할 수도 있습니다. 분석적이고 분별적으로 나누어 설하면 이해하기는 쉽겠지만, 분별적인 인식이 강화되어 자칫 마음을 고유한 실체로 오해할 수 있음을 우려했던 것입니다.

《해심밀경》 이후 미륵이나 무착과 세친의 저술을 통해 유가유식불교의 교법 논의는 더욱 심화됩니다. 그중 세친의 〈유식30송〉은 유가유식불교를 30게송으로 정리한 게송집입니다. 간략한 게송집이지만 마음의 구조를 간결하고 정연하게 정리하고 있습니다. 여기서 세친은 심·의·식을 각기 하나의 식으로 간주합니다. 즉 심을 아뢰야식, 의를 말나식, 식을 6식의 요별식이라 하여 마음을 아뢰야식-말나식-요별식의 3층 구조로 설명합니다. 근저 심층에 잠재의식으로 아뢰야식과 마나식이 있고, 현행하는 식으로 요별하는 6식, 즉 의식과 전5식이 있는 8식3층 구조입니다. 〈유식30송〉에서는 마음을 아뢰야식-말나식-요별식 3층 구조로 설정하여 앞서 《해심밀경》〈심의식상품〉에서는 언급되지 않는 말나식을 하나의 식으로 추가하고 있습니다. 이러한 세친의 주장은 그 뒤에 마음에 대한 유가유식불교 교리의 중심을 이룹니다. 특히 현장에 의해 유가유식불교가 중국으로 전파된 뒤에 성립한 법상종에서는 정설화된 교법으로 자리 잡게 됩니다. 법상종의 근본 논장인 《성유식론》은 세친의 〈유식30송〉에 대한 10대 논사의 해석을 종합 정리한 것입니다. 〈유식30송〉에서 설하는 아뢰야식-말나식-요별식 8식3층 구조를 우리말로 쉽게 설명하기란 매우 어렵습니다. 그럼에도 불구하고 〈유식30송〉을 인용하여 아뢰야식-말나식-요별식 8식3층 구조를 설명해 보겠습니다. 먼저 제1송과 제2송의 내용을 풀어보겠습니다.

由假說我法 有種種相轉 彼依識所變 此能變唯三(송1)
謂異熟思量 及了別境識 初阿賴耶識 異熟一切種(송2)

  아와 법을 가설하여 온갖 모습이 전전한다. 그 온갖 모습은 식이 변한 것이다. 이 능변식은 오직 세 종류이다.(송1)
  이른바 이숙식과 사량식 및 요별경식이다. 처음이 아뢰야식이다. 이숙식이고 일체종자식이다.(송2)

"보는 주체와 보이는 대상을 가상으로 설함으로써 온갖 현상계의 존재가 작용한다. 온갖 현상계의 존재는 모두 식의 작용으로 비롯된다. 식의 작용은 오직 세 가지이다.(송1) 다르게 무르익는 이숙식(異熟識)인 아뢰야식, 생각하여 헤아리는 사량식(思量識)인 말나식, 외부 대상을 분별하는 요별경식(了別境識)인 안식·이식·비식·설식·신식·의식 등의 6식이다. 가장 심층의 식인 아뢰야식은 이전의 경험과 행위를 저장하며 또한 다르게 익어가는[異熟] 마음 작용이다. 온갖 현상계의 존재는 가상적임에도 실제로 존재하는 실체라고 생각하게 한다. 이러한 사고방식의 작동을 일으키는 종자가 되는 마음 작용이다.(송2)"

　좀 덧붙여 설명해 보겠습니다. 우리들은 과거의 무엇인가와 연결되어 있고, 스스로 알지 못하는 과거로부터 자신의 생명이 태어났습니다. 자신의 현재 의식 수준에서는 알 수 없는 곳에서 마음도 생겨났습니다. 따라서 태어나기 이전에도 역시 무엇인가 어떤 일종의 마음 같은 것이 존재하지 않았을까 추측합니다. 불교에서는 그것을 윤회(輪廻)라는 방식으로 풀어냅니다. 이때 이 윤회를 연결하는 고리는 도대체 무엇인가를 생각하게 됩니다. 요즘 불교계에 윤회가 있다거나 없다는 주장과 논쟁이 있기도 하고 앞으로도 계속될 거라고 예상됩니다. 부처님은 분명 무아, 즉 고유한 본성을 가진 실체는 없다고 설하셨는데 그러면 윤회하는 것은 무엇인지가 쟁점이 되는 것입니다. 이 문제에 대해 《해심밀경》과 유가유식불교는 답을 제시하고 있습니다. 바로 일체종자심식, 즉 '아뢰야식'이 바로 윤회한다는 것입니다. 그러나 윤회하는 아뢰야식은 고유한 본성을 가진 실체가 아니라 찰나생 찰나멸하는 것입니다. 그것이 상속되는 것은 마치 폭포수의 흐름과 같은 것이라고 《해심밀경》과 《유식30송》에서 설하고 있습니다.

번뇌에 물든 아뢰야식이 청정해지면 그것이 바로 열반입니다. 아뢰야식보다 깊은 불식(佛識)이라는 아마라식이 있다는 주장을 하기도 합니다. 번뇌에 물든 아뢰야식은 말나식을 통해 끊임없이 아뢰야식이 나라는 실체라고 집착합니다.

이런 흥미 있는 예를 들기도 합니다. 우리들의 생명은 일정하게 현대적인 언어로 말하면 '정보' 같은 것입니다. 만약 윤회가 없다고 생각하더라도 그 정보가 수백, 수천, 수십만, 수백만 년 우리 조상으로부터 전해져왔기에 비로소 바로 지금 우리들의 생명이 존재합니다. 아뢰야식이라는 개념에 어느 정도 상응하는 것을 굳이 요즘 과학에서 찾는다면, 유전자 속의 '유전자정보체'를 들기도 합니다. 마치 우리가 유전자정보체를 의식하지 못하듯이 일체종자심식인 아뢰야식을 의식하지 못합니다. 아뢰야식이 고유한 본성을 가진 실체가 아니듯이 유전자정보체라는 것도 우리가 대상으로 관찰하면서 이미지화한 것이지, 어떤 고유한 본성을 가진 실체라고 할 수 없습니다.

1) 아뢰야식

아뢰야식에 관하여 〈유식30송〉에는 또한 다음과 같이 말하고 있습니다.

不可知執受 處了常與觸 作意受想思 相應唯捨受(송3)
是無覆無記 觸等亦如是 恒轉如瀑流 阿羅漢位捨(송4)

알 수 없는 집수와 기세간의 요별(了別)을 하네.

항상 촉·작의·수·상·사와 상응하네. 수는 오직 사수와 상응하네.(송3)

아뢰야식은 무부무기이니 촉·작의·수·상·사 등도 이와 같다.

항상 움직임이 폭류와 같으니 아라한 지위에서는 버린다.(송4)

"아뢰야식은 포착하기가 매우 어려운 잠재의식이다. 몸과 마음을 붙잡아 받아들이고 속세의 세상을 만들어낸다. 접촉, 주의 집중, 느낌, 생각, 의지와 함께하는데, 오직 느낌은 즐겁지도 괴롭지도 않은 느낌단 함께한다. 아뢰야식은 번뇌에 의해 덮여있는 것도 아니고 선이나 악으로 확실히 분류할 수 없다. 접촉, 주의 집중, 느낌, 생각, 의지 등도 선이나 악으로 분류할 수 없다. 아뢰야식은 언제나 폭포수와 같이 흐른다. 아라한이 되면 아뢰야식은 청정해진다."

좀 더 풀어서 설명해 보겠습니다. 폭포수가 물방울이 모여 폭포수로 흐르듯이 폭포수는 어떤 고유한 본성을 가진 실체가 아닙니다. 찰나생 찰나멸하는 물방울이 서로 이어져[상속] 폭포수라고 이름하는 것입니다. 아뢰야식도 하나의 가상적인 이름일 뿐입니다. 아뢰야식도 무상한 것입니다. 아뢰야식에 붙잡혀 있는 우리 몸과 마음, 생명도 무상한 것입니다. 무상의 존재라고 해도 어떤 질서, 즉 도리가 없는 것은 아닙니다. 궁극적인 진리로 나아가는 흐름의 방향은 있습니다. 바로 도성제입니다. 아뢰야식은 기본적으로 선도 악도 아닙니다. 우리의 생명도 마찬가지입니다. 그러나 동시에 번뇌와 망상의 원천이 되기도 하고 청정한 깨달음의 원천이 되기도 합니다. 선[자신과 남을 이롭게 하는 것]과 악[자신과 남을 해롭게 하는 것], 양쪽 모두의 원천이 된다는 것입니다.

2) 말나식

말나식은 현재 작용하는 6식인 요별식과 잠재의식 아뢰야식을 이어주는 통로이면서 가교역할을 하는 경계의식이라고 할 수 있습니다. 말나식은 찰나생 찰나멸하는 아뢰야식과 생명의 흐름을 자기가 주재한다고 착각합니다. 또한 말나식은 6식까지의 인식작용도 자신이 주재하고 있다고 착각합니다. 그렇게 자아가 있다고 착각하며 집착합니다. 그래서 말나식은 자아의식이라고 할 수 있습니다.

〈유식30송〉에서는 '말나식'을 이렇게 설하고 있습니다.

次第二能變 是識名末那 依彼轉緣彼 思量爲性相(송5)
四煩惱常俱 爲我癡我見 幷我慢我愛 及餘觸等俱(송6)
有覆無記攝 隨所生所繫 阿羅漢滅定 出世道無有(송7)

다음은 제2의 능변이다. 이 식을 말나식이라 이름한다.
아뢰야식에 의해 유전하고 아뢰야식을 반연(攀緣)한다.
사량함을 자성(自性)과 행상(行相)으로 삼는다.(송5)
말나식은 아치·아견·아만·아애라는 네 가지 번뇌를 항상 갖추고
이밖에 촉 등과 함께한다.(송6)
유부무기에 속하며 생겨난 바에 따라서 매인다.
아라한, 멸진정, 출세도에서는 없다.(송7)

쉽게 풀어보겠습니다. "두 번째 능동적인 마음 작용을 '말나식'이라고

한다. 말나식은 첫 번째 능동적인 마음 작용인 아뢰야식을 따라 변하고 움직이며 아뢰야식에 연계되어 있다. 생각하고 헤아리는 것이 갈나식의 성품이며 모습이다. 말나식은 4가지의 근본적인 번뇌와 언제나 함께한다. 첫째는 아치(我癡)이다. 무아·무상·연기·공에 대해 전혀 이해하지 못하는 것이 아치이다. 그러한 무지와 몰이해가 마음 근저에 뿌리 깊게 있는 상태이다. 둘째는 아견(我見)이다. 단지 무아·무상·연기·공에 대해 무지할 뿐만 아니라, 내가 확실히 존재한다고 생각한다. 나는 이런 사람이고 나는 이런 견해를 갖고 있다고 생각한다. 셋째는 아만(我慢)이다. 나는 남과 다른 가치 있는 존재이고 그럴만한 근거와 믿음을 갖고 있다고 과장한다. 넷째는 아애(我愛)이다. 나라는 존재를 자랑하고 집착한다. 인간은 마음속 깊이 내 몸을 사랑한다. 내가 가지고 있는 능력을 사랑한다. 4가지 근본 번뇌를 현재 작동하는 의식과 의지로 통제하려고 아무리 노력해도 결코 쉽지 않다. 마음속 깊은 에고이즘이라 할 수 있다. 말나식은 아뢰야식과 같이 접촉, 주의 집중, 느낌, 생각, 의지와 함께한다. 말나식은 번뇌에 의해서 덮여있으나 선이나 악으로 확실히 분류할 수 없다. 말나식은 고유한 본성을 가진 실체로서의 자신이 존재한다고 생각하는 번뇌에 물들어 있다[유부(有覆)]. 그러나 자아에 대한 집착이 있음에도 불구하고 때로는 이로운 일도 하고 해로운 일도 한다. 이롭지도 해롭지도 않은 일도 한다[무기(無記)]. '자아'에 대한 집착을 바탕으로 생겨나고 연계되기 때문에 결국은 자신이나 다른 사람에 대해서도 번민을 가져온다. 아라한, 멸진정, 출세간 상태에서는 사라진다."

3) 요별식

이제 현재 작용하는 마음, 즉 현행식인 6식에 대해 말씀드리겠습니다. 〈유식30송〉에서는 6식에 대해서 이렇게 말합니다.

次第三能變 差別有六種 了境爲性相 善不善俱非(송8)
此心所遍行 別境善煩惱 隨煩惱不定 皆三受相應(송9)

다음 제3능변은 여섯 종류가 있으니
대상을 요별하는 것을 자성(自性)과 행상(行相)으로 삼는다.
선과 불선과 무기[俱非]이다.
이것의 심소는 변행, 별경, 선, 번뇌, 수번뇌, 부정의 심소이다.
모두 세 가지 느낌[受]과 상응한다.

이 또한 쉽지 않지만 풀어보겠습니다. "마음의 제3층인 요별식은 6종류로 구별된다. 파악하는 주체인 6근(안·이·비·설·신·의)이 6경(색·성·향·미·촉·법)을 감각하거나 지각하여 분별하는 것이 성품이고 그 모습이다. 의식이나 5감(전5식)은 이롭거나[善] 해롭거나[不善] 어느 쪽도 아닌[俱非] 마음 작용과 함께한다. 즉 좋은 마음이 일어날 수도 있고 좋지 않은 마음이 일어날 수도 있고 어느 쪽도 아닌 마음이 일어날 수도 있다. 의식과 5감이라는 요별식은 접촉, 주의 집중, 느낌, 생각, 의지 등의 변행 심소(遍行心所)에 대해서 아뢰야식이나 말나식과 함께 작용한다. 그밖에 특별한 대상으로 선과 번뇌와 부수적인 번뇌[隨煩惱], 그 어느 쪽도 아닌 것[不定]이 작용한다. 그 결과로서 '세 가지의 수(受)' 즉 괴로움, 즐거움, 괴로움도 즐거움 아닌 것, 이 세 가지를 느낀다." 이것이 현행하는 마음 작용, 즉 표면에 드러나는 식의 기본이라는 것입니다.

　정리해 보겠습니다. 우리들은 살아가면서 언제나 자신의 바깥쪽 대상을 인식합니다. 이것이 마음의 기본 작용입니다. 그 마음 가운데서 기분 좋은 마음이 일어나거나 기분 나쁜 마음이 일어나거나 그 어느 쪽도 아닌 마음이 일어납니다. 그것에 따라서 괴롭거나, 즐겁거나, 괴롭거나 즐겁지도 않거나 하면서 우리들의 마음은 움직입니다. 더 중요한 것은 이러한 마음 작용보다 깊은 심층에 마음의 갈래와 작용의 바탕이 되는 갈나식과 아뢰야식이 존재한다는 것입니다. 현재의 마음속에 나와 나 아닌 것을 분별하여 자신에 집착하는 마음인 말나식이 존재합니다. 더 속 깊이에는 몸과 마음을 붙잡아 세상을 그려내는 아뢰야식이 존재합니다. 생명 아닌 것을 분별하고 생명을 유지하며 생명에 집착하는 마음인 아뢰야식이 존재합니다. 그런데 중요한 것은 아뢰야식이나 말나식이나 6식이나 모두 어떤 고유한 본성을 가진 실체가 아니라는 점입니다. 1700년 전 무렵, 유가유식불교의 유가사들이 이와 같이 포착하기 힘든 심층적인 마음의 작용 원리에 대해 깊이 통찰했다는 사실은 참으로 경이로운 일입니다.

　마지막으로 유가유식불교가 설하는 가장 중요한 결론 부분을 말씀드리겠습니다. 앞에서 대략 정리해 말씀드린 마음의 구조는 굳게 닫힌 고유한 실체가 아닙니다. 단지 마음을 이해하기 쉽도록 언어로 설한 것입니다. 다시 말해 방편선교로 설한 것입니다. 결국 번뇌와 망상으로 물든 마음을 여실하게 직시하여 번뇌와 망상에서 벗어나도록 마음의 구조를 방편적으로 설한 것입니다. 마음의 구조를 제대로 알지 못하면 우리들은 번뇌와 망상으로 물든 마음에서 결코 벗어날 수 없기 때문입니다. 마음의 구조를 제대로 치밀하게 알아야 하는 목적은 궁극적인 진리를 깨달아 번뇌와 망상을 떨쳐버리는 것입니다. 멸성제를 이루기 위한 것입니다. 좀 거창하게 말하면 아뇩다라삼막삼보리를 깨우쳐 터득하여 열반에 이르는 것입니다.

유가유식불교에서는 이를 '전식득지(轉識得智)'라고 합니다. 아뢰야식은 끊임없이 경험과 행위를 통해 훈습되는 씨앗(종자)을 저장하고 있습니다. 우리들은 깨달음의 종자들을 아뢰야식에 잘 심어 저장할 수 있습니다. 그러면 이미 쌓여진 번뇌와 망상의 씨앗은 점차 쇠퇴하고 깨달음의 씨앗이 더욱 많이 쌓이고 자라납니다. 우리들은 시작도 끝도 없이 온 세상을 살아가면서 나와 나 아닌 사람으로 분별하고, 나와 나 아닌 온갖 대상들로 분별하며, 대상들 사이를 분별하여 헤아릴 수 없는 번뇌와 망상의 씨앗을 아뢰야식에 쌓아왔고 쌓아가고 있습니다. 그런데 유가유식불교를 통해 이러한 분별들이 번뇌와 망상의 씨앗임을 깨닫습니다. 일체 모든 존재와 현상은 무아이고 무상이며 연기임을 깨닫습니다. 공임을 깨닫습니다. 이러한 깨달음으로 자신과 세상을 이롭게 하는 선한 씨앗들이 나날이 증대하고 성장하며 아뢰야식을 청정하게 바꾸어 갑니다. 오염된 물방울 하나하나가 깨끗해지면 끝내 폭포수도 깨끗해지는 것입니다. 온 세상을 분별하여 그려낸 번뇌와 망상에서 벗어나 맑고 투명한 진정한 모습인 진여를 어떤 왜곡도 없이 그대로 비추는 지혜를 '대원경지(大圓鏡智)'라고 합니다. 번뇌와 망상으로 물들었던 '아뢰야식'은 깨달음의 지혜, 깨달음의 씨앗으로 갈고 닦여져 '대원경지'로 변하는 것입니다. 아뢰야식이 대원경지로 변화하게 되면 생명에 대한 집착이 없어지고 나에 대한 집착도 사라집니다.

그러므로 생명과 생명이 아닌 것, 그리고 나와 나 아닌 것은 여실하게 서로 연기하는 '이것이 있어 저것이 있는' 하나입니다. 근본적으로는 서로 다름없고 평등한 것입니다. 이런 마음속 깊은 지혜를 '평등성지(平等性智)'라고 합니다. 나를 집착하는 말나식은 우주와 타자와 내가 하나라는 '평등성지'로 변하게 됩니다. 마음속 깊은 곳에서의 악순환 상태가 대원경지와 평등성지라는 좋은 지혜의 순환으로 바뀌게 되면, 전5식에서 각각의 대상을 구별하고 분절하여 감각하지만, 이를 판단하는 제6식인 의식에서는 무아·무상·연기·공으로 온 세상이 평등하다는 지혜를 바탕으로 확실히 알아차리고 깊이 관찰하게 됩니다. 제6식인 의식이 '묘관찰지(妙觀察智)'로 변하는 것입니다. 제6식인 의식이 무아·무상·연기·공으로 온 세상이 평등함을 끊임없이 현재 작용하는 마음의 표면에 떠올리는 묘관찰지로 되면, 안·이·비·설·신의 전5식 혹은 온몸의 감각 작용은 언제나 무아·무상·연기·공으로 온 세상의 평등함에 아무런 걸림 없이 조화롭게 어울리게 되는 것입니다. 전5식이 '성소작지(成所作智)'로 변하는 것입니다. 이렇게 전5식은 '성소작지(成所作智)'로, 제6식인 의식은 '묘관찰지(妙觀察智)'로, 제7식인 말나식은 '평등성지(平等性智)'로, 제8식인 아뢰야식은 '대원경지(大圓鏡智)'로 전환하여 지혜를 득하게 되는 것이 '전식득지(轉識得智)'입니다.

전식득지를 위해서는 무아·무상·연기·공이라는 진리의 씨앗을 아뢰야식에 쌓고 무성하게 자라나게 해야 합니다. 그럼 어떻게 해야 할까요? 먼저 무아·무상·연기·공의 진리를 설한 부처님의 교법을 깊이 새겨들어야 합니다[문소성혜]. 다음으로 교법의 의미를 깊이 사유해야 합니다[사소성혜]. 그리고 교법에 따라 거듭거듭 수행해야 합니다[수소성혜]. 이러한 실천적 수행이 바로 유가유식불교가 가장 중시하는 핵심입니다. 그 실천적 수행이 바로 유가(=요가)입니다. 유가는 이론과 지식에 그치는 것이 아닙니다. 찰나생 찰나멸하는 온 존재를 그려내는 온 마음을 지혜로 바꾸는 전식득지의 실천 과정인 것입니다. 《해심밀경》은 초기불교부터 유가유식불교에 이르기까지 전식득지를 위한 진리의 교법을 설하고 있습니다. 이는 불교를 제대로 이해하는 데에 단단한 바탕을 제시합니다. 그리고 무엇보다 실천적 수행인 유가가 무엇인지를 밝힘으로써 불교 수행 과정에서 잘못된 길을 가지 않도록 훌륭한 길잡이 역할을 할 것입니다.

제3장 마음이란 무엇인가(心意識相品)

爾時 廣慧菩薩摩訶薩 白佛言 世尊 如世尊說於心意識秘密善巧菩薩
於心意識秘密善巧菩薩者 齊何 名爲於心意識秘密善巧菩薩 如來 齊何
施設 彼爲於心意識秘密善巧菩薩

이때 광혜보살마하살이 부처님께 여쭈었다.

"세존이시여, 세존께서는 심·의·식의 비밀을 통달한 보살에 대해 설하
셨습니다. 심·의·식의 비밀에 능통한 보살은 어느 정도 되어야
심·의·식의 비밀을 통달한 보살이라고 하십니까? 여래께서는 어느 정도
되어야 그를 심·의·식의 비밀을 통달한 보살이라고 시설하십니까?"

> 이때 광혜보살마하살이 부처님께 여쭈었다.
> "세존이시여, 세존께서는 심·의·식의 비밀을 잘 아는 보살에 대해 설하셨
> 습니다. 심·의·식의 비밀을 잘 아는 보살이란 어느 정도 수준으로 잘 알아야
> 심·의·식의 비밀을 통달한 보살이라고 하십니까? 여래께서는 어느 정도 수준
> 으로 잘 알아야 심·의·식의 비밀에 대한 교법을 잘 통달한 보살[64]이라고 설하

---

64 선교보살은 부처님의 교법에 통달한 보살이다. 어떤 보살을 선교보살이라고 하는 것은
심·의·식의 비밀을 잘 이해했다는 의미이고, 어떤 보살을 선교보살이라고 시설하는 것은 교법
으로 설한 심·의·식의 가르침을 통달했다는 의미로 이는 다른 이에게도 잘 전달할 수 있음을
말한다.

說是語已 爾時 世尊 告廣慧菩薩摩訶薩曰 善哉善哉 廣慧 汝今 乃能請
問如來如是深義 汝今 爲欲利益安樂無量衆生 哀愍世間及諸天人 阿素
洛等 爲令獲得義利安樂故 發斯問 汝應諦聽 吾當爲汝 說心意識秘密
之義

이렇게 여쭙자, 이때 세존께서 광혜보살마하살에게 말씀하셨다.

"훌륭하고 훌륭합니다. 광혜여, 그대는 이제 마침내 여래에게 이와 같은
깊은 뜻을 물을 수 있습니다. 그대는 이제 무량한 중생들을 이익되고 안
락하게 하며, 세간과 모든 천인·아소락(아수라) 등을 불쌍히 여겨서 그들
이 이익과 안락을 획득하게 하고자 이러한 질문을 하고 있습니다. 그대는
주의 깊게 들어야 합니다. 내가 그대를 위해 심·의·식의 비밀의 뜻을 설
하겠습니다.

---

65 이 부분에서는 교법에 대해 한량없는 지혜를 가진 보살이 아직도 심의식에 대해 다 알지 못하
여 부처님께 어느 정도 수준으로 통달해야 심·의·식을 잘 통달한 보살이라 할 수 있는지를 여
쭙고 있다. 이는 공사상을 체계적이고 치밀하게 밑받침할 수 있는 유가유식불교의 핵심 요소
가 되는 심·의·식에 대해 설해주시길 청하는 것이다. 당시 공사상을 잘못 알고서 무에 경도된
단견인 '악취공'이라는 허무주의에 빠지는 경향을 비판 극복하기 위해서 세밀하고 정치한 교법
의 정리가 요구되는 상황이었다. 이에 유가사들은 치열한 수행과정을 거쳐 마음을 보다 깊고
세밀하게 관찰하여 심·의·식이란 심층 구조와 작용를 밝혀낸다.

이렇게 여쭙자, 이때 세존께서 광혜보살마하살에게 말씀하셨다.

"참으로 훌륭합니다. 광혜보살이여, 그대는 이제 마침내 심·의·식의 깊은 뜻을 물을 수 있는 경지까지 왔습니다. 그대는 이제 헤아릴 수 없는 중생들을 이롭게 하고 안락하게 하고자, 번뇌에 사로잡혀 육도윤회하는 중생들을 불쌍히 여겨서 그들이 번뇌를 벗어나 선한 이익과 안락을 얻게 하고자 이러한 질문을 하고 있습니다. 그대는 깊이 새겨들어야 합니다. 내가 그대를 위해 심·의·식의 비밀스러운 뜻을 설하겠습니다.

廣慧 當知 於六趣生死 彼彼有情 墮彼彼有情衆中 或在卵生 或在胎生 或在濕生 或在化生 身分生起 於中最初 一切種子心識 成熟 展轉和合 增長廣大 依二執受 一者 有色諸根及所衣執受 二者 相名分別 言說戲 論習氣執受 有色界中 具二執受 無色界中 不具二種

광혜여, 육도윤회[66]의 생사에서 저들 각각의 유정은 그들 유정의 무리 가운데 떨어져 혹은 난생 혹은 태생 혹은 습생 혹은 화생[67]으로 각기 몸이 생기함을 알아야 합니다. 이런 가운데서 가장 먼저 일체종자심식이 성숙하고 두 가지의 집수에 의지하여 서로 화합하여 증장하고 광대해집니

---

66 육도란 중생들이 깨달음을 증득하지 못한 채 자신이 지은 업에 따라 태어나는 여섯 가지의 세계로 지옥도·아귀도·축생도·아수라도·인간도·천상도를 말함. 육도윤회는 찰나생하고 찰나 멸하는 과정 속에서 번뇌를 벗어나지 못하고 희노애락하는 중생의 삶을 비유적으로 상징화했다고 볼 수 있다.

67 난생과 태생과 습생과 화생으로 몸이 생기한다는 것은 자연생태계의 순환이라는 관점에서 생명을 탄생하는 것으로 해석하는 것이 바람직하다.

다. 첫째는 모든 유색근[68]과 소의[69]를 집수하고, 둘째는 상[70]과 명[71]과 분별[72]을 언설하고 희론[73]하는 습기[74]를 집수합니다. 유색계에서는 두 가지를 모두 집수하고 무색계에서는 두 가지를 모두 집수하지 않습니다.

광혜여, 번뇌에 사로잡혀 육도윤회하는 생사에서 벗어나지 못하는 유정들이 각자 태어나고 살아가며 죽어가는 가운데서 그 유정들은 각자의 인연 화합으로 생태적 영향을 주고받으며 몸을 타고납니다. 유정들이 몸을 타고날 때는 가장 먼저 일체종자심식이 자라납니다. 일체종자심식은 두 가지를 붙잡아 갖춤으로써 서로 영향을 주고받으며 더욱 커지고 넓어집니다. 첫째는 감각 기관인 안·이·비·설·신과 감각대상인 색·성·향·미·촉을 붙잡아 갖춥니다. 둘째는 감각 대상과 이름과 분별을 언어로 표현하고 언어로 표현한 것을 실체로 여기는 잠재력을 붙잡아 갖춥니다. 유색계인 욕계와 색계에서는 이 두 가지를 모두 붙잡아 갖추고 무색계에서는 두 가지를 모두 붙잡아 갖추지 않습니다.

---

68 승의근이라고도 함. 안근, 이근, 비근, 설근, 신근 등 5근을 말하며 요즘의 언어로 말하면 신경과 신경 물질이라고 볼 수 있다.

69 부진근이라고도 함. 눈, 코, 입, 귀, 몸 등 물적 형태를 말한다. 유색근과 소의를 합치면 감각 기능을 가진 유정의 몸이라고 할 수 있다.

70 감각하고 지각하는 대상.

71 대상에 붙인 이름.

72 이름을 붙여 다른 대상과 분리하여 인식함.

73 언설희론은 허울뿐인 이름으로 없는 것을 있다고 언어로 부풀리는 것.

74 언어로 학습되어 내면화되고 의식화된 잠재적인 힘.

廣慧 此識 亦名阿陀那識 何以故 由此識 於身隨逐 執持故 亦名阿賴耶識 何以故 由此識 於身攝受 藏隱 同安危義故 亦名爲心 何以故 由此識 色聲香味觸等 積集滋長故

광혜여, 이 식은 역시 아타나식[75]이라고 합니다. 왜냐하면 이 식은 몸을 따라 쫓으며 집지하기 때문입니다. 역시 아뢰야식이라고도 합니다. 왜냐하면 이 식은 몸을 섭수하고 일체종자를 은밀히 저장하며 안정과 위험을 함께하기 때문입니다. 역시 심이라고도 합니다. 왜냐하면 이 식은 색·성·향·미·촉 등을 적집하고 증장하기 때문입니다.

광혜여, 일체종자심식은 붙잡아 유지한다는 뜻에서 아타나식이라고도 합니다. 왜 아타나식이라고 하냐 하면, 몸을 따라 쫓아서 몸을 붙잡아 일체 종자를 유지하기 때문입니다. 일체종자심식은 저장한다는 뜻에서 아뢰야식이라고도 합니다. 왜 아뢰야식이라고 하냐 하면, 몸을 거두어 받아들여 일체 종자를 은밀하게 저장함으로써 안정과 위험을 몸과 함께하기 때문입니다. 일체종자심식은 쌓아서 부풀린다는 뜻에서 심(心)이라고도 합니다. 왜 심이라고 하냐 하면, 색·성·향·미·촉이라는 감각 대상인 5경을 훈습종자[76]로 쌓아 모아서 이를 바탕으로 사유하고 판단하여 부풀리기 때문입니다.

---

75 산스크리트어 adana의 음역으로 집지의 뜻. 아타나식을 집지식이라고도 한다.
76 한량없는 인연으로 찰나생 찰나멸하는 감각 활동이 하나의 새로운 종자로 변한 것.

廣慧 阿陀那識 爲依止 爲建立故 六識身轉 謂眼識 耳鼻舌身意識 此中
有識眼及色 爲緣 生眼識 與眼識 俱隨行 同時同境 有分別意識轉 有識
耳鼻舌身 及聲香味觸 爲緣 生耳鼻舌身識 與耳鼻舌身識 俱隨行 同時同
境 有分別意識轉

광혜여, 아타나식을 의지하여 건립하기 때문에 여섯 가지 식이 작용합
니다. 안식·이식·비식·설식·신식·의식을 말합니다. 이 가운데 식이 있
는 안[有識眼][77]과 색을 연으로 하여 안식이 생깁니다. 안식과 더불어 동시
에 같은 경계를 따라서 행하는 분별의식이 일어나 작용합니다. 식이 있는
이·비·설·신과 성·향·미·촉을 연으로 하여 이식·비식·설식·신식이
생깁니다. 이식·비식·설식·신식과 더불어 동시에 같은 경계를 따라서
행하는 분별의식이 일어나 작용합니다.[78]

> 광혜여, 몸을 붙잡아 유지하는 아타나식을 바탕으로 하여 육식이 일어나고
> 작용합니다. 육식은 안식·이식·비식·설식·신식·의식을 말합니다. 이 가운데
> 보고 있는 눈과 보이는 색을 조건으로 하여 안식이 일어납니다. 안식과 더불어
> 같은 때 같은 경계를 따라 분별의식인 제6식이 일어나 작용합니다. 듣고 있는
> 귀와 들리는 소리를 조건으로 하여 이식이 일어나고, 맡고 있는 코와 냄새를
> 조건으로 하여 비식이 일어나고, 맛을 보고 있는 혀와 맛을 조건으로 하여 설
> 식이 일어나고, 접촉하고 있는 몸과 접촉을 조건으로 하여 신식이 일어납니다.

---

77 유식안(有識眼)은 자기 작용을 하고 있는 눈을 말한다. 무식안은 자기 작용을 못하는 눈을 말
한다.

78 6근은 안근·이근·비근·설근·신근·의근으로 감각 및 인식기관을 말하고, 6경은 색경·성
경·향경·미경·촉경·법경으로 6근의 대상으로 감각 및 인식대상을 말하며, 6식은 안식·이
식·비식·설식·신식·의식으로 감각 및 인식작용을 말한다.

이식·비식·설식·신식과 더불어 같은 때 같은 경계를 따라 분별의식인 제6식
이 일어나 작용합니다.

廣慧 若於爾時 一眼識轉 卽於此時 唯有一分別意識 與眼識 同所行轉
若於爾時 二三四五 諸識身轉 卽於此時 唯有一分別意識 與王識身 同
所行轉

　광혜여, 만약 이때 하나의 안식이 작용하면 곧 그때 오직 하나의 분별
의식이 안식과 더불어 같이 일어나 작용합니다. 만약 이때 이식·비식·설
식·신식이 작용하면 곧 그때 오직 하나의 분별의식이 오식과 더불어 같
이 일어나 작용합니다.

　광혜여, 만약 이때 하나의 안식이 작용하면 곧바로 그때 오직 하나의 분별
의식인 제6식이 안식과 더불어 같이 일어나 작용합니다. 만약 이때 하나의 이
식·비식·설식·신식이 각기 작용하면 곧바로 그때 오직 하나의 분별의 식인 제
6식이 이 오식들과 더불어 같이 일어나 작용합니다.

廣慧 譬如 大瀑水流 若有一浪生緣現前 唯一浪轉 若二若多浪生緣現前
有多浪轉 然此瀑水 自流 恒流 無斷無盡 又如善淨鏡面 若有一影生緣

現前 唯一影起 若二若多影生緣現前 有多影起 非此鏡面轉變爲影 亦無
受用滅盡可得

광혜여, 마치 큰 폭포수의 흐름처럼 만약 한 물결이 생기는 연이 현전하면 오직 하나의 물결이 일어납니다. 둘 또는 많은 물결이 생기는 연이 현전하면 둘 또는 많은 물결이 일어납니다. 그러나 이 폭포수 자체의 흐름은 항상 끊임없이 다함 없이 흐릅니다. 또 깨끗한 거울 면에 하나의 영상이 비치는 연이 현전하면 오직 하나의 영상이 비칩니다. 둘 또는 많은 영상이 비치는 연이 현전하면 둘 또는 많은 영상이 비치게 됩니다. 이 거울 면 자체가 전변하여 영상이 되지 않습니다. 역시 수용의 멸함과 다함도 있을 수 없습니다.

광혜여, 마치 큰 폭포수의 흐름처럼, 만약 한 물결이 일어나는 조건이 바로 나타나면 오직 하나의 물결이 일어납니다. 둘 또는 많은 물결이 일어나는 조건이 바로 나타나면 둘 또는 많은 물결이 일어납니다. 그러나 이 폭포수 자체의 흐름은 언제나 끊임없이 다함 없이 흐릅니다. 또 깨끗한 거울 면에 하나의 영상이 비치는 조건이 바로 나타나면 오직 하나의 영상이 비칩니다. 둘 또는 많은 영상이 비치는 조건이 바로 나타나면 둘 또는 많은 영상이 비치게 됩니다. 이 거울 면 자체가 작용하여 영상으로 바뀌지 않습니다. 또한 거울에서 영상이 사라지거나 영상을 다 못 받아들이는 것도 있을 수 없습니다.

如是 廣惠 由似瀑流 阿陀那識 爲依止 爲建立故 若於爾時 有一眼識生緣現前 卽於此時 一眼識轉 若於爾時 乃至 有五識身生緣現前 卽於此時 五識身轉

이와 같이 광혜여, 마치 폭포수와 유사한 아타나식을 의지하고 건립하기 때문에, 만약 이때 하나의 안식이 생기는 연이 현전하면 그때 곧 하나의 안식이 작용합니다. 만약 이때 나아가 그 외 다섯 가지 식이 생기는 연이 현전하면 곧 그때 다섯 가지 식이 작용합니다.

> 이와 같이 광혜여, 마치 폭포수나 거울 면처럼 고유한 실체가 없는 아타나식을 바탕으로 하여 일어나기 때문에 만약 이때 하나의 안식이 일어나는 조건이 바로 갖추어지면 곧바로 그때 하나의 안식이 작용합니다. 만약 이때 나아가 나머지 다섯 가지 식이 각기 일어나는 조건이 바로 갖추어지면 곧바로 그때 다섯 가지 식이 각기 작용합니다.

廣慧 如是 菩薩 雖由法住智 爲依止 爲建立故 於心意識秘密善巧 然諸如來 不齊於此施設 彼爲於心意識一切秘密善巧菩薩

광혜여, 이와 같이 보살이 비록 법주지[79]를 의지하여 건립하기 때문에

---

79 교법에 안주하는 지혜. 심·의·식에 대한 교법을 세속적으로 잘 분석하여 아는 지혜.

심·의·식의 비밀을 통달하더라도, 모든 여래는 이러한 정도에 그치는 보살을 심·의·식의 일체 비밀에 통달한 보살이라고 시설하지 않습니다.

광혜여, 이와 같이 보살이 비록 부처님의 교법을 잘 분석하여 아는 지혜를 바탕으로 하여 심·의·식의 비밀을 숙지하여 잘 이해하더라도, 모든 여래께서는 그러한 정도의 수준에 그치는 보살을 심·의·식의 일체 모든 비밀에 잘 통달한 보살이라고 교법으로 설하지 않습니다.

廣慧 若諸菩薩 於內各別 如實 不見阿陀那 不見阿陀那識 不見阿賴耶 不見阿賴耶識 不見積集 不見心 不見眼色及眼識 不見耳聲及耳識 不見 鼻香及鼻識 不見舌味及舌識 不見身觸及身識 不見意法及意識 是名勝 義善巧菩薩 如來施設 彼爲勝義善巧菩薩

광혜여, 만약 모든 보살이 내각별[80]에 대해 여실하게, 아타나를 보지 않고 아타나식을 보지 않는다면, 아뢰야를 보지 않고 아뢰야식을 보지 않

---

80 내각별(內各別)에서 내는 승의제(진여)를 의미하고, 각별이란 언어[詮]로 진여를 나타내기 때문에 '각별'이라 한 것이다. 따라서 내각별은 아타나와 아타나식을 이해하고, 아뢰야와 아뢰야식, 심과 적집, 안근과 색경과 안식에서 의근과 법경과 의식까지 승의제에 의거해 그 언어적 차이를 분별하여 이해하는 것이다. 이런 정도의 수준이면 다른 이들에게도 이론적으로 언어로 설할 수는 있으나, 심의식을 통달한 보살이라 할 수 없다. 심의식의 비밀에 통달한 보살이란 진여의 이치를 언어적 분별을 매개로 하지 않고 사물의 자상을 직접 현량으로 증득한 보살을 말한다. 이는 분별 자체가 없다는 것이 아니라 분별을 넘어서 연기로 원융하게 진여를 통달한 것을 말한다.

는다면, 적집을 보지 않고 마음을 보지 않는다면, 안과 색 및 안식을 보지 않는다면, 이와 성 및 이식을 보지 않는다면, 비와 향 및 비식을 보지 않는다면, 설과 미 및 설식을 보지 않는다면, 신과 촉 및 신식을 보지 않는다면, 의와 법 및 의식을 보지 않는다면, 비로소 승의에 통달한 보살이라고 말합니다. 여래께서는 그러한 보살을 승의에 통달한 보살이라고 시설합니다.

광혜여, 만약 모든 보살이 심·의·식에 대해 분별하여 각기 따로 설한 것에 대해, 분별에 매몰되지 않고 분별을 넘어서 여실하게 알아야 합니다. 즉 아타나(用)와 아타나식(體)을 분별하여 보지 않는다면, 아뢰야와 아뢰야식을 분별하여 보지 않는다면, 적집과 마음을 분별하여 보지 않는다면, 안근과 색경 및 안식을 분별하여 보지 않는다면, 이근과 성경 및 이식을 분별하여 보지 않는다면, 비근과 향경 및 비식을 분별하여 보지 않는다면, 설근과 미경 및 설식을 분별하여 보지 않는다면, 신근과 촉경 및 신식을 분별하여 보지 않는다면, 의근과 법경 및 의식을 분별하여 보지 않는다면 비로소 궁극적인 진리인 진여를 잘 아는 보살이라고 말합니다. 여래께서는 그러한 보살을 궁극적인 진리인 진여를 교법으로 잘 통달한 보살이라고 설합니다.

廣慧 齊此 名爲於心意識一切秘密善巧菩薩 如來 齊此 施設 彼爲於心意識一切秘密善巧菩薩

광혜여, 이러한 정도 되어야 심·의·식의 일체 비밀에 통달한 보살이라고 합니다. 여래께서는 이러한 정도 되어야 그 보살을 심·의·식의 일체 비밀에 통달한 보살이라고 시설합니다."

> 광혜여, 이러한 정도의 수준이 되어야 심·의·식의 일체 모든 비밀을 잘 아는 보살이라고 합니다. 여래께서는 이러한 정도의 수준이 되어야 그 보살을 심·의·식의 일체 모든 비밀을 교법으로 잘 통달한 보살이라고 설합니다."

爾時 世尊 欲重宣此義 而說頌曰
阿陀那識甚深細 一切種子如瀑流
我於凡愚不開演 恐彼分別執爲我

이때 세존께서 이러한 뜻을 거듭 펼치시고자 게송으로 설하셨다.

> 아타나식은 매우 심오하고 미세하며 일체종자식은 폭포의 흐름과 같다네.
> 나는 어리석은 범부들에게는 열어 보이지 않으니
> 그들이 분별하고 자아로 집착할까 염려하기 때문이네.

제4장

존재란 무엇인가
(一切法相品)

〈일체법상품〉에 들어가며

〈심의식상품〉에서는 관찰하고 사유하는 주체인 마음이란 무엇인가를 설했습니다. 마음의 구조를 설하면서 현행하는, 즉 표면에 드러나는 마음인 6식 아래 깊숙이 잠재하는, 즉 드러나지 않는 마음인 일체종자심식이 있음을 밝혔습니다. 〈일체법상품〉에서는 마음이 관찰하고 사유하는 대상인 일체법에 대해 설합니다. 여기서 일체법이란 5온[색·수·상·행·식]으로 취하는 모든 것들, 즉 우리들이 감각하고 생각하는 하나하나의 모든 대상을 말합니다. 감각의 대상인 일반적인 사물은 물론 자유와 억압, 정의와 불의, 가난과 부, 인문과 자연, 신과 인간, 천국과 지옥, 옳음과 그름, 아름다움과 추함 등등 온갖 추상적이고 형이상학적인 모든 개념까지를 다 포함하는 것입니다. 따라서 법은 '인간이 존재한다고 생각하는 어떤 것(有)'이라고 할 수 있습니다. 그래서 《해심밀경》을 우리말로 옮기면서 법을 '존재'라고 옮겼습니다. 그리고 '교법'이라고도 옮겼습니다. 부처님이 깨달음을 이루고 설하신 내용은 바로 이 '존재한다고 생각하는 어떤 것들'에 대한 것입니다. 부처님의 말씀은 바로 법에 대한 가르침, '교법'입니다. 그래서 법은 교법을 뜻하기도 합니다. 부처님의 교법은 흔히 평범한 삶을 살아가는 범부들이 감히 헤아릴 수 없는 깊이와 넓이로 부처님이 깨달으시고 설하신 내용을 담고 있습니다. 인간의 역사 가운데 부처님 이전에도 없었고 이후 지금까지도 찾기 힘든 불가사의한 깨달음이고 가르침입니다. 부처님은 '하나하나로 존재하는 모든 것', 즉 일체법에 대하여 무상정등각을 이루었던 것입니다. 그러나 그 깨달음은 지극히 평등한 것이기에 홀로 깨달음에 머물지 않고 이 세상에 태어나 살아가는 인연을 얻은 모든 이들에게 널리 아무런 걸림 없이 가르침을 베풀었습니다.

앞의 제2장 〈승의제상품〉에서는 일체법을 크게 유위법과 무위법으로 나누어 설했습니다. 〈일체법상품〉에서는 이른바 '3성설'에 의거하여 일체법을 성품에 따라 변계소집성·의타기성·원성실성으로 나누어 설합니다. 이 밖에도 유가유식불교에서는 5위100법이라 하여 크게 다섯 범주로 나누어 100가지의 법을 설파하기도 합니다. 〈일체법상품〉에서 설하는 3성설은 〈심의식상품〉에서 제시한 일체종자심식설과 더불어 유가유식불교의 중요한 핵심 교리에 해당합니다. 3성설은 일체법, 즉 세상의 모든 존재와 현상을 바라보는 세 가지 방식을 말합니다. 그 세 가지는 변계소집성·의타기성·원성실성입니다.

변계소집성-분별하여 존재를 보다

불교에서 가장 중요하게 설한 진리는 '제법무아(諸法無我)'입니다. 풀이하면 '모든 존재는 고유한 본성이나 고정된 실체가 없다'라고 할 수 있습니다. 고유한 성질이나 고정된 실체를 불교에서는 '자성(自性)'이라고 합니다. 그래서 모든 존재는 무자성(無自性)이라고 합니다. 존재는 크게 두 갈래로 나누어 볼 수 있습니다. 하나는 관찰하고 사유하는 주체이고, 다른 하나는 관찰되고 사유되는 대상입니다. 관찰하는 주체는 고유한 실치가 없다, 즉 무자성이라는 것을 인무아(人無我)라고 합니다. 관찰되는 대상은 고유한 실체가 없다, 즉 무자성이라는 것을 법무아(法無我)라고 합니다.

변계소집성이란 글자 그대로 풀면 '두루 헤아려 집착한 성품'으로, 자성을 가진 생각하는 주체가 자성을 가진 대상을 헤아려 집착하는 것을 말합니다. 대부분의 일상생활 속에서 우리들은 변계소집성으로 늘 일체법, 즉 '하나하나로 존재하는 모든 것'을 감각하고 또 지각하며 살아갑니다. 순간순간마다 어떤 대상이나 사건들을 접하고 판단하며 대응합니다. 우리들은 세상의 사람과 사물 등 모든 존재는 '나'를 중심으로 해서 제각각 따로따로 분리되어 있다고 생각합니다. 제각각 따로따로 존재하는 모든 사람과 사물의 상태나 상황 변화를 분석하고 판단하면서 나름대로 대응하며 살아간다고 생각합니다. 일상생활 가운데 이렇게 작동하는 자신의 감각방식이나 사고방식을 전혀 이상하게 생각하지 않고 당연하게 받아들입니다. 또한 세상의 모든 사람과 사물이 제각각 따로따로 존재하며 각자 나름으로 활동하거나 작동하는 것에 대해서도 마찬가지로 자연스럽게 받아들입니다.

이렇게 세상의 모든 존재와 현상, 즉 일체법에 대해 '제각각 따로따로' 분별하는 사고방식이 바로 변계소집성(遍計所執性)입니다. 다시금 강조하지만 여기서 말하는 일체법은 단순히 감각되는 사물뿐만 아니라 감각을 넘어서 추상적이고 형이상학적인 것까지 포함합니다. 변계소집성이라는 말은 7세기 현장법사가 산스크리트어를 한문으로 번역한 말입니다. 불교에서 흔히 중생이라고 하는 우리 보통 사람들은 내가 먼저 있고, 내 바깥에 온갖 사물들이 있다고 생각합니다. 그리고 내가 판단하는 옳고 그름, 정의나 불의, 아름다움이나 추함이 있고, 나아가 미처 알지 못하는 것에 대해서도 그 어떤 알지 못하는 것이 있다고 생각합니다. 이러한 생각은 당연하며 의심할 필요가 없다고 우리들은 믿고 있습니다. 우리는 나를 중심으로 한 분별적인 사고방식에 깊이 빠져 있고, 그것을 합리적이그 과학적인 사고방식이라고 굳게 믿고 있습니다. 이러한 사고방식은 언어를 통해 더욱 강화됩니다. 언어를 통해 더욱더 정교하게 분별하고 그것은 사회적으로 규범을 만들어냅니다. 하지만 유가유식불교는 사람들이 세상사에 대해 당연하다고 생각하는 그러한 사고방식을 잘못된 생각이고 망상이라고 설합니다. 그럼에도 우리 각자 모두는 대체로 나를 중심으로 감각하고 생각하고 판단하면서 '나'와 나 아닌 것으로 분리하며 살아갑니다. 그러나 좀 더 곰곰이 생각하면 우리는 어느 한순간도 온 우주적 존재들과 분리되어 살 수 없습니다. 서로 의존하며 살아가고 있습니다. 어느 한구석 지극히 미세한 소립자도 빠뜨림 없이 끊어짐 없이 온 우주와 두루두루 다 연결되어 있습니다. 사실 한구석이라는 장소 개념도 나를 중심으로 한 말입니다. 아무튼 우리가 유가유식불교에서 설하는 이야기를 어느 정도 이해하고 수긍했다 하더라도 유가유식불교에서 설하는 사고방식으로 바꾸기는 쉽지 않습니다. 왜냐하면 그동안 우리의 몸과 마음은 변계소집성의 사고방식에 깊디깊게 익숙해져 있기 때문입니다. 그러면 유가유식불교에서 제시하는 여실하게 제대로 세상을 보는 사고방식은 무엇일까요?

의타기성-인연화합으로 존재를 보다

우리는 일상생활을 거의 무의식적으로 반복하면서 다른 누구와도 무엇과도 크게 서로 연관되거나 의존하지 않고 '내'가 살아간다고 대체로 생각합니다. 그러나 주의 깊게 들여다보면 우리는 서로 연관되거나 의존하고 있음을 쉽게 알 수 있습니다. 서로 연관되거나 의존하지 않고는 그 어떤 사소한 일상의 일도 가능하지 않음을 알 수 있습니다. 우리들은 서로 의존하여 연결된 세상을 살아가고 있음을 확인하게 됩니다. 내가 살아가는 것은 숨을 쉬고 음식물을 섭취하기 때문입니다. 대기 중 산소가 있기 때문에 숨을 쉬고 식량을 생산하고 유통하는 시스템이 가동되기 때문에 살아가는 것입니다. 주변의 수많은 사람들이 관여하는 사회 시스템이 존재하기 때문에 살아가는 것입니다. 그 시스템은 전 세계와 직간접으로 연결되어 있습니다. 지구는 어떻습니까. 우주 전체와 연결되어 있습니다. 아무튼 모든 것은 서로 의존하여 일어납니다. 이것을 불교에서는 '세상의 모든 존재와 현상은 인연화합으로 생긴다'라고 말합니다. 바로 '연기'입니다. 이렇게 인연화합으로 서로 의존하여 생기는 성품을 현장법사는 '의타기성(依他起性)'이라고 번역했습니다. 이것은 모든 세상의 존재와 존재계의 움직임을 '연기'로 보는 사고방식입니다. 존재하는 모든 것들은 인연화합으로 서로 의존하면서 생기고 멸하고 하는 것입니다.

나라고 할 때는 나 아닌 당신이 있고, 산이라고 할 때는 산이 아닌 들이나 강이 있으며, 어둠이라고 할 때에는 밝음이 있습니다. 절망은 희망과 함께하고, 기쁨은 슬픔과 함께하며, 정의는 불의와 함께합니다. 내 마음이라고 하면 내 마음 아닌 것이 있고, 내 집이라고 하면 내 집 아닌 것이 있으며, 내 나라하면 내 나라 아닌 것이 있습니다. 만남이 있으면 헤어짐이 있고, 생겨남이 있으면 사라짐이 있으며, 삶이 있으면 죽음이 있는 것입니다. 이러한 연기는 우리들이 살아가는 일상에서도 순간순간 빈틈없이 언제나 끊임없이 일어납니다. 그럼에도 불구하고 우리들은 어떤 사람이나 사물을 볼 때 제각각 나와 따로따로 있다고 먼저 생각합니다. 나와 직접 부딪치지 않는 어떤 사건을 마주칠 때 나와 상관없이 일어났다고 먼저 느낍니다. 하지만 서로 의존하고 연결되지 않으면 그 어떤 일도 일어나지 않는다는 사실을 좀 더 깊이 생각하면 확실치는 않지만 알 수 있습니다. 그 점을 깊이 지적하면 그때는 그렇다고 이해합니다. 그래도 돌아서면 곧 자신이 따로 존재한다고 생각합니다. 먼저 내가 존재하고 다음으로 나와 따로 분리된 여러 다른 사람들이, 나와 분리된 여러 사물이 존재한다고 생각합니다. 세상의 모든 존재와 현상은 서로 의존하여 연결되어 있다고 생각은 하지만 그전에 내가 먼저 존재하고 내가 그렇게 생각한다고 집착하는 것입니다. 이것은 어쩌면 근대성에서 말하는 인간 중심의 합리주의로 더 강화된 사고방식일 수 있습니다. 오늘날 모든 교육이나 정치, 사회, 문화적 시스템에 적용되는 기본 원리이자 사고방식일지도 모릅니다. 의타기성에서 변계소집성을 일으키는 이러한 사고방식을 유가유식불교에서는 망상 또는 미혹이라고 합니다.

원성실성-원만하게 하나인 진실한 존재를 보다

이번에는 꽃을 예로 들어보겠습니다. 지구상에 셀 수 없을 만큼 온갖 꽃들이 있습니다. 그 꽃들은 제각각 서로 다른 크기와 모양과 색깔을 가집니다. 지역별로 다르게, 계절별로 다르게 피고 집니다. 우리는 그 꽃들에 따로따로 이름을 붙여서 분리하고 분별합니다. 하지만 모든 꽃은 꽃으로 존재하기 위해서는 뿌리와 줄기 또는 가지, 그리고 잎도 필요합니다.

그냥 꽃만 존재할 수 없습니다. 나아가 뿌리내릴 수 있는 땅이 있어야 합니다. 또 물이 필요합니다. 잎을 통해 광합성을 하기 위해 태양이 존재해야 합니다. 태양이 존재하는 태양계는 우주의 일부분입니다. 우주가 존재해야 태양도 존재하는 것입니다. 즉 그 수많은 꽃이 각기 한 송이 꽃을 피우기 위해서는 우주 전체의 모든 존재와 연결되어 있어야 합니다. 서로 의존하는 수많은 관계망으로 연결되는 것입니다. 꽃만 그렇지 않습니다. 모든 사람, 모든 생명체, 모든 사물은 하나도 예외 없이 서로 의존하며 끝없이 연결되어 있습니다. 우리들이 상상하는 추상적인 모든 대상이나 사유하는 모든 형이상학적인 개념들도 서로 의존하며 연결되어 있습니다.

모든 유형·무형의 존재는 서로 의존하며 끊임없이 끝없이 연결되어 있습니다. 그 연결 가운데서 우리들은 우리의 생각과 언어로 그 존재들을 구별은 할 수 있습니다. 근대 이후 어쩌면 더욱더 잘게 잘게 분석하고 해석하는 사고방식과 작업이 인간을 위대하게 한다고 믿어왔습니다. 그러한 활동이 과학과 기술을 발전시키고 인류를 풍요롭게 한다고 믿어왔습니다. 그러나 좀 더 깊이 생각하면 세상의 모든 존재와 현상은 우리 생각으로 구별할 수 있어도 분리는 할 수 없는 어떤 '하나'일 수밖에 없습니다. 그런데 서로 의존하여 모든 것이 하나로 연결된다면 연결되지 않는 바깥쪽은 없습니다. 즉 '하나'에 비교되는 또 하나의 별개의 '하나'는 없습니다. 그렇게 둘이 아닌 '하나'라는 의미조차 배제하면 결국 '0', '공'이라는 표현으로 귀결됩니다. 그래서 '공(空)'이라는 말이 등장합니다.

원성실성은 '원만하게 하나[공]인 진실한 성품'을 뜻합니다. 세상의 모든 존재와 현상은 제각각으로 따로따로 분리되어 있지 않고 서로 의존하며 연결되어 결국 하나, 공이라고 보는 사고방식입니다. 우리들은 세상의 모든 존재와 현상을 임시적으로 가정하여 어떤 모습이나 언어적 개념으로 분리하고 분별하여 집착합니다. 변계소집성으로 보는 것입니다. 그러나 세상의 모든 존재와 현상의 궁극적인 참모습인 진여는 '원만하게 하나[공]인 진실한 성품', 원성실성입니다. 모든 존재가 '서로 의존하여 생겨난 성품', 즉 의타기성을 바탕으로 모든 존재의 '원만하게 하나인 진실한 성품', 즉 원성실성을 보는 것이 여실하게 일체법을 보는 것입니다. 즉 의타기성에서 원성실성을 일으키는 것이 바로 번뇌와 망상을 벗어나는 지혜인 것입니다.

제4장 존재란 무엇인가(一切法相品)

爾時 德本菩薩摩訶薩 白佛言 世尊 如世尊說於諸法相善巧菩薩 於諸法相善巧菩薩者 齊何名爲於諸法相善巧菩薩 如來 齊何施設彼爲於諸法相善巧菩薩

이때에 덕본보살마하살이 부처님께 여쭈었다.

"세존이시여 세존께서 제법의 상[81]에 대해 통달한 보살을 설하셨습니다. 제법의 상에 대해 통달한 보살이란 어느 정도 되어야 제법의 상에 대해 통달한 보살이라고 하십니까? 여래께서는 어느 정도 되어야 그를 제법의 상에 대해 통달한 보살이라고 시설하십니까?"

> 이때에 덕본보살마하살이 부처님께 여쭈었다.
> "세존이시여, 세존께서 세상의 모든 존재의 모습을 잘 아는 보살을 설하셨습니다. 세상의 모든 존재의 모습을 잘 아는 보살은 어느 정도의 수준이 되어야 세상의 모든 존재의 모습을 잘 아는 보살이라고 하십니까? 여래께서는 어느 정도의 수준이 되어야 세상의 모든 존재의 모습을 잘 통달한 보살이라고 교법으로 설하십니까?"

---

81 법을 존재라고 하면, 모든 존재는 언어로 표현되며, 언어로 표현된다는 것은 그 언어에 상응하는 어떤 양상을 갖는다. 언어적 표현이나 정의를 갖는 형이상학적인 존재 또한 그에 상응한 어떤 형식의 인식 대상을 갖는다. 이러한 것들을 상이라고 할 수 있다.

說是於已 爾時 世尊 告德本菩薩曰 善哉 德本 汝今乃能請問如來如是
深義 汝今爲欲利益安樂無量衆生哀愍世間及諸天人阿素洛等 爲令獲
得義利安樂 故發斯問

이렇게 여쭙고 나자, 이때 세존께서 덕본보살에게 말씀하셨다.

"훌륭하고 훌륭합니다. 덕본이여, 그대는 이제 비로소 여래에게 이와 같
은 깊은 뜻을 물을 수 있습니다. 그대는 이제 무량한 중생들을 이익되고
안락하게 하고자, 세간 및 모든 천계와 인간계, 아수라 등을 불쌍히 여겨
서 그들이 이익과 안락을 획득하게 하고자 이러한 질문을 하고 있습니다.

> 이렇게 여쭙고 나자, 이때 세존께서 덕본보살에게 말씀하셨다.
> "참으로 훌륭합니다. 덕본보살이여, 그대는 이제 비로소 여래에게 세상의 모
> 든 존재의 모습을 물을 수 있는 경지까지 왔습니다. 그대는 이제 헤아릴 수 없
> 는 중생들을 이롭게 하고 안락하게 하고자, 번뇌에 사로잡혀 육도윤회하는 중
> 생들을 불쌍히 여겨서 그들이 번뇌를 벗어나 선한 이익과 안락을 얻게 하고자
> 이러한 질문을 하고 있습니다.

汝應諦聽 吾當爲汝說諸法相 謂諸法相 略有三種 何等爲三 一者遍計所
執相 二者依他起相 三者圓成實相

그대는 잘 새겨들으시오. 나는 마땅히 그대를 위하여 제법의 상을 설하

겠습니다. 이른바 제법의 상은 요약하면[82] 세 가지가 있습니다. 그 세 가지는 무엇인가? 첫째는 변계소집상이고 둘째는 의타기상이며 셋째는 원성실상입니다.[83]

> 그대는 잘 새겨들으시오. 나는 마땅히 그대를 위하여 세상의 모든 존재의 모습을 설하겠습니다. 이를테면 세상의 모든 존재의 모습은 크게 세 가지가 있습니다. 그 세 가지는 무엇인가? 첫째는 변계소집상이고 둘째는 의타기상이며 셋째는 원성실상입니다.[84]

云何諸法遍計所執相 謂一切法名假安立自性差別 乃至爲令隨起言說

제법의 변계소집상이란 무엇인가? 일체법[85]에 가상적인 이름으로 자성

---

82 요약하면 세 가지이지만, 다른 범주로 세분하면 이른바 유가유식불교의 5위100법에 따라 100가지가 되기도 한다.

83 3성설은 변계소집성·의타기성·원성실성을 말한다. 인식하는 주체가 인식되는 대상을 인식하는 사고방식을 세 가지 범주로 나눈 것이다. 그러한 사고방식으로 인식된 대상의 모습이나 양상을 변계소집성·의타기성·원성실성이라고 한다. 분별성, 의타성, 진실성이라고 한역하기도 한다.

84 화엄경에 '세상의 모든 것은 마음이 그려낸 것이다[일체유심조(一切唯心造)]'라는 구절이 있다. 유가유식불교도 세상에 존재하는 모든 것이 식[마음]에서 비롯한다고 설한다. 우리가 어떻게 존재를 보는가에 따라 세상은 달리 보인다. 유가유식불교보다 앞서 대승불교를 열게 된 중관 (中觀)의 공사상에서는 3성설이 등장하지 않는다. 3성설은 공을 보다 체계적으로 설한 유가유식불교의 독창적이고 빼어난 학설이다.

85 제법은 언어로 대상화된 모든 법으로 '세상 모든 존재' 혹은 '모든 존재'라고 옮겼고, 일체법에서 일체는 '하나하나로 나누어진'이라는 의미를 담고 있기 때문에 일체법을 우리말로 옮기는데 다소 불편함이 있어 '일체 모든 존재'라고 옮겼다.

과 차별을 안립하고 나아가 그에 따라서 언설을 불러일으키는 것을 말합니다.

> 세상 모든 존재의 변계소집상이란 무엇인가? 세상 일체 모든 존재에 허울뿐인 이름을 붙여져 고유한 실체라고 여기고 다른 존재와 차별되는 실체라고 집착하는 모습을 말합니다. 나아가 그에 따라서 언설을 불러일으킵니다.

云何諸法依他起相 謂一切法緣生自性 則此有故彼有 此生故復生 謂無明緣行 乃至招集純大苦蘊

제법의 의타기상이란 무엇인가? 연기로 생기는 일체법의 자성을 말합니다. 즉 이것이 있어 저것이 있고 이것이 생겨 저것이 생깁니다. 무명에 연하여 행이 있고 나아가 순전히 큰 고온[86]을 불러 모으는 것을 말합니다.

> 세상 모든 존재의 의타기상이란 무엇인가? 인연 화합의 연기로 나타나는 세상 일체 모든 존재의 모습을 말합니다. 즉 이것이 있어 저것이 있고 이것이 생겨 저것이 생깁니다. 무명을 조건으로 행이 일어나고 나아가 오롯이 큰 괴로움의 무더기를 불러 모으는 것을 말합니다.

---

86 괴로움의 무더기. 괴로움은 무명(진리를 깨닫지 못한 상태)에서 생기는 마치 스스로 덮어쓴 거죽이나 무더기 같은 것이라는 의미이다. 5온은 중생들이 온 세상을 보는 색·수·상·행·식이라는 다섯 가지 무더기로 그 중심에 나라고 하는 것이 있다고 분별한다. 그러한 분별이 번뇌와 망상을 낳는다.

云何諸法圓成實相 謂一切法平等眞如 於此眞如 諸菩薩衆 勇猛精進
爲因緣故 如理作意 無倒思惟 爲因緣故 乃能通達 於此通達 漸漸修集
乃至無上正等菩提 方證圓滿

　제법의 원성실상이란 무엇인가? 일체법의 평등한 진여를 말합니다. 이
러한 진여에 대해 모든 보살이 용맹정진을 인연으로 삼기 때문에, 여리작
의하고 전도됨이 없이 사유함을 인연으로 삼기 때문에 곧 통달할 수 있습
니다. 이러한 통달에 대해 점점 더 수행을 쌓아 나아가 무상정등보리를
비로소 원만하게 증득합니다.

　세상 모든 존재의 원성실상이란 무엇인가? 분별과 망상이 없는 세상 일체 모
든 존재의 평등한 진여의 모습을 말합니다. 이러한 진여를 깨우쳐 터득하기 위
해 모든 보살이 용맹하게 정진하기 때문에, 이치에 맞게 의식을 집중하여 제대
로 사유하기 때문에 나아가 통달할 수 있습니다. 이렇게 통달한 뒤에도 점점
더 수행을 쌓고 쌓아 마침내 무상정등보리를 비로소 원만하게 깨우쳐 터득합
니다.

善男子 如眩翳人 眼中所有 眩翳過患 遍計所執相 當知亦爾 如眩翳人
眩翳衆相 或髮毛輪 蜂 蠅 苣藤 或復靑黃赤白等相 差別現前 依他起相
當知亦爾 如淨眼人 遠離眼中眩翳過患 卽此淨眼 本性所行 無亂境界
圓成實相 當知亦爾

선남자여, 마치 눈이 침침하고 흐릿한 사람의 눈에 생기는 과환과 같이 변계소집상도 그러함을 알아야 합니다. 마치 눈이 침침하고 흐릿한 사람에게 침침하고 흐릿하게 보이는 형상들이 혹 머리카락이나 벌이나 파리나 참깨, 혹은 다시 청·황·적·백 등의 형상들로 차별되게 현전하는 것과 같이 의타기상도 역시 그러함을 알아야 합니다. 마치 청정한 눈을 가진 사람은 눈이 침침하고 흐릿한 과환을 멀리 여의어서 곧바로 이런 청정한 눈의 본성으로 보는 데에 혼란스러운 경계가 없는 것처럼, 원성실상도 역시 그러함을 알아야 합니다.

선남자여, 마치 눈이 침침하고 흐릿한 사람의 눈에 생기는 허물과 병과 같이, 변계소집상도 그러함을 알아야 합니다. 마치 눈이 침침하고 흐릿한 사람에게 침침하고 흐릿하게 보이는 형상들이 혹 머리카락이나 벌이나 파리나 참깨 등의 모습으로, 혹은 다시 청·황·적·백 등의 색깔로 각기 다르게 나타나는 것과 같이, 의타기상도 또한 그러함을 알아야 합니다. 마치 청정한 눈을 가진 사람은 눈이 침침하고 흐릿한 허물과 아픔을 멀리 떠나보내어 곧바로 이런 청정한 눈이 본래대로 보는 데에 혼란스런 경계가 없는 것과 같이, 원성실상도 또한 그러함을 알아야 합니다.

善男子 譬如 淸淨頗胝迦寶 若與靑染色合 則似帝靑大靑末尼寶像 由邪執取帝靑大靑末尼寶故 惑亂有情 若與赤染色合 則似琥珀末尼寶像 由邪執取琥珀末尼寶故 惑亂有情 若與綠染色合 則似末羅羯多末尼寶像 由邪執取末羅羯多末尼寶故 惑亂有情 若如黃染色合 則似金像 由邪執取眞金像故 惑亂有情

선남자여, 비유하자면 청정한 파지가보[87]가 만약 푸르게 물든 색과 합해지면 제청대청의 마니보주[88]와 유사한 것과 같습니다. 삿된 집착으로 제청대청[89] 마니보주라고 취하기 때문에 유정들이 혼란스럽게 미혹합니다. 만약 붉게 물든 색과 합해지면 호박 마니보주와 유사한 것과 같습니다. 삿된 집착으로 호박 마니보주라고 취하기 때문에 유정들이 혼란스럽게 미혹합니다. 만약 초록으로 물든 색과 합해지면 말라갈다[90] 마니보주처럼 보입니다. 삿된 집착으로 말라갈다 마니보주라고 취하기 때문에 유정들이 혼란스럽게 미혹합니다. 만약 노랗게 물든 색과 합해지면 금상과 유사한 것과 같습니다. 삿된 집착으로 진짜 금상으로 취하기 때문에 유정들이 혼란스럽게 미혹합니다.

> 선남자여, 비유하자면 맑고 투명한 수정이 만약 푸르게 물든 색과 합해지면 마치 제청대청 마니보주처럼 보입니다. 삿된 집착으로 제청대청 마니보주라고 취하기 때문에 유정들이 혼란스럽게 미혹합니다. 만약 붉게 물든 색과 합해지면 마치 호박 마니보주처럼 보입니다. 삿된 집착으로 호박 마니보주라고 취하기 때문에 유정들이 혼란스럽게 미혹합니다. 만약 초록으로 물든 색과 합해지면 마치 말라갈다 마니보주처럼 보입니다. 삿된 집착으로 말라갈다 마니보주라고 취하기 때문에 유정들이 혼란스럽게 미혹합니다. 만약 노랗게 물든 색과 합해지면 마치 금상처럼 보입니다. 삿된 집착으로 진짜 금상으로 취하기 때문에 유정들이 혼란스럽게 미혹합니다.

---

87 투명한 수정.

88 원하는 대로 보물을 가져다 주는 투명한 구슬.

89 제석천왕이 쓴다는 보배관을 자식한 푸른색 보석.

90 녹색을 띤 보석

如是 德本 如彼淸淨頗胝迦上 所有染色相應 依他起相上 遍計所執相
言說習氣 當知亦爾 如彼淸淨頗胝迦上 所有 帝靑 大靑 琥珀 末羅羯多
金等 邪執 依他起相上 遍計所執相執 當知亦爾 如彼淸淨頗胝迦寶 依
他起相 當知亦爾 如彼淸淨頗胝迦上 所有帝靑 大靑 琥珀 末羅羯多 眞
金等相 於常常時 於恒恒時 無有眞實 無自性性 卽依他起相上 由遍計
所執相 於常常時 於恒恒時 無有眞實 無自性性 圓成實相 當知亦爾

이와 같이 덕본이여, 저 청정한 파지가에서 모든 염색이 상응하는 것과
같이, 의타기상에서 변계소집상의 언설과 습기도 또한 마땅히 그러함을
알아야 합니다. 저 청정한 파지가 위에 있는 제청대청·호박·말라갈
다·금 등으로 그릇되게 집착하는 것과 같이, 의타기상에서 변계소집상을
집착하는 것도 역시 그러함을 알아야 합니다. 저 청정한 파지가보와 같
이 의타기상도 또한 마땅히 그러함을 알아야 합니다. 저 청정한 파지가
위에 있는 제청·대청·호박·말라갈다·순금 등의 모습이 언제나 항상 진
실함이 없고 무자성성[91]인 것과 같이, 곧 의타기상 위에서 변계소집상은
언제나 항상 진실함이 없고 무자성성입니다. 원성실상도 역시 함을 알아
야 합니다.

이와 같이 덕본이여, 저 맑고 투명한 수정을 바탕으로 하여 모든 물든 색이

---

91 무자성은 자신의 성품이 없으므로 스스로 실체성을 갖지 못한다는 의미이지만, 무자성성은
자성이 없음에 의해 드러나는 진여의 이치로 공성 또는 연기를 나타낸다. 따라서 그릇되게 집
착하는 제청대청·호박·말라갈다·금 등의 실체는 없어도 파지가의 존재는 있다는 뜻으로 해
석할 수 있다. 즉 변계소집상은 실체가 없지만 의타기상은 연기로서 공성으로 존재한다는 것
으로 해석할 수 있다.

상응하는 것과 같이, 의타기상을 바탕으로 하여 변계소집상의 언설과 습관도 또한 마땅히 그러함을 알아야 합니다. 저 맑고 투명한 수정을 제청·대청·호박·말라갈다·금 등으로 그릇되게 집착하는 것과 같이, 의타기상을 바탕으로 변계소집상을 집착하는 것도 또한 그러함을 알아야 합니다. 저 맑고 투명한 수정과 같이 의타기상도 또한 마땅히 그러함을 알아야 합니다. 저 맑고 투명한 수정을 제청·대청·호박·말라갈다·순금 등으로 보는 것은 언제나 변함없이 참으로 실재하지 않고 고유한 실체가 없는 성품인 것과 같이, 곧 의타기상을 바탕으로 한 변계소집상은 언제나 변함없이 참으로 실재하지 않고 고유한 실체가 없는 성품입니다. 원성실상도 또한 그러함을 알아야 합니다.

復次 德本 相名 相應 以爲緣故 遍計所執相 而可了知 依他起相上 遍計所執相執 以爲緣故 依他起相 而可了知 依他起相上 遍計所執相無執 以爲緣故 圓成實相 而可了知

다시 덕본이여, 형상과 명칭의 상응을 연으로 하기 때문에 변계소집상을 명료하게 알 수 있습니다. 의타기상 위에서 변계소집상의 집착을 연으로 하기 때문에 의타기상을 알 수 있습니다. 의타기상 위에서 변계소집상의 집착 없음을 연으로 하기 때문에 원성실상을 알 수 있습니다.

다시 덕본이여, 모습에다 이름을 붙이고 이름을 통해 모습을 분별하기 때문에 변계소집상을 명료하게 알 수 있습니다. 의타기상을 바탕으로 하여 변계소집상을 집착하기 때문에 의타기상을 명료하게 알 수 있습니다. 의타기상을 바

탕으로 하여 변계소집상을 집착하지 않기 때문에 원성실상을 명료하게 알 수 있습니다.[92]

善男子 若諸菩薩 能於諸法 依他起相上 如實了知遍計所執相 卽能如實 了知一切無相之法 若諸菩薩 如實了知依他起相 卽能如實了知一切雜 染相法 若諸菩薩 如實了知圓成實相 卽能如實了知一切淸淨相法

선남자여, 만약 모든 보살이 제법의 의타기상 위에서 변계소집상을 여실하게 알면 곧 일체 무상의 법을 여실하게 알 수 있습니다. 만약 모든 보살이 의타기상을 여실하게 알면 곧 일체 잡염상의 법을 여실하게 알 수 있습니다. 만약 모든 보살이 원성실상을 여실하게 알면 곧 일체 청정상의 법을 여실하게 알 수 있습니다.

선남자여, 만약 모든 보살이 모든 법의 의타기상을 바탕으로 하여 변계소집상을 여실하게 알면 곧 일체 모든 '모습이 없는' 존재를 여실하게 알 수 있습니다. 만약 모든 보살이 의타기상을 여실하게 알면 곧 일체 모든 번뇌에 물든 모습의 존재를 여실하게 알 수 있습니다. 만약 모든 보살이 원성실상을 여실하게 알면 일체 모든 번뇌를 벗어난 모습의 존재를 여실하게 알 수 있습니다.

---

92 의타기성이 배제된 채로 원성실성을 세울 수 없다. 의타기성이 배제되면 원성실성을 세우지 못한 채 악취공에 빠진다. 3성설에 대해서는 다음의 〈무자성상품〉에서 3무성설로 다시 자세하게 설한다.

善男子 若諸菩薩 能於依他起相上 如實了知無相之法 即能斷滅雜染相
法 若能斷滅雜染相法 即能證得淸淨相法

선남자여, 만약 모든 보살이 의타기상 위에서 무상의 법을 여실하게 알면, 곧 잡염상의 법을 끊을 수 있습니다. 만약 잡염상의 법을 끊어 없앨수 있다면 곧 청정상의 법을 증득할 수 있습니다.

> 선남자여, 만약 모든 보살이 의타기상을 바탕으로 하여 '모습이 없는' 존재를 여실하게 알면, 곧 번뇌에 물든 모습의 존재를 끊어 없앨 수 있습니다. 만약 번뇌에 물든 모습의 존재를 끊어 없앨 수 있다면 곧 번뇌를 벗어난 모습의 존재를 깨우쳐 터득할 수 있습니다.

如是 德本 由諸菩薩 如實了知遍計所執相 依他起相 圓成實相故 如實
了知諸無相法 雜染相法淸淨相法 如實了知無相法故 斷滅一切雜染相
法 斷滅一切染相法故 證得一切淸淨相法 齊此 名爲於諸法相善巧菩薩
如來齊此 施設彼爲於諸法相善巧菩薩

이와 같이 덕본이여, 모든 보살이 변계소집상과 의타기상과 원성실상을 여실하게 앎으로 말미암아 모든 무상의 법과 잡염상의 법과 청정상의 법을 여실하게 알게 됩니다. 무상의 법을 여실하게 앎으로 말미암아 일체 잡염상의 법을 끊어 없앱니다. 일체 잡염상의 법을 끊어 없앰으로 말미암아 일체 청정상의 법을 증득합니다. 이러한 정도는 되어야 제법의 상에 대해 능통한 보살이라고 말합니다. 여래께서는 이러한 정도는 되어야 제법의 상에 대해 능통한 보살이라고 시설합니다.

이와 같이 덕본이여, 모든 보살이 변계소집상과 의타기상과 원성실상을 여실하게 앎으로써 모든 '모습이 없는' 존재와 번뇌에 물든 모습의 존재와 번뇌를 벗어난 모습의 존재를 여실하게 알게 됩니다. '모습이 없는' 존재를 여실하게 앎으로써 일체 모든 번뇌에 물든 모습의 존재를 끊어 없앱니다. 일체 모든 번뇌에 물든 모습의 존재를 끊어 없앰으로써 일체 모든 번뇌를 벗어난 모습의 존재를 깨우쳐 터득합니다. 이러한 정도의 수준이 되어야 세상 모든 존재의 모습을 잘 아는 보살이라고 말합니다. 여래께서는 이러한 정도의 수준이 되어야 세상 모든 존재의 모습을 교법으로 잘 통달한 보살이라고 설합니다.

爾時 世尊 欲重宣此義 而說頌曰
若不了知無相法雜染相法不能斷
不斷雜染相法故壞證微妙淨相法

不觀諸行衆過失放逸過失害衆生
懈怠住法動法中無有失壞可憐愍

이때 세존께서 이 뜻을 거듭 널리 펴시고자 게송으로 설하셨다.

무상의 법을 알지 못하면 잡염상의 법을 끊을 수 없고
잡염상의 법을 끊지 못하니 미묘한 청정상의 법을 증득하지 못하네.

모든 행의 많은 과실을 관찰하지 않으면 방일하는 과실로 중생을 해한다네.
주법[93]을 게을리하여 동법[94] 가운데 맴도니
청정상은 없고 잡염상만 있어 잃어버리고 무너지니 참 가련하도다.

---

93 진여에 안주하는 청정상의 법.
94 진여에 안주하지 못하는 잡염상의 법.

제5장

왜 고유한 실체는 없는가(無自性相品)

〈무자성상품〉에 들어가며

'무자성'은 '고유한 실체가 없다'라는 뜻입니다. 〈무자성상품〉은 '고유한 실체가 없음이란 무엇인가'를 설합니다. 〈무자성상품〉은 앞서 〈일체법상품〉에서 설한 일체법의 세 가지 성품인 변계소집성·의타기성·원성실성의 3성이 모두 자성이 없음, 즉 고유한 실체가 없음을 설하고 있습니다. 초기불교에서 부처님은 5온·12처·18계·4성제·12연기·37보리분법 등을 설하였습니다. 부처님 입멸 후 부파불교에 와서는 부처님의 말씀에 대한 다양한 해석과 주장들이 등장하게 됩니다. 이후 불교 교학은 〈중론〉으로 대표되는 나가르주나의 공(空)사상이 등장함으로써 획기적인 전환점을 맞이하게 됩니다. 이른바 대승불교의 등장입니다. 공사상은 부정의 부정의 논법으로 모든 상견과 단견을 물리칩니다. 하지만 부정의 논리에 오도되어 자칫 공에 대한 전도된 견해를 갖게 할 수 있는 여지를 남깁니다. '악취공'으로 잘못 취하여 '어떤 것도 없다'는 부정적인 단견에 빠지기도 합니다. 〈무자성상품〉에서는 공을 부정적인 어법이 아니라 긍정적인 어법으로 밝힙니다. 즉 세존께서 밀의에 의거하여 '일체 제법이 모두 무자성이고 무생무멸이며 본래 적정하여 자성이 열반이다'라고 설합니다. 초기불교에서 설한 5온·12처·18계·4성제·12연기·37보리분법 등은 중생들이 살아가는 세속제에 대한 것입니다. 세속제를 뛰어넘는 승의제를 설한 것입니다. 여기서 '밀의'는 《해심밀경》의 제목에서 '해심밀'과도 연결됩니다. 세존께서 깊이 간직한 비밀스러운 뜻에 의거하여 일체 제법이 무자성이라고 설한 것입니다. 비밀스러운 뜻이란 중생들의 근기가 보살 정도의 단계에 가까이 와야만 설할 수 있다는 의미를 담고 있습니다. 세존께서는 듣는 이가 근기가 부족하면 교설을 잘못 이해하여 전도된 견해를 가질 수 있음을 〈무자성상품〉을 설하는 가운데 지적하고 있습니다.

일체 모든 존재가 왜 무자성인지를 상무자성·생무자성·승의무자성 세 가지로 설합니다.

상무자성은 변계소집자성, 두루 헤아려 집착한 모습은 고유한 실체가 없다는 것입니다. 생무자성은 의타기자성, 즉 다른 존재와 서로 의존하여 인연화합으로 생겨난 존재는 고유한 실체가 없다는 것입니다. 승의무자성은 두 가지 의미가 있습니다. 한편의 승의무[승의가 없는]자성은 생무자성과 관련지어 다른 존재와 서로 의존하여 생겨난 존재는 뛰어남이 없다는 것입니다. 다른 한편의 승의무자성은 원성실자성을 말하는 것으로 승의[진예는 고유한 실체가 없다는 것입니다.

부처님이 설하신 경과 논과 율은 가장 지극히 청정한 뜻으로 펼치신 위없이 뛰어난 교법입니다. 하지만 중생들이 그 교법의 뜻을 이해하고 판단하는 데에는 갖가지 차별이 있을 수 있습니다. 초기불교에서 설한 5온·12처·18계·4성제·12연기·37보리분법 등 세속제에 대한 언어적 개념을 절대적 진리로 간주하여 그것에 집착하는 것은 변계소집상에 해당하는 것입니다. 〈무자성상품〉에서 일체 모든 법이 상무자성·생무자성·승의무자성임을 설하는 것은 세속제를 넘어서는 승의제를 일깨우기 위한 것입니다. 그래서 모든 세속제의 바탕에 상무자성·생무자성·승의무자성이 두루 한 맛으로 통한다는 것을 강조합니다. 그리고 일체 모든 법의 상무자성·생무자성·승의무자성을 완전히 밝혀 설하신 가르침은 일체 모든 불요의경에 두루 다 같은 맛이어서 일체 모든 성문·독각 및 모든 대승이 수행하고 학습하는 일들을 장애하지 않고 원융하게 한다고 설합니다.

세존께서 첫 번째 시기에 녹야원에서 오직 성문의 깨달음에 발심하여 정진하는 이들을 위하여 4성제 등을, 두 번째 시기에는 오직 대승에 발심하여 정진하는 이들을 위하여 일체법은 무자성(공)임을 은밀한 방법으로 정법을 펼치셨는데, 그 가르침 모두 매우 기묘하고 무척 희유했습니다. 하지만 그때 설하신 교법들은 위가 있고 더할 것이 있어서 아직 뜻을 완전히 밝힌 가르침이 아니었기에 많은 논쟁이 있었다고 설합니다. 세 번째 시기로 〈무자성상품〉에서 두루 일체 일승의 깨달음에 발심하여 정진하는 이들을 위하여, 상무자성의 성품과 생무자성의 성품 및 승의무자성의 성품의 뜻을 완전히 밝혀 정법을 펼치신다고 설합니다. 이 유가유식의 교법은 제일 기묘하고 가장 희유하고, 위도 없고 더할 것도 없이 진정 완전히 밝힌 교법의 뜻을 담은 가르침이라고 설합니다. 그래서 어떤 논쟁도 발을 붙일 수 없다고 덧붙입니다. 초기불교의 세속제와 대승의 공사상을 아우르는 무자성의 교법을 명료하게 밝혀 설한다고 강조하고 있습니다.

제5장 왜 고유한 실체는 없는가(無自性相品)

爾時 勝義生菩薩摩訶薩 白佛言 世尊 我曾獨在靜處 心生如是尋思 世尊 以無量門 曾說 諸蘊 所有自相 生相 滅相 永斷 遍知 如說諸蘊 諸處 緣起 諸食 亦爾

이때 승의생보살마하살이 부처님께 여쭈었다.

"세존이시여 저는 일찍이 고요한 곳에 홀로 머물며 마음속으로 다음과 같이 심사했습니다. '세존께서 일찍이 무량한 문으로 5온의 자상, 생상과 멸상, 영단과 변지를 설하셨다. 5온을 설법하셨듯이 모든 처와 연기와 모든 식도 역시 그렇게 설하셨다.

> 이때 승의생보살마하살이 부처님께 여쭈었다.
> "세존이시여 저는 일찍이 고요한 곳에 홀로 머물며 마음속으로 다음과 같이 자세히 살펴 생각했습니다. '세존께서 일찍이 헤아릴 수 없는 교법으로 5온인 색·수·상·행·식이 무엇인지를, 5온은 어떻게 생겨나고 멸하는지를, 5온이 괴로움임을 어떻게 두루 알 수 있는지를, 괴로움의 원인이 되는 5온을 어떻게 영원히 끊어내는지를 설하셨다. 5온에 대해 설하신 것과 같이 12처와 12연기와 4식에 대해서도 그렇게 설하셨다.

以無量門 曾說 諸諦 所有自相 遍知 永斷 作證 修習

　세존께서 일찍이 무량한 문으로 4성제의 자상, 변지와 영단, 작증과 수습을 설하셨다.

　　세존께서 일찍이 헤아릴 수 없는 교법으로 4성제인 고성제·집성제·멸성제·도성제가 무엇인지, 어떻게 괴로움이 생기는 원인을 두루 알 수 있는지를, 어떻게 괴로움을 영원히 끊고 깨우쳐 터득하는지를, 어떻게 괴로움을 멸하기 위해 수행하고 학습하는지를 설하셨다.

以無量門 曾說 諸界 所有自相 種種界性 非一界性 永斷 遍知

　세존께서 일찍이 무량한 문으로 18계의 자상, 갖가지 계의 특성과 비일계성, 영단과 변지를 설하셨다.

　　세존께서 헤아릴 수 없는 교법으로 18계인 6근계·6경계·6식계에 대해 하나하나가 무엇인지, 왜 각 계가 다른 특성을 가지며 중생들에게 하나로 통일되지 않는 다른 모습으로 나타나는지를, 어떻게 18계가 괴로움임을 두루 알 수 있는지를, 어떻게 괴로움의 원인이 되는 18계를 영원히 끊어내는지를 설하셨다.

以無量門 曾說 念住 所有自相 能治所治 及以修習未生令生 生已堅住
不忘倍修 增長廣大 如說念住 正斷 神足 根 力 覺支 亦復如是

　세존께서 일찍이 무량한 문으로 4념주[95]의 자상, 능치소치 및 수습을
통해 생기지 않은 것을 생기게 하고 이미 생긴 것은 견고하게 머물게 하
고, 잊지 않고 배로 수행하여 증장광대하게 하는지를 설하셨다. 4념주를
설하신 것과 같이 4정단과 4신족, 5근과 5력, 7각지도 역시 그렇게 설하
셨다.

> 　세존께서 일찍이 헤아릴 수 없는 교법으로 4념주인 신념주·수념주·심념
> 주·법념주가 무엇인지를, 다스리는 주체는 누구이며 다스려지는 대상은 무엇
> 인지를, 어떻게 수행하여 생기지 않은 것을 생기게 하고 생긴 것은 굳게 머물
> 게 하는지를, 어떻게 잊지 않고 수행에 수행을 더하여 지혜가 더욱 깊고 넓어지
> 게 되는지를 설하셨다. 4념주에 대해 설하신 것과 같이 4정단·4신족· 5근·5
> 력·7각지에 대해서도 또한 그렇게 설하셨다.

---

95 4념처라고도 한다. 신념주는 몸이 존재한다는 전도된 견해, 수념주는 느낌이 존재한다는 전도
된 견해, 심념주는 마음이 존재한다는 전도된 견해, 법념주는 법이 실재한다는 전도된 견해를
알아차리는 것을 말한다. 몸(신)과 느낌(수)과 마음(심)과 존재하는 대상(법)에 대하 이 모두가
고유한 실체가 없는 마음이 그려낸 것임으로 이를 다스려 끊는 것이 4정단이다. 즉 아직 생기
지 않은 선법을 수습하여 생기도록 하는 것이 득수(得修), 이미 생긴 선법을 수습하여 견고하
게 머물게 하고 잊지 않고 배로 되풀이해서 증장광대하게 하는 것이 습수(習修), 이미 생긴 불
선법을 수습하여 영원히 끊어지도록 하는 것이 제거수(除去修), 아직 생기지 않은 불선법을 수
습해서 생기지 않도록 하는 것이 대치수(對治修)라고 한다.

以無量門 曾說 八支聖道 所有自相 能治所治 及以修習未生令生 生已堅住 不忘倍修 增長廣大

세존께서 일찍이 무량한 문으로 8정도의 자상, 능치소치 및 수습을 통해 생기지 않은 것을 생기게 하고 이미 생긴 것은 견고하게 머물게 하고, 잊지 않고 배로 수행하여 증장광대하게 하는지를 설하셨다.

> 세존께서 일찍이 헤아릴 수 없는 교법으로 8정도인 정견·정사유·정어·정업·정명·정정진·정념·정정이 무엇인지를, 다스리는 주체는 누구이며 다스려지는 대상은 무엇인지를, 어떻게 수행하고 학습하여 생기지 않은 것을 생기게 하고 생긴 것은 굳게 머물게 하는지를, 어떻게 잊지 않고 수행을 거듭하여 지혜가 더욱 깊고 넓어지게 되는지를 설하셨다.

世尊 復說 一切法 皆無自性 無生無滅 本來寂靜 自性涅槃

세존께서 다시 '일체법이 모두 무자성이고 무생무멸하며 본래 적정하여 자성이 열반이다'라고 설하셨다.

> 세존께서 다시 '일체 모든 존재는 모두 고유한 실체가 없다. 생겨남도 없고 사라짐도 없다. 일체 모든 존재의 원래 제자리는 고요하고 평온하다. 그 제자리에서는 번뇌의 불꽃은 다 꺼지고 더없이 바르고 평등한 지혜의 깨우침만 있을

뿐이다'라고 설하셨다.

未審 世尊 依何密意 作如是說 一切諸法 皆無自性 無生無滅 本來寂靜
自性涅槃 我今請問如來斯義 唯願如來哀愍 解釋說一切法 皆無自性
無生無滅 本來寂靜 自性涅槃 所有密意

아직도 세존께서 어떤 밀의[96]에 의거하여 '일체 제법이 모두 무자성이
고 무생무멸이며 본래 적정하여 자성이 열반이다'라고 설했는지 알지 못
합니다. 저는 지금 여래께 여쭙습니다. 여래께서는 가엾게 여기시어 일체
법이 모두 무자성이고 무생무멸이며 본래 적정하여 자성이 열반이라고 설
하신 그 밀의를 해석해 주시길 간절히 원합니다."

아직도 세존께서 어떤 비밀스러운 뜻에 의거해서 '일체 모든 존재는 모두 고
유한 실체가 없다. 생겨남도 없고 사라짐도 없다. 일체 모든 존재의 원래 제자
리는 고요하고 평온하다. 그 제자리에서는 번뇌의 불꽃은 다 꺼지고 더없이 바
르고 평등한 지혜의 깨우침만 있을 뿐이다'라고 설했는지 알지 못합니다. 저는
지금 여래께 여쭙습니다. 여래께서는 불쌍히 여기시어 '일체 모든 존재는 모두
고유한 실체가 없다. 생겨남도 없고 사라짐도 없다. 일체 모든 존재의 원래 제
자리는 고요하고 평온하다. 그 제자리에서는 번뇌의 불꽃은 다 꺼지고 더없이

---

96 깊이 간직한 뜻. 여기서는 일체법이 무자성이라는 뜻은 자칫 잘못하면 '무'라는 악취공의 단견
에 빠질 것을 우려하여 근기에 따라 이해할 수 있는 수준의 수행자에게 설한다는 의미로 볼
수 있다. 여기서는 비밀스러운 뜻이라고 옮겼다.

바르고 평등한 지혜의 깨우침만 있을 뿐이다'라고 설했습니다. 그 말의 모든 비밀스러운 뜻을 풀어서 말씀해 주시길 간절히 원합니다."

爾時 世尊 告勝義生菩薩日 善哉善哉 勝義生 汝所尋思 甚爲如理 善哉善哉 善男子 汝今 乃能請問如來如是深義 汝今 爲欲利益安樂無量衆生 哀愍世間 及諸天人 阿素洛等 爲令獲得義利安樂故 發斯問

이때 세존께서는 승의생보살에게 말씀하셨다.

"훌륭하고 훌륭합니다, 승의생이여. 그대가 심사한 것은 심히 이치에 맞습니다. 훌륭하고 훌륭합니다. 선남자여, 그대는 지금 마침내 여래에게 이와 같은 깊은 뜻을 물을 수 있습니다. 그대는 지금 무량한 중생을 이익되고 안락하게 하고자, 세간 및 여러 하늘과 인간과 아수라 등을 불쌍히 여겨서 이익과 안락을 획득하게 하고자 이렇게 묻고 있습니다.

이때 세존께서는 승의생보살에게 말씀하셨다.

"참으로 훌륭합니다, 승의생이여. 그대는 매우 이치에 맞게 자세히 살펴 생각하였습니다. 참으로 훌륭합니다. 선남자여, 그대는 지금 마침내 여래에게 이와 같은 깊은 뜻을 물을 수 있습니다. 그대는 이제 헤아릴 수 없는 중생들을 이롭고 안락하게 하고자, 번뇌에 사로잡혀 육도윤회하는 중생들을 불쌍히 여겨 그들이 번뇌를 벗어나 선한 이익과 안락을 얻게 하고자 이렇게 묻고 있습니다.

汝應諦聽 吾當爲汝 解釋 所說 一切諸法 皆無自性 無生無滅 本來寂靜
自性涅槃 所有密意

그대는 깊이 새겨 잘 들으시오. 내가 마땅히 그대를 위하여 '일체 제법
이 다 무자성이고 무생무멸이며 본래 적정하여 자성이 열반이다'라고 설
한 그 밀의를 해석하겠습니다.

> 그대는 깊이 새겨 잘 들으시오. 내가 마땅히 그대를 위하여 '일체 모든 존재
> 는 모두 고유한 실체가 없다. 생겨남도 없고 사라짐도 없다. 일체 모든 존재의
> 원래 제자리는 고요하고 평온하다. 그 제자리에서는 번뇌의 불꽃은 다 꺼지고
> 더없이 바르고 평등한 지혜의 깨우침만 있을 뿐이다'라고 설했습니다. 그 말의
> 모든 비밀스러운 뜻을 풀어서 설명하겠습니다.

勝義生 當知 我依三種無自性性 密意 說言一切諸法 皆無自性 所謂相
無自性性 生無自性性 勝義無自性性

승의생이여, 내가 세 가지 무자성성에 의거해서 밀의로 일체 제법이 모
두 무자성이라고 설했음을 알아야 합니다. 이른바 상무자성성, 생무자성
성, 승의무자성성입니다.

승의생이여, 내가 세 가지 무자성[고유한 실체가 없음]의 성품에 의거해서 비밀스러운 뜻으로 '일체 모든 존재는 모두 고유한 실체가 없다'라고 설했음을 알아야 합니다. 이를테면 상무자성[두루 헤아려 집착한 모습은 고유한 실체가 없음]의 성품, 생무자성[인연화합으로 생겨난 존재는 고유한 실체가 없음]의 성품, 승의무자성[진여는 고유한 실체가 없음]의 성품입니다.

善男子 云何 諸法相無自性性 謂諸法遍計所執相 何以故 此由假名 安立爲相 非由自相 安立爲相 是故 說名相無自性性

선남자여, 모든 법의 상무자성성이란 무엇인가? 모든 법의 변계소집상을 말합니다. 왜냐하면 이는 가명으로 상을 안립한 것이지 자상으로 상을 안립한 것이 아니기 때문입니다. 그래서 상무자성성이라고 이름하여 설합니다.

선남자여, 모든 존재의 상무자성[두루 헤아려 집착한 모습은 고유한 실체가 없음]의 성품이란 무엇인가? 모든 존재의 변계소집상[두루 헤아려 집착한 모습]을 말합니다. 왜냐하면 모든 존재는 허울뿐인 이름을 붙여 규정한 모습인 것이지 고유한 실체의 모습을 그대로 규정한 것이 아니기 때문입니다. 그래서 상무자성의 성품'이라고 이름하여 설하는 것입니다.

云何 諸法生無自性性 謂諸法依他起相 何以故 此由依他緣力故有 非自
然有 是故 說名生無自性性

  모든 법의 생무자성성이란 무엇인가? 모든 법의 의타기상을 말합니다.
왜냐하면 다른 법과의 연기력에 의존하기 때문에 있는 것이지 ㅈ-연히 있
는 것이 아니기 때문입니다. 그래서 생무자성성이라고 이름하여 설합니다.

>   모든 존재의 생무자성[인연화합으로 생겨난 존재는 고유한 실체가 없음]의 성품이
> 란 무엇인가? 모든 존재의 의타기상[다른 존재와 서로 의존하여 생겨난 모습]을 말
> 합니다. 왜냐하면 다른 존재와 서로 의존하는 연기의 힘으로 생겨나는 것이지
> 저절로 생겨나는 것이 아니기 때문입니다. 그래서 생무자성의 성품'이라고 이
> 름하여 설하는 것입니다.

云何 諸法勝義無自性性 謂諸法 由生無自性性故 說名無自性性 卽緣生
法 亦名勝義無自性性 何以故 於諸法中 若是淸淨所緣境界 我顯示彼
以爲勝義無自性性 依他起相 非是淸淨所緣境界 是故 亦說名爲勝義無
自性性

  모든 법의 승의무자성성이란 무엇인가? 모든 법은 생무자성성이기 때문
에 무자성성이라고 이름하여 설합니다. 즉 연생법도 역시 승의무자성성이
라고 부릅니다. 왜냐하면 모든 법 가운데서 만약 청정한 소연경계이면 나

는 그것을 승의무자성성이라고 현시합니다. 의타기상은 청정한 소연경계가 아닙니다. 그래서 역시 승의무[승의가 없는]자성성이라고 이름하여 설합니다.

> 모든 존재의 승의무자성[서로 의존하는 존재는 뛰어남이 없음]의 성품은 무엇인가? 모든 존재는 생무자성[인연화합으로 생겨난 존재는 고유한 실체가 없음]의 성품을 갖기 때문에 고유한 실체가 없는 성품이라고 이름하여 설합니다. 즉 연기로 생겨난 존재도 또한 승의무자성[서로 의존하는 존재는 뛰어남이 없음]의 성품이라 부릅니다. 왜냐하면 모든 존재 가운데서 만약 청정한 대상의 경계이면 나는 그것을 승의무자성[진여는 고유한 실체가 없음]의 성품이라고 드러내 보입니다. 의타기상[다른 존재와 서로 의존하여 일어난 모습]은 청정한 대상의 경계가 아닙니다. 그래서 또한 승의무자성[서로 의존하는 존재는 뛰어남이 없음]의 성품이라고 이름하여 설하는 것입니다.

復有諸法圓成實相 亦名勝義無自性性 何以故 一切諸法 法無我性 名爲勝義 亦得名爲無自性性 是一切法勝義諦故 無自性性之所顯故 由此因緣 名爲勝義無自性性

다시 모든 법의 원성실상이 있는데, 이 역시 승의무자성성이라고 합니다. 왜냐하면 일체 모든 법의 법무아성을 승의라고 하고 역시 무자성성이라고도 할 수 있습니다. 이것은 일체법의 승의제이기 때문이고 무자성성의 소현이기 때문입니다. 이러한 인연으로 승의무자성성이라고 합니다.

다시 모든 존재의 원성실상[원만히 이룬 진실한 모습]이 있는데, 이 또한 승의무자성[진여는 고유한 실체가 없음]의 성품이라고 부릅니다. 왜냐하면 일체 고든 존재의 법무아성을 진여[승의]라고 부르고 또한 무자성[고유한 실체가 없음]의 성품이라고도 부를 수 있습니다. 이것은 일체 모든 존재의 진여이기 때문이고 무자성의 성품이 드러난 것이기 때문입니다. 이러한 인연으로 승의무자성[진여는 고유한 실체가 없음]의 성품이라고 합니다.

善男子 譬如空華 相無自性性 當知亦爾 譬如幻像 生無自性性 當知亦爾 一分勝義無自性性 當知亦爾 譬如虛空 唯是衆色無性所顯 遍一切處 一分勝義無自性性 當知亦爾 法無我性之所顯故 遍一切故

선남자여, 비유하면 마치 허공의 꽃과 같이 상무자성성도 역시 그러함을 알아야 합니다. 비유하면 마치 환상과 같이 생무자성성도 역시 그러함을 알아야 합니다. 한편의 승의무자성성[97]도 역시 그러함을 알아야 합니다. 비유하면 마치 허공이 오직 여러 가지 색의 무성의 소현이고 일체처에 편재하는 것과 같이 다른 한편의 승의무자성성[98]도 역시 그러함을 알아야 합니다. 법무아성의 현현이기 때문이고, 모든 곳에 두루 미치기 때문입니다.

---

97 한편의 승의무자성성은 '승의가 없는 실체의 성품', 즉 '서로 의존하는 존재는 뛰어·남이 없음'을 말한다.

98 다른 한편의 승의무자성성은 '승의[진여]는 실체가 없는 성품'을 말하는 것이다.

선남자여, 비유하면 마치 허공의 꽃과 같이 상무자성[두루 헤아려 집착한 모습은 고유한 실체가 없음]의 성품도 또한 그러함을 알아야 합니다. 비유하면 마치 환상과 같이 생무자성[인연 화합으로 생겨난 존재는 고유한 실체가 없음]의 성품도 또한 그러함을 알아야 합니다. 한편의 승의무자성[서로 의존하는 존재는 뛰어남이 없음]의 성품도 역시 그러함을 알아야 합니다. 비유하면 마치 허공이 오직 여러 가지 색이 실체가 없음이 드러난 것이고 일체 모든 곳에 두루 미치는 것과 같이 다른 한편의 승의무자성[진여는 고유한 실체가 없음]의 성품도 또한 그러함을 알아야 합니다. 승의무자성[진여는 고유한 실체가 없음]의 성품은 고유한 실체가 없음이 드러난 것이기 때문이고, 모든 곳에 두루 미치기 때문입니다.

善男子 我依如是三種無自性性 密意說言 一切諸法 皆無自性

선남자여, 나는 이와 같이 세 가지 무자성성에 의거하여 밀의로 '일체 모든 법은 다 무자성이다'라는 말로 설했습니다.

선남자여, 나는 이러한 세 가지 '고유한 실체가 없는 성품'에 의거하여 비밀스러운 뜻으로 '일체 모든 존재는 다 고유한 실체가 없다'라고 설했습니다.

勝義生 當知 我依相無自性性 密意說言 一切諸法 無生無滅 本來寂靜 自性涅槃 何以故 若法自相 都無所有 則無有生 若無有生 則無有滅 若無生無滅 則本來寂靜 若本來寂靜 則自性涅槃 於中 都無少分所有 更可令其般涅槃故

승의생이여, 나는 상무자성성에 의거하여 밀의로 '일체 모든 법은 무생무멸이고 본래 적정하여 자성이 열반이다'라고 설했음을 알아야 합니다. 왜냐하면 만약 법의 자상이 전혀 있는 바가 없으면 곧 생도 없고 만약 생이 없으면 멸도 없으며, 생도 없고 멸도 없으면 곧 본래 적정하고, 만약 본래 적정이라면 곧 자성이 열반이기 때문입니다. 그 가운데 전혀 조금도 다시 반열반[99]에 들게 할 것이 없기 때문입니다.

승의생이여, 나는 상무자성[두루 헤아려 집착한 모습은 고유한 실체가 없음]의 성품에 의거하여 비밀스러운 뜻으로 '일체 모든 존재는 모두 고유한 실체가 없다. 생겨남도 없고 사라짐도 없다. 일체 모든 존재의 원래 제자리는 고요하고 평온하다. 그 제자리에서는 번뇌의 불꽃은 다 꺼지고 더없이 바르고 평등한 지혜의 깨우침만 있을 뿐이다'라고 설했음을 알아야 합니다. 왜냐하면 만약 일체 모든 존재의 고유한 모습이 전혀 있는 바가 없으면 곧 생겨남도 없습니다. 만약 생겨남이 없으면 사라짐도 없습니다. 생겨남도 없고 사라짐도 없으면 곧 모든 존재의 제자리는 고요합니다. 만약 모든 존재의 제자리가 고요하고 평온하다면 곧 그 제자리에는 번뇌의 불꽃은 다 꺼지고 더없이 바르고 평등한 지혜의 깨우침만 있을 뿐이기 때문입니다. 그 가운데 또다시 번뇌의 불꽃은 다 꺼지고 더없이 바르고 평등한 지혜를 깨우치는 일은 전혀 조금도 없기 때문입니다.

99 완전한 열반으로 부처님이 드신 열반.

是故 我依相無自性性 密意說言 一切諸法 無生無滅 本來寂靜 自性涅槃

그래서 나는 상무자성성에 의거하여 밀의로 '일체 모든 법은 무생무멸이고 본래 적정하여 자성이 열반이다'라고 설했습니다.

> 그래서 나는 상무자성[두루 헤아려 집착한 모습은 고유한 실체가 없음]의 성품에 의거하여 비밀스러운 뜻으로 '일체 모든 존재는 생겨남도 없고 사라짐도 없다. 일체 모든 존재의 제자리는 고요하고 평온하다. 그 제자리에서는 번뇌의 불꽃은 다 꺼지고 더없이 바르고 평등한 지혜의 깨우침만 있을 뿐이다'라고 설했습니다.

善男子 我亦依法無我性所顯勝義無自性性 密意說言 一切諸法 無生無滅 本來寂靜 自性涅槃 何以故 法無我性所顯 勝義無自性性 於常常時 於恒恒時 諸法法性 安住 無爲 一切雜染不相應故 於常常時 於恒恒時 諸法法性 安住故 無爲 由無爲故 無生無滅 一切雜染 不相應故 本來寂靜 自性涅槃

선남자여, 나는 역시 법무아성의 소현인 승의무자성성에 의거하여, 밀의로 '일체 모든 법은 무생무멸이고 본래 적정하여 자성이 열반이다'라는 말로 설했습니다. 왜냐하면 법무아성의 소현인 승의무자성성은 언제나 변함없이 모든 법의 법성에 안주하고 무위이며, 일체의 잡염과 상응하지 않기 때문입니다. 언제나 변함없이 모든 법의 법성은 안주하기 때문에 무위이고, 무위이기 때문에 무생무멸입니다. 일체의 잡염과 상응하지 않기 때문에 본래 적정하여 자성이 열반입니다.

선남자여, 나는 또한 법무아성[모든 존재는 고유한 실체가 없음]으로 밝혀진 승의무자성[진여는 고유한 실체가 없음]의 성품에 의거하여, 비밀스러운 뜻으로 '일체 모든 존재는 생겨남도 없고 사라짐도 없다. 일체 모든 존재의 제자리는 고요하고 평온하다. 그 제자리에서는 번뇌의 불꽃은 다 꺼지고 더없이 바르고 평등한 지혜의 깨우침만 있을 뿐이다'라고 설했습니다. 왜냐하면 법무아성으로 밝혀진 승의무자성의 성품은 언제나 변함없이 모든 존재의 법성인 진여에 흔들림 없이 머물고 인연 화합을 떠나 있으며, 일체 모든 번뇌 망상과 어울리지 않기 때문입니다. 언제나 변함없이 모든 존재의 법성인 진여는 흔들림 없이 머물기 때문에 인연 화합을 떠나 있고, 인연 화합을 떠나 있기 때문에 생겨남도 없고 사라짐도 없습니다. 일체 모든 번뇌 망상과 어울리지 않기 때문에 일체 모든 존재의 제자리는 고요합니다. 고요한 그 제자리에서는 번뇌의 불꽃은 다 꺼지고 더없이 바르고 평등한 지혜의 깨우침만 있을 뿐입니다.

是故 我依法無我性所顯 勝義無自性性 密意說言 一切諸法 無生無滅 本來寂靜 自性涅槃

그러므로 나는 법무아성의 소현인 승의무자성성에 의거해, 밀의로 '일체 모든 법은 무생무멸이고 본래 적정하며 자성이 열반이다'라는 말로 설했습니다.

> 그러므로 나는 법무아성[모든 존재는 실체가 없음]으로써 밝혀진 승의무자성[진여는 고유한 실체가 없음]의 성품에 의거하여, 비밀스러운 뜻으로 '일체 모든 존재는 생겨남도 없고 사라짐도 없다. 일체 모든 존재의 원래 제자리는 고요하고 평온하다. 그 제자리에서는 번뇌의 불꽃은 다 꺼지고 더없이 바르고 평등한 지혜의 깨우침만 있을 뿐이다'라고 설했습니다.

復次 勝義生 非由有情界中 諸有情類 別觀遍計所執自性 爲自性故 亦非由彼別觀依他起自性 及圓成實自性 爲自性故 我立三種無自性性

다시 승의생이여, 유정계 가운데 모든 유정의 무리가 변계소집자성을 별도로 관하여 자성으로 삼기 때문에, 역시 그들이 의타기자성 및 원성실자성을 별도로 관하여 자성으로 삼기 때문에 내가 세 가지의 무자성성을 안립[100]한 것이 아닙니다.

> 다시 승의생이여, 유정의 세계에서 모든 유정의 무리가 변계소집자성[두루 헤아려 집착한 실체]을 따로 나누어 관찰하면서 고유한 실체로 삼기 때문에, 또한

---

100 교법으로 편하게 세웠다는 것은 가정적이지만 언어로 확실하게 설했다는 의미이다.

그들이 의타기자성[다른 존재와 서로 의존하여 생겨난 실체]과 원성실자성[원만히 이룬 진실한 실체]을 따로 나누어 관찰하여 고유한 실체로 삼기 때문에, 내가 세 가지의 무자성의 성품을 교법으로 설한 것이 아닙니다.

然由有情 於依他起自性 及圓成實自性上 增益遍計所執自性故 我立三種無自性性

바로 유정이 의타기자성과 원성실자성 위에 변계소집자성을 증익하기 때문에 나는 세 가지의 무자성성을 세웁니다.

바로 유정이 의타기자성[다른 존재와 서로 의존하여 생겨난 실체]과 원성실자성[원만히 이룬 진실한 실체] 위에 변계소집자성[두루 헤아려 집착한 실체]이 실재한다고 생각하기 때문에 나는 세 가지의 고유한 실체가 없는 성품을 교법으로 설한 것입니다.

由遍計所執自性相故 彼諸有情 於依他起自性及圓成實自性中 隨起言說 如如 隨起言說 如是如是 由言說薰習心故 由言說隨覺故 由言說隨眠故 於依他起自性及圓成實自性中 執着遍計所執自性相 如如 執着 如是如是 於依他起自性及圓成實自性上 執着遍計所執自性 由是因緣 生當來世依他起自性

변계소집자성의 상 때문에 저 모든 유정은 의타기자성과 원성실자성에 대해 따라서 언설을 일으킵니다. 이렇게 언설을 일으키고는 이와 같이들 언설에 훈습된 마음 때문에, 언설에 따른 생각 때문에, 언설에 따른 수면(번뇌의 잠재화) 때문에, 의타기자성과 원성실자성 가운데서 변계소집자성의 상을 집착합니다. 이와 같이들 집착하고는 이와 같이들 의타기자성과 원성실자성에서 변계소집자성을 집착합니다. 이러한 인연으로 마땅히 내세의 의타기자성이 생깁니다.

변계소집자성[두루 헤아려 집착한 실체]으로 고유한 실체가 있다고 집착하기 때문에 저 모든 유정은 의타기자성[다른 존재와 서로 의존하여 생겨난 실체]과 원성실자성[원만히 이룬 진실한 실체]에 대해서도 따라서 언설을 일으킵니다. 이와 같이들 언설로 분별하여 집착합니다. 이와 같이들 계속된 언어의 분별은 습관화됩니다. 이와 같이들 언설에 생각이 함께 따릅니다. 언어의 분별은 잠재 의식화합니다. 때문에 의타기자성과 원성실자성 가운데서 즉 변계소집자성을 실체라고 집착하는 것입니다. 이와 같이들 계속해서 의타기자성과 원성실자성 가운데서 변계소집자성을 실체라고 집착합니다. 이러한 집착들이 인연이 되어 마땅히 앞으로 또 다른 의타기자성이 생깁니다.

由此因緣 或爲煩惱雜染所染 惑爲業雜染所染 或爲生雜染所染 於生死中 長時馳騁 長時流轉 無有休息 或在那落迦 或在傍生 或在餓鬼 或在天上 或在阿素洛 或在人中 受諸苦惱

이러한 인연으로 혹 번뇌의 잡염으로 오염되고 혹 업의 잡염으로 오염되며 혹 생의 잡염으로 오염됩니다.[101] 생사 가운데서 쉼 없이 오랫동안 치달리고 오랫동안 유전합니다. 혹 나락가[102]에 있거나 혹 방생[103]에 있거나 혹 아귀[104]에 있거나 혹 천상[105]에 있거나 혹 아소락[106]에 있거나 혹 인간계에 있거나 하면서 모든 고통과 번뇌를 받습니다.

이러한 인연으로 혹 번뇌와 번뇌에 따르는 또 다른 번뇌에 물들거나, 혹 번뇌와 망상으로 인한 잘못된 행위와 말과 의도에 물들거나 혹 삶의 괴로움에 빠지거나 합니다. 생사 가운데서 쉼 없이 오랫동안 치달리고 오랫동안 떠돌아다닙니다. 혹 지옥계에 있거나 혹 축생계에 있거나 혹 아귀계에 있거나 혹 천상계에 있거나 혹 아수라계에 있거나 혹 인간계에 있거나 육도윤회하면서 모든 괴로움과 번뇌를 받습니다.[107]

---

101 삼잡염(三雜染)은 번뇌잡염·업잡염·생잡염을 말한다. 번뇌잡염은 혹잡염이라고도 하며 모든 번뇌와 수번뇌를 총칭한 것이고, 업잡염은 번뇌가 인이 되어 생겨나거나 혹은 번뇌가 인이 되고 선법의 조장이 연이 되어 생겨난 것으로 신업·구업·의업 들을 말한다. 생잡염이란 이전의 번뇌와 업이 원인이 되어서 생겨나고 생함이 원인이 되어서 고가 있는 것을 말한다. 이 세 가지의 잡염은 미혹의 인과를 나타내는 것이다, 말하자면 번뇌에 의해 선악의 업을 짓고 업에 의해 삼계의 고락의 과보를 받으며 나고 죽는 일이 끊임없이 이어진다.

102 육도 중 지옥계.

103 육도 중 축생계.

104 육도 중 아귀계.

105 육도 중 천계.

106 육도 중 아수라계.

107 유가유식불교에서 윤회하는 주체를 '굳이' 들자면 아뢰야식이라 할 수 있다. 유가유식불교에서 아뢰야식은 시작도 끝도 없이 상속한다고 본다. 하지만 여기서 상속이라는 것은 윤회한다는 의미는 아니다. 아뢰야식은 무자성이다. 고유한 실체가 없으며 찰나생 찰나멸하는 것이다. 따라서 육도윤회를 어떤 고유한 실체인 아(我)가 있어 여섯 가지 계를 윤회하는 것으로 이해하면 불교의 가장 근본인 무아설을 부정하는 것이 될 뿐이다. 육도윤회는 당시 고대 인도인들이 믿고 있는 윤회의 관념체계를 차용해서 설법에 도움 되도록 한 것으로 이해함이 바람직할 것이다. 깨달음을 증득하지 못하여 번뇌와 망상의 굴레에서 헤어나지 못하는 중생들의 삶을 상징적으로 비유하여 설한 것으로 이해함이 타당할 것이다.

復次 勝義生 若諸有情 從本已來 未種善根 未淸淨障 未成熟相續 未多
修勝解 未能積集福德智慧二種資糧 我爲彼故 依生無自性性 宣說諸
法

다시 승의생이여, 만약 모든 유정이 본래부터 아직 선근[108]을 심지 못하
고 아직 장애를 청정하게 하지 못하고[109] 아직 선근의 상속을 성숙시키지
못하고 아직 승해를 많이 닦지 못하고[110] 아직 복덕과 지혜의 두 가지 자
량을 쌓지 못했다면[111] 나는 그들을 위해 생무자성성에 의거하여 모든 법
을 널리 설하였습니다.

다시 승의생이여, 만약 번뇌와 망상에 사로잡힌 모든 유정이 본래부터 탐욕
과 성냄과 어리석음으로 아직 자신과 세상을 이롭게 하는 능력을 싹 틔우지 못
하고[10신 이전의 해탈분의 지위를 이루지 못함], 아직 부처님 교법에 대한 믿음이
부족하며[10신의 지위를 이루지 못함], 아직 자신과 세상을 이롭게 하는 능력을 계
속 키우지 못하고[10해 혹은 10주의 지위를 이루지 못함], 아직 수행의 정진이 많이
부족하며[10행의 이루지 못함], 아직 복덕과 지혜의 두 가지 자질과 역량을 쌓지
못하여[10회향의 지위를 이루지 못함], 보살의 초지인 환희지에 이르지 못했다면
나는 그들을 위하여 생무자성[인연 화합으로 생겨난 존재는 고유한 실체가 없음]의

---

108 선과 선법을 내고 행하게 하는 근본으로 무탐(탐욕이 없음), 무진(성냄이 없음), 무치(어리석음이
없음)이 3선근이다. 보살의 계위는 10신·10주·10행·10회향·10지·불지로 이어지는데, 선
근을 심는 지위는 10신 이전의 해탈분에 해당한다. 선근의 상속을 성숙시키는 지위는 10주
의 지위이다.

109 청정한 지위는 10신의 지위이다.

110 승해를 많이 닦는 지위는 10행의 지위이다. 승해는 유가유식에서는 5별경심소 중 하나로
대상 경계에 대해 확정해서 판단하는 정신작용을 말한다.

111 복덕과 지혜의 자량을 적집하는 지위는 10회향의 지위이다.

성품에 의거하여 모든 교법을 밝혀 설하였습니다.[112]

彼聞是已 能於一切緣生行中 隨分解了 無常無恒 是不安隱 變壞法已
於一切行 心生怖畏 深起厭患 心生怖畏 深厭患已 遮止諸惡 於諸惡法
能不造作 於諸善法 能勤修習 習善因故 未種善根 能種善根 未清淨障
能令清淨 未熟相續 能令成熟 由此因緣 多修勝解 亦多積集福德智慧
二種資糧

　그들이 이러한 설법을 듣고 나면 일체 연생행 가운데서 수순하여 '항상
함이 없는 것은 안은하지 못하고 변하여 무너지는 법이다'라고 이해할 수
있게 됩니다. 그러고서 일체행에 대해서 마음에 두려움이 생기고 깊이 염
환이 일어납니다. 마음에 두려움이 생기고 깊이 염환이 일어나고 나면 모
든 악을 막아 멈춥니다. 모든 악법을 지을 수 없고 모든 선법을 부지런히
수습할 수 있습니다. 선인을 수습하기 때문에 아직 선근을 심지 못했어
도 선근을 심을 수 있고 아직 장애를 청정하게 하지 못했어도 청정하게
할 수 있고, 아직 선근의 상속을 성숙시키지 못했어도 성숙시킬 수 있습
니다. 이러한 인연으로 승해[113]를 많이 수습하고 역시 복덕과 지혜의 두
가지 자량을 많이 적집합니다.

112　보살이 초지에 이르기 전에 10신-10주-10행-10회향의 수행 과정이 있다.
113　확실한 이해. 대상을 명백히 알아서 판단하는 마음 작용을 말한다.

그들이 이러한 설법을 듣고 나면 이어서 무명(無明)으로 일어나는 일체 모든 마음 작용 가운데서 '언제나 그대로이지 못한 것은 평안하고 고요하지 못하고 변하여 무너지는 존재다'라고 이해할 수 있습니다. 그리고 나서는 모든 마음 작용에 대해서 마음에 두려움이 생기고 깊이 싫어하고 아파하게 됩니다. 마음에 두려움이 생기고 깊이 싫어하고 아파하게 되면 모든 악을 막아 멈춥니다. 모든 악법을 지을 수 없고 자신과 세상을 이롭게 하는 모든 부처님의 교법을 부지런히 수행하고 학습할 수 있습니다. 부처님의 교법을 수행하고 학습하기 때문에 아직 자신과 세상을 이롭게 하는 능력이 부족해도 능력을 다질 수 있고 아직 수행이 부족해도 수행을 정진할 수 있고, 아직 자신과 세상을 이롭게 하는 능력을 계속 키우지 못했어도 그 능력을 키워 강화할 수 있습니다. 이러한 인연으로 교법을 확실히 이해하도록 많이 수행하고 학습하며 또한 복덕과 지혜의 두 가지 자질과 역량을 많이 쌓게 됩니다.

彼雖如是種諸善根 乃至 積集福德智慧二種資糧 然於生無自性性中 未能如實了知相無自性性 及二種勝義無自性性 於一切行 未能正厭 未正離欲 未正解脫 未遍解脫煩惱雜染 未遍解脫諸業雜染 未遍解脫諸生雜染

그들이 비록 이와 같이 모든 선근을 심고 나아가 복덕과 지혜의 두 가지 자량을 쌓는다 하더라도 생무자성성 가운데서 아직 상무자성성 및 두 가지 승의무자성성[114]을 여실히 알 수 없다면, 일체행에 대해 아직 제대로 싫어할

---

114 하나는 '승의가 없는 자성'으로 '서로 의존하는 존재는 뛰어남이 없음'을 말하고, 다른 하나는 '승의는 자성이 없음'으로 '진여는 고유한 실체가 없음'을 말한다.

수 없고 아직 제대로 욕심을 버릴 수 없으며 아직 제대로 해탈할 수 없습니다. 아직 두루 번뇌의 잡염을 해탈할 수 없고, 아직 두루 모든 업의 잡염을 해탈할 수 없으며, 아직 두루 모든 생의 잡염을 해탈할 수 없습니다.

> 그들이 비록 이와 같이 자신과 세상을 이롭게 하는 모든 능력을 다지고 나아가 복덕과 지혜의 두 가지 자산과 역량을 쌓는다 하더라도 생무자성[인연 화합하여 생겨난 존재는 고유한 실체가 없음]의 성품 가운데서 아직 상무자성[두루 헤아려 집착한 모습은 고유한 실체가 없음]의 성품 및 한편의 승의무자성[서로 의존ㅎ-여 생겨난 존재는 뛰어남이 없음]의 성품과 다른 한편의 승의무자성[진여는 고유한 설체가 없음]의 성품을 여실히 알 수 없다면, 일체 모든 마음 작용에 대해 아직 제대로 싫어할 수 없고 아직 제대로 욕심을 버릴 수 없으며 아직 제대로 벗어날 수 없습니다. 아직 두루 번뇌의 물듦에서 벗어날 수 없고, 아직 두루 모든 번뇌와 분별로 인한 잘못된 행위와 말과 의도에 물듦에서 벗어날 수 없고, 아직 모든 삶의 괴로움에 빠짐에서 벗어날 수 없습니다.

如來 爲彼更說法要 謂相無自性性 及勝義無自性性 爲欲令其 於一切行 能正厭故 正離欲故 正解脫故 超過一切煩惱雜染故 超過一切業雜染 故 超過一切生雜染故

여래께서 그들을 위해서 다시 법요를 설하셨으니, 바로 상무자성성 및 승의무자성성입니다. 그들이 일체행에 대해서 제대로 싫어하도록 하기 위함이고, 제대로 욕심을 버리도록 하기 위함이며, 제대로 해탈하도록 하기 위함입니다. 일체 번뇌의 잡염을 넘어서기 위함이고, 일체 업의 잡염을 넘어서기 위함이며, 일체 생의 잡염을 넘어서기 위함입니다.

여래께서 그들을 위해서 다시 법의 요지를 설하셨으니, 바로 상무자성[두루 헤아려 집착한 모습은 고유한 실체가 없음]의 성품 및 승의무자성[진여는 고유한 실체가 없음]의 성품입니다. 그들이 일체 모든 마음 작용에 대해서 제대로 싫어하도록 하기 위함이고, 제대로 욕심을 버리도록 하기 위함이며, 제대로 벗어나도록 하기 위함입니다. 일체 모든 번뇌에 물들지 않고 넘어서도록 하기 위함이고, 번뇌와 망상으로 인한 모든 잘못된 행위와 말과 의도를 저지르지 않고 넘어서도록 하기 위함이며, 모든 삶의 괴로움에 빠지지 않고 넘어서도록 하기 위함입니다.[115]

彼聞如是所說法已 於生無自性性中 能正信解 相無自性性 及勝義無自
性性 簡擇 思惟 如實通達 於依他起自性中 能不執着遍計所執自性相
由言說不薰習智故 由言說不隨覺智故 由言說離隨眠智故 能滅依他起
相 於現法中 智力所持 能永斷滅當來世因

그들이 이와 같이 설한 법을 듣고서 생무자성성 가운데서 제대로 상무자성성 및 승의무자성성을 신해할 수 있습니다. 간택하고 사유하여 여실

---

115 상무자성과 두 가지의 승의무자성은 유가유식 5위 가운데 가행위·통달위·수습위의 수행자들에게 설한다는 것을 설명하고 있다. 10회향의 마지막인 법계무량회향은 가행위이니 대승의 순결택분을 닦는 것을 말하고, 통달위는 보살들이 머무는 견도로 10지 중 초지에 막 들어선 지위를 말하며, 수습위는 초지부터 10지까지의 지위를 말한다.

히 통달하여, 의타기자성 가운데서 변계소집자성의 상을 집착하지 않을 수 있습니다. 언설로 훈습되지 않는 지혜 때문에, 언설로 깨닫지 않는 지혜 때문에, 언설로 수면을 떠난 지혜 때문에 의타기상을 멸할 수 있고, 현법 가운데서 유지되는 지혜의 힘으로 장차 미래세의 원인을 영단할 수 있습니다.

그들이 이와 같이 설한 법을 듣고서 생무자성[인연 화합하여 생겨나는 존재는 고유한 실체가 없음]의 성품 가운데서 아직 상무자성[두루 헤아려 집착한 모습은 실체가 없음]의 성품 및 한편의 승의무자성[서로 의존하는 존재는 뛰어남이 없음]의 성품과 다른 한편의 승의무자성[진여는 고유한 실체가 없음]의 성품을 믿고 이해할 수 있습니다. 나아가 옳게 판단하고 사유하여 여실히 통달하여 의타기자성[다른 존재와 서로 의존하여 생겨난 실체] 가운데서 변계소집자성[두루 헤아려 집착한 실체]의 모습을 집착하지 않을 수 있습니다. 언설로 의식화되지 않은 지혜 때문에, 언설을 통해 깨닫지 않는 지혜 때문에, 언설로 잠재 의식화되지 않은 지혜 때문에, 의타기상[다른 존재와 서로 의존하여 생겨난 분별의 모습]을 떨칠 수 있습니다. 나아가 지금 작용하고 있는 존재 가운데서 앞의 세 가지 갖춰진 지혜의 힘으로 앞으로 다가올 의타기상을 일으킬 싹도 영원히 끊을 수 있습니다.

由此因緣 於一切行 能正厭患 能正離欲 能正解脫 能遍解脫煩惱業生 三種雜染

이러한 인연으로 일체행에 대해 제대로 염환할 수 있고, 제대로 욕심을 버릴 수 있으며 제대로 해탈할 수 있습니다. 두루 번뇌, 업, 생의 세 가지 잡염을 해탈할 수 있습니다.

> 이러한 인연으로 일체 모든 마음 작용에 대해 제대로 싫어하고 아파할 수 있고, 제대로 욕심을 버릴 수 있으며 제대로 벗어날 수 있습니다. 두루 번뇌에 물들거나, 잘못된 행위와 말과 의도를 짓거나, 삶의 괴로움에 빠지거나 하지 않고 벗어날 수 있습니다.

復次 勝義生 諸聲聞乘種性有情 亦由此道此行迹故 證得無上安隱涅槃 諸獨覺乘種性有情 諸如來乘種性有情 亦由此道此行迹故 證得無上安隱涅槃 一切聲聞獨覺菩薩 皆共此一妙清淨道 皆同此一究竟清淨 更無第二

다시 승의생이여, 모든 성문승의 종성을 가진 유정도 또한 이 도와 이 행적을 거치기 때문에 위없는 안은열반을 증득합니다. 모든 독각승의 종성을 가진 유정과 모든 여래승의 종성을 가진 유정도 역시 이 도와 이 행적을 거쳐서 위없는 안은열반을 증득합니다. 일체 성문·독각·보살이 모두 이 하나의 미묘하고 청정한 도를 함께하고, 모두 이 하나의 궁극적인 청정함을 같이해서, 다시는 두 번째 승이란 없습니다.

다시 승의생이여, 모든 성문의 깨달음을 이룰 수 있는 유정도 또한 기 깨달음의 길과 이 수행의 과정을 거치기 때문에 평안하고 고요한 열반을 증득합니다. 모든 독각의 깨우침을 이룰 수 있는 유정과 모든 여래의 깨달음을 이룰 수 있는 유정도 또한 이 깨달음의 길과 이 수행의 과정을 거쳐서 평안하고 고요한 열반을 깨우쳐 터득합니다. 모든 성문·독각·보살이 모두 이 하나의 미묘하고 청정한 깨달음의 길을 함께하고, 모두 이 하나의 궁극적인 청정함을 같이해서, 다시는 두 번째 깨달음이란 없습니다.

我依此故 密意說言 唯有一乘 非於一切有情界中 無有種種有情種性 或鈍根性 或中根性 或利根性 有情差別

나는 이에 의거하기 때문에, 밀의로 '오직 일승이 있을 뿐이다'라고 설합니다. 모든 유정의 세계에는 온갖 유정의 종성이 없는 것은 아닙니다. 혹은 둔한 근성이 있고, 혹은 중간 근성이 있으며, 혹은 예리한 근성이 있어서 유정의 차이가 있습니다.

나는 이에 의거하기 때문에, 비밀스러운 뜻으로 '부처님 가르침은 오직 하나의 깨달음만 있을 뿐이다'라고 설합니다. 모든 유정의 세계에는 온갖 차별되는 유정의 삶들이 없는 것은 아닙니다. 혹은 깨우침에 둔한 능력을 갖춘 성품이 있고, 혹은 중간 정도의 능력을 갖춘 성품이 있으며, 혹은 똑똑한 능력을 갖춘 성품이 있어서 온갖 중생마다 차이가 있습니다.

善男子 若一向趣寂聲聞種性補特伽羅 雖蒙諸佛施設種種勇猛加行方
便化導 終不能令當座道場 證得阿耨多羅三藐三菩提

선남자여, 만약 한결같이 적멸만을 구하는 성문 종성의 보특가라라면,
비록 모든 부처님께서 시설하신 온갖 용맹스런 가행과 방편으로 교화받
고 인도받더라도 끝내 도량에 당당하게 자리하면서 아뇩다라삼먁삼보리
를 증득할 수 없습니다.

> 선남자여, 만약 한결같이 생사를 등진 열반만을 추구하여 성문이 될 수 있
> 는 중생이라면, 비록 모든 부처님께서 교법으로 설하신 대로 용맹스럽게 갖가
> 지 수행에 수행을 더하고 훌륭한 선교방편으로 교화받고 인도받더라도 끝내
> 깨달음의 도량에 당당하게 자리하면서 아뇩다라삼먁삼보리[116]를 깨우쳐 터득
> 할 수 없습니다.

何以故 由彼本來 唯有下劣種性故 一向慈悲薄弱故 一向怖畏衆苦故 由
彼一向慈悲薄弱 是故 一向棄背利益諸衆生事 由彼一向怖畏衆苦 是故
一向棄背發起諸行所作

---

116 산스크리트어로 anuttara-samyak-sambodhi로 최상의 지혜. 'a'는 없다(무), 'nuttara'는 위
(상), 'sam'은 바르다(정), 'yak'은 고르다(등), 'bodhi'는 지혜를 뜻한다. 무상정등정각, 등정각,
정등각이라고도 한다.

왜냐하면 그들은 본래 오직 하열한 종성만이 있기 때문입니다. 한결같이 자비가 박약하기 때문이고, 한결같이 여러 고통을 두려워하기 때문입니다. 그들은 한결같이 자비가 박약하기 때문에, 모든 중생을 이롭게 하는 일을 한결같이 저버립니다. 그들은 한결같이 여러 괴로움을 두려워하기 때문에, 지어야 할 모든 수행을 일으키지 못하고 한결같이 저버립니다.

왜냐하면 그들은 본래 오직 낮고 모자란 능력을 갖추고 있기 때문입니다. 한결같이 자비가 박약하기 때문이고, 한결같이 여러 괴로움을 두려워하기 때문입니다. 그들은 한결같이 자비가 박약하기 때문에, 모든 중생을 이롭게 하는 일을 한결같이 저버립니다. 그들은 한결같이 여러 괴로움을 두려워하기 때문에, 실천해야 할 모든 수행을 일으키지 못하고 한결같이 저버립니다.

我終不說 一向棄背利益衆生事者 一向棄背發起諸行所作者 當座道場 能得阿耨多羅三藐三菩提 是故 說彼 名爲一向趣寂聲聞 若廻向菩提 聲聞種性補特伽羅 我亦異門說 爲菩薩 何以故 彼既解脫煩惱障已 若 蒙諸佛等覺悟時 於所知障 其心亦可當得解脫 由彼最初 爲自利益 修行 加行 脫煩惱障 是故 如來 施設 彼爲聲聞種性

나는 결코 중생을 이익되게 하는 일을 한결같이 저버리는 자와 모든 수행을 일으켜서 지어야 할 것을 한결같이 저버리는 자가 당당하게 도량에 앉아서 아뇩다라삼먁삼보리를 증득할 수 있다고 설하지 않습니다. 그러므로 그들을 한결같이 적멸만을 구하는 성문이라고 부릅니다. 그러나 만약 보리에 회향하는 성문종성의 보특가라라면, 나는 또한 다른 문으로 보살이라고 설합니다. 왜냐하면 그는 이미 번뇌장에서 해탈하였고, 만약 모든 부처님의 아뇩다라삼먁삼보리를 깨우치고 받아들일 때는 소지장에서도 그 마음이 역시 마땅히 해탈을 득할 수 있기 때문입니다. 그가 처음에는 자신의 이익을 위해서 수행하고 가행하여 번뇌장에서 해탈하기 때문에 여래는 그를 성문종성이라고 시설합니다.

나는 결코 중생을 이롭게 하는 일을 한결같이 저버리는 자와 모든 수행을 일으켜서 실천해야 할 일을 한결같이 저버리는 자가 깨달음의 도량에 당당하게 자리하면서 아뇩다라삼먁삼보리를 깨우쳐 터득할 수 있다고 설하지 않습니다. 그러므로 그들을 한결같이 삶을 등진 열반만을 구하는 성문이라고 부릅니다. 그러나 만약 보리에 회향하는 성문이 될 수 있는 능력을 갖춘 중생이라면, 나는 또한 다른 갈래로 보살이라고 설합니다. 왜냐하면 그는 이미 번뇌장에서 벗어 났습니다. 만약 모든 부처님의 아뇩다라삼먁삼보리를 깨우치고 받아들일 때는 소지장에서도 그 마음이 또한 마땅히 벗어날 수 있기 때문입니다. 그러나 그가 처음에는 자신의 이로움을 위해서 수행하고 거듭 수행하여 번뇌장에서 벗어나 기 때문에 여래는 그를 성문이 될 수 있는 중생이라고 교법으로 설합니다.

復次 勝義生 如是 於我善說 善制法 毘奈耶 最極淸淨意樂 所說 善巧法中 諸有情類 意解 種種差別可得

다시 승의생이여, 이렇게 가장 지극히 청정한 의요[117]로 내가 설한 선설과 선제법과 비내야라는 선교법 가운데서 모든 유정들의 의해는 갖가지 차별을 가질 수 있습니다.

> 다시 승의생이여, 이렇게 관찰과 사유를 넘어서는 가장 지극히 청정한 뜻으로 기꺼이 내가 설한 경과 논과 율이라는 잘 설파한 교법들에 대해서 모든 중생의 무리가 각자의 알음알이로 갖가지 차별을 가질 수 있습니다.

善男子 如來 但依如是三種無自性性 由深密意 於所宣說不了義經 以隱密相 說諸法要 謂一切法 皆無自性 無生無滅 本來寂靜 自性涅槃

선남자여, 여래께서는 다만 이러한 세 가지 무자성성에 의거해 심오한 밀의로 널리 설한 불요의경[118]에서 은밀상으로 모든 법요를, 즉 '일체법은 모두 무자성이고 무생무멸이며, 본래 적정하여 자성이 열반이다'라고 설한 것입니다.

---

117 최극청정의요(最極淸淨意樂)에서 청정의요는 심사(尋伺)가 없다는 의미로, 최극청정의요로 설한다는 것은 여래가 가장 뛰어난 청정의요, 즉 심사가 없이 가장 뛰어나게 설한다는 뜻이다. 색계 제2정려부터 무색계의 유정지까지는 심과 사와 상응하지 않는 무심무사지라고 한다. 설법이 가능하려면 우선 설법자의 마음에서 언어적 분별이 가능해야 하는데, 색계 제2정려부터는 언어적 분별의 전제가 되는 심사의 작용이 일어나지 않는다. 그런데 상지에서 하지의 심사를 일으킬 수 있기 때문에 제4선에서 초선의 심사를 일으켜 언어적 분별을 할 수 있다. 따라서 등각위에서 설법하는 것도 가능하다는 것이다.

118 중생들의 근기에 따라 뜻을 명백히 밝히지 않은 경전.

선남자여, 여래께서는 다만 이러한 세 가지 무자성의 성품에 의거하여 심오한 비밀스러운 뜻으로 널리 설한 불요의경에서 은밀한 모습으로 모든 존재에 대한 요지를, '일체 모든 존재는 모두 고유한 실체가 없다. 일체 모든 존재는 생겨남도 없고 사라짐도 없다. 일체 모든 존재의 제자리는 고요하고 평온하다. 그 제자리에서는 번뇌의 불꽃은 다 꺼지고 더없이 바르고 평등한 지혜의 깨우침만 있을 뿐이다'라고 설한 것입니다.

於是經中 若諸有情 已種上品善根 已淸淨諸障 已成熟相續 已多修勝解 已能積集上品福德智慧資糧 彼若聽聞如是法已 於我甚深密意言說如實解了 於如是法 深生信解 於如是義 以無倒慧 如實通達 依此通達善修習故 速疾能證最極究竟 亦於我所 深生淨信 知是如來應正等覺於一切法 現正等覺

이 경전 가운데서 만약 모든 유정이 이미 상품의 선근을 심었고, 이미 모든 장애를 청정히 했으며, 이미 선근의 상속을 성숙시켰고, 이미 승해를 많이 닦았으며, 이미 상품의 복덕과 지혜의 자량을 쌓았다면, 그 유정은 만약 이와 같은 법을 듣고 나면 나의 매우 심오한 밀의의 언설에 대해서 여실하게 이해합니다. 이와 같은 법에 대해서 깊이 신해하며, 이와 같은 뜻에 대해서 전도됨이 없는 지혜로써 여실하게 통달하고, 이러한 통달에 의거하여 잘 수습하기 때문에 최고로 지극한 구경을 빠르게 증득할수 있습니다. 역시 내가 설한 것에 대해서도 청정한 믿음을 깊이 일으킵니다. 이에 여래께서 정등각에 응하여 일체법에 대해서 정등각을 실현하였음을 알게 됩니다.

이 경전 가운데서 만약 모든 유정이 이미 자신과 세상을 이롭게 하는 높은 수준의 능력을 길렀고, 이미 교법에 대한 믿음을 굳게 했으며 자신과 세상을 이롭게 하는 능력을 계속 강화하였습니다. 이러한 인연으로 교법을 확실히 깨닫기 위해 많이 수행하고 학습하여 이미 높은 수준의 복덕과 지혜의 자질과 역량을 쌓았다면, 그 유정은 만약 이와 같은 교법을 듣고 나면 나의 매우 심오한 비밀스러운 뜻의 언설에 대해서 여실하게 이해합니다. 이와 같은 교법에 대해서 깊이 믿고 이해하며, 이와 같은 뜻에 대해서 올바른 지혜로써 여실하게 통달하고, 이러한 통달을 통하여 잘 수행하고 학습하기 때문에 가장 지극한 궁극적인 경지를 빠르게 깨우쳐 터득하게 됩니다. 또한 내가 설한 교법에 대해서도 청정한 믿음을 깊이 일으키게 됩니다. 이에 여래께서 아뇩다라삼먁삼보리에 응하여 일체 모든 존재에 대해서 아뇩다라삼먁삼보리를 실현하였음을 알게 됩니다.

若諸有情 已種上品善根 已淸淨諸障 已成熟相續 已多修勝解 未能積集上品福德智慧資糧 其性質直 是質直類 雖無力能思擇廢立 而不安住自見取中 彼若聽聞如是法已 於我甚深秘密言說 雖無力能如實解了 然於此法 能生勝解 發淸淨信 信此經典 是如來說 是其甚深顯現 甚深空性相應 難見難悟 不可尋思 非諸尋思所行境界 微細詳審聰明智者之所解了

만약 모든 유정이 이미 상품의 선근을 심었고 이미 모든 장애는 청정히 했으며 이미 상속은 성숙시켰고 이미 승해는 많이 수습했는데 아직 상품의 복덕과 지혜의 자량을 쌓지 못했습니다. 하지만 그 성질이 곧으면, 이러한 곧은 부류는 비록 사유하고 결택하여 폐하거나 건립할 능력이 없을지라도 자신의 견취에 안주하지는 않습니다. 그 유정이 만약 이와 같은 법을 듣고서 나의 매우 심오한 비밀의 언설에 대해서 비록 여실하게 이해하는 능력이 없을지라도 이 법에 대해서 승해를 내어 청정한 믿음을 일으킬 수 있습니다. 그래서 '이 경전은 여래의 말씀으로 매우 심오함을 현현한 것이다. 매우 심오한 공성(空性)과 상응하여, 보기 어렵고 깨닫기 어렵다. 심사할 수 없고, 살펴서 심사가 행해지는 경계가 아니다. 치밀하고 상세하게 살피는 총명한 지혜를 가진 자만이 확실히 이해할 것이다'라고 믿습니다.

만약 모든 유정이 이미 자신과 세상을 이롭게 하는 높은 수준의 능력을 길렀고 이미 교법에 대한 믿음을 굳건히 했으며 자신과 세상을 이롭게 하는 능력을 계속 성숙시켰습니다. 이러한 인연으로 교법을 확실히 이해하기 위해 많이 수행하고 학습했는데, 아직 높은 수준의 복덕과 지혜의 자질과 역량을 쌓지 못했습니다. 하지만 그 성품이 곧으면, 이러한 성품이 곧은 부류는 비록 사유하고 판단하여 잘못된 것을 버리고 새롭게 바로 알 능력이 없을지라도, 자신의 견해에 사로잡혀 안주하지는 않습니다. 그가 만약 이와 같은 교법을 듣고 나서 나의 매우 심오하고 비밀스러운 언설에 대해서 비록 여실하게 이해할 만한 능력이 없을지라도, 이 교법에 대해서 확실하게 이해하여 청정한 믿음을 일으킬 수 있습니다. 그래서 '이 경전은 여래의 말씀으로 매우 심오함을 드러낸 것이다. 매우 심오한 공성(空性)에 걸맞게 제대로 보기 어렵고 깨닫기 어렵다. 살펴서 생각할 수 없고, 살펴서 생각하여 행해지는 경계가 아니다. 촘촘히 상세하게 살피는 총명한 지혜를 가진 사람만이 확실히 이해할 것이다'라고 믿습니다.

於此經典所說義中 自輕而住 作如是言 諸佛菩提 爲最甚深 諸法法性 亦最甚深 唯佛如來 能善了達 非是我等所能解了 諸佛如來 爲彼種種勝解有情 轉正法敎 諸佛如來 無邊智見 我等智見 猶如牛跡 於此經典 雖能恭敬 爲他宣說 書寫護持 披閱流布 殷重供養 受誦溫習 然猶未能 以其修相 發起加行 是故 於我甚深密意所說言辭 不能通達

　그런데 이 경전에서 설한 뜻 가운데서 자신을 가볍게 여기면서 이와 같이 말합니다. '모든 부처님의 보리는 가장 심오하고 제법의 법성도 역시 가장 심오하다. 오직 부처님 여래만이 요달할 수 있을 뿐, 우리가 확실히 이해할 수 있는 것이 아니다. 모든 부처님 여래께서는 저 온갖 승해를 지닌 유정들을 위하여 정법의 가르침을 굴리셨다. 모든 부처님 여래께서는 가없는 지견을 갖추셨는데, 우리들의 지견은 마치 소의 발자국과 같다'라고. 그리고 이 경전에 대해서 비록 공경하고 남을 위해 선설하고 서사하며 호지하고 펼쳐보고 유포하며 소중하게 공양하고 수지하고 독송하며 다시 익힐지라도 그러한 수습의 상으로는 아직 가행을 일으킬 수 없습니다. 그러므로 매우 심오한 밀의로 내가 설한 언사를 통달할 수 없습니다.

> 　그런데 이 경전에서 설한 뜻에 대하여 자신을 가볍게 여기면서 이와 같이 말합니다. '모든 부처님의 지혜는 가장 심오하고 모든 존재의 법성인 진여도 또한 가장 심오하다. 오직 부처님 여래만이 완전히 통달할 수 있을 뿐, 우리가 확실히 이해할 수 있는 것이 아니다. 모든 부처님 여래는 저 온갖 뛰어난 이해를 갖춘 유정들을 위하여 정법의 가르침을 굴리셨다. 모든 부처님 여래는 가없는 성품을 바로 보는 지혜를 갖추셨는데, 우리들의 지혜는 마치 소의 발자국과 같다'라고. 그리고 이 경전에 대해서 공경하고 남을 위해 널리 설하며, 쓰고 베끼

며, 보호하고 지니며, 펼쳐 살펴보고 유포하며, 소중하게 공양하고, 받아 외우고 익힙니다. 비록 그럴지라도 그러한 수행과 학습의 자세로는 아직 수행에 수행을 거듭할 수 없습니다. 그러므로 내가 매우 심오한 비밀스러운 뜻으로 설한 교법을 통달할 수 없습니다.

由此因緣 彼諸有情 亦能增長福德智慧二種資糧 於彼相續 未成熟者
亦能成熟 若諸有情 廣說 乃至 未能積集上品福德智慧資糧 性非質直
非質直類 雖有力能思擇廢立 而復安住自見取中 彼若聽聞如是法已 於
我甚深密意言說 不能如實解了 於如是法 雖生信解 然於其義 隨言執着
謂一切法 決定皆無自性 決定不生不滅 決定本來寂靜 決定自性涅槃

이러한 인연으로 그 모든 유정은 역시 복덕과 지혜의 두 가지 자량을 키울 수 있습니다. 그 상속에 있어서 아직 성숙하지 못한 자는 역시 성숙할 수 있습니다. 만약 모든 유정이 (중간 생략) 나아가 아직 상품의 복덕과 지혜의 자량을 쌓지 못하고 성품도 곧지 않으면, 곧지 않은 부류는 사택하여 폐립하는 능력이 있을지라도 자신의 견취 가운데 다시 안주합니다. 그러한 유정이 만약 이와 같은 법을 청문했을지라도 나의 매우 심오한 밀의의 언설에 대해서 여실하게 이해할 수 없습니다. 이와 같은 법에 대해서 비록 신해를 내더라도 그 뜻에 대해서 언설에 따라 집착하여, '일체법은 결정적으로 다 무자성이고, 결정적으로 불생불멸이며, 결정적으로 본래 적정하고, 결정적으로 자성이 열반이다'라고 말합니다.

이러한 인연으로 그 모든 유정은 또한 복덕과 지혜의 두 가지 자질과 역량을 키울 수 있습니다. 아직 자신과 세상을 이롭게 하는 능력을 계속 키우지 못한 자는 또한 키울 수 있습니다. 만약 유정들이 (중간 생략) 나아가 아직 높은 수준의 복덕과 지혜의 자질과 역량을 쌓지 못하고 성품도 곧지 않으면, 성품이 곧지 않은 부류는 사유하고 판단하여 잘못된 것은 버리고 새롭게 바로 안 것은 받아들이는 능력이 있을지라도 자신의 잘못된 견해 가운데 다시 사로잡힙니다. 그러한 유정이 만약 이와 같은 교법을 들었을지라도 매우 심오한 B 밀스러운 뜻을 지닌 나의 교법에 대해서 여실하게 이해할 수 없습니다. 이와 같은 교법을 비록 믿고 이해하더라도 그 뜻에 대해서 언설에 따라 집착하여, '일체 모든 존재는 결정적으로 모두 고유한 실체가 없다. 결정적으로 생겨남도 없고 사라짐도 없다. 일체 모든 존재의 제자리는 결정적으로 고요하고 평온하다. 그 제자리에서는 결정적으로 번뇌의 불꽃은 다 꺼지고 더없이 바르고 평등한 지혜의 깨우침만 있을 뿐이다'라고 말합니다.

由此因緣 於一切法 獲得無見及無相見 由得無見無相見故 撥一切相皆是無相 誹撥諸法 遍計所執相 依他起相 圓成實相 何以故 由有依他起相 及圓成實相故 遍計所執相 方可施設 若於依他起相 及圓成實相 見爲無相 彼亦誹撥遍計所執相 是故 說彼誹撥三相

이러한 인연으로 일체법에 대해서 무견과 무상견을 획득하게 됩니다. 무견과 무상견을 획득하기 때문에 일체상이 다 무상이라고 부정해 버립니다. 모든 법의 변계소집상·의타기상·원성실상을 비방하여 부정합니다. 왜냐하면 의타기상 및 원성실상이 있음으로써 변계소집상을 비로소 시설할 수 있기 때문입니다. 만약 의타기상 및 원성실상에 대해서 무상으로 본다면, 그는 역시 변계소집상도 비방하여 부정합니다. 그러므로 그는 세 가지 상을 비방하여 부정한다고 설하는 것입니다.

> 이러한 인연으로 일체 모든 존재에 대해서 '없다는 견해'와 '모습이 없다는 견해'를 갖게 됩니다. '없다는 견해'와 '모습이 없다는 견해'를 갖게 되기 때문에 일체 모든 마음 작용[현상]이 다 모습이 없다고 부정해 버립니다. 모든 존재의 변계소집상[두루 헤아려 집착한 모습]과 의타기상[다른 존재와 서로 의존하여 생겨난 모습]과 원성실상[원만히 이룬 진실한 모습]을 비방하여 부정합니다. 왜냐하면 의타기상과 원성실상이 있기 때문에 변계소집상을 비로소 교법으로 설할 수 있기 때문입니다. 만약 의타기상과 원성실상에 대해서 무상[모습이 없음]의 견해를 갖게 되면, 그는 또한 변계소집상도 비방하여 부정합니다. 그러므로 그는 세 가지 상을 비방하여 부정한다고 설하는 것입니다.

雖於我法 起於法想 而非義中 起於義想 由於我法 起法想故 及非義中 起義想故 於是法中 持爲是法 於非義中 持爲是義 彼雖於法 起信解故 福德增長 然於非義 起執着故 退失智慧 智慧退故退失廣大無量善法

비록 내가 설한 법에 대해서 법이라는 상을 일으키더라도 그릇된 뜻 가운데서 뜻이라는 상을 일으킵니다. 내가 설한 법에 대해서 옳은 법이라는 상을 일으키기 때문에 그릇된 뜻에 대해서 옳은 뜻이라는 상을 일으키기 때문에, 옳은 법을 옳은 법으로 삼아 지니면서도 그릇된 뜻을 옳은 뜻으로 삼아 지니게 됩니다. 그가 비록 법에 대하여 신해를 일으키기 때문에 복덕이 증장하더라도 그릇된 뜻에 대해서 집착을 일으키기 때문에 지혜를 잃게 되고, 지혜를 잃게 되기 때문에 광대무량한 선법을 잃게 됩니다.

비록 내가 설한 교법에 대해서 옳은 교법이라는 생각을 일으키더라도 그릇된 뜻 가운데서 옳은 뜻이라는 생각을 일으킵니다. 내가 설한 교법에 대해서 옳은 교법이라는 생각을 일으키기 때문에 그릇된 교법의 뜻에 대해서 옳은 교법의 뜻이란 생각을 일으키기 때문에, 옳은 교법을 옳은 교법으로 삼아 지니면서도 그릇된 교법의 뜻을 옳은 교법의 뜻으로 삼아 지니게 됩니다. 그가 비록 교법에 대하여 믿고 이해함을 일으켜서 복덕이 더욱 자란다고 하더라도, 그릇된 교법의 뜻에 대해서 집착을 일으키기 때문에 지혜를 잃게 되고, 지혜를 잃기 때문에 자신과 세상을 이롭게 하는 드넓고 헤아릴 수 없는 교법을 잃게 됩니다.

復有有情 從他聽聞 謂法爲法 非義爲義 若隨其見 彼卽於法 起於法想
於非義中 起於義想 執法爲法 非義爲義 由此因緣 當知 同彼退失善法
若有有情 不隨其見 從彼흘聞 一切諸法 皆無自性 無生無滅 本來寂靜
自性涅槃 便生恐怖 生恐怖已 作如是言 此非佛語 是魔所說

다시 어떤 유정이 타인에게서 법을 법이라고 하고 그릇된 뜻을 뜻이라 함을 듣고서 만약 그 견해를 따르면, 그는 곧 법에 대해서 법이라는 상을 일으키고 그릇된 뜻에 대해서 뜻이라는 상을 일으켜서, 법을 법이라고 그

룻된 뜻을 뜻이라고 집착하게 됩니다. 이러한 인연으로 그와 함께 선법을 잃게 된다는 것을 알아야 합니다. 만약 어떤 유정은 그 견해를 따르지는 않지만 그로부터 갑자기 '모든 법은 무자성이고 무생무멸이며 본래 적정하여 자성이 열반이다'라는 말을 들으면 문득 공포를 일으킵니다. 공포를 일으키고는 '이것은 부처님의 말씀이 아니라 마구니가 한 말이다'라고 말합니다.

다시 어떤 유정이 다른 이에게서 교법을 교법이라고 하고 그릇된 뜻을 뜻이라 함을 듣고서 만약 그 견해를 따르면, 그는 곧 교법에 대해서 교법이라는 생각을 일으키고 그릇된 교법의 뜻에 대해서 옳은 교법의 뜻이라는 생각을 일으켜서, 방편의 교법을 교법이라고 집착하고 그릇된 교법의 뜻을 옳은 교법의 뜻이라고 집착하게 됩니다. 이러한 인연으로 그와 똑같이 자신과 세상을 이롭게 하는 교법을 잃게 된다는 것을 알아야 합니다. 만약 어떤 유정이 그 견해를 따르지는 않지만 그로부터 갑자기 '일체 모든 존재는 고유한 실체가 없다. 생김도 없고 사라짐도 없다. 일체 모든 존재의 제자리는 고요하고 평온하다. 그 제자리에서는 번뇌의 불꽃은 다 꺼지고 더없이 바르고 평등한 지혜의 깨우침만 있을 뿐이다'라는 말을 들으면 문득 두려움을 내고 두려움을 내고는, '이것은 부처님의 말씀이 아니라 마구니가 한 말이다'라고 말합니다.

作此解已 於是經典 誹謗毀罵 由此因緣 獲大衰損 觸大業障 由是緣故
我說 若有於一切相 起無相見 於非義中 宣說爲義 是起廣大業障方便
由彼陷墜無量衆生 令其獲得大業障故

이렇게 이해하고서 이 경전에 대해서 비방하고 훼손하며 모독합니다. 이 인연으로 큰 쇠퇴와 손해를 입고 큰 업장에 맞닥뜨릴 것입니다. 이러한 인연 때문에 만약 일체상에 대해서 무상견을 일으키고, 그릇된 뜻에 대해서 옳은 뜻으로 널리 설한다면, 이는 광대한 업장을 일으키는 방편입니다. 그것은 한량없는 중생을 수렁에 빠뜨리고 그들이 큰 업장을 획득하도록 하기 때문입니다.

> 이렇게 이해하고서 이 경전에 대해서 비방하고 헐뜯고 욕합니다. 이 인연으로 큰 쇠퇴와 손해를 입고 크게 잘못된 업의 장애에 맞닥뜨릴 것입니다. 이러한 인연 때문에 만약 일체 모든 모습에 대해서 모습이 없다는 견해를 일으키고, 그릇된 뜻에 대해서 옳은 뜻이라고 널리 설한다면, 이는 아주 크게 잘못된 업의 장애를 일으키는 방편이라고 말합니다. 그것은 헤아릴 수 없는 중생을 수렁에 빠뜨리고 그들이 크게 잘못된 업의 장애를 갖도록 하기 때문입니다.

善男子 若諸有情 未種善根 未淸淨障 未熟相續 無多勝解 未集福德智慧資糧 性非質直 非質直類 雖有力能思擇廢立 而常安住自見取中 彼若聽聞如是法已 不能如實解我甚深密意言說 亦於此法 不生信解 於是法中 起非法想 於是義中 起非義想 於是法中 執爲非法 於是義中 執爲非義 唱如是言 此非佛語 是魔所說

선남자여, 만약 모든 유정이 아직 선근을 심지 못하고, 아직 장애를 청정히 하지 못하며, 아직 상속을 성숙시키지 않고 승해가 많지 않으며, 아직 복덕과 지혜의 자량을 쌓지 못하고 성품도 곧지 않다면, 성품이 곧지 않은 무리는 비록 사유하고 선택하여 폐하고 건립하는 능력이 있을지라도 항상 자기의 좁은 견해에 안주합니다. 그가 만약 이와 같은 법을 듣고서 나의 매우 심오한 밀의의 언설을 여실하게 이해할 수 없고 역시 이 법에 대해서 신해할 수 없다면, 법 가운데서 그릇된 법이라는 상을 일으키고 옳은 뜻 가운데서 그릇된 뜻이라는 생각을 일으키며 옳은 법 가운데서 그릇된 법 이라 집착하고 옳은 뜻 가운데서 그릇된 뜻이라고 집착하여, '이것은 부처 님의 말씀이 아니라 마구니가 한 말이다'라고 크게 부르짖습니다.

> 선남자여, 만약 유정이 아직 탐욕과 성냄과 어리석음으로 자신과 세상을 이 롭게 하는 능력을 싹틔우지 못하고, 아직 부처님 교법에 대한 믿음을 일으키지 못하며, 아직 자신과 세상을 이롭게 하는 능력을 계속 키우지 못하고 수행의 정진이 부족하며, 아직 복덕과 지혜의 자질과 역량을 쌓지 못했습니다. 그리고 성품도 곧지 않다면, 성품이 곧지 않은 무리는 비록 사유하고 판단하여 잘못된 것은 버리고 새롭게 바로 안 것은 받아들이는 능력이 있더라도 항상 자기의 좁 은 견해에 안주합니다. 그가 만약 이와 같은 법을 듣고 나서 나의 매우 심오하 고 비밀스러운 뜻의 언설을 여실하게 이해할 수 없고 또한 이 교법에 대해서 믿 고 이해하지 못한다면, 옳은 교법에 대해서 그릇된 교법이라는 생각을 일으키 고, 옳은 교법의 뜻에 대해서 그릇된 교법의 뜻이라는 생각을 일으키며. 옳은 교법에 대해서 그릇된 교법이라 집착하고, 옳은 교법의 뜻에 대해서 그릇된 교 법의 뜻이라 집착하여, '이것은 부처님의 말씀이 아니라 마구니가 한 말이다'라 고 크게 부르짖습니다.

作此解已 於是經典 誹謗毀罵 撥爲虛僞 以無量門 毀滅摧伏 如是經典
於諸信解此經典者 起怨家想 彼先爲諸業障所障 由此因緣 復爲如是業
障所障 如是業障 初易施設 乃至 齊於百千俱胝那庾多劫 無有出期

이렇게 이해하고서 이 경전에 대해서 비방하고 훼손하고 모욕합니다. 부정하여 거짓이라 말하고, 온갖 방법으로 이와 같은 경전을 훼멸하고 꺾어 항복시킵니다. 이 경전을 신해하는 모든 자에 대해 원수의 가문이라는 생각을 일으킵니다. 그는 먼저 모든 업장으로 장애 받습니다. 이러한 인연으로 다시 이와 같은 업장으로 장애 받습니다. 이와 같은 업장은 처음에는 시설하기 쉬워도 마침내 백천구지나유타겁[119]에 이를지라도 벗어날 기약이 없습니다.

> 이렇게 이해하고서 이 경전에 대해서 비방하고 헐뜯고 욕합니다. 부정하여 거짓이라 말하고, 온갖 방법으로 이와 같은 경전을 헐뜯어 버리고 꺾어 항복시킵니다. 이 경전을 믿고 이해하는 모든 사람이 원수의 무리라는 생각을 일으킵니다. 그는 먼저 모든 잘못된 업의 장애로 가로막힙니다. 이러한 인연으로 다시 이런 잘못된 업의 장애가 또다시 장애가 됩니다. 이러한 잘못된 업의 장애는 처음에는 세워지기 쉬워도, 마침내 영겁에 이를지라도 벗어날 기약이 없습니다.

---

119 구지는 백천분의 10배수. 백천구지나유타는 백천구지의 10배수. 백천구지나유타겁은 이루 헤아릴 수 없는 영겁의 시간을 상징한다.

善男子 如是 於我善說善制法毘奈耶 最極淸淨 意樂所說 善巧法中 有 如是等諸有情類 意解 種種差別可得

　선남자여, 이와 같이 나의 선설과 선제법과 비나야라는 가장 지극히 청정한 의요로 설한 선교법 가운데서 이와 같이 모든 유정의 무리가 뜻을 이해하는 데에 갖가지 차별이 있을 수 있습니다."

　선남자여, 이와 같이 내가 설한 경과 논과 율은 가장 지극히 청정한 뜻으로 잘 설한 교법입니다. 이 교법 가운데서 이와 같이 모든 유정의 무리가 그 교법의 뜻을 이해하는 데에 갖가지 차별이 있을 수 있습니다."

爾時 世尊 欲重宣此義 而說頌曰
一切諸法皆無性 無生無滅本來寂
諸法自性恒涅槃 誰有智言無密意

相生勝義無自性 如是我皆已顯示
若不知佛此密意 失壞正道不能往

依諸淨道淸淨者 唯依此一無第二
故於其中立一乘 非有情性無差別

衆生界中無量生 唯度一身趣寂滅
大悲勇猛證涅槃 不捨衆生甚難得

微妙難思無漏界 於中解脫等無差
一切義成離惑苦 二種異說謂常樂

그때 세존께서 거듭 이 뜻을 펴시고자 게송으로 설하셨다.

일체 모든 법은 다 무자성이고 무생무멸이며 본래 적정하고,
　모든 법의 자성은 언제나 열반이니 지혜로운 자라면 누가 밀의가 없다고 말하겠는가.

상과 생과 승의의 무자성성을 이와 같이 나는 모두 이미 드러내 보였으니,
　만약 부처님의 이러한 밀의를 모르면 바른 도를 잃어서 나아갈 수 없다네.

모든 청정한 도에 의해 청정한 자는 오직 이 하나에만 의지할 뿐 다른 것은 없으니,
　그리하여 그 가운데 일승을 세웠으나 유정들의 성품에는 차이가 없지 않다네.

중생계 가운데 한량없는 중생들은 오직 자신 몸만 닦아서 적멸로 나다가니,
　대자비와 용맹정진으로 열반을 증득해도 중생을 버리지 않기란 무척이나 어렵다네.
　미묘하여 생각하기 어려운 무루계 가운데서 해탈은 평등하여 차이가 없고,
　모든 뜻을 이루어 미혹과 괴로움을 떠났으니 둘을 달리 말해 항상함과 즐거움이라 한다네.

爾時 勝義生菩薩 復白佛言 世尊 諸佛如來 密意語言 甚奇希有 乃至 微
妙最微妙 甚深最甚深 難通達 最難通達 如是 我今領解世尊所說義者
若於分別所行 遍計所執相 所依行相中 假名安立 以爲色蘊或自性相 或
差別相 假名安立 爲色蘊生 爲色蘊滅 及爲色蘊永斷遍知 或自性相 或
差別相 是名遍計所執相 世尊 依此 施設諸法相無自性性 若卽分別所
行遍計所執相 所依行相 是名依他起相 世尊 依此 施設諸法生無自性
性 及一分勝義無自性性

이때 승의생보살이 다시 부처님께 여쭈었다.

"세존이시여, 모든 부처님 여래께서 하신 밀의의 말씀은 매우 기묘하고
희유하며, 나아가 미묘하기가 가장 미묘하며, 심오하기가 가장 심오하며,
통달하기 어렵기가 가장 통달하기 어렵습니다. 저는 지금 세존께서 설하
신 뜻을 다음과 같이 이해합니다. 만약 분별소행[120]인 변계소집상의 소의
행상[121] 가운데서 가명으로 색온의 자성상이나 혹은 차별상을 안립하고,
가명으로 색온의 생과 색온의 멸 및 색온의 영단과 변지의 자성상 혹은
차별상을 안립한다면, 이것을 변계소집상이라고 부릅니다. 세존께서는 이
에 의거해서 모든 법의 상무자성성을 시설하셨습니다. 만약 바로 분별소
행인 변계소집상의 소의행상이라면 이것을 의타기상이라고 부릅니다. 세

---

120 분별소행을 변계소집성이라고 볼 수 있고, 다른 한편으로 의타기성으로 볼 수 있다. 분별은
의타기의 식이고 소행은 그 식이 드러낸 대상이다. 따라서 분별소행은 식의 대상을 가리킨
다. 유가유식불교에서 식은 연을 따라 생기기 때문에 의타기로 간주된다. 이 식이 대상을 인
식할 때는 대상 그 자체가 아니라 그것의 영상을 드러내어 그것을 대상으로 삼는데, 이 영상
도 그 식과 마찬가지로 의타기라고 간주하기도 한다.

121 근거하는 행상으로 변계소집상이 근거하는 의타기상을 말한다.

존께서는 이에 의거하여 모든 법의 생무자성성 및 한편의 승의구자성성을 시설하셨습니다.

> 이때 승의생보살이 다시 부처님께 여쭈었다.
>
> "세존이시여, 모든 부처님 여래께서 설하신 비밀스러운 뜻의 말씀은 매우 기묘하고 드물며, 나아가 미묘하기가 가장 미묘하며, 심오하기가 가장 심오하며, 통달하기 어렵기가 가장 통달하기 어렵습니다. 저는 지금 세존께서 설하신 뜻을 다음과 같이 이해합니다. 만약 분별 작용으로 나타난 변계소집상[두루 헤아려 집착한 모습]이 의거한 작용 모습인 의타기상[다른 존재와 서로 의존하여 성기는 모습]에 대해서 허울뿐인 이름으로 물질은 무엇이고 물질은 어떤 차이를 보이는지를 규정하고, 허울뿐인 이름으로 어떻게 물질이 생기고 물질이 사라지며, 어떻게 물질에 대한 잘못된 생각을 영원히 끊는지, 어떻게 물질의 본래 모습을 두루 알 수 있는지, 물질을 두루 아는 데에 어떤 차이를 보이는지를 규정한다면, 이것을 변계소집상이라고 부릅니다. 세존께서는 이에 의거하여 모든 존재의 상무자성[두루 헤아려 집착한 모습은 고유한 실체가 없음]의 성품을 교법으로 설하셨습니다. 만약 곧 분별 작용으로 나타난 변계소집상이 의거한 작용 모습이라면 이것을 의타기상이라고 부릅니다. 세존께서는 이에 의거하여 모든 존재의 생무자성[인연 화합으로 생겨난 존재는 고유한 실체가 없음]의 성품 및 한켠의 승의무자성[서로 의존하는 존재는 뛰어남이 없음]의 성품을 교법으로 설하셨습니다.

如是 我今領解世尊所說義者 若卽於此分別所行遍計所執相 所依行相
中 由遍計所執相 不成實故 卽此自性 無自性性 法無我 眞如 淸淨所緣
是名圓成實相 世尊 依此 施設一分勝義無自性性 如於色蘊 如是 於餘
蘊 皆應廣說 如於諸蘊 如是 於十二處 一一處中 皆應廣說 於十二有支
一一支中 皆應廣說 於四種食 一一食中 皆應廣說 於六界 十八界 一一
界中 皆應廣說

저는 지금 세존께서 설하신 뜻을 다음과 같이 이해합니다. 만약 바로
이 분별소행인 변계소집상의 소의행상 가운데서 변계소집상이 실재하지
않기 때문에 곧 이 자성이 무자성성인 법무아와 진여라는 청정한 소연을
원성실상이라고 부릅니다. 세존께서는 이에 의거하여 승의무자성성을 시
설하셨습니다. 색온에 대해서 그런 것과 같이 나머지 온에 대해서도 모두
자세히 설해야 합니다. 모든 온에 대한 것과 같이 십이처의 하나하나 처
에 대해서도 모두 자세히 설해야 합니다. 12연기의 하나하나 지(支)에 대
해서도 모두 자세히 설해야 하고, 4식의 하나하나 식에 대해서도 모두 자
세히 설해야 합니다. 6계와 18계의 하나하나 계(界)에서도 모두 자세히 설
해야 합니다.

저는 지금 세존께서 설하신 뜻을 다음과 같이 이해합니다. 만약 이 분별 작
용으로 나타난 변계소집상[두루 헤아려 집착한 모습]이 의거한 작용 모습인 의타
기상[다른 존재와 서로 의존하여 생겨난 모습] 가운데서 변계소집상이 실재하지 않
기 때문에 곧 이 고유한 본성이 고유한 실체가 없는 성품인 법무아와 진여라는
청정한 대상을 원성실상[원만히 이룬 진실한 모습]이라고 부릅니다. 세존께서는

이에 의거하여 승의무자성[진여는 고유한 실체가 없음]의 성품을 교법으로 설하셨습니다. 색온[물질작용]에 대해서 그런 것과 같이 나머지 수온[감각작용], 상온[표상작용], 행온[의지작용], 식온[분별작용]에 대해서도 모두 자세히 설해야 합니다. 모든 온에 대해서 그런 것과 같이 12처의 하나하나 처에 대해서도 모두 자세히 설해야 합니다. 12연기의 하나하나 갈래에 대해서도 모두 자세히 설해야 하고, 4식의 하나하나 식에 대해서도 모두 자세히 설해야 합니다. 6계·12계·18계의 하나하나 계에 대해서도 모두 자세히 설해야 합니다.

如是 我今領解世尊所說義者 若於分別所行遍計所執相 所依行相中 假名安立 以爲苦諦 苦諦遍知 或自性相 或差別相 是名遍計所執相 世尊依此 施設諸法相無自性性 若卽分別所行 遍計所執相 所依行柤 是名依他起相 世尊 依此 施設諸法生無自性性 及一分勝義無自性性

저는 지금 세존께서 설하신 뜻을 다음과 같이 이해합니다. 만약 분별소행인 변계소집상의 소의행상 가운데서 가명으로 고성제와 고성제의 변지의 자성상 혹은 차별상을 안립한다면, 이것을 변계소집상이라고 부릅니다. 세존께서는 이에 의거하여 모든 법의 상무자성성을 시설하셨습니다. 만약 분별소행인 변계소집상의 소의행상이라면 이것을 의타기상이라고 부릅니다. 세존께서는 이에 의거해서 모든 법의 생무자성성 및 한편의 승의무자성성을 시설하셨습니다.

저는 지금 세존께서 설하신 뜻을 다음과 같이 이해합니다. 만약 분별로 나타난 변계소집상[두루 헤아려 집착한 모습]이 의거한 작용 모습인 의타기상[다른 존재와 서로 의존하여 생겨난 모습] 가운데서 허울뿐인 이름으로 고성제란 무엇이고, 고성제를 두루 안다는 것은 무엇을 의미하고, 고에는 어떤 고들의 차별이 있는지를 규정한다면, 이것을 변계소집상이라고 부릅니다. 세존께서는 이에 의거하여 모든 존재가 갖는 상무자성[두루 헤아려 집착한 모습은 고유한 실체가 없음]의 성품을 교법으로 설하셨습니다. 만약 분별로 나타난 변계소집상이 의거한 작용 모습이라면 이것을 의타기상이라고 부릅니다. 세존께서는 이에 의거하여 모든 존재가 갖는 생무자성[인연 화합으로 생겨난 존재는 고유한 실체가 없음]의 성품 및 한편의 승의무자성[서로 의존하는 존재는 뛰어남이 없음]의 성품을 교법으로 설하셨습니다.

如是 我今領解世尊所說義者 若即於此分別所行遍計所執相 所依行相中 由遍計所執相 不成實故 即此自性 無自性性 法無我 眞如 淸淨所緣 是名圓成實相 世尊 依此 施設一分勝義無自性性 如於苦諦 如是 於餘諦 皆應廣說 如於聖諦 如是 於諸念住 正斷 神足 根 力 覺支 道支中 一一皆應廣說

저는 지금 세존께서 설하신 뜻을 다음과 같이 이해합니다. 만약 곧 분별소행인 변계소집상의 소의행상 가운데서 변계소집상이 실재하지 않기 때문에 곧 이 자성이 무자성성인 법무아와 진여라는 청정한 소연을 원성실상이라고 부릅니다. 세존께서는 이에 의거하여 다른 한편의 승의무자성의 성품을 시설하셨습니다. 고성제에 대해서 그런 것과 같이 나머지 성제에 대해서도 모두 널리 설해야 합니다. 사성제에 대해서 그런 것과 같이 4념주, 4정단, 4신족, 5근, 5력, 7각지, 8정도에 대해서도 하나하나 모두 자세히 설해야 합니다.

저는 지금 세존께서 설하신 뜻을 다음과 같이 이해합니다. 만약 곧 분별로 나타난 변계소집상[두루 헤아려 집착한 모습]이 의거한 행상인 의타기상[다른 존재와 서로 의존하여 생겨난 모습] 가운데서 변계소집상이 실재하지 않기 때문에 곧 이 고유한 본성이 실체가 없는 성품인 법무아와 진여라는 청정한 대상을 원성실상[원만히 이룬 진실한 모습]이라고 부릅니다. 세존께서는 이에 의거하여 승의무자성[진여는 고유한 실체가 없음]의 성품을 교법으로 설하셨습니다. 고성제에 대해서 그런 것과 같이 나머지 집성제, 멸성제, 도성제에 대해서도 모두 자세히 설해야 합니다. 4성제에 대해서 그런 것과 같이 4념주·4정단·4신족 5근·5력·7각지·8정도에 대해서도 하나하나 모두 자세히 설해야 합니다.

如是 我今領解世尊所說義者 若於分別所行遍計所執相 所依行相中 假名安立 以爲正定 及爲正定能治所治 若正修 未生令生 生已堅住 不忘倍修 增長廣大 或自性相 或差別相 是名遍計所執相 世尊 依此 施設諸法相無自性性 若卽分別所行遍計所執相 所依行相 是名依他起相 世尊依此 施設諸法生無自性性 及一分勝義無自性性

저는 지금 세존께서 설하신 뜻을 다음과 같이 이해합니다. 만약 분별소행인 변계소집상의 소의행상 가운데서 가명으로 바른 선정과 바른 선정의 능치와 소치를 안립하고, 만약 바르게 수행하여 아직 생겨나지 않은 것을 생기게 하고, 이미 생겨난 것은 견고하게 머물게 하며, 잊지 않고 배로 수습하여 증장광대하는 것의 자성상이나 혹은 차별상을 안립하면, 이를 변계소집상이라고 부릅니다. 세존께서는 이에 의거하여 모든 법의 상무자성성을 시설하셨습니다. 만약 곧 분별소행인 변계소집상의 소의행상이라면 의타기상이라고 부릅니다. 세존께서는 이에 의거하여 모든 법의 생무자성성 및 한편의 승의무자성성을 시설하셨습니다.

저는 지금 세존께서 설하신 뜻을 다음과 같이 이해합니다. 만약 분별 작용으로 나타난 변계소집상[두루 헤아려 집착한 모습]이 의거한 작용 모습인 의타기상[다른 존재와 서로 의존하여 생겨난 모습] 가운데서 허울뿐인 이름으로 바른 선정과 바른 선정을 다스리는 주체와 다스려지는 대상을 규정하고, 만약 바르게 수행하여 아직 생겨나지 않은 것을 생기게 하고, 이미 생겨난 것은 견고하게 머물게 하며, 잊지 않고 더한층 수행하고 학습하여 더욱 크게 확장하는 것이 무엇인지 혹은 그 차이지는 모습은 무엇인지를 규정하면, 이를 변계소집상이라고 부릅니다. 세존께서는 이에 의거하여 모든 존재의 상무자성[두루 헤아려 집착한 모습은 고유한 실체가 없음]의 성품을 교법으로 설하셨습니다. 만약 곧 분별로 나타난 변계소집상이 의거한 행상이라면 의타기상이라고 부릅니다. 세존께서는 이에 의거하여 모든 존재의 생무자성[인연 화합으로 생겨나는 존재는 고유한 실체가 없음]의 성품 및 한편의 승의무자성[서로 의존하는 생기는 존재는 뛰어남이 없음]의 성품을 교법으로 설하셨습니다.

如是我今領解世尊所說義者 若卽於此分別所行遍計所執相 所依行相
中 由遍計所執相 不 成實故 卽此自性 無自性性 法無我 眞如 淸淨所緣
是名圓成實相 世尊 依此 施設諸法一分勝義無自性性

저는 지금 세존께서 설하신 뜻을 다음과 같이 이해합니다. 만약 분별
소행인 변계소집상의 소의행상 가운데서 변계소집상은 실재하지 않으므
로 곧 이 자성이 무자성성인 법무아와 진여라는 청정한 소연을 원성실상
이라고 말합니다. 세존께서는 이에 의거하여 모든 법의 다른 한편의 승의
무자성성을 시설하셨습니다.

> 저는 지금 세존께서 설하신 뜻을 다음과 같이 이해합니다. 만약 분별로 나타
> 난 변계소집상[두루 헤아려 집착한 모습]이 의거하는 작용 모습인 의타기상[다른
> 존재와 서로 의존하여 생겨난 모습] 가운데서 변계소집상은 실재하지 않으므로 곧
> 이 실체가 고유한 실체가 없는 성품인 법무아와 진여라는 청정한 대상을 원성
> 실상[원만히 이룬 진실한 모습]이라고 부릅니다. 세존께서는 이에 의거하여 모든
> 존재의 다른 한편의 승의무자성[진여는 고유한 실체가 없음]의 성품을 교법으로
> 설하셨습니다.

世尊 譬如 毘濕縛藥 一切散藥 仙樂方中 皆應安處 如是 世尊 依此諸法
皆無自性 無生無滅 本來寂靜 自性涅槃 無自性性 了義言敎 遍於一切不
了義經 皆應安處

세존이시여, 비유하면 비습박약을 일체 산약(散藥)과 선약(仙藥)의 처방 가운데 모두 넣어야 하는 것과 같이 세존께서 '모든 법은 다 무자성이고 무생무멸이며 본래 적정하여 자성이 열반이다'라고 하신 말씀에 의거한 무자성성의 요의의 언교를 두루 일체 불요의경[122]에 모두 처방해야만 합니다.

세존이시여, 비유하면 비습박약[123]을 모든 산약(散藥)과 선약(仙藥)의 처방 가운데 모두 넣어야 하는 것과 같이 세존께서 '모든 존재는 다 고유한 실체가 없고, 생김도 없고 사라짐도 없다. 모든 존재의 제자리는 고요하고 평온하다. 그 제자리에서는 번뇌의 불꽃은 다 꺼지고 더없이 바르고 평등한 지혜의 깨우침만 있을 뿐이다'라고 하시면서 상무자성의 성품과 생무자성의 성품 및 승의무자성[진여는 고유한 실체가 없음]의 성품의 뜻을 완전히 밝혀서 말씀하신 가르침을 일체 모든 불요의경[교법의 뜻을 다 드러내지 않고 방편으로 설한 경전]에 두루 모두 적용해야만 합니다.

世尊 如彩畫地 遍於一切彩畫事業 皆同一味 或靑 或黃 或赤 或白 復能顯發彩畫事業 如是 世尊 依此諸法 皆無自性 廣說 乃至 自性涅槃 無自性性 了義言敎 遍於一切不了義經 皆同一味 復能顯發彼諸經中所不了義

---

122 부처님이 중생들의 근기에 따라 교법의 뜻을 다 드러내지 않고 방편으로 설한 경전.

123 이 약은 모든 약 안에 넣거나 모든 약과 합해지면 다 신기한 효험이 있다고 한다.

세존이시여, 마치 채색 그림의 바탕은, 일체 채색 그림에 대해서 두루 다 같은 바탕이어서 혹은 푸른색이든 혹은 붉은색이든 혹은 흰색이든 다시 채색 그림으로 드러낼 수 있습니다. 이와 같이 세존께서 '모든 법은 무자성이고 무생무멸이며 자성이 열반이다'라고 하신 말씀에 의거한 무자성성의 요의의 언교는 모든 불요의경에 두루 다 같은 맛이어서, 다시 모든 경전 가운데 불요의한 바를 드러낼 수 있습니다.

세존이시여, 마치 색으로 그리는 종이는, 일체 모든 색을 그리는 데에 두루 다 같은 바탕이어서 혹은 푸른색이든 혹은 붉은색이든 혹은 흰색이든 다시 색을 그려서 나타낼 수 있습니다. 이와 같이 세존께서 '모든 존재는 다 고유한 실체가 없고, 생김도 없고 사라짐도 없다. 모든 존재의 제자리는 고요하고 평온하다. 그 제자리에서는 번뇌의 불꽃은 다 꺼지고 더없이 바르고 평등한 지혜의 깨우침만 있을 뿐이다'라고 하시면서 상무자성의 성품과 생무자성의 성품 및 승의무자성의 성품의 뜻을 완전히 밝혀 말씀하신 가르침은 일체 모든 불요의경에 두루 다 같은 맛이어서, 다시 모든 경전 가운데 완전하게 밝히지 못한 뜻을 드러낼 수 있습니다.

世尊 譬如 一切成熟珍羞諸餅果內 投之熟酥 更生勝味 如是 世尊 依此諸法 皆無自性 廣說 乃至 自性涅槃 無自性性 了義言敎 置於一切不了義經 生勝歡喜

세존이시여, 비유하면 일체 잘 익은 맛 좋은 음식과 모든 떡과 과자 속에 잘 발효된 타락죽을 넣으면 더욱 뛰어난 맛을 내는 것과 같습니다. 이와 같이 세존께서 '모든 법은 무자성이고 무생무멸이며 자성이 열반이다'라고 하신 말씀에 의거한 무자성성의 요의의 언교는 불요의경에 적용하면 뛰어난 기쁨을 일으킵니다.

세존이시여, 비유하면 일체의 잘 익은 맛 좋은 음식과 모든 떡과 과자 속에 잘 발효된 타락죽을 넣으면 더욱 뛰어난 맛을 내는 것과 같습니다. 이처럼 세존께서 '모든 존재는 다 고유한 실체가 없고, 생김도 없고 사라짐도 없다. 모든 존재의 제자리는 고요하고 평온하다. 그 제자리에서는 번뇌의 불꽃은 다 꺼지고 더없이 바르고 평등한 지혜의 깨우침만 있을 뿐이다'라고 하시면서 상무자성의 성품과 생무자성의 성품 및 승의무자성의 성품의 뜻을 완전히 밝혀 말씀하신 가르침을 일체 모든 불요의경에 적용하면 뛰어난 기쁨을 일으킵니다.

世尊 譬如 虛空 遍一切處 皆同一味 不障一切所作事業 如是 世尊 依此諸法 皆無自性 廣說 乃至 自性涅槃 無自性性 了義言敎 遍於一切不了義經 皆同一味不障一切聲聞 獨覺 及諸大乘 所修事業

세존이시여, 비유하면 마치 허공이 일체 곳곳에 두루 다 같은 맛이어서 일체 하는 일들을 가로막지 않는 것과 같습니다. 이와 같이 세존께서 '모든 법은 무자성이고 무생무멸이며 본레적정하며 자성이 열반이다'라고 하신 말씀에 의거한 무자성성의 요의의 언교는 일체 불요의경에 두루 다 같은 맛이어서 일체 성문·독각 및 모든 대승이 수습하는 일들을 장애하지 않습니다."

> 세존이시여, 비유하면 마치 허공이 일체 곳곳에 두루 다 같은 맛이어서 일체 하는 일들을 가로막지 않는 것과 같습니다. 이와 같이 세존께서 '모든 존재는 다 고유한 실체가 없고, 생김도 없고 사라짐도 없다. 모든 존재의 제자리는 고요하고 평온하다. 그 제자리에서는 번뇌의 불꽃은 다 꺼지고 더없이 바르고 평등한 지혜의 깨우침만 있을 뿐이다'라고 하시면서 상무자성의 성품과 생무자성의 성품 및 승의무자성의 성품의 뜻을 완전히 밝혀서 말씀하신 가르침은 일체 모든 불요의경에 두루 다 같은 맛이어서 일체 모든 성문·독각 및 모든 대승이 수행하고 학습하는 일들을 가로막지 않습니다."

說是語已 爾時 世尊 歎勝義生菩薩曰 善哉善哉 善男子 汝今 乃能善解如來所說甚深密意言義 復於此義 善作譬喩 所謂世間 毘濕縛藥 雜彩畵地 熟酥 虛空 勝義生 如是如是 更無有異 如是如是 汝應受持

이렇게 승의생보살이 말을 마치니, 이때 세존께서 승의생보살을 칭찬하며 말씀하셨다.

"훌륭하고 훌륭합니다. 선남자여, 그대는 지금 여래께서 설한 미우 심오한 밀의의 말뜻을 잘 이해할 수 있습니다. 또한 이 뜻에 대한 비유를 잘 들었습니다. 이른바 세간의 비습박약, 여러 채화지, 잘 발효된 타락죽과 허공의 비유들입니다. 승의생이여, 참으로 그렇습니다. 다시 다른 것이 있을 수 없습니다. 참으로 그러하기에 그대는 마땅히 받아 지녀야 합니다."

이렇게 승의생보살이 말을 마치니, 이때 세존께서 승의생보살을 칭찬하며 말씀하셨다.

"참으로 훌륭합니다. 선남자여, 그대는 지금 여래께서 설한 매우 심오한 비밀스러운 뜻으로 한 말뜻을 잘 이해할 수 있습니다. 또한 이 뜻에 대한 비유를 잘 들었습니다. 이를테면 세간의 비습박약, 여러 그림 종이, 잘 발효된 타락죽과 허공의 비유들입니다. 승의생이여, 참으로 그렇습니다. 다시 다른 것이 있을 수 없습니다. 참으로 그러하기에 그대는 마땅히 받아 지녀야 합니다."

爾時 勝義生菩薩 復白佛言 世尊 初於一時 在婆羅泥斯仙人墮處施鹿林中 惟爲發趣聲聞乘者 以四諸相 轉正法輪 雖是甚奇 甚爲希有 一切世間 諸天人等 先無有能如法轉者 而於彼時 所轉法輪 有上有容 是未了義 是諸諍論 安足處所

이때 승의생보살이 다시 부처님께 여쭈었다.

"세존께서 처음 첫 번째 시기에는 바라니사의 선인타처인 시록림[124] 안에 계시면서, 오직 성문승에 발심하여 정진하는 이들을 위하여 4성제의 상으로 정법의 수레바퀴를 굴리셨습니다. 비록 이 정법은 매우 기묘하고

---

124 바라니사는 오늘날 인도의 바라나시를 가리키고 선인타처는 녹야원을 가리킨다. 녹야원은 선인들이 모이는 곳이라는 설화들이 많이 전해진다.

무척 희유하여 모든 세간과 모든 천인과 인간 등은 일찍이 여법하게 법을 펼칠 수 있는 이가 없었지만, 그러나 그때 펼치신 법은 아직 위가 있고 더할 것이 있어서 요의가 아니었습니다. 그래서 많은 논쟁이 쉽게 발을 붙일 수 있었습니다.

> 이때 승의생보살이 다시 부처님께 여쭈었다.
> "세존께서 처음 첫 번째 시기에는 바라니사의 선인들이 모이는 곳인 시록림[녹야원]에 계시면서, 오직 성문의 깨달음에 발심하여 정진하는 이들을 위하여 4성제란 무엇인가를 설하며 정법을 펼치셨습니다. 비록 이 정법은 매우 기묘하고 무척 희유하여 일찍이 모든 세간과 모든 천인과 인간 등 온갖 중생들 가운데서 이와 같은 법을 설할 수 있는 이가 없었습니다. 하지만 그때 펼치신 법은 아직 위가 있고 더할 것이 있어서 교법의 뜻을 완전히 밝힌 가르침이 아니었습니다. 그래서 많은 논쟁이 쉽게 발을 붙일 수 있었습니다.

世尊 在昔第二時中 惟爲發趣修大乘者 依一切法皆無自性 無生無滅 本來寂靜 自性涅槃 以隱密相 轉正法輪 雖更甚奇 甚爲希有 而於彼時 所轉法輪 亦是有上 有所容受 猶未了義 是諸諍論 安足處所

세존께서 예전에 두 번째 시기에는 오직 대승에 발심하여 정진하는 이들을 위하여, '일체법은 무자성이고 무생무멸이며 본래 적정하여 자성이 열반이다'라고 하신 말씀에 의거한 은밀상으로써 정법을 펼치셨습니다. 비록 또다시 매우 기묘하고 무척 희유하였지만, 그때 설하신 법 역시 위가 있고 더할 것이 있어서 아직 요의의 가르침이 아니었습니다. 그래서 많은 논쟁이 쉽게 발을 붙일 수 있었습니다.

> 세존께서 예전에 두 번째 시기에는 오직 대승에 발심하여 정진하는 이들을 위하여, '일체 모든 존재는 다 고유한 실체가 없고, 생김도 없고 사라짐도 없다. 모든 존재의 제자리는 고요하고 평온하다. 그 제자리에서는 번뇌의 불꽃은 다 꺼지고 더없이 바르고 평등한 지혜의 깨우침만 있을 뿐이다'라고 하시면서 은밀한 방법으로써 정법을 펼치셨습니다. 비록 또다시 매우 기묘하고 무척 희유했지만 그때 설하신 교법 또한 위가 있고 더할 것이 있어서 아직 뜻을 완전히 밝힌 가르침이 아니었습니다. 그래서 많은 논쟁이 쉽게 발을 붙일 수 있었습니다.

世尊 於今第三時中 普爲發趣一切乘者 依一切法皆無自性 無生無滅 本來寂靜 自性涅槃 無自性性 以顯了相 轉正法輪 第一甚奇 最爲希有 于今 世尊 所轉法輪 無上無容 是眞了義 非諸諍論安足處所

세존께서 지금 세 번째 시기에는 두루 일체승에 발심하여 정진하는 이들을 위하여, '일체법은 무자성이고 무생무멸이며 본래 적정하여 자성이 열반이다'라고 하신 말씀에 의거한 무자성성의 현료한 상으로써 정법을 펼치셨습니다. 이 법은 제일 기묘하고 가장 희유합니다. 지금 세존께서 펼치신 법은 위도 없고 더할 것도 없는 진정한 요의입니다. 그래서 어떤 논쟁도 발을 붙일 수 없습니다.

세존께서 지금 세 번째 시기에는 두루 일체 모든 깨달음에 발심하여 정진하는 이들을 위하여, '일체 모든 존재는 다 고유한 실체가 없고, 생김도 없고 사라짐도 없다. 모든 존재의 제자리는 고요하고 평온하다. 그 제자리에서는 번뇌의 불꽃은 다 꺼지고 더없이 바르고 평등한 지혜의 깨우침만 있을 뿐이다'라고 하시면서 상무자성의 성품과 생무자성의 성품 및 승의무자성의 성품의 뜻을 완전히 밝히시며 정법을 펼치셨습니다. 이 교법은 제일 기묘하고 가장 흐유합니다. 지금 세존께서 펼치신 교법은 위도 없고 더할 것도 없이 진정하게 완전히 밝힌 뜻을 담은 가르침입니다. 그래서 어떤 논쟁도 발을 붙일 수 없습니다.

世尊 若善男子 或善女人 於此如來 依一切法皆無自性 無生無滅 本來寂靜 自性涅槃 所說甚深了義言敎 聞已信解 書寫護持 供養流布 受誦修習 如理思惟 以其修相 發起加行 生幾所福

세존이시여, 만약 선남자나 선여인이, 이러한 여래께서 '일체법은 다 무자성이고 무생무멸이며 본래 적정하여 자성이 열반이다'라고 하신 말씀에 의거한 여래가 설하신 매우 심오한 요의의 언교를 듣고서, 신해하고 서사하며 호지하고 공양하고 유포하며 수송하고 수습하며 여리사유하는, 그러한 수행의 상으로써 가행을 일으키면, 얼마나 많은 복이 생깁니까?"

세존이시여, 만일 선남자나 선여인이, '일체 모든 존재는 다 고유한 실체가 없고, 생김도 없고 사라짐도 없다. 모든 존재의 제자리는 고요하고 평온하다. 그 제자리에서는 번뇌의 불꽃은 다 꺼지고 더없이 바르고 평등한 지혜의 깨우

說是語已 爾時 世尊 告勝義生菩薩曰 勝義生 是善男子 或善女人 其所
生福 無量無數 難可喩知 吾今爲汝 略說少分 如瓜上土 比大地土 百分
不及一 天分不及一 百千分不及一 數算計喩 鄔波尼殺曇分 亦不及一 或
如牛跡中水 比四大海水 百分不及一 廣說 乃至 鄔波尼殺曇分 亦不及一

이렇게 승의생보살이 말을 마치자, 이때 세존께서 승의생보살에게 말씀
하셨다.

"승의생이여, 그러한 선남자나 선여인에게 생기는 복은 무량하고 무수
하여 비유하기 어렵지만, 내가 이제 그대들을 위해 간략히 조금 설하겠습
니다. 마치 손톱 위의 흙을 대지의 흙과 비교하면 백분의 일에도, 천분의
일에도, 십만분의 일에도 미치지 못하고, 수(數)·산(算)·계(計)·유(喩) 및
오파니살담분의 일에도 미치지 못함과 같습니다. 혹은 소발자국 안의 물
을 큰 네 바다의 물에 비교하면 백분의 일에도, 천분의 일에도, 십만분의
일에도 미치지 못하고, 수(數)·산(算)· 계(計)·유(喩) 및 오파니살담분의
일에도 또한 미치지 못함과 같습니다.

이렇게 승의생보살이 말을 마치자, 이때 세존께서 승의생보살에게 말씀하셨다.

"승의생이여, 그러한 선남자나 선여인에게 생기는 복은 헤아릴 수 없고 셀 수 없어서 비유하기 어렵지만. 내가 이제 그대들을 위해 간략히 굳이 말해 보겠습니다. 마치 손톱 위의 흙을 대지의 흙과 비교하면 백분의 일에도, 천분의 일에도, 십만분의 일에도 미치지 못하고, 수(數)·산(算)·계(計)·유(喩)[125] 및 오파니살담분[126]의 일에도 미치지 못함과 같습니다. 혹은 소발자국 안의 물을 큰 네 바다의 물에 비교하면 백분의 일에도, 천분의 일에도, 십만분의 일에도 미치지 못하고, 수(數)·산(算)·계(計)·유(喩) 및 오파니살담분의 일에도 또한 미치지 못함과 같습니다.

如是 於諸不了義經 聞已信解 廣說 乃至 以其修相 發起加行 所獲功德 比此所說了義經教 聞已 信解 所集功德 廣說 乃至 以其修相 發起加行 所集功德 百分不及一 廣說 乃至 鄔波尼殺曇分 亦不及一

이와 같이 모든 불요의경을 듣고서, 신해하고 서사하며, 호지하고 공양하고 유포하며, 수송하고 수습하며, 여리사유하는, 그러한 수행의 상으로 가행을 일으켜 쌓는 공덕을, 여기서 말한 요의경전의 가르침을 듣고서, 신해하고 서사하며, 호지하고 공양하고 유포하며, 수송하고 수습하며, 여리사유하는, 그러한 수행의 상으로 가행을 일으켜 쌓는 공덕과 비교하자면, 백분의 일에도, 천분의 일에도, 십만분의 일에도 미치지 못하고, 수

125　수(數)는 10만보다 큰 10배수. 산(算)·계(計)·유(喩)는 10배수를 차례로 더하는 수를 말한다.
126　수의 극한 또는 극한의 수.

(數)·산(算)· 계(計)·유(喩) 및 오파니살담분의 일에도 미치지 못함과 같습니다."

이와 같이 모든 불요의경을 듣고서, 믿고 이해하고 쓰고 베끼며, 보호해 지니고 공양하여 널리 퍼뜨리며, 받아서 독송하고 닦아 익히며, 이치대로 사유하는, 그러한 수행의 모습으로 수행에 수행을 더하여 쌓는 공덕을, 여기서 말한 요의경전[부처님의 가르침을 완전히 밝힌 경전]의 가르침을 듣고서, 믿고 이해하고 쓰고 베끼며, 보호해 지니고 공양하여 널리 퍼뜨리며, 받아서 독송하고 닦아 익히며, 이치대로 사유하는, 그러한 수행의 자세로 수행에 수행을 더하여 쌓는 공덕과 비교하자면, 백분의 일에도, 천분의 일에도, 십만분의 일에도 미치지 못하고, 수(數)·산(算)· 계(計)·유(喩) 및 오파니살담분의 일에도 미치지 못함과 같습니다."

說是語已 爾時 勝義生菩薩 復白佛言 世尊 於是解深密法門中 當何名
此敎 我當云何奉持

세존께서 이렇게 말씀해 마치시니 이때 승의생보살이 다시 부처님께 여쭈었다.

"세존이시여, 이 해심밀법문 가운데서 이러한 가르침을 마땅히 무엇이라 이름하고, 저희들은 어떻게 받들어 지녀야 합니까?"

세존께서 이렇게 말씀해 마치시니 이때 승의생보살이 다시 부처님께 여쭈었다.

"세존이시여, 이 '비밀스러운 법을 풀어 설한 교법'에 대해서 이러한 가르침을 마땅히 무엇이라 이름하고, 저희들은 어떻게 받들어 지녀야 합니까?"

佛告勝義生菩薩曰 善男子 此名勝義了義之敎 於此勝義了義之敎 汝當奉持

부처님께서 승의생보살에게 말씀하셨다.

"선남자여, 이것은 승의요의의 가르침이라 부릅니다. 이 승의요의의 가르침을 그대들은 마땅히 받들어 지녀야 합니다."

부처님께서 승의생보살에게 말씀하셨다.

"선남자여, 이것은 '진여[궁극적인 진리]의 뜻을 완전히 밝힌 가르침'이라 부릅니다. 이 '진여의 뜻을 완전히 밝힌 가르침'을 그대들은 마땅히 받들어 지녀야 합니다."

說此勝義了義敎時 於大會中 有六百千衆生 發阿耨多羅三藐三菩提心 三百千聲聞 遠塵離垢 於諸法中 得法眼淨 一百五十千聲聞 永盡諸漏 心得解脫 七十五千菩薩 得無生法忍

이 승의요의의 가르침을 설하실 때, 법회 가운데 육십만의 중생들이 아뇩다라삼먁삼보리심을 일으켰고, 삼십만의 성문들이 번뇌를 멀리 여의고 모든 법에 대해서 법을 보는 눈이 맑아짐을 얻었으며, 십오만의 성문들이 모든 번뇌를 영원히 다하여 마음의 해탈을 얻었고, 칠만 오천의 보살들이 무생법인(無生法忍)[127]을 증득하였다.

> 이 '진여[궁극적인 진리]의 뜻을 완전히 밝힌 가르침'을 설하실 때, 법회 가운데 육십만의 중생들이 아뇩다라삼먁삼보리심을 일으켰고, 삼십만의 성문들이 번뇌를 멀리 여의고 모든 법에 대해서 법을 보는 눈이 맑아짐을 얻었으며, 십오만의 성문들이 모든 번뇌를 영원히 다하여 마음의 해탈을 얻었고, 칠만 오천의 보살들이 일체 모든 존재는 생멸이 없음을 깨닫는 지혜를 깨우쳐 터득하였다.

---

127 일체 모든 존재는 생멸이 없음을 깨닫는 지혜.

제6장

요가 수행은 어떻게 하는가(分別瑜伽品)

〈분별유가품〉에 들어가며

세상 모든 사람은 누구나가 생로병사의 고통을 안고 살아갑니다. 게다가 살아가면서 맞게 되는 물질적 빈곤과 정신적 갈등으로 괴로워합니다. 때로는 즐겁고 기쁜 날도 있습니다. 하지만 저편에 어렴풋한 불안과 두려움의 그림자도 함께 드리웁니다. 누구나 이러한 아픔과 불안과 두려움을 벗어나 언제나 안락하기를 소망합니다. 고대 인도 사람들도 마찬가지였습니다. 요가(yoga)는 고대 인도 사람들이 이와 같은 소망을 이루기 위한 심신 수련법이었습니다. 요가의 시원은 베다나 우파니샤드 시대까지 거슬러 갈 수 있습니다. 인도 고대 6파철학 중 하나로 요가학파가 있습니다. 그러나 본격적인 요가의 체계화는 기원전 5-6세기 무렵 슈라마나[128]의 활동과 함께 이루어지며 그 중심에 자이나교와 불교가 있습니다. '요가'는 원래 '결합하다', '통제하다'를 뜻하는 말입니다. 유가유식불교에서 말하는 넓은 의미에서의 요가, 즉 유가[129]는 부처님의 교법을 잘 배워서 통달하고, 교법에 따라 수행하여 깨달음을 증득하고, 깨달음의 과보인 지혜와 공덕으로 중생과 함께하는 것을 모두 포함한다고 할 수 있습니다. 여기서 부처님 교법을 잘 배워서 통달하는 것이 성문·연각·보살의 삼승의 '경(境)'을 통달하는 것이고 교법에 따라 수행하여 깨달음을 증득하는 것이

---

128 한역으로 사문. 베다에 근거한 자연을 숭배하며 제사를 주관하는 브라마나와 달리 사유하는 주체 중심으로 수행하는 구도자 또는 고행자를 말한다.

129 유가는 요가(yoga)의 한자 음역.

'행(行)'이며 깨달음의 과보인 지혜와 공덕으로 중생을 교화하는 것이 '과(果)'입니다. 넓은 의미의 유가는 이 경(境)·행(行)·과(果)를 다 포함합니다. 그러나 〈분별유가품〉에서는 교법에 따라 수행하여 깨달음을 증득하는 '행(行)'을 유가라 하고 있습니다. 결국 진정한 '행'은 '경'을 통달해야 가능하고 '과'는 '행'의 완성으로 가능한 과보이기 때문에 '행(行)' 부분을 유가라 부르는 것이 경(境)·행(行)·과(果)를 다 포함하는 넓은 의미의 유가와는 다르다고는 할 수 없습니다.

〈분별유가품〉은 우리말로 '유가란 무엇인가를 설하는 품'입니다. 여기서 유가는 '행'인 지관(止觀), 즉 사마타와 비파사나를 뜻합니다. 그래서 〈분별유가품〉에서는 사마타와 비파사나 수행에 대해 자세히 밝혀 설하고 있습니다.

유가를 5단계로 나누어 유가란 무엇인지 간단히 설명해 보겠습니다.

첫째 단계는 진리의 세계에서 나온 교법을 듣습니다. 이 단계어서는 문소성혜, 즉 부처님의 교법을 잘 듣고서 이룬 지혜를 갖추는 것입니다. 둘째 단계는 교법에 대해 근원적인 사유를 합니다. 이 단계에서는 문소성혜를 바탕으로 사소성혜, 즉 부처님의 교법을 여리작의(如理作意)로 사유하여 이룬 지혜를 갖추는 것입니다. 셋째 단계는 마음이 관찰하는 주체인 '나'에게 사로잡히지 않고 관찰되는 바깥의 대상에 얽매이지 않는 것입니다. 이 단계에서 본격적인 사마타가 행해집니다. 넷째는 있는 것은 있는 그대로 없는 것은 없는 그대로 여실하게 봅니다. 이 단계에서 본격적인 비파사나가 행해집니다. 다섯째는 '나'라는 존재 근거를 완전히 제거하고 진리의 세계에 융합하여 일체 모든 중생과 평등한 입장에서 번뇌와 망상을 벗어납니다. 이 단계에서는 사마타와 비파사나가 함께 행해지면서 마음이 하나의 경계로 집중됩니다. 이상 유가의 대략적인 내용을 5단계로 나누어 알기 쉬운 방편으로 정리했지만, 그렇다고 유가 수행이 꼭 5단계로 분절되는 것은 아닙니다. 끊임없이 각 단계가 서로 영향을 주고받으며 수행의 깊이를 더해간다고 할 수 있습니다.

유가는 부처님의 교법 자체를 충실히 이해하고 교법 하나하나가 가진 뜻을 깊이 통찰하는 것을 우선으로 합니다. 그리고 유가 수행에서 더 중요한 것은 통찰하는 주체인 유가행자 자신의 마음인 식(識)을 교법과 상응시켜 자세히 깊게 살피는 것입니다. 그리하여 마침내 교법이라는 인식 대상조차도 의지하지 않는 사마타·비파사나를 수행하는 것입니다. 그래서 일체 모든 법이 모두 마음이 일으킨 것이라는 만법유식(萬法唯識)을 깨닫는 것입니다. 나아가 이언법성(離言法性)의 승의제인 진여를 깨닫는 것, 그것이 유가 수행의 최종 목적지입니다.

제6장 요가 수행은 어떻게 하는가(分別瑜伽品)

爾時 慈氏菩薩摩訶薩 白佛言 世尊 菩薩 何依何住 於大乘中 修奢摩他
毘鉢舍那

이때 자씨보살마하살[130]이 부처님께 여쭈었다.

"세존이시여, 보살은 무엇에 의거하고 무엇에 머물면서 대승 가운데서
사마타와 비파사나를 수행합니까?"

> 이때 자씨보살마하살이 부처님께 여쭈었다.
> "세존이시여, 보살은 무엇에 의거하고 무엇에 머물면서 자리이타(自利利他)
> 의 대승이 자리하는 가운데서 사마타와 비파사나를 수행합니까?"

佛告慈氏菩薩曰 善男子 當知 菩薩 法假安立及不捨阿耨多羅三藐三菩
提願 爲依爲住 於大乘中 修奢摩他毘鉢舍那

130　미륵보살의 다른 이름이다. 미륵보살은 유가유식불교를 일으킨 보살로 상징된다. 《해심밀
　　경》과 더불어 유가유식불교의 방대한 분량의 가장 중요한 논서인 〈유가사지론〉은 바로 미
　　륵보살이 무착(아상가)에게 설법한 것을 기술한 것이라고 전한다. 미륵보살이라 불린 역사적
　　인 인물이 실존했는지에 대해서는 논란이 있다.

부처님께서 자씨보살에게 말씀하셨다.

"선남자여, 보살은 법가안립(法假安立)[131]에 의거하고 아뇩다라삼먁삼보리의 원을 버리지 않음에 머물면서 대승 가운데서 사마타·비파사나를 수행함을 알아야 합니다."

> 부처님께서 자씨보살에게 말씀하셨다.
>
> "선남자여, 보살은 언어라는 방편을 통해 체계적으로 설한 교법에 의거하여 사마타·비파사나를 수행하고, 아뇩다라삼먁삼보리(無上等正覺: 위없이 평등한 바른 지혜 또는 깨달음)를 깨우쳐 터득하겠다는 서원을 버리지 않으면서 자리이타의 대승이 자리하는 가운데서 사마타·비파사나를 수행합니다."

慈氏菩薩 復白佛言 如世尊說 四種所緣境事 一者 有分別影像所緣境事 二者 無分別影像所緣境事 三者 事邊際所緣境事 四者 所作成辦所緣境事 於此四中 幾是奢摩他所緣境事幾是毘鉢舍那所緣境事幾是俱所緣境事

자씨보살이 다시 부처님께 여쭈었다.

"세존께서 설하신 것과 같이 네 가지 소연경사[132]가 있습니다. 첫째는

---

131 가정적으로 안립한 법. 법은 다 공하고 연기적이지만 보살들을 깨달음으로 이끌기 위해 가정적인 언어라는 방편을 통해 체계적으로 이해할 수 있게 설한 교법을 말한다.

132 대상의 경계.

유분별영상[133]의 소연경사이고 둘째는 무분별영상[134]의 소연경사이며, 셋째는 사변제[135]의 소연경사이고, 넷째는 소작성판(所作成辦)[136]의 소연경사입니다. 이 네 가지 중에서 몇 가지가 사마타의 소연경사이고, 몇 가지가 비파사나의 소연경사이며, 몇 가지가 둘 모두의 소연경사입니까?"

자씨보살이 다시 부처님께 여쭈었다.

"세존께서 설하신 것과 같이 네 가지 '대상으로 하는 일'이 있습니다. 첫째는 분별 작용이 있는 영상을 대상으로 하는 일입니다. 둘째는 분별 작용이 없는 영상을 대상으로 하는 일입니다. 셋째는 일체 모든 존재에 대한 교법을 대상으로 하는 일입니다. 넷째는 깨달음을 완성한 경지를 대상으로 하는 일입니다. 이 네 가지 중에서 사마타를 수행하면서 대상으로 하는 일은 몇 가지이고, 비파사나를 수행하면서 대상으로 하는 일은 몇 가지이며, 둘 모두를 수행하면서 대상으로 하는 일은 몇 가지입니까?"

佛告慈氏菩薩曰 善男子 一 是奢摩他所緣境事 謂無分別影像 一 是毘鉢舍那所緣境事 謂有分別影像 二 是俱所緣境事 謂事邊際 所作成辦

부처님께서 자씨보살에게 말씀하셨다.

---

133 분별 작용이 있는 영상을 대상으로 하는 일

134 분별 작용이 없는 영상을 대상으로 하는 일.

135 일체 모든 존재에 대한 교법을 대상으로 하는 일.

136 깨달음을 완성한 경지를 대상으로 하는 일.

"선남자여, 하나는 사마타의 소연경사로 무분별영상을 말합니다. 하나는 비파사나의 소연경사로 유분별영상을 말합니다. 두 가지는 둘 모두의 소연경사로 사변제와 소작성판을 말합니다."

부처님께서 자씨보살에게 말씀하셨다.

"선남자여, 하나는 사마타를 수행하면서 대상으로 하는 일로 분별 작용이 없는 영상을 말합니다. 하나는 비파사나를 수행하면서 대상으로 하는 일로 분별 작용이 있는 영상을 말합니다. 사마타, 비파사나 모두를 수행하면서 대상으로 하는 일로 일체 모든 존재에 대한 교법과 깨달음을 완성한 경지를 말합니다."

慈氏菩薩 復白佛言 世尊 云何 菩薩 依是四種奢摩他毘鉢舍那所緣境事 能求奢摩他 能善毘鉢舍那

자씨보살이 다시 부처님께 여쭈었다.

"세존이시여, 보살이 어떻게 이 네 가지 사마타와 비파사나의 소연경계사에 의거하여 사마타를 구하고 비파사나를 잘할 수 있습니까?"

자씨보살이 다시 부처님께 여쭈었다.

"세존이시여, 보살이 어떻게 이 네 가지 사마타와 비파사나를 수행하면서 대상으로 하는 일에 의거하여 사마타를 구할 수 있고 비파사나를 잘할 수 있습니까?"

佛告慈氏菩薩曰 善男子 如我爲諸菩薩所說 法假安立 所謂 契經 應誦 記別 諷誦 自說 因緣 譬喩 本事 本生 方廣 希法 論議 菩薩 於此 善聽善 受 言善通利 意善尋思 見善通達 卽於如所善思惟法 獨處空閑 作意思 惟 復卽於此 能思惟心 內心相續 作意思惟 如是 正行多安住故 起身輕 安及心輕安 是名奢摩他 如是 菩薩 能求奢摩他

부처님께서 자씨보살에게 말씀하셨다.

"선남자여, 내가 모든 보살을 위하여 설한 것과 같이, 법가안립(法假安 立)은 이른바 계경·응송·기별·풍송·자설·인연·비유·본사·본생·방 광·희법·논의[137]입니다. 보살은 이에 대해서 잘 듣고 잘 받아들이며, 말 씀을 잘 이해하고, 뜻을 잘 심사하며, 견해를 잘 통달합니다. 곧 잘 사유 한 법 그대로를 홀로 고요한 곳에서 작의 사유합니다. 다시 곧 이 사유할 수 있는 마음에 대해서 내심으로 계속해서 작의 사유합니다. 이와 같이 바르게 수행하여 자주 안주하기 때문에 몸의 경안과 마음의 경안이 일어 납니다. 이것을 사마타라고 합니다. 이와 같이 보살은 사마타를 구할 수 있습니다.

---

137 12분교로 부처님의 교설을 성격과 형식에 따라 12가지로 나눈 것이다. 계경은 산문체의 경전 이고, 중송(응송)은 산문체의 경전 뒤에 그 내용을 정리해서 운문으로 읊은 것이다. 수기(기별) 는 문답의 해석 혹은 제자가 다음 세상에 날 곳을 예언한 것이다. 풍송은 사언,오언칠언의 운문이다. 자설은 남이 묻지 않는데 부처님이 스스로 말씀하신 것이다. 인연은 부처님을 만 나 설법을 듣게 된 인연을 말한 것이다. 비유는 비유를 통해 은밀한 교리를 밝힌 곳이다. 본사 는 부처님과 제자들의 지난 세상 인연을 말한 것이다. 본생은 부처님이 지난 세상에 행하던 보살행을 말한 것이다. 방광이란 광대한 진리를 말한 것이다. 희법(미증유)은 부처님이 여러 신통력을 나타내는 것을 말한다. 논의는 교법의 의리를 문답으로 논의한 경문을 말한다.

부처님께서 자씨보살에게 말씀하셨다.

"선남자여, 내가 모든 보살을 위하여 설한 것과 같이, 언어라는 방편을 통해 체계적으로 설한 교법은 계경·응송·기별·풍송·자설·인연·비유·본사·본생·방광·희법·논의 등 12분교를 말합니다. 보살은 이에 대해서 잘 듣고 잘 받아들이고 말씀을 잘 이해하며, 뜻을 잘 살펴 생각하고 견해를 잘 통달합니다[문소성혜]. 곧 잘 사유한 법대로 홀로 고요한 곳에서 의식을 집중하여 사유합니다[사소성혜]. 다시 이와 같이 사유할 수 있는 마음에 대하여 사마타 상태의 마음으로 계속해서 의식을 집중하여 사유합니다[수소성혜]. 이와 같이 바르게 수행하여 자주 평안하게 머물기 때문에 몸과 마음이 가뿐하고 평안하게 됩니다. 이것을 사마타라고 합니다. 이와 같이 보살은 사마타를 구할 수 있습니다.

彼由獲得身心輕安 爲所依故 卽於如所善思惟法 內三摩地所行影像 觀察勝解 捨離心相 卽於如是三摩地影像 所知義中 能正思擇 最極思擇 周遍尋思 周遍伺察 若忍 若樂 若慧 若見 若觀 是名毘鉢舍那 如是 菩薩 能善毘鉢舍那

보살이 심신의 경안을 획득하고 그 경안을 소의로 삼기 때문에 곧 잘 사유한 법 그대로 내심으로 삼매소행영상에 대하여 관찰하고 승해하여 심상을 멀리 여읩니다. 곧 이와 같은 삼매소행영상의 알아야 할 뜻에 대하여 바르게 사택을 하고 가장 지극히 사택할 수 있습니다. 두루 널리 심사하고, 두루 널리 사찰합니다. 그런 과정에서 확인[138]이나 즐거움이나 지

---

138 여기서 인(忍)은 인(認)의 의미이다.

혜나 견해나 관찰을 비파사나라고 합니다. 이와 같이 보살은 비파사나를 잘할 수 있습니다."

> 보살이 몸과 마음이 가뿐하고 평안해져 그 가뿐하고 평안함에 의거하기 때문에 곧 잘 사유한 12분교의 교법 그대로 내심으로 '삼매에서 나타난 영상'을 관찰하고 훌륭하게 이해하여 '마음이란 모습'을 멀리 떠나보냅니다. 곧 이와 같은 삼매에서 나타난 영상에 있어 알아야 할 뜻 가운데서 바르게 교법의 진소유성[139]을 사유하여 판단하고 가장 지극히 교법의 여소유성[140]을 사유하여 판단할 수 있습니다. 두루 널리 영상을 자세히 사유하여 밝히고, 두루 널리 사유하여 밝힌 마음을 살핍니다. 이러한 과정에서 확인하거나 즐거워하거나 지혜를 갖거나 혹은 견해를 갖거나 혹은 관찰하는 것을 비파사나라고 합니다. 이와 같이 보살은 비파사나를 잘할 수 있습니다."

慈氏菩薩 復白佛言 世尊 若諸菩薩 緣心爲境 內思惟心 乃至 未得身心 輕安 所有作意 當名何等

자씨보살이 다시 부처님께 여쭈었다.

"세존이시여, 만약 모든 보살이 마음을 경계로 삼아서 안으로 마음을 사유하는데도 나아가 심신의 경안을 얻지 못하는 모든 작의를 무엇이라고 해야 합니까?"

---

139 유소득 현관으로 5온·12처·18계·4성제·12연기 등 언어로 설한 교법의 성품.
140 공·진여·승의와 같이 언어로 설할 수 없는 성품.

자씨보살이 다시 부처님께 여쭈었다.

"세존이시여, 만약 모든 보살이 사유하는 주체인 마음을 대상으로 하여 마음 내부를 사유하는데도 나아가 아직 몸과 마음의 가뿐함과 평안함을 얻지 못하는 모든 의식 집중을 무엇이라고 해야 합니까?"

佛告慈氏菩薩曰 善男子 非奢摩他作意 是隨順奢摩他勝解相應作意

부처님께서 자씨보살에게 말씀하셨다.

"선남자여, 그것은 사마타의 작의가 아닙니다. 사마타에 수순하는 승해에 상응하는 작의입니다."

부처님께서 자씨보살에게 말씀하셨다.

"선남자여, 그것은 사마타의 의식 집중이 아닙니다. 사마타에 순조롭게 따르는 나름 뛰어난 의식 집중입니다."

世尊 若諸菩薩 乃至 未得身心輕安 於如所思所有諸法 內三摩地所緣影像 作意思惟 如是作意 當名何等

"세존이시여, 만약 모든 보살이 아직 심신의 경안을 얻지 못하고 모든 교법을 사유한 그대로 내심으로 삼매소연영상에 대해서 작의 사유[141]하면, 이러한 작의를 무엇이라고 해야 합니까?"

"세존이시여, 만약 모든 보살이 아직 몸과 마음의 가뿐함과 평안함을 얻지 못한 상태에서 모든 교법을 사유한 그대로 내심으로 삼매에서 나타난 영상에 대해서 의식을 집중하여 사유하면, 이러한 의식 집중을 무엇이라고 해야 합니까?"

善男子 非昆鉢舍那作意 是隨順昆鉢舍那勝解相應作意

"선남자여, 그것은 비파사나의 작의가 아니고, 비파사나에 수순하는 승해에 상응하는 작의입니다."

"선남자여, 그것은 비파사나의 의식 집중이 아닙니다. 비파사나에 순조롭게 따르는 나름 뛰어난 의식 집중입니다."

---

141 뜻을 내어 사유함. 의식을 집중하여 사유함.

慈氏菩薩 復白佛言 世尊 奢摩他道 與毘鉢舍那道 當言有異 當言無異

자씨보살이 다시 부처님께 여쭈었다.

"세존이시여, 사마타의 도와 비파사나의 도는 마땅히 다르다고 말해야 합니까? 마땅히 다르지 않다고 말해야 합니까?"

자씨보살이 다시 부처님께 여쭈었다.
"세존이시여, 사마타가 나아가는 길과 비파사나가 나아가는 길은 다르다고 말해야 맞습니까? 다르지 않다고 말해야 맞습니까?"

佛告慈氏菩薩曰 善男子 當言非有異 非無異 何以故 非有異 以毘鉢舍那所緣境心 爲所緣故 何以故 非無異 有分別影像 非所緣故

부처님께서 자씨보살에게 말씀하셨다.

"선남자여, 다르지도 않고, 다르지 않은 것도 아니라고 말해야 합니다. 왜 다르지 않은가 하면, 비파사나의 소연경심을 소연으로 하기 때문입니다. 왜 다르지 않은 것이 아닌가 하면, 유분별영상은 사마타의 소연이 아니기 때문입니다."

> 부처님께서 자씨보살에게 말씀하셨다.
> "선남자여, 다르지도 않고, 다르지 않은 것도 아니라고 말해야 맞습니다. 왜 다르지 않은가? 사마타는 비파사나로 드러난 경계의 마음을 대상으로 하기 때문입니다. 왜 다르지 않은 것이 아닌가? 비파사나가 대상으로 하는 분별 작용이 있는 영상은 사마타가 대상으로 하지 않기 때문입니다."

慈氏菩薩 復白佛言 世尊 諸毘鉢舍那三魔地所行影像 彼與此心 當言有異 當言無異

자씨보살이 다시 부처님께 여쭈었다.
"세존이시여, 모든 비파사나의 삼매소행영상, 그것은 이 마음과 마땅히 다르다고 말해야 합니까? 마땅히 다르지 않다고 말해야 합니까?"

> 자씨보살이 다시 부처님께 여쭈었다.
> "세존이시여, 모든 비파사나의 삼매에서 나타난 영상, 그것은 이 마음과 다르다고 말해야 마땅합니까? 다르지 않다고 말해야 마땅합니까?"

佛告慈氏菩薩曰 善男子 當言無異 何以故 由彼影像 唯是識故 善男子 我說 識所緣 唯識所現故

부처님께서 자씨보살에게 말씀하셨다.

"선남자여, 다르지 않다고 말해야 합니다. 왜냐하면 그 영상은 오직 식
(識)이기 때문입니다. 선남자여, 내가 말하는 식의 소연은 오직 식이 소현
한 것이기 때문입니다."

부처님께서 자씨보살에게 말씀하셨다.

"선남자여, 다르지 않다고 말해야 마땅합니다. 왜냐하면 그 영상은 오직 식
(識)이기 때문입니다. 선남자여, 내가 말한 식의 표상된 대상은 오직 식이 드러
난 것이기 때문입니다." **142**

世尊 若彼所行影像 卽與此心 無有異者 云何此心 還見此心

"세존이시여, 만약 그 소행영상이 곧 이 마음과 다른 것이 아니라면, 어
떻게 이 마음이 돌이켜 이 마음을 봅니까?"

"세존이시여, 만약 비파사나로 나타난 영상이 곧 이 마음과 다른 것이 아니
라면, 어떻게 이 마음이 돌이켜 같은 이 마음을 봅니까?"

---

142 다르다는 것은 영상을 보는 주체인 마음(능연)과 대상인 영상(소연)이 다르다는 것이고, 다르
지 않다는 것은 영상은 식의 소현이고 식 또한 찰나생 찰나멸하는 무자성임을 말한다.

善男子 此中 無有少法 能見少法 然卽此心 如是生時 卽有如是影像顯現 善男子 如依善瑩淸淨鏡面 以質爲緣 還見本質 而謂我今見於影像 及謂離質別有所行影像顯現 如是 此心 生時 相似有異 三摩地所行影像顯現

"선남자여, 이 중 어떤 작은 법도 작은 법을 볼 수 없습니다. 그런즉 곧 이 마음이 이와 같이 생길 때 곧 그와 같은 영상이 드러나 나타납니다. 선남자여, 마치 밝고 청정한 거울 면에 의거하여 본질을 소연으로 삼아 돌이켜 본질을 보면서, '내가 지금 영상을 본다'라고 말하거나, '본질과는 분리된 다른 소행영상의 드러나 나타남이 있다'라고 말함과 같습니다. 이와 같이 이 마음이 일어날 때, 다른 듯한 모습으로 삼매소행영상이 현현하는 것입니다."

"선남자여, 이 가운데 어떤 존재도 조금이라도 보는 주체가 되어 다른 어떤 존재를 조금이라도 대상으로 삼아 볼 수가 없습니다.[143] 그러므로 곧 이 마음이 이와 같이 일어날 때, 곧 그와 같은 어떤 영상이 드러나 나타납니다.[144] 선남자여, 마치 밝고 티 없이 깨끗한 거울 면을 통해 보는 본체가 거울에 비친 보고 있는 본체 자신을 마주 보면서 '내가 지금 보이는 대상의 영상을 본다'라고 말

---

143 그 어떤 것도 실체를 가진 보는 주체일 수 없고 그 어떤 것도 실체를 가진 보이는 대상이 될 수 없다는 뜻이다.

144 보는 주체도 보이는 대상도 없는데 마음이 어떻게 생기는가 하면 의타기의 인연으로 마음(식)이 생긴다는 것이다. 실재하는 마음은 없지만 의타기의 식은 마치 실재하는 다음처럼 동시에 마치 외부에 경계가 있는 것처럼 대상의 영상을 현현하는데, 이에 의거하여 '이 마음이 경계를 파악한다'라는 말을 가립한 것이다. 모든 법에는 고유한 작용이나 작자(作者)라는 것은 없다. 따라서 어떤 것이 다른 어떤 것을 파악하는 일은 있을 수 없고 다만 인연 화합의 작용에 의하여 생기하는 것이다.

하거나, '보는 본체와는 분리된 다른 나타난 대상의 영상이 따로 드러나 나타난다'라고 말함과 같습니다. 이와 같이 이 마음이 일어날 때, 마치 다른 듯한 모습으로 삼매에서 나타난 영상이 드러나 나타나는 것입니다."

世尊 若諸有情 自性而住 緣色等心 所行影像 彼與此心 亦無異耶

"세존이시여, 만약 모든 유정이 자성에 머물면서 색 등을 소연으로 한 마음이 소행한 영상, 그것은 이 마음과 역시 다름이 없습니까?"

"세존이시여, 만약 모든 유정이 보는 주체와 보이는 대상이 실체가 있다고 생각하면서 색 등을 대상으로 하여 마음이 나타낸 영상, 그것은 이 마음과 또한 다름이 없습니까?"

善男子 亦無有異 而諸愚夫 由顚倒覺 於諸影像 不能如實知唯是識 作顚倒解

"선남자여, 역시 다르지 않습니다. 그런데 모든 어리석은 범부들은 전도된 생각으로 말미암아 모든 영상에 대해서 이것은 오직 식일 뿐이라고 여실하게 알 수 없어 전도된 견해를 짓습니다."

"선남자여, 또한 다르지 않습니다. 그런데 모든 어리석은 범부들은 두 바뀐 생각을 가짐으로 말미암아 모든 영상에 대해서 이것은 오직 식일 뿐이라고 여실하게 알 수 없어 뒤바뀐 견해를 꾸리게 됩니다."

慈氏菩薩 復白佛言 世尊 齊何當言 菩薩 一向 修毘鉢舍那

자씨보살이 다시 부처님께 여쭈었다.

"세존이시여, 어느 정도이어야 보살이 한결같이 비파사나를 수행한다고 할 수 있습니까?"

자씨보살이 다시 부처님께 여쭈었다.

"세존이시여, 어느 정도의 수준이 되어야 보살이 한결같이 비파사나를 수행한다고 할 수 있습니까?"

佛告慈氏菩薩曰 善男子 若相續作意 唯思惟心相

부처님께서 자씨보살에게 말씀하셨다.

"선남자여, 만약 작의를 상속하여 오직 심상[145]을 사유하면 그렇다고 할 수 있습니다."

> 부처님께서 자씨보살에게 말씀하셨다.
> "선남자여, 만약 의식을 집중하여 계속하여 오직 '마음이 드러내는 모습'을 사유하면 한결같이 비파사나를 수행한다고 할 수 있습니다."

世尊 齊何當言 菩薩 一向 修奢摩他

"세존이시여, 어느 수준이어야 보살이 한결같이 사마타를 수행한다고 할 수 있습니까?"

> "세존이시여, 어느 정도의 수준이 되어야 보살이 한결같이 사마타를 수행한다고 할 수 있습니까?"

---

145 앞에서 비파사나를 설명할 때 심상을 떨쳐버린다고 했는데, 그때의 심상은 관찰하는 심상 즉 '마음이란 상'을 의미한다. 여기서 심상은 마음의 상분, 즉 '마음이 드러내는 대상', 마음이 표상하는 대상을 의미한다.

善男子 若相續作意 唯思惟無間心

"선남자여, 만약 작의를 계속하여 오직 무간심을 사유하면 그렇다고 할 수 있습니다."

"선남자여, 만약 계속해서 의식을 집중하여 오직 '끊임없이 찰나생 찰나멸하는 마음'을 사유하면 사마타를 한결같이 수행한다고 할 수 있습니다."

世尊 齊何當言 菩薩 奢摩他昆鉢舍那 和合俱轉

"세존이시여, 어느 수준이어야 보살이 마땅히 사마타와 비파사나를 화합하여 함께 전전한다고 말할 수 있습니까?"

"세존이시여, 어느 정도의 수준이 되어야 마땅히 보살이 사마타와 비파사나를 서로 조화롭게 함께 수행한다고 말할 수 있습니까?"

善男子 若正思惟 心一境性

"선남자여, 만약 심일경성¹⁴⁶을 정사유하면 그렇다고 할 수 있습니다."

> "선남자여, 만약 심일경성[마음이 표상한 대상이 오직 식의 드러남이고, 식 또한 고유한 실체가 없음]을 바르게 사유하면 사마타와 비파사나를 서로 조화롭게 함께 수행한다고 할 수 있습니다."¹⁴⁷

世尊 云何 心相

"세존이시여, 무엇이 심상입니까?"

> "세존이시여, 무엇이 '마음이 드러내는 대상'입니까?"

---

146 마음을 하나의 경계에 집중하고 있는 상태를 뜻한다. 여기서는 삼매소행영상이 오직 식임을 통달하고, 통달하고 나서 다시 진여의 성품을 사유하는 것이다. 즉 심일경성을 사유한다는 것은 심일경(대상이 오직 식이어서 대상과 식이 하나의 경계가 됨)을 사유함과 함께 나아가 심일경성(식 또한 고유한 실체 없는 진여임)을 사유함을 말한다.

147 〈유가사지론〉31권에 "사마타에 의거함으로써 비파사나가 빨리 청정해질 수 있고 비파사나에 의거함으로써 사마타가 증장되고 광대해질 수 있다"라고 하는데, 사마타와 비파사나의 상호증장성을 말한다.

善男子 謂三摩地所行 有分別影像 昆鉢舍那所緣

"선남자여, 삼매소행의 유분별영상으로 비파사나의 소연을 말합니다."

"선남자여, 삼매에서 나타난 분별 작용 있는 영상으로 비파사나의 대상을 말합니다."

世尊 云何 無間心

"세존이시여, 무엇이 무간심입니까?"

"세존이시여, 무엇이 '끊임없이 찰나생 찰나멸하는 마음'입니까?"

善男子 謂緣彼影像心 奢摩他所緣

"선남자여, 그 영상을 소연으로 하는 마음으로 사마타의 소연을 말합니다."

"선남자여, 그 영상을 대상으로 끊임없이 관하는 마음으로 사마타의 대상을 말합니다."

世尊 云何 心一境性

"세존이시여, 무엇이 심일경성입니까?"

"세존이시여, 무엇이 심일경성[마음이 표상한 대상이 오직 식의 드러남이고, 식 또한 고유한 실체가 없음]입니까?"

善男子 謂通達三摩地所行影像 唯是其識 或通達此已 復思惟如性

"선남자여, 삼매소행영상은 오직 그 식일 뿐임을 통달하거나 혹은 이를 통달하고서 다시 진여의 성품을 사유함을 말합니다."

"선남자여, 삼매에서 표상된 영상은 오직 그 식일 뿐임을 통달하거나 혹은 이를 통달하고 나서 다시 그 식조차도 실체가 없는 진여의 성품(여소유성)임을 사유함을 말합니다."

慈氏菩薩 復白佛言 世尊 昆鉢舍那 凡有幾種

자씨보살이 다시 부처님께 여쭈었다.

"세존이시여, 비파사나는 무릇 몇 가지가 있습니까?"

자씨보살이 다시 부처님께 여쭈었다.

"세존이시여, 비파사나는 무릇 몇 가지가 있습니까?"

佛告慈氏菩薩曰 善男子 略有三種 一者 有相昆鉢舍那 二者 尋求昆鉢
舍那 三者 伺察昆鉢舍那 云何 有相昆鉢舍那 謂純思惟三摩地所行有分
別影像 昆鉢舍那 云何 尋求昆鉢舍那 謂由慧故 遍於彼彼 未善解了 一
切法中 爲善解了 作意思惟 昆鉢舍那 云何 伺察昆鉢舍那 謂止慧故 遍
於彼彼 已善解了 一切法中 爲善證得極解脫故 作意思惟 昆鉢舍那

부처님께서 자씨보살에게 말씀하셨다.

"선남자여, 대략 세 가지가 있습니다. 첫째는 유상 비파사나이고, 둘째
는 심구 비파사나이며, 셋째는 사찰 비파사나입니다. 무엇이 유상 비파사
나인가? 순전히 삼매소행의 유분별영상만 사유하는 비파사나를 말합니
다. 무엇이 심구 비파사나인가? 지혜로 말미암아 아직 두루 잘 이해하지
못한 여러 일체법에 대하여 잘 이해하기 위하여 작의 사유하는 비파사나

를 말합니다. 무엇이 사찰 비파사나인가? 지혜로 말미암아 두루 잘 이해한 일체법에 대하여 궁극의 해탈을 잘 증득하기 위하여 작의 사유하는 비파사나를 말합니다."

부처님께서 자씨보살에게 말씀하셨다.

"선남자여, 대략 세 가지가 있습니다. 첫째는 유상 비파사나이고, 둘째는 심구 비파사나이며, 셋째는 사찰 비파사나입니다. 무엇이 유상 비파사나인가? 순전히 삼매에서 나타난 분별 작용 있는 영상만 사유하는 비파사나를 말합니다. 무엇이 심구 비파사나인가? 지혜를 갖추었기 때문에 아직 두루 제대로 이해하지 못한 여러 일체 모든 존재에 대하여 제대로 이해하기 위하여 의식을 집중하여 사유하는 비파사나를 말합니다. 무엇이 사찰 비파사나인가? 지혜를 갖추었기 때문에 이미 두루 제대로 이해한 일체 모든 존재에 대하여 그것이 연기이고 공이라는 궁극적인 해탈을 깨우쳐 터득하기 위하여 두루 의식을 집중하여 사유하는 비파사나를 말합니다."

慈氏菩薩 復白佛言 世尊 是奢摩他 凡有幾種

자씨보살이 다시 부처님께 여쭈었다.
"세존이시여, 이 사마타는 무릇 몇 가지가 있습니까?"

자씨보살이 다시 부처님께 여쭈었다.
"세존이시여, 이 사마타는 무릇 몇 가지가 있습니까?"

佛告慈氏菩薩曰 善男子 卽由隨彼無間心故 當知 此中 亦有三種 復有
八種 謂初靜慮 乃至 非想非非想處 各有一種奢摩他故 復有四種 謂慈
悲喜捨 四無量中 各有一種奢摩他故

부처님께서 자씨보살에게 말씀하셨다.

"선남자여, 곧 심상에 따르는 무간심으로 말미암아 이에도 또한 세 가지
가 있음을 알아야 합니다. 그리고 다시 여덟 가지가 있는데, 이른바 초정
려(初靜慮)부터 나아가 비상비비상처정(非想非非想處定)에 이르기까지 각각
하나의 사마타가 있기 때문입니다. 다시 네 가지가 있는데, 이른바 자
(慈)·비(悲)·희(喜)·사(捨)의 사무량심[148] 가운데 각각 하나의 사마타가 있
기 때문입니다."

부처님께서 자씨보살에게 말씀하셨다.
"선남자여, 곧 '마음이 드러내는 모습'에 따르는 '끊임없이 찰나생 찰나멸하
는 마음'을 사유하기 때문에, 비파사나에도 똑같이 세 가지가 있음을 알아야
합니다. 그리고 다시 여덟 가지가 있는데, 이른바 색계의 초정려[149]부터 나아가
무색계의 비상비비상처정(非想非非想處定)[150]에 이르기까지 각각 하나의 사마
타가 있기 때문입니다. 다시 네 가지가 있는데, 이른바 자(慈)·비(悲)·희(喜)·사

---

148 사무량심: 자무량심, 비무량심, 희무량심, 사무량심 등 4가지 한량없는 마음.

149 적정에 의지하여 심려(여실하게 잘 앎)한다하여 정려라고 함. 색계에는 초정려·제2정려·제3
정려·제4정려 등 4종류의 선정이 있다. 정의 고요함과 혜의 헤아림이 함께 유지되므로 특
별히 정려라고 한다. 색계에서는 자세한 헤아림은 있으나 고요함이 없고 무색계의 선정에
는 고요함은 있으나 자세한 헤아림이 없다. 그래서 무색계의 선정은 정려라고 하지 않는다.
초정려에서는 심(尋)·사(伺)가 함께 일어나고 2정려에서는 심, 사가 모두 사라진다.

150 무색계 4선정은 공무변처정·식무변처정·무소유처정·비상비비상처정 등이 있다.

慈氏菩薩 復白佛言 世尊如說 依法奢摩他毘鉢舍那 復說不依法奢摩他
毘鉢舍那 云何 名依法奢摩他毘鉢舍那 云何 復名不依法奢奢摩他毘鉢
舍那

자씨보살이 다시 부처님께 여쭈었다.

"세존께서는 법에 의거한 사마타·비파사나를 설하시고, 다시 법에 의거
하지 않는 사마타·비파사나를 설하셨습니다. 무엇을 법에 의거한 사마
타·비파사나라고 하고, 다시 무엇을 법에 의거하지 않는 사마타·비파사
나라고 합니까?"

자씨보살이 다시 부처님께 여쭈었다.

"세존께서는 부처님이 설한 교법[151]에 의거한 사마타·비파사나를 설하시고,
다시 부처님이 설한 교법에 의거하지 않는 사마타·비파사나를 설하셨습니다.

---

[151] 유가 수행에서 지관의 특징은 무엇보다 교법에 의거한 사유를 바탕으로 한다. 교법에 의거
하여 지관을 닦을 때 12부 교법 중 각 개별적인 법(별법)에 의거하여 사유할 수도 있고 모든
계경을 포괄하는 12부의 총체적인 교법(총법)에 의거하여 사유할 수도 있다. 총법에 의거하
여 사유한다는 것은 진여에 의거하여 지관을 행하는 것이다. 총법은 다시 소총법, 대총법,
무량총법으로 나누는데, 소총법은 12부 중에 한 부에 의거하는 것이고 대총법은 12부 전체
에 의거하는 것이며 무량총법은 무량한 여래의 음성, 그 음성을 무량한 언어적 기호(명,구,
문), 여래가 언어로 펼쳐낸 무량한 설명과 해석 등을 모두 아우르며 언어를 넘어서는 것이다.
《해심밀경》에서는 보살의 견도인 초지(극희지)에서 총법에 의거하는 지관을 통달했다고 하
고 제3지인 발광지에 이르면 획득했다고 한다.

무엇을 부처님이 설한 교법에 의거하는 사마타·비파사나라고 하고, 다시 무엇
을 부처님이 설한 교법에 의거하지 않는 사마타·비파사나라고 합니까?"

佛告慈氏菩薩曰 善男子 若諸菩薩 隨先所受所思法相 而於其義 得奢摩
他昆鉢舍那 名依法奢摩他昆鉢舍那 若諸菩薩 不待所受所思法相 但依
於他教誡教授 而於其義 得奢摩他昆鉢舍那 謂觀靑瘀及濃爛等 或一切
行 皆是無常 或諸行 苦 或一切法 皆無有我 或復涅槃 畢竟寂靜 如是等
類 奢摩他昆鉢舍那 名不依法奢摩他昆鉢舍那 由依止法 得奢摩他昆鉢
舍那故 我施設隨法行菩薩 是利根性 由不依法奢摩他昆鉢舍那故 我施
設隨信行菩薩 是鈍根性

부처님께서 자씨보살에게 말씀하셨다.

"선남자여, 만약 보살들이 앞서 문소성하고, 사소성한 법상에 따라서
그 뜻에 대해서 사마타·비파사나를 득하면, 법에 의거한 사마타·비파사
나라고 부릅니다. 만약 보살들이 문소성하고 사소성한 법에 기대지 않고
단지 다른 이의 교계와 교수에 의거하여 그 뜻에 대해서 사마타·비파사
나를 득하면, 이른바 청어(靑瘀) 및 농란(膿爛)을 관하면서 혹은 일체행은
다 무상하고 혹은 제행은 고이며 혹은 제법은 다 무아이고 혹은 열반은
필경 적정하다고 하는 등, 이와 같은 부류의 사마타·비파사나를 법에 의
거하지 아니한 사마타·비파사나라고 합니다. 법에 의거한 사마타·비파
사나를 득하기 때문에 나는 수법행 보살이라 시설합니다. 이는 예리한 근

기의 성품입니다. 법에 의거하지 않는 사마타·비파사나를 득하기 때문에 나는 수신행 보살이라 시설합니다. 이는 둔한 근기의 성품입니다."

부처님께서 자씨보살에게 말씀하셨다.

"선남자여, 만약 보살들이 이전에 들어서 받아들이고[문소성], 사유하여 받아들인[사소성] 12교법에 따라서 그 뜻에 대해서 사마타·비파사나를 터득하면, 교법에 의거한 사마타·비파사나라고 부릅니다. 만약 보살들이 들어서 받아들이고[문소성] 사유하여 받아들인[사소성] 교법에 기대지 않고 단지 다른 이의 훈계와 가르침에 의거하여 그 뜻에 대해서 사마타·비파사나를 득하면, 이러한 사마타·비파사나를 교법에 의거하지 아니한 사마타·비파사나라고 합니다. 이를테면 시체의 푸른 어혈(靑瘀) 및 고름 지고 문드러짐(膿,爛)을 관찰하면서, 일체 모든 행은 다 무상하고 모든 행은 고이며 모든 존재는 다 무아이고 열반은 반드시 적정하다는 등이 이에 해당합니다. 교법에 의거한 사마타·비파사나를 터득하기 때문에, 나는 교법에 따라 수행하는 보살이라고 교법으로 설합니다. 이는 예리한 근기의 성품입니다. 법에 의거하지 아니한 사마타·비파사나를 터득하기 때문에, 나는 믿음에 따라 수행하는 보살이라고 교법으로 설합니다. 이는 둔한 근기의 성품입니다."

慈氏菩薩 復白佛言 世尊如說 緣別法奢摩他毘鉢舍那 復說緣總法奢摩他毘鉢舍那 云何 名爲緣別法奢摩他毘鉢舍那 云何 復名緣總法奢摩他毘鉢舍那

자씨보살이 다시 부처님께 여쭈었다.

"세존께서는 별법을 소연으로 하는 사마타·비파사나를 설하시고, 다시 총법을 소연으로 하는 사마타·비파사나를 설하셨습니다. 무엇을 별법을 소연으로 하는 사마타·비파사나라고 하고, 무엇을 총법을 소연으로 하는 사마타·비파사나라고 합니까?"

자씨보살이 다시 부처님께 여쭈었다.
"세존께서는 각 개별적인 교법을 대상으로 하는 사마타·비파사나를 설하시고, 다시 총체적인 교법을 대상으로 하는 사마타·비파사나를 설하셨습니다. 무엇을 각 개별적인 교법을 대상으로 하는 사마타·비파사나라고 하고, 무엇을 총체적인 교법을 대상으로 하는 사마타·비파사나라고 합니까?"

佛告慈氏菩薩曰 善男子 若諸菩薩 緣於各別契經等法 於如所受所思惟法 修奢摩他毘鉢舍那 是名緣別法奢摩他毘鉢舍那 若諸菩薩 即緣一切契經等法 集爲一團 一積 一分 一聚 作意思惟 此一切法 隨順眞如 趣向眞如 臨入眞如 隨順菩提 隨順涅槃 隨順轉依 及趣向彼 若臨入彼 此一切法 宣說無量無數善法 如是思惟 修奢摩他毘鉢舍那 是名緣總法奢摩他毘鉢舍那

부처님께서 자씨보살에게 말씀하셨다.
"선남자여, 만약 보살들이 각 개별적인 계경 등의 법에 대해서 받아들이고 사유한 법을 소연으로 하여 사마타·비파사나를 수행하면, 이것을 별법을 소연으로 하는 사마타·비파사나라고 합니다. 만약 보살들이 곧 일체 계경 등의 법을 소연으로 하여 일단·일적·일분·일취로 삼아서 작의 사유하여, "이 일체법은 진여에 수순하고 진여로 향하며 진여에 임해 들어간다. 보리에 수순하고 열반에 수순하며 전의(轉依)*에 수순한다. 그것들(보리·열반·전의)로 향하고 그것들로 임해 들어간다. 이 일체법은 무량 무수의 선법을 널리 설한다"라고 그렇게 사유하면서 사마타·비파사나를 수행하면, 이것을 총법을 소연으로 하는 사마타·비파사나라고 합니다."

부처님께서 자씨보살에게 말씀하셨다.

"선남자여, 만약 보살들이 각 개별적인 계경 등의 교법에 대해서 들어서 문소성혜로 받아들이고 사소성혜로 사유하여 이룬 교법을 대상으로 하여 사마타·비파사나를 닦는다면, 이것을 각 개별적인 교법을 대상으로 하는 사마타·비파사나라고 합니다. 만약 보살들이 곧 일체 모든 계경 등의 법을 대상으로 하여 한 덩어리·한 묶음·한 부분·한 무리로 모아서 의식을 집중해 사유하여, "이 일체 모든 교법은 진여에 순조롭게 따르고 진여로 나아가며, 진여에 들어간다. 보리에 순조롭게 따르고, 열반에 순조롭게 따르며, 전의(轉依)152에 순조롭게 따른다. 보리·열반·전의에 나아가고, 보리·열반·전의에 다가 들어간다. 이 일체 모든 교법은 셀 수 없고 헤아릴 수 없는 선법을 밝혀 설하는 것이다"라고 그렇게 사유하면서 사마타·비파사나를 수행하면, 이것을 총체적인 교법을 대상으로 하는 사마타·비파사나라고 합니다."

---

152 유가유식불교에서 말하는 깨달음을 전식득지(轉識得智)라고도 한다. 식의 작용이 의거하는 바를 바꾼다는 것이다. 아뢰야식의 근거를 지혜로 바꾸면 대원경지(大圓鏡智), 마나식의 근거를 지혜로 바꾸면 평등성지(平等性智), 제6식의 근거를 지혜로 바꾸면 묘관찰지(妙觀察智), 전5식의 근거를 지혜로 바꾸면 성소작지(成所作智)가 된다.

慈氏菩薩 復白佛言 世尊如說 緣小總法奢摩他昆鉢舍那 復說緣大總法奢摩他昆鉢舍那 又說緣無量總法奢摩他昆鉢舍那 云何 名緣小總法奢摩他昆鉢舍那 云何 名緣大總法奢摩他昆鉢舍那 云何 復名緣無量總法奢摩他昆鉢舍那

　자씨보살이 다시 부처님께 여쭈었다.

　"세존께서는 소총법을 소연으로 하는 사마타·비파사나를 설하시고, 다시 대총법을 소연으로 하는 사마타·비파사나를 설하시고는, 또다시 무량총법을 소연으로 하는 사마타·비파사나를 설하셨습니다. 무엇을 소총법을 소연으로 하는 사마타·비파사나라고 이름하고, 무엇을 대총법을 소연으로 하는 사마타·비파사나라고 이름하며, 무엇을 무량총법을 소연으로 하는 사마타·비파사나라고 이름합니까?"

　자씨보살이 다시 부처님께 여쭈었다.
　"세존께서는 작은 총체적인 교법을 대상으로 하는 사마타·비파사나를 설하시고, 다시 큰 총체적인 교법을 대상으로 하는 사마타·비파사나를 설하시고는 또다시 한량없는 총체적인 교법을 대상으로 하는 사마타·비파사나를 설하셨습니다. 무엇을 작은 총체적인 총법을 대상으로 하는 사마타·비파사나라고 하고, 무엇을 큰 총체적인 교법을 대상으로 하는 사마타·비파사나라고 하며, 무엇을 한량없는 총체적인 교법을 대상으로 하는 사마타·비파사나라고 합니까?"

佛告慈氏菩薩曰 善男子 若緣各別契經 乃至 各別論議 爲一團等 作意
思惟 當知 是名緣小總法奢摩他毘鉢舍那 若緣乃至所受所思契經等法
爲一團等 作意思惟 非緣各別 當知 是名緣大總法奢摩他毘鉢舍那 若緣
無量如來法教 無量法句文字 無量後後慧所照了 爲一團等 作意思惟 非
緣乃至所受所思 當知 是名緣無量總法奢摩他毘鉢舍那

부처님께서 자씨보살에게 말씀하셨다.

"선남자여, 만약 각각의 개별 계경 내지 각각의 개별 논의를 소연으로
하여 일단·일적·일분·일취로 삼아서 작의 사유하면, 이것을 소총법을
소연으로 하는 사마타·비파사나라고 함을 알아야 합니다. 만약 받아들
이고 사유한 계경 등의 법을 소연으로 하여 일단·일적·일분·일취로 삼
아서 작의 사유하되 각각 개별적인 것을 연하지 아니하면, 이것을 대총법
을 소연으로 하는 사마타·비파사나라고 함을 알아야 합니다. 만약 한량
없는 여래의 교법, 한량없는 법의 구와 문자, 한량없이 이어지는 지혜로
밝힌 바를 소연으로 하여 일단·일적·일분·일취로 삼아서 작의 사유하
되 나아가 받아들이고 사유한 바를 소연으로 하지 아니하면, 이것을 무
량총법을 연하는 사마타·비파사나라고 함을 알아야 합니다."

부처님께서 자씨보살에게 말씀하셨다.
"선남자여, 만약 각각의 개별 계경 나아가 각각의 개별 논의를 대상으로 하
여 한 덩어리·한 묶음·한 부분·한 무리로 삼아서 작의 사유하면, 이것을 작
은 총체적인 교법을 대상으로 하는 사마타·비파사나라고 함을 알아야 합니다.
만약 문소성혜로 받아들이고 사소성혜로 사유한 계경 및 논의를 대상으로 하

여 한 덩어리·한 묶음·한 부분·한 무리로 삼아 작의 사유하되 각각 개별적인 것을 대상으로 하지 아니하면 이것을 큰 총체적인 교법을 대상으로 햐여 사마타·비파사나라고 함을 알아야 합니다. 만약 한량없는 여래의 교법, 한량없는 법의 구와 문자, 한량없이 이어지는 지혜로 밝힌 바를 대상으로 하여 한 덩어리·한 묶음·한 부분·한 무리로 삼아서 작의 사유하되 문소성혜로 받아들이고 사소성혜로 사유한 것을 대상으로 하지 아니하면 이것을 한량없는 총체적인 교법을 대상으로 하는 사마타·비파사나라고 함을 알아야 합니다."

慈氏菩薩 復白佛言 世尊 菩薩 齊何 名得緣總法奢摩他毘鉢舍那

자씨보살이 다시 부처님께 여쭈었다.

"세존이시여, 어느 수준이어야 보살이 총법을 연하는 사마타·비파사나를 득했다고 할 수 있습니까?"

자씨보살이 다시 부처님께 여쭈었다.

"세존이시여, 어느 정도의 수준이 되어야 보살이 총체적인 교법을 대상으로 하는 사마타·비파사나를 터득했다고 할 수 있습니까?"

佛告慈氏菩薩曰 善男子 由五緣故 當知名得 一者 於思惟時 利那利那 融銷一切麤重所依 二者 離種種想 得樂法樂 三者 解了十方無差別相

無量法光 四者 所作成滿 相應淨分 無分別相 恒現在前 五者 爲令法身
得成滿故 攝受後後轉勝妙因

부처님께서 자씨보살에게 말씀하셨다.

"선남자여, 다섯 가지 인연으로 말미암아 득했다고 함을 알아야 합니
다. 첫째는 사유할 때 찰나마다 모든 추중(麤重)[153]의 소의를 녹여버립니
다. 둘째는 온갖 상(想)을 떠나서 낙법의 즐거움을 득합니다. 셋째는 시방
의 무차별상의 무량법광을 완전히 알게 됩니다. 넷째는 소작성만[154]에 상
응하여 청정분의 무분별상이 항상 현전합니다. 다섯째는 법신이 성만을
얻도록 이후 더욱 뛰어난 묘인을 섭수합니다."

> 부처님께서 자씨보살에게 말씀하셨다.
> "선남자여, 다섯 가지 인연으로 말미암아 터득했다고 함을 알아야 합니다.
> 첫째는 사유할 때 찰나마다 모든 무거운 번뇌와 거친 망상의 근거를 녹여버리
> 기 때문입니다. 둘째는 온갖 생각을 떠나서 즐거운 교법이 왜 즐거운지를 터득
> 하기 때문입니다. 셋째는 온 세상의 차별 없는 모습을 비추는 헤아릴 수 없는
> 교법의 광명을 완전히 알기 때문입니다. 넷째는 전의를 이룬 무분별지에 어울
> 리는 청정한 분별 없는 모습이 언제나 바로 이 자리에 있기 때문입니다. 다섯째
> 는 법신이 원만히 이루어지도록 이후 더욱 뛰어나고 깊은 원인을 거두어 받아
> 들이기 때문입니다."

---

153 거친 소지장(망상)과 무거운 번뇌장.

154 전의를 이룬 자에게 무분별지가 생기는데 그러한 무분별지의 경계로서 현전한 청정한 대상
을 말한다.

慈氏菩薩 復白佛言 世尊 此緣總法奢摩他毘鉢舍那 當知從何 名爲通
達 從何名得

　자씨보살이 다시 부처님께 여쭈었다.

　"세존이시여, 이 총법을 소연으로 하는 사마타·비파사나는 어디서부터
통달했다고 하고, 어디서부터 득했다고 합니까?"

　자씨보살이 다시 부처님께 여쭈었다.

　"세존이시여, 이 총체적인 교법을 대상으로 하는 사마타·비파사나는 어디서
부터 통달했다고 하고, 어디서부터 터득했다고 합니까?"

佛告慈氏菩薩曰 善男子 從初極喜地 名爲通達 從第三發光地 乃名爲得
善男子 初業菩薩 亦於是中 隨學作意 雖未可歎不應懈廢

　부처님께서 자씨보살에게 말씀하셨다.

　"선남자여, 초지인 극희지(極喜地)부터 통달했다고 하고, 제3지인 발광지
(發光地)부터 득했다고 합니다. 선남자여, 초업의 보살은 역시 이 가운데
서 학업에 따라 작의합니다. 비록 아직 칭찬할 정도는 아닐지라도 게을리
하여 그만두면 안 됩니다."

慈氏菩薩 復白佛言 世尊 是奢摩他毘鉢舍那 云何 名有尋有伺三摩地
云何 名無尋有伺三摩地 云何 名無尋無伺三摩地

자씨보살이 다시 부처님께 여쭈었다.

"세존이시여, 이 사마타·비파사나에서 무엇을 유심유사의 삼매라 하고, 무엇을 무심유사의 삼매라 하며, 무엇을 무심무사의 삼매라고 합니까?"

---

155 심(尋)이란 대상을 거칠게 헤아리는 인식 작용, 사(伺)란 미세하게 관찰하고 사유하는 인식 작용. 다르게 표현하면 심이란 보이는 대상을 살피는 마음 작용이며, 사란 보는 주체 즉 마음 자체를 살피는 마음 작용이라 할 수 있다. 이 두 가지 마음 작용과 상응하는 선정을 유심유사삼마지라고 한다. 이는 색계 초정려 및 초정려에 이르지 못한 단계에 해당한다. 심과는 상응하지 않지만 사와는 상응하는 선정을 무심유사삼마지라고 한다. 이는 초정려와 제2정려에 해당한다. 심과 사가 일어나지 않는 것을 무심무사삼마지라 한다. 이는 색계 제2정려 이상에서 무색계의 마지막 유정천(有頂天)까지를에 해당한다.

佛告慈氏菩薩曰 善男子 於如所取尋伺法相 若有麤顯 領受觀察 諸奢摩
他毘鉢舍那 是名有尋有伺三摩地 若於彼相 雖無麤顯領受觀察 而有微
細彼光明念 領受觀察 諸奢摩他毘鉢舍那 是名無尋有伺三摩地 若卽於
彼一切法相 都無作意 領受觀察 諸奢摩他毘鉢舍那 是名無尋無伺三摩
地 復次 善男子 若有尋求 奢摩他毘鉢舍那 是名有尋有伺三摩地 若有
伺察 奢摩他毘鉢舍那 是名無尋有伺三摩地 若緣總法 奢摩他毘鉢舍那
是名無尋無伺三摩地

부처님께서 자씨보살에게 말씀하셨다.

"선남자여, 취한 바 그대로 법상을 심구하고 사찰함에 만약 거칠고 두드
러지게 영수하여 관찰하는 모든 사마타·비파사나라면, 이것을 유심유사
의 삼매라고 합니다. 만약 법상에 대해서 비록 거칠고 두드러지게 영수하
여 관찰함이 없을지라도 미세한 저 광명의 염으로 영수하여 관찰하는 모
든 사마타·비파사나라면, 이것을 무심유사의 삼매라고 합니다. 만약 곧
그 일체법상에 대해서 전혀 작의하지 않고 영수하여 관찰하는 도든 사마
타·비파사나라면, 이것을 무심무사의 삼매라고 합니다. 다시 선남자여,
만약 심구가 있는 사마타·비파사나라면 이것을 유심유사의 삼매라고 합
니다. 만약 사찰이 있는 사마타·비파사나라면 이것을 무심유사의 삼매라
고 합니다. 만약 총법을 소연으로 하는 사마타·비파사나라면 이것을 무
심무사의 삼매라고 합니다."

부처님께서 자씨보살에게 말씀하셨다.

"선남자여, 취한 바 그대로 법의 모습을 심구하고 사찰함에 만약 거칠고 두

드러지게 받아들이고 관찰하는 모든 사마타·비파사나라면 이것을 유심유사의 삼매라고 합니다. 만약 존재의 모습에 대해서 비록 거칠고 두드러지게 받아들이고 관찰하지 않고, 미세하게 밝게 비추는 생각으로 받아들이고 관찰하는 모든 사마타·비파사나라면, 이것을 무심유사의 삼매라고 합니다. 만약 곧 그 일체 모든 존재의 모습에 대해서 전혀 의식을 집중함이 없이 받아들이고 관찰하는 모든 사마타·비파사나라면, 이것을 무심무사의 삼매라고 합니다. 다시 선남자여, 만약 심구가 있는 사마타·비파사나라면 이것을 유심유사의 삼매라고 합니다. 만약 사찰이 있는 사마타·비파사나라면 이것을 무심유사의 삼매라고 합니다. 만약 총체적인 교법을 대상으로 하는 사마타·비파사나라면 이것을 무심무사의 삼매라고 합니다."

慈氏菩薩 復白佛言 世尊 云何 止相 云何 擧相 云何 捨相

자씨보살이 다시 부처님께 여쭈었다,
"세존이시여, 무엇이 지상(止相)이고, 무엇이 거상(擧相)이며, 무엇이 사상(捨相)입니까?"

자씨보살이 다시 부처님께 여쭈었다,
"세존이시여, 무엇이 상을 멈추는 것이고, 무엇이 상을 일으키는 것이며, 무엇이 상을 버리는 것입니까?"

佛告慈氏菩薩曰 善男子 若心 掉擧 或恐掉擧時 諸可厭法 作意 及彼無
間心 作意 是名止相 若心 沈沒 或恐沈沒時 諸可欣法 作意 及彼心相 作
意 是名擧相 若於一向止道 或於一向觀道 或於雙運轉道 二隨煩惱 所
染汚時 諸無功用作意 及心任運轉中 所有作意 是名捨相

부처님께서 자씨보살에게 말씀하셨다.

"선남자여, 만약 마음이 도거하거나 혹은 도거가 두려울 때, 모든 누를
수 있는 법을 작의하거나 저 무간심을 작의하면 이것을 지상이라고 합니
다. 만약 마음이 침몰하거나 혹은 침몰을 두려울 때, 모든 흔쾌히 받아들
일 법을 작의하고 저 심상을 작의하면 이것을 거상이라고 합니다. 만약
한결같은 사마타의 도(道)에 있어서 혹은 한결같은 비파사나의 도에 있어서
혹은 (사마타·비파사나가) 함께 작용하는 도에 있어서 두 가지 수번뇌[156]로
오염될 때 어떤 공용[157]도 없이 작의하고, 마음이 자유롭게 움직이는 가
운데 작의하면, 이것을 사상이라고 합니다."

> 부처님께서 자씨보살에게 말씀하셨다.
> "선남자여, 만약 마음이 들뜨거나 혹은 들뜰까 봐 두려울 때, 들뜸을 누를 수
> 있는 모든 교법에 의식을 집중하고 그 '끊임없이 찰나생 찰나멸하는 마음'에 의
> 식을 집중하면 이것을 '상을 멈추는 것'이라고 합니다. 만약 마음이 침울하거나
> 혹은 침울해질까 봐 두려울 때 침울함을 흔쾌히 받아들일 교법에 의식을 집중

---

156 번뇌에 부수적으로 나타나는 번뇌로 유식유가불교의 5위100법 중 번뇌심소어 부수적으로
따르는 수번뇌심소를 말함. 여기서는 도거와 침몰(혼침)을 가리킴. 수번뇌에도 대, 중, 소가
있는데 대수번뇌심소에 속한다.
157 인위적으로 의도하여 공들인 작용.

하고 그 '마음이 드러내는 모습'에 의식을 집중하면 이것을 '상을 일으키는 것'이라고 합니다. 만약 한결같이 사마타를 수행하는 과정에서 혹은 한결같이 비파사나를 수행하는 과정에서 혹은 사마타·비파사나를 함께 수행하는 과정에서 들뜸이나 침울함의 두 가지 수번뇌로 오염될 때 어떤 인위적인 의도도 없이 의식을 집중하고 마음이 자유롭게 움직이는 가운데 의식을 집중하면 이것을 '상을 버리는 것'이라고 합니다."

慈氏菩薩 復白佛言 世尊 修奢摩他昆鉢舍那 諸菩薩衆 知法知義 云何 知法 云何 知義

자씨보살이 다시 부처님께 여쭈었다.

"세존이시여, 사마타·비파사나를 수행하는 모든 보살은 법을 알고 뜻을 압니다. 무엇이 법을 아는 것이고 무엇이 뜻을 아는 것입니까?"

자씨보살이 다시 부처님께 여쭈었다.
"세존이시여, 사마타·비파사나를 수행하는 모든 보살은 교법을 알고 교법이 지닌 뜻을 압니다. 무엇이 교법을 아는 것이고 무엇이 교법이 지닌 뜻을 아는 것입니까?"

佛告慈氏菩薩曰 善男子 彼諸菩薩 由五種相 了知於法 一者 知名 二者
知句 三者 知文 四者 知別 五者 知總

　부처님께서 자씨보살에게 말씀하셨다.

　"선남자여, 저 보살들은 다섯 가지 종류의 상으로 법을 알게 됩니다. 첫
째는 명(名)을 아는 것이고, 둘째는 구(句)를 아는 것이며, 셋째는 문(文)을
아는 것이고, 넷째는 개별(別)을 아는 것이며, 다섯째는 총합을 아는 것입
니다.

　부처님께서 자씨보살에게 말씀하셨다.

　"선남자여, 저 보살들은 다섯 가지 갈래의 내용으로 교법을 알게 됩니다. 첫
째는 명(名)을 아는 것이고, 둘째는 구(句)를 아는 것이며, 셋째는 문(文)을 아는
것이고, 넷째는 개별적인 교법을 아는 것이며, 다섯째는 총체적인 교법를 아는
것입니다.

云何 爲名 謂於一切染淨法中 所立自性 想假施設 云何 爲句 謂卽於
彼名聚集中 能隨宣說諸染淨義 依持 建立 云何 爲文 謂卽彼二 所依
止字

　무엇이 명인가? 모든 잡염법과 청정법에 대해서 건립한 자성의 상(想)을
가정적으로 시설한 것을 말합니다. 무엇이 구인가? 곧 저 명의 취집에 대

해서 모든 잡염과 청정의 뜻을 널리 설함에 수순할 수 있도록 소의와 섭지를 건립하는 것을 말합니다. 무엇이 문인가? 곧 앞의 두 가지가 의거하는 자(字)를 말합니다.

> 무엇이 명인가. 모든 잡염법과 청정법에 대해서 규정한 실체의 표상을 허울 뿐인 언어로 표현한 것을 말합니다. 무엇이 구인가. 곧 저 명이 무리로 모여진 가운데서 모든 잡염과 청정의 뜻을 밝혀 설하는데 순조롭게 따를 수 있는 근거와 지속성을 규정하는 것을 말합니다. 무엇이 문인가. 곧 앞의 두 가지가 의거하는 기본적인 문자 기호를 말합니다.[158]

云何 於彼各別了知 謂由各別所緣 作意 云何 於彼總合了知 謂由總合所緣 作意 如是一切 總略 爲一 名爲知法 如是 名爲菩薩知法

무엇이 법을 각각 개별로 명료하게 아는 것인가. 각각 별개를 소연으로 하여 작의하여 아는 것을 말합니다. 무엇이 법을 총합으로 명료하게 아는 것인가. 총합을 소연으로 하여 작의하여 아는 것을 말합니다. 이와 같은 일체를 하나로 총략하여 법을 안다고 합니다. 이와 같은 것을 '보살이 법을 안다'라고 합니다.

---

158 명은 어떤 개념적 표상을 떠올리는 마음 작용인 상(想)과 항상 결합하여 작동하는 것으로 이러한 개념적 표상에 갖가지 이름을 가정적으로 부여하는데 이를 명이라고 한다. 구는 명의 여러 차별적 의미를 설하는 문장을 말하고 문은 음운학적 최소 단위인 음소를 말한다.

무엇이 교법을 각각 개별로 아는 것인가? 각각 개별적인 교법을 대상으로 하여 의식을 집중하여 아는 것을 말합니다. 무엇이 교법을 총합하여 아는 것인가? 총체적인 교법을 대상으로 하여 의식을 집중하여 아는 것을 말합니다. 이와 같은 일체 모든 교법를 종합하여 하나로 정리해야 교법을 안다고 합니다. 이와 같이 해야 '보살이 교법을 안다'라고 합니다."

善男子 彼諸菩薩 由十種相 了知於義 一者 知盡所有性 二者 知如所有性 三者 知能取義 四者 知所取義 五者 知建立義 六者 知受用義 七者 知顚倒義 八者 知無倒義 九者 知雜染義 十者 知清淨義

"선남자여, 저 보살들은 열 가지 종류의 상으로 뜻을 알게 됩니다. 첫째는 진소유성을 아는 것이고, 둘째는 여소유성을 아는 것이며, 셋째는 능취의 뜻을 아는 것이며, 다섯째는 건립의 뜻을 아는 것입니다. 여섯째는 수용의 뜻을 아는 것이고, 일곱째는 전도의 뜻을 아는 것이며, 여덟째는 무도의 뜻을 아는 것이고, 아홉째는 잡염의 뜻을 아는 것이며, 열째는 청정의 뜻을 아는 것입니다."

"선남자여, 저 보살들은 열 가지 갈래의 모습을 통해 교법이 지닌 뜻을 알게 됩니다. 첫째는 진소유성을 아는 것이고, 둘째는 여소유성을 아는 것이며, 셋째는 능취의 뜻을 아는 것이며, 다섯째는 건립의 뜻을 아는 것입니다. 여섯째는 수용의 뜻을 아는 것이고, 일곱째는 전도의 뜻을 아는 것이며, 여덟째는 무도의 뜻을 아는 것이고, 아홉째는 잡염의 뜻을 아는 것이며, 열째는 청정(淸淨)의 뜻을 아는 것입니다."

善男子 盡所有性者 謂諸雜染淸淨法中 所有一切品別 邊際 是名此中盡
所有性 如五數蘊 六數內處 六數外處 如是一切

　"선남자여, 진소유성은 모든 잡염법과 청정법 가운데의 모든 품별 변제
를 말하니, 이것을 이 가운데의 진소유성이라고 이름합니다. 5가지의 온
(蘊), 6가지의 내처, 6가지의 외처, 이와 같은 일체 모든 것을 말합니다."

　"선남자여, 진소유성은 모든 번뇌와 망상으로 물든 존재와 번뇌와 망상으로
부터 벗어난 존재 가운데 연기법으로 파악할 수 있는 일체 모든 세밀한 구석까
지의 차별되는 세속의 존재를 말합니다. 이것을 모든 번뇌와 망상으로 물든 존
재와 번뇌와 망상으로부터 벗어난 존재 가운데 있는 진소유성이라고 합니다. 5
가지의 온(蘊), 6가지의 내처, 6가지의 외처, 이러한 일체 모두를 말합니다."[159]

159　연기법에 의해 파악하는 모든 존재(법). 모든 인연 화합의 일은 모두 5온에 속하고, 일체 모
든 존재는 계와 처에 속하며, 일체의 알아야 할 일(所知事)은 4성제에 속한다. 이와 같은 것
을 진소유성이라고 한다.

如所有性者 謂卽一切染淨法中 所有眞如 是名此中 如所有恉 此復七種

　여소유성은 곧 모든 잡염법과 청정법 가운데 모든 진여를 말합니다. 이것을 이 가운데의 여소유성이라고 합니다. 이에는 다시 일곱 가지 종류가 있습니다.

> 　여소유성은 곧 모든 번뇌와 망상으로 물든 존재와 번뇌와 망상으로부터 벗어난 존재 가운데 있는 진여를 말합니다. 이것을 이 모든 잡염법과 청정법 가운데 있는 여소유성이라고 합니다. 이것은 다시 일곱 가지 종류가 있습니다.[160]

一者 流轉眞如 謂一切行 無先後性

　첫째는 유전진여이니, 일체행의 앞뒤가 없는 성품입니다.

> 　첫째는 유전의 진여입니다. 생사윤회하는 중생의 세계에서 일체 모든 작용이 끄이는 흐름과 움직임의 진실한 성품은 시작도 끝도 없으며 앞뒤가 없습ㅡ다.

160　여소유성은 대상이 진실성이고 진여성인 것을 말하고 관대도리, 작용도리, 증성도리, 법이도리등 네 가지의 도리성을 갖추는 것을 말한다.

二者 相眞如 謂一切法 補特伽羅無我性 及法無我性

둘째는 상진여이니, 일체법의 보특가라무아(인무아)성과 법무아성입니다.

> 둘째는 상의 진여입니다. 생사윤회하는 중생의 세계에서 일체 모든 존재가 드러내는 모습의 진실한 성품은 세상을 보는 주체인 사람[보특가라]도 고유한 실체가 없고, 보이는 대상인 모든 존재도 고유한 실체가 없다는 것입니다.

三者 了別眞如 謂一切行 唯是識性

셋째는 요별진여이니, 일체행은 오직 식(識)의 성품입니다.

> 셋째는 요별의 진여이니, 생사윤회하는 중생의 세계에서 일체 모든 작용이 보이는 분별과 사유의 진실한 성품은 오직 식(識)이 일으킨 것입니다.

四者 安立眞如 謂我所說 諸苦聖諦

넷째는 안립진여[161]이니, 내가 설한 모든 고성제입니다.

> 넷째는 안립의 진여이니, 내가 설했듯이 중생의 세계는 번뇌와 망상으로 괴로울 수밖에 없다는 고성제를 말합니다.

五者 邪行眞如 謂我所說 諸集聖諦

다섯째는 사행진여[162]이니, 내가 설한 모든 집성제입니다.

> 다섯째는 사행의 진여이니, 내가 설했듯이 모든 괴로움은 삿된 행에서 비롯된다는 집성제입니다.

---

161 고성제가 집성제를 인(因)으로 하여 성립되었기 때문에 안립이라 이름한다.
162 삿된 행의 과로 고성제가 설립한다는 집성제.

六者 淸淨眞如 謂我所說 諸滅聖諦

여섯째는 청정진여이니, 내가 설한 모든 멸성제입니다.

여섯째는 청정의 진여이니, 내가 설했듯이 모든 고통을 멸하여 청정해질 수 있다는 멸성제입니다.

七者 正行眞如 謂我所說 諸道聖諦

일곱째는 정행진여이니, 내가 설한 모든 도성제입니다.

일곱째는 바른 수행의 진여이니, 내가 설했듯이 모든 고통을 멸할 수 있는 바른 수행의 길이 있다는 도성제입니다.

當知 此中 由流轉眞如 安立眞如 邪行眞如故 一切有情 平等平等 由相
眞如 了別眞如故 一切諸法 平等平等 由淸淨眞如故 一切聲聞 菩提 獨
覺 菩提 阿耨多羅三藐三菩提 平等平等 由正行眞如故 聽聞正法 緣總
境界 勝奢摩他昆鉢舍那 所攝受慧 平等平等

　이 가운데 유전진여·안립진여·사행진여로 말미암아 모든 유정은 평등
하고 평등함을 알아야 합니다. 상진여·요별진여로 말미암아 일체 제법은
평등하고 평등합니다. 청정진여로 말미암아 모든 성문보리와 독각보리와
아뇩다라삼먁삼보리가 평등하고 평등합니다. 정행진여로 말미암아 정법
을 듣고 총법의 경계를 소연으로 하여 뛰어난 사마타·비파사나를 섭수
하는 지혜가 평등하고 평등합니다.

　　이 가운데 유전진여·안립진여·사행진여이기 때문에 모든 것은 무상하여
　실체가 없고 언제 어디서나 괴롭고 괴로움은 중생의 삿된 행에서 비롯됩니다.
　그러므로 모든 중생은 그지없이 평등함을 알아야 합니다. 상진여·요별진여이
　기 때문에 모든 것은 공이고 식입니다. 그러므로 일체 모든 존재는 그지없이 평
　등함을 알아야 합니다. 청정진여이기 때문에 고통을 멸하여 깨달음의 지혜를
　터득합니다. 그러므로 모든 성문보리와 독각보리와 아뇩다라삼먁삼보리가 그
　지없이 평등합니다. 정행진여이기 때문에 괴로움을 멸하는 바른 수행을 합니
　다. 그러므로 정법을 듣고 총체적인 교법을 대상으로 하는 뛰어난 사마타·비파
　사나를 거두어 받아들이는 지혜가 그지없이 평등합니다.

能取義者 謂內五色處 若心意識 及諸心法

능취의 뜻은 내5색처, 심의식 및 모든 심소법[163]입니다.

> 파악하는 주체라는 능취의 뜻은 5가지 색근인 안·이·비·설·신, 전5식과 의식·마나식·아뢰야식 및 그 식의 작용을 말합니다.

所取義者 謂外六處 又能取義 亦所取義

소취의 뜻은 외6처, 또 능취의 뜻 역시 소취의 뜻이기도 합니다.

> 파악되는 대상이라는 소취의 뜻은 6외처를 말합니다. 또 파악하는 주체도 또한 파악되는 대상이 되기도 합니다.

---

163 마음과 상응하는 법으로 마음 작용을 말한다.

建立義者 謂器世界 於中 可得 建立一切諸有情界 謂一村田 若百村田 若千村田 若百千村田 或一大地 至海邊際 此百此千 若此百千 或一贍部洲 此百此千 若此百千 或一四大洲 此百此千 若此百千 或一小千世界 此百此千 若此百千 或一中千世界 此百此千 若此百千 或一三千大千世界 此百此千 若此百千或此拘胝 此百拘胝 此千拘胝 此百千拘胝 或此無數 此百無數 此千無數 此百千無數 或三千大千世界無數 百千微塵量等 於十方面 無量無數 諸器世界

　건립의 뜻은 그 안에 일체 모든 유정계를 건립할 수 있는 기세계를 말합니다. 이른바 하나의 마을, 혹은 백 개의 마을, 혹은 천 개의 마을, 혹은 백천 개의 마을을 말하거나, 혹은 하나의 대지에서 바닷가까지, 이의 백 개, 이의 천 개, 혹은 이의 백천 개를 말합니다. 혹은 하나의 섬부주이고, 이의 백 개, 이의 천 개, 혹은 이의 백천 개를 말합니다. 혹은 하나의 사대주, 이의 백 개, 이의 천 개, 혹은 이의 백천 개를 말합니다. 혹은 하나의 소천세계, 이의 백 개, 이의 천 개, 혹은 이의 백천 개를 달합니다. 혹은 하나의 중천세계, 이의 백 개, 이의 천 개, 혹은 이의 백천 거를 말합니다. 혹은 하나의 삼천대천세계, 이의 백 개, 이의 천 개, 혹은 이의 백천 개를 말합니다. 혹은 이의 구지, 이의 백 구지, 이의 천 구지, 이의 백천 구지를 말합니다. 혹은 이의 무수, 이의 백 무수, 이의 천 무수, 이의 백천 무수를 말합니다. 혹은 삼천대천세계, 무수 백천의, 미진(微塵)의 수량의, 시방면에서의 무량무수의 모든 기세계를 말합니다.

유정들이 살아가는 터전을 세우고 유지한다는 '건립'의 뜻은 기세계[164]를 말합니다. 기세계 안에 일체 모든 유정이 살아가는 세계를 세울 수 있습니다. 이를테면 하나의 마을, 혹은 백 개의 마을, 혹은 천 개의 마을, 혹은 백천 개의 마을을 말하거나, 혹은 하나의 대지에서 바닷가까지, 이의 백 개, 이의 천 개, 혹은 이의 백천 개를 말합니다. 혹은 하나의 섬부주[165]이고, 이의 백 개, 이의 천 개, 혹은 이의 백천 개를 말합니다. 혹은 하나의 사대주[166], 이의 백 개, 이의 천 개, 혹은 이의 백천 개를 말합니다. 혹은 하나의 소천세계[167], 이의 백 개, 이의 천 개, 혹은 이의 백천 개를 말합니다. 혹은 하나의 중천세계[168], 이의 백 개, 이의 천 개, 혹은 이의 백천 개를 말합니다. 혹은 하나의 삼천대천세계[169], 이의 백 개, 이의 천 개, 혹은 이의 백천 개를 말합니다. 혹은 이의 구지[170], 이의 백 구지, 이의 천 구지, 이의 백천 구지를 말합니다. 혹은 이의 무수[171], 이의 백 무수, 이의 천 무수, 이의 백천 무수를 말합니다. 혹은 삼천대천세계, 무수 백천의, 미진(微塵)의 수량의, 시방의 헤아릴 수 없는 모든 기세계를 말합니다.

---

164 식이 드러내는 바깥 세계 전체를 말한다

165 대륙의 하나를 가리킨다.

166 고대 인도인의 세계관에 따르면 수미산의 사방에 네 개의 대륙을 4주 또는 수미 4주라고 한다. 남섬부주는 남쪽의 섬부라는 나무가 많은 주로 염부제라고도 한다. 동비제가주는 동승신주라고도 하는데, 이 땅의 사람들의 몸이 수승하기 때문이다. 서구타니주는 서우화주라고도 하는데, 소를 화폐로 삼아 교역하기 때문이다. 북구로주는 북울단이라고도 하는데, 이곳은 생활이 평등하고 안락해서 4주 가운데 가장 수승한 처소라고 한다.

167 천 개의 수미산, 천 개의 4천하, 천 개의 6욕천, 천 개의 범천를 소천세계라 함. 소천세계의 범위를 사대주와 일, 월과 수미산, 욕계 육천, 그리고 색계의 초선까지로 국한된다.

168 소천 세계의 천 배의 세계.

169 중천의 천 배를 대천세계라 한다.

170 억 단위를 말한다.

171 헤아릴 수 없는 수로 범어 아승기(야)를 말함. 고대 인도에서 수를 세는 단위로 60가지가 있었다. 그중 8수는 망실되고 52수가 전해지는데, 마지막 수가 아승기라고 전해진다.

受用義者 謂我所說 諸有情類 爲受用故 攝受資具

　수용의 뜻은 내가 설한 바, 모든 유정의 무리가 수용하기 위해서 자재와 도구를 섭수하는 것을 말합니다.

　　일상적인 삶을 유지하기 위해 받아들여 이용한다는 '수용'의 뜻은 내가 설한 대로, 모든 유정의 무리가 일상적인 삶을 유지하고 살아가기 위해서 경제적, 사회적, 문화적으로 필요한 물질과 관계들을 거두어 갖춘다는 것을 말합니다.

顚倒義者 謂卽於彼能取等義 無常計常 想倒 心倒 見倒 苦計爲樂 不淨計淨 無我計我 想倒 心倒 見倒

　전도의 뜻은 곧 저 능취 등의 뜻에 대해서 무상(無常)을 상(常)으로 헤아려 상(想)이 전도되고 심(心)이 전도되며 견(見)이 전도됩니다. 고를 헤아려 낙으로 삼고 부정을 청정으로 헤아리며 무아를 아로 헤아려 상이 전도되고 심이 전도되며, 견이 전도되는 것을 말합니다.

　　잘못 뒤바뀐다는 '전도'의 뜻은 곧 저 파악하는 주체, 파악되는 대상 등이 찰나생 찰나멸함에도 언제나 변함없다고 헤아리는 것을 말합니다. 생각으로 분별하여 망상하고 마음으로 집착하여 번뇌를 일으키며 뒤바뀐 잘못된 견해를 갖는 것을 말합니다. 괴로움을 즐거움으로 헤아리고 부정을 청정으로 헤아리며 무아를 아로 헤아립니다. 생각으로 분별하여 망상하고 마음으로 집착하여 번뇌를 일으키며 뒤바뀐 잘못된 견해를 갖는 것을 말합니다.

無倒義者 與上 相違 能對治彼 應知其相

　무전도의 뜻은 전도와는 상반됩니다. 전도됨을 다스릴 수 있어 바로 그 상을 알 수 있습니다.

　뒤바뀜이 없다는 '무전도'의 뜻은 전도와는 서로 반대됩니다. 분별 망상과 번뇌 집착과 뒤바뀐 잘못된 견해를 다스릴 수 있어, 바로 그 모습을 알 수 있습니다.

雜染義者 謂三界中 三種雜染 一者 煩惱雜染 二者 業雜染 三者 生雜染

　잡염의 뜻은 삼계 가운데 세 가지 잡염을 말합니다. 첫째는 번뇌의 잡염이고, 둘째는 업의 잡염이며, 셋째는 생의 잡염입니다.

　잘못 물든다는 잡염의 뜻은 삼계 가운데 세 가지 잡염을 말합니다. 첫째는 모든 번뇌와 수번뇌로 물드는 것입니다. 둘째는 번뇌가 인이 되어 일어나는 신업·구업·의업에 물드는 것입니다. 셋째는 번뇌와 업으로 인해 생이 있고 생으로 괴로움에 물드는 것입니다.

清淨義者 謂卽如是三種雜染 所有離繫 菩提分法

청정의 뜻은 곧 이러한 세 가지 잡염의 계박을 벗어난 보리분법을 말합니다.

잘못 물듦에서 벗어나 깨끗해진다는 '청정'의 뜻은 곧 이러한 세 가지 잘못 물듦의 얽매임에서 벗어나 지혜의 길로 가는 수행법인 37보리분법을 말합니다.

善男子 如是十種 當知 普攝一切諸義

선남자여, 이와 같은 열 가지는 일체 모든 뜻을 두루 포섭함을 알아야 합니다.

선남자여, 이와 같은 열 가지는 일체 모든 교법의 뜻을 두루 거두어들임을 알아야 합니다.

復次 善男子 彼諸菩薩 由能了知五種義故 名爲知義 何等 五義 一者 遍知事 二者 遍知義 三者 遍知因 四者 得遍知果 五者 於此覺了

다시 선남자여, 그 모든 보살은 다섯 가지의 뜻을 명료하게 알았기 때문에 뜻을 안다고 말합니다. 무엇이 다섯 가지의 뜻인가? 첫째는 변지사이고, 둘째는 변지의이며, 셋째는 변지인[172]이고, 넷째는 변지과[173]를 득함이며, 다섯째는 이에 대한 명료한 깨달음입니다.

> 다시 선남자여, 그 모든 보살은 다섯 가지의 뜻을 명료하게 알았기 때문에 뜻을 안다고 말합니다. 무엇이 다섯 가지의 뜻인가? 첫째는 두루 알아야 할 모든 일이고, 둘째는 두루 알아야 할 뜻이며, 셋째는 두루 알 수 있게 하는 지혜이고, 넷째는 두루 앎으로써 오는 결과를 깨달아 터득함이며 다섯째는 뜻에 대한 명료한 깨달음입니다.

善男子 此中 遍知事者 當知 卽是一切所知 謂或諸蘊 或諸內處 或諸外處 如是一切

선남자여, 이 가운데 변지사는 곧 일체 알아야 할 바임을 알아야 합니

---

172 변지의 인. 즉 두루 알 수 있게 하는 원인인 지혜를 말한다.

173 변지의 과. 즉 두루 앎으로써 있게 되는 결과인 번뇌의 소멸 등과 같은 무위의 과보와 성문·여래의 공덕 등과 같은 유위의 과보를 말한다.

다. 모든 온이나 모든 내처나 모든 외처 등 이러한 일체를 말합니다.

> 선남자여, 이 가운데 두루 알아야 한다는 '변지'의 일은 곧 일체 알아야 할 모든 것임을 알아야 합니다. 5온이나 6내처나 6외처 등 이러한 일체를 말합니다.

遍知義者 乃至 所有品類差別 所應知境 謂世俗故 或勝義故 或功德故 或過失故 緣故 世故 或生 或住 或壞相故 或如病等故 或苦集等故 或眞如 實際 法界等故 或廣略故 或一向記故 或分別記故 或反問記故 或置記故 或隱密故 或顯了故 如是等類 當知 一切 名遍知義

변지의 뜻은 나아가 모든 품류의 차별까지 응당 알아야 할 경계를 말합니다. 이른바 혹은 세속이기 때문이거나 혹은 승의이기 때문입니다. 혹은 공덕이기 때문이거나 과실이기 때문입니다. 연(緣)이기 때문이고, 세(世)이기 때문입니다. 혹은 생상이거나 혹은 주상이거나 혹은 괴상이기 때문입니다. 혹은 병(病) 등과 같기 때문입니다. 혹은 고제나 집제 등이기 때문입니다. 혹은 진여나 실제나 법계 등이기 때문입니다. 혹은 광혐하거나 간략하기 때문입니다. 혹은 일향기이기 때문이거나 혹은 분별기이기 때문이거나 혹은 반문기이기 때문이거나 혹은 치기이기 때문입니다. 혹은 은밀이기 때문이거나 혹은 현료이기 때문입니다. 이와 같은 등의 부류들 일체를 변지의라고 함을 알아야 합니다.

두루 알아야 한다는 '변지'의 뜻은 나아가 모든 종류의 차별까지 응당 알아야 할 경계를 말합니다. 이를테면 혹은 세속제냐 승의제냐 하는 성품의 차이가 있기 때문입니다. 혹은 공덕이냐 과실이냐 하는 성품의 차이가 있기 때문입니다. 4연(緣)[174]이냐 3세(世)[175]냐 하는 성품의 차이가 있기 때문입니다. 혹은 생기는 모습이냐 혹은 머무는 모습이냐 혹은 무너지는 모습이냐 혹은 병 등과 같은 것이냐 하는 성품의 차이가 있기 때문입니다. 혹은 고성제냐 집성제냐 멸성제냐 도성제냐 하는 성품의 차이가 있기 때문입니다. 혹은 진여냐 실제냐 법계냐 하는 등 성품의 차이가 있기 때문입니다. 혹은 광범하냐 간략하냐 하는 성품의 차이가 있기 때문입니다. 혹은 일향기[176]이냐 혹은 분별기[177]이냐 혹은 반문기[178]이냐 혹은 치기[179]이냐 하는 성품의 차이가 있기 때문입니다. 혹은 은밀이냐 혹은 현료냐 하는 성품의 차이가 있기 때문입니다. 이와 같은 등의 부류들 일체를 두루 알아야 할 교법의 뜻이라고 함을 알아야 합니다.

---

174 4연은 인식 현상이나 인식이 생기는 조건으로 인연·등무간연·소연연·증상연을 말함. 모든 유위법은 모두 이 4연으로 생긴다. ①인연: 인은 원인이고 연은 조건이다. 그래서 원인 자체가 조건이 되는 것. ②등무간연: 차제연이라고도 함. 앞에 생긴 마음[전념]이 다음 생기는 마음[후념]을 불러일으키는 원인이 된다. 불교에서는 두 마음이 한꺼번에 일어나지 않고 한 마음이 떠나야 또 한 마음이 일어난다고 한다. 그래서 앞뒤가 평등하고[등] 그 사이에 아무런 마음이 일어나지 않기[무간] 때문에 등무간연이라고 한다. ③소연연: 연연이라고도 함. 소연(마음 작용의 대상)이 원인이 되어 마음이나 마음 작용이 생길 때 그 마음이나 작용을 소연연이라고 한다. ④증상연: 다른 유위법이 생기는 데 힘을 주는 적극적인 원인과 다른 유위법이 생기는 것을 장애하지 않는 소극적 원인을 말한다.

175 과거, 현재, 미래.

176 예를 들어 '모든 생겨난 것은 반드시 멸하는지' 등과 같은 질문에는 마땅히 한결같이 대답해 준다. 이 뜻은 이미 결정되어 있기 때문이다.

177 예를 들어 '모든 멸한 것은 반드시 다시 생겨나는지' 등과 같은 질문에는 마땅히 분별해서 대답해 준다. 이 뜻은 결정되지 않았기 때문이다.

178 예를 들어 '보살의 10지는 높은지 낮은지' 등과 같은 질문에는 마땅히 반문하는 식으로 대답해 준다. 예를 들어 '불지와 비교해서냐, 10신과 비교해서냐'라고 묻고 대답한다.

179 묵치기라고도 함. 예를 들어 '실유하는 아(我)는 선한지 악한지', '토끼의 뿔은 검은지 흰지'와 같은 질문에 대해서는 마땅히 대답하지 않고 내버려둔다. 대답하면 희론만 길어지기 때문이다.

言遍知因者 當知 卽是能取前二 菩提分法 所謂念住 或正斷等

변지의 원인이란 곧 앞의 두 가지를 능취하는 보리분법으로 이른바 4념주 혹은 4정단 등임을 알아야 합니다.

> 두루 알 수 있게 하는 원인인 지혜는 곧 앞의 두루 알아야 할 일과 두루 알아야 할 뜻 두 가지를 파악할 수 있는 37보리분법임을 알아야 합니다. 이를테면 4념주·4정단·4여의족·5근·5력·7각지·8정도입니다.

得遍知果者 謂貪恚癡 永斷 毘奈耶 及貪恚癡 一切 永斷 諸沙門果 及我 所說 聲聞 如來 若共不共 世出世間 所有功德 於彼作證

변지의 과를 득한다는 것은 탐·진·치를 영원히 끊는[180] 비나야[181] 및 탐·진·치 일체를 영원히 끊는 모든 사문과[182] 및 내가 설한 바 성문·여래가 함께하거나 함께하지 않는 세간과 출세간의 모든 공덕, 이에 대해 작증하는 것을 말합니다.

---

180 〈해심밀경소〉에는 영단으로, 유가사지론에서는 단으로 되어 있음. 원측은 영단이 맞다고 했으나 문맥 흐름으로는 단이 적절하다.

181 비나야(vinaya)는 '조복(調伏)'으로 의역. 특히 신업 등을 제어하여 모든 악업을 즈절하여 복속시키는 기능을 한다는 의미에서 계율을 '비나야'라고 한다.

182 사문과(沙門果)는 성문의 4과로 예류과(수다원)·일래과(사다함)·불환과(아나함)·무학과(아라한)를 말한다.

두루 앎의 결과를 터득한다는 것은 탐·진·치를 일시적으로 끊는 계율 및 탐·진·치 일체를 영원히 끊는 모든 사문의 과보 및 내가 설했던 성문·독각과 여래가 함께 갖는 공덕이거나 여래만이 갖는 세간과 출세간의 모든 공덕, 이에 대해 깨달아 터득하는 것입니다.

於此覺了者 謂卽於此作證法中 諸解脫智 廣爲他說 宣揚開示 善男子 如是五義 當知 普攝一切諸義

이에 대한 깨달음의 완성은 곧 이 작증한 법 가운데서 모든 해탈지로서 널리 다른 이를 위해 설하고 선양하며 개시하는 것을 말합니다. 선남자여, 이러한 다섯 가지 뜻은 일체 모든 뜻을 두루 포섭함을 알아야 합니다.

뜻에 대하여 깨달음을 이루었다는 것은 곧 이 깨우쳐 터득한 교법에 대한 모든 걸림 없는 지혜로서 널리 다른 이들을 위해 설하고 널리 드높이며 드러내 보이는 것입니다. 선남자여, 이러한 다섯 가지 뜻은 일체 모든 교법의 뜻을 두루 파악하여 거두어들이는 것임을 알아야 합니다.

復次 善男子 彼諸菩薩 由能了知四種義故 名爲知義 何等 四義 一者 心執受義 二者 領納義 三者 了別義 四者 雜染淸淨義 善男子 如是四義 當

知 普攝一切諸義

다시 선남자여, 저 모든 보살은 네 가지의 뜻을 명료하게 알기 때문에 뜻을 안다고 말합니다. 무엇이 네 가지 뜻인가. 첫째는 마음의 집수의 뜻이고, 둘째는 영납의 뜻이며, 셋째는 요별의 뜻이고, 넷째는 잡염과 청정의 뜻입니다. 선남자여, 이러한 네 가지 뜻은 널리 일체 모든 뜻을 두루 포섭함을 알아야 합니다.

> 다시 선남자여, 저 모든 보살은 네 가지의 뜻을 알기 때문에 교법의 뜻을 안다고 말합니다. 무엇이 네 가지 뜻인가. 첫째는 마음이 붙잡아 들이는 몸[신념처]의 뜻이고, 둘째는 마음이 받아들이는 느낌[수념처]의 뜻이며, 셋째는 마음이 분별하는 아뢰야식[심념처]의 뜻이고, 넷째는 마음이 잡염과 청정으로 오가는 법[법념처]의 뜻입니다. 선남자여, 이러한 네 가지 뜻은 널리 일체 모든 교법의 뜻을 두루 파악하여 거두어들임을 알아야 합니다.

復次 善男子 彼諸菩薩 由能了知三種義故 名爲知義 何等 三義 一者 文義 二者 義義 三者 界義

또한 선남자여, 저 모든 보살은 세 가지의 뜻을 명료하게 알기 때문에 뜻을 안다고 말합니다. 무엇이 세 가지의 뜻인가. 첫째는 문의 뜻이고, 둘째는 의의 뜻이며, 셋째는 계의 뜻입니다.

> 또한 선남자여, 저 모든 보살은 세 가지의 뜻을 명료하게 알기 때문에 교법의
> 뜻을 안다고 말합니다. 무엇이 세 가지의 뜻인가. 첫째는 문의 뜻이고, 둘째는
> 뜻의 뜻이며, 셋째는 계의 뜻입니다.

善男子 言文義者 謂名身等

선남자여, 문의 뜻은 명 등을 말합니다.

> 선남자여, 언어의 뜻은 명(낱말)·구(문장)·문(음소) 등의 의미를 뚜렷이 드러
> 내는 능전(언표하는 수단인 기표)[183]을 말합니다.

義義 當知 復有十種 一者 眞實相 二者 遍知相 三者 永斷相 四者 作證
相 五者 修習相 六者 卽彼眞實相等 品差別相 七者 所依能依 相續相 八
者 卽遍知等 障碍法相 九者 卽彼隨順法相 十者 不遍知等 及遍知等 過
患 功德相

---

183 능전(能詮)은 언어로 표현하는 수단인 기표이고 소전(所詮)은 언어로 표현된 의미인 기의이다.

의의 뜻은 다시 열 가지가 있음을 알아야 합니다. 첫째는 진실상이고 둘째는 변지상이며 셋째는 영단상이고 넷째는 작증상이며 다섯째는 수습상입니다. 여섯째는 곧 앞의 진실상 등의 품차별상이고 일곱째는 소의·능의[184]의 상속상이며 여덟째는 곧 변지 등의 장애법상이고, 아홉째는 곧 그것에 수순하는 법상이며 열째는 불변지 등 과환상 및 변지 등의 공덕상입니다.

> 능전이 담고 있는 뜻[소전]의 뜻은 다시 열 가지가 있음을 알아야 합니다. 첫째는 진실한 진여란 무엇인가, 둘째는 두루 알아야 하는 세속제인 고성제란 무엇인가, 셋째는 영원히 끊어야 하는 괴로움의 원인인 집성제란 무엇인가, 넷째는 깨달아 터득해야 하는 멸성제란 무엇인가, 다섯째는 수행하고 학습해야 하는 도성제란 무엇인가, 여섯째는 곧 앞의 진실한 진여와 4성제의 성품의 차이는 무엇인가, 일곱째는 6근과 6식은 어떻게 서로 이어지는가, 여덟째는 곧 고성제 등 4성제를 두루 아는 것을 가로막는 것은 무엇인가, 아홉째는 곧 고성제 등 4성제를 두루 아는 것에 수순하는 것은 무엇인가, 열째는 고성제 등 4성제를 두루 알지 못하는 번뇌의 과실 및 고성제 등 4성제를 두루 아는 공격은 무엇인가 등입니다.

言界義者 謂五種界 一者 器世界 二者 有情界 三者 法界 四者 所調伏界 五者 調伏方便界 善男子 如是五義 當知 普攝一切諸義

---

184 소의는 6식의 의지처(토대)가 되는 6근을 말하고 능의는 6근을 토대로 발생하는 6식을 말한다.

계의 뜻이란 것은 다섯 가지의 계를 말합니다. 첫째는 기세계이고, 둘째는 유정계이며, 셋째는 법계이고, 넷째는 이른바 소위 조복계이며, 다섯째는 조복방편계입니다. 선남자여, 이러한 다섯 가지의 뜻이 일체 모든 뜻을 두루 포섭함을 알아야 합니다."

깨달음을 이루는 경계의 뜻이란 것은 다섯 가지의 계를 말합니다. 첫째는 청정하게 해야 할 세속의 세계이고, 둘째는 교화해야 할 유정의 세계이며, 셋째는 깨달아 터득해야 할 진리의 법계이고, 넷째는 번뇌와 망상을 조복시켜야 할 조복계이며, 다섯째는 교법으로 조복시킬 수 있는 조복방편계입니다. 선남자여, 이러한 다섯 가지의 뜻이 일체 모든 교법의 뜻을 두루 파악하여 거두어들임을 알아야 합니다."

慈氏菩薩 復白佛言 世尊 若聞所成慧 了知其義 若思所成慧 了知其義 若奢摩他毗鉢舍那修所成慧 了知其義 此何差別

자씨보살이 다시 부처님께 여쭈었다.

"세존이시여, 만약 문소성혜로 그 뜻을 명료하게 알거나, 혹은 사소성혜로 그 뜻을 명료하게 알거나, 혹은 사마타·비파사나의 수소성혜로 그 뜻을 명료하게 안다면, 이에는 어떤 차이가 있습니까?"

佛告慈氏菩薩曰 善男子 聞所成慧 依止於文 但如其說 未善意趣 未現
在前 隨順解脫 未能領受 成解脫義

　　부처님께서 자씨보살에게 말씀하셨다.

　　"선남자여, 문소성혜는 문에 의거하여 다만 설한 그대로 알 뿐, 아직 문의 의도와 취지를 잘 알지 못하며 아직 현전하지 못합니다.[185] 해탈에 수순하지만 해탈을 이루는 뜻을 아직 영수하지 못합니다.

185　문소성혜로 말이나 글은 이해하지만, 그 속에 담겨진 깊은 의도나 취지는 잘 모르기 때문에 삼매 가운데서 교법을 제대로 드러내지 못한다는 의미이다.

思所成慧 亦依於文 不唯如說 能善意趣 未現在前 轉順解脫 未能領受 成解脫義

사소성혜도 역시 문에 의거합니다. 오직 설한 그대로만 아는 것이 아니라 의미의 취지를 능히 잘 알 수 있지만 아직 현전하지 못합니다.[186] 해탈에 더욱 수순하지만 아직 해탈을 이루는 뜻을 능히 영수하지 못합니다.

> 교법을 작의 사유하여 이룬 지혜도 또한 언어에 의거합니다. 오직 설법한 그대로만 아는 것이 아니라 교법의 의도와 취지를 잘 알 수 있지만 아직 삼매에서 교법에 상응하는 영상이 바로 나타나지 못합니다. 해탈로 더욱 순조롭게 나아가지만 해탈을 이루는 교법의 뜻을 아직 받아들일 수 없습니다.

若諸菩薩 修所成慧 亦依於文 亦不依文 亦如其說 亦不如說 能善意趣 所知事同分 三摩地所行影像現前 極順解脫 已能領受成解脫義 善男子 是名三種知義差別

만약 모든 보살의 수소성혜로 역시 문에 의거하거나 역시 문에 의거하지 않거나, 역시 설한 그대로거나 역시 설한 그대로이지 않거나 능히 문의 의도와 취지를 잘 알고, 알아야 할 사와 동분인 삼매소행영상이 현전

---

186 사소성혜로 말이나 글도 이해하고 그 속에 담겨진 깊은 의도나 취지는 잘 알지만, 삼매 가운데서 교법을 제대로 드러내지 못한다는 의미한다.

합니다. 해탈에 지극히 수순하고, 해탈을 이루는 법의 뜻을 이미 영수할 수 있습니다. 선남자여, 이것을 세 가지 지의의 차별이라 합니다.”

만약 모든 보살이 수행하여 이룬 지혜로 또한 언어에 의거하거나 또한 언어에 의거하지 않거나 또한 설법한 그대로이거나 또한 설법한 그대로이지 않거나, 교법의 의도와 취지를 잘 알 수 있습니다. 알아야 할 뜻과 같은 삼마에서 교법에 상응하는 영상이 바로 나타납니다. 해탈에 지극히 순조롭게 나아가고 해탈을 이루는 교법의 뜻을 이미 받아들일 수 있습니다. 선남자여, 이것들을 세 가지의 '교법의 뜻을 앎'에 대한 차이라고 합니다.”

慈氏菩薩 復白佛言 世尊 修若奢摩他毘鉢舍那 諸菩薩衆 知法知義 云何 爲智 云何 爲見

자씨보살이 다시 부처님께 여쭈었다.
“세존이시여, 사마타·비파사나를 수행하는 모든 보살이 법을 알고 뜻을 압니다. 무엇을 지라고 하고 무엇을 견이라고 합니까?”

자씨보살이 다시 부처님께 여쭈었다.
“세존이시여, 사마타·비파사나를 수행하는 모든 보살이 교법을 알고 교법의 뜻을 압니다. 무엇을 지혜라고 하고 무엇을 견해라고 합니까?”

佛告慈氏菩薩曰 善男子 我無量門 宣說智見二種差別 今當爲汝 略說
其相 若緣總法 修奢摩他毘鉢舍那 所有妙慧 是名爲智 若緣別法 修奢
摩他毘鉢舍那 所有妙慧 是名爲見

부처님께서 자씨보살에게 말씀하셨다.

"선남자여, 나는 무량문으로 널리 지와 견, 둘의 차이를 설했습니다. 지
금 마땅히 그대를 위하여 간략히 그 상을 설하겠습니다. 만약 총법을 소
연으로 하여 사마타·비파사나를 수행하는 묘혜(妙慧)라면 이것을 지(智)
라고 합니다. 만약 별법을 소연으로 하여 사마타·비파사나를 수행하는
묘혜라면 이것을 견(見)이라고 합니다."

부처님께서 자씨보살에게 말씀하셨다.
"선남자여, 나는 한량없는 교법으로 널리 지혜와 견해, 둘의 차이를 설했습
니다. 지금 마땅히 그대를 위하여 간략히 그 차이가 무엇인지 설하겠습니다.
만약 총체적인 교법을 대상으로 하여 사마타·비파사나를 수행하는 빼어난 지
혜라면 이것을 '지혜'라고 합니다. 만약 개별적인 교법을 통해서 사마타·비파
사나를 수행하는 빼어난 지혜라면 이것을 '견해'라고 합니다."

慈氏菩薩 復白佛言 世尊 修若奢摩他毘鉢舍那 諸菩薩衆 由何作意 何
等云何 除遣諸相

자씨보살이 다시 부처님께 여쭈었다.

"세존이시여, 사마타·비파사나를 수행하는 모든 보살은 어떤 작의[187]로 무엇들을 어떻게 하여 모든 상[188]을 떨쳐버립니까?"

자씨보살이 다시 부처님께 여쭈었다.

"세존이시여, 사마타·비파사나를 수행하는 모든 보살은 어떻게 의식을 집중하여 무엇들을 어떻게 하여 모든 모습[표상]을 떨쳐버립니까?"

佛告慈氏菩薩曰 善男子 由眞如作意 除遣法相及與義相 若於其名及名自性 無所得時 亦不觀彼所依之相 如是除遣 如於其名 於句 於文 於一切義 當知亦爾 乃至 於界及界自性 無所得時 亦不觀彼所依之相 如是除遣

부처님께서 자씨보살에게 말씀하셨다.

"선남자여, 진여를 작의함으로써 법상과 의상을 떨쳐버립니다. 만약 그 명과 명의 자성에 대해서 득하는 바가 없을 때는 또한 그 의지하는 상도

---

187 작의(manasikara)는 심소법(51가지) 중 변행심소(5가지) 중 하나로 소연경(인식대상)에 의식을 집중하여 기울이는 것을 말한다.

188 상(相)이란 한자어는 여러 의미를 함축하고 있기 때문에 쓰이는 상황이나 문맥에 맞게 우리말로 다르게 옮길 수 있다. 〈분별유가품〉의 이 부분에서는 상을 좀 적확한 철학적 용어로 '표상'이라고 옮기는 것이 좋겠다는 생각도 했으나 일반적으로 많이 쓰는 '모습'이라고 옮겼다. 이 책 전체 내용 가운데 '생각', '대상', '현상', '관념', '내용' 등등으로 옮기는 것이 좋겠다는 부분도 있었지만 대부분 '모습'으로 옮겼다.

관하지 않으니, 이와 같이 떨쳐버립니다. 그 명에 대해서처럼 구에 대해서도 문에 대해서도 모든 의에 대해서도 역시 마찬가지임을 알아야 합니다. 나아가 계와 계의 자성에 대해서까지도 득하는 바가 없을 때도 역시 그 의지하는 상을 관찰하지 않으니, 이와 같이 떨쳐버립니다."

부처님께서 자씨보살에게 말씀하셨다.

"선남자여, 진여에 의식을 집중하여 사유함으로써 법의 모습[대상화된 법]과 뜻의 모습[대상화된 뜻]을 떨쳐버립니다. 만약 그 이름과 이름의 고유한 실체에 대하여 얻는 것이 없을 때는 또한 그 이름이 의거하는 모습도 살피지 않으니, 이와 같이 떨쳐버립니다. 그 이름에 대한 것과 같이 구절에 대해서도 문자에 대해서도 모든 것의 뜻에 대해서도 또한 마찬가지임을 알아야 합니다. 나아가 계와 계의 고유한 실체에 대해서까지 얻는 것이 없을 때도 또한 각각에 의거하는 모습을 살피지 않으니, 이와 같이 떨쳐버립니다."

世尊 諸所了知 眞如義相 此眞如相 亦可遣不

"세존이시여, 명료하게 알게 된 진여의 모든 뜻에 대한 상, 이 진여의 상도 역시 떨쳐버릴 수 있습니까, 없습니까?"

"세존이시여, 명료하게 알게 된 진여의 모든 뜻에 대한 모습, 이 진여의 모습도 또한 떨쳐버릴 수 있습니까, 없습니까?"

善男子 於所了知 眞如義中 都無有相 亦無所得 當何所遣

"선남자여, 명료하게 알게 된 진여의 뜻 가운데서 전혀 상이란 있지 않으며 또한 득한 것도 없는데, 마땅히 무엇을 떨쳐버리겠습니까?"

> "선남자여, 명료하게 알게 된 진여의 뜻 가운데서 전혀 모습이란 있을 수 없으며 또한 얻은 것도 없는데, 마땅히 무엇을 떨쳐버리겠습니까?"

善男子 我說了知眞如義時 能伏一切法義之相 非此了達 餘所能伏

"선남자여, 나는 '진여의 뜻을 명료하게 알 때 일체법의 뜻의 상을 조복할 수 있다'라고 설했습니다. 진여의 뜻을 요달하면 더 이상 조복할 수 있는 상이 없습니다."

> "선남자여, 나는 '진여의 뜻을 완전하게 알 때 일체 모든 법의 뜻에 대한 모습을 다스려 복속시킬 수 있다'라고 설했습니다. 진여의 뜻을 완전히 통달하면 더 이상 다스려 복속시킬 수 있는 모습이 없습니다."

世尊 如世尊說 濁水器喩 不淨鏡喩 撓泉池喩 不任觀察自面影相 若堪
任者 與上相違 如是 若有不善修心 則不堪任如實觀察所有眞如 若善修
心 堪任觀察 此說何等 能觀察心 依何眞如 而作是說

"세존이시여, 세존께서는 '흐린 물이 담긴 그릇의 비유와 깨끗하지 못한
거울의 비유와 흔들리는 샘물의 비유처럼 자기 얼굴의 영상을 관찰할 수
없다. 만약 관찰할 수 있는 것은 원모습과는 다르다. 이와 같이 만약 선하
지 않게 마음을 수행하면 곧 진여를 여실하게 관찰할 수 없고, 만약 선하
게 마음을 수행하면 관찰할 수 있다'라고 설했습니다. 여기에서 어떤 것들
이 관찰할 수 있는 마음이라고 설하셨고, 어떤 진여에 의하여 이렇게 설
하셨습니까?"

"세존이시여, 세존께서는 '흐린 물을 담은 그릇의 비유와 깨끗하지 못한 거울
의 비유와 흔들리는 샘물의 비유처럼 흐린 물과 깨끗하지 못한 거울과 흔들리
는 샘물에서는 자기 얼굴의 영상을 제대로 관찰할 수 없다. 만약 관찰할 수 있
다면 원래의 모습과는 다르다. 만약 이와 같이 마음 수행을 잘못하면 곧 진여
를 여실하게 관찰할 수 없고, 만약 마음 수행을 잘하면 여실하게 제대로 관찰
할 수 있다'라고 설하셨습니다. 여기에서 어떤 것들이 관찰할 수 있는 마음이라
고 설하셨고, 어떤 진여에 의거해서 이렇게 설하셨습니까?"

善男子 此說三種能觀察心 謂聞所成 能觀察心 若思所成 能觀察心 若修所成 能觀察心 依了別眞如 作如是說

"선남자여, 여기에서 세 가지의 관찰할 수 있는 마음을 설하였는데, 문소성으로 관찰할 수 있는 마음과 사소성으로 관찰할 수 있는 마음과 수소성으로 관찰할 수 있는 마음을 말합니다. 요별진여[189]에 의거하여 이와 같이 설했습니다."

> "선남자여, 여기에서 세 가지의 관찰할 수 있는 마음을 설하였습니다. 교법을 듣고서 '관찰할 수 있는 마음', 교법을 사유하고서 '관찰할 수 있는 마음', 교법을 수행하고서 '관찰할 수 있는 마음'을 말합니다. '일체 모든 존재와 현상에 대한 분별과 판단은 오직 식이 일으킨다'라는 요별진여에 의거하여 이와 같이 설했습니다."

世尊 如是了知法義 菩薩 爲遣諸相 勤修加行 有幾種相 難可除遣 誰能除遣

"세존이시여, 이와 같이 법과 뜻을 명료하게 아는 보살은 모든 상을 떨쳐버리기 위해서 부지런히 가행을 닦는데, 어떤 몇 가지 상들이 떨쳐버리

---

189 생사윤회하는 중생의 세계에서 일체행의 분별과 판단은 오직 식(識)이 일으킨다는 진여.

기 어렵고, 무엇으로 떨쳐버릴 수 있습니까?"

"세존이시여, 이와 같이 교법과 교법의 뜻을 명료하게 아는 보살은 모든 모습을 떨쳐버리기 위해서 부지런히 수행에 수행을 거듭하는데, 어떤 몇 가지 모습들이 떨쳐버리기 어렵고, 무엇으로 떨쳐버릴 수 있습니까?"

善男子 有十種相 空能除遣 何等 爲十

"선남자여, 열 가지 상이 있는데, 공으로 떨쳐버릴 수 있습니다. 무엇이 열 가지인가.

"선남자여, 열 가지 모습이 있는데, 공으로 떨쳐버릴 수 있습니다. 무엇이 열 가지인가.

一者 了知法義故 有種種文字相 此由一切法空 能正除遣

첫째는 법의 뜻을 명료하게 앎으로써 갖가지 문자의 상이 생기는데, 이 것은 일체법공으로 바로 떨쳐버릴 수 있습니다.

첫째는 교법의 언어적인 뜻을 완전하게 앎으로써 갖가지 문자의 도습이 생기는데, 이것은 5온과 12처와 18계가 '일체 모든 존재의 공함'을 깨달음으로써 바로 떨쳐버릴 수 있습니다.

二者 了知安立眞如義故 有生滅住異性 相續隨轉相 此由相空及無先後空 能正除遣

둘째는 안립진여의 뜻을 명료하게 앎으로써 생멸주이의 성품과 상속하고 수전하는 상이 생기는데, 이것은 상공과 무선후공으로 바로 떨쳐버릴 수 있습니다.

둘째는 고성제의 뜻을 완전하게 앎으로써 생기고 멸하며 머물고 변하는 성품과 계속해서 바뀌는 모습이 생기는데, 이것은 '생기고 멸하며 머물고 변하는 모습의 공함'과 '앞뒤 없음의 공함'을 깨달음으로써 바로 떨쳐버릴 수 있습니다.

三者 了知能取義故 有顧戀身相及我慢相 此由內空及無所得空 能正除遣

셋째는 능취의 뜻을 명료하게 앎으로써 몸을 고연하는 상과 아만하는 상이 생기는데, 이것은 내공과 무소득공으로 바로 제견할 수 있습니다.

> 셋째는 '인식하는 주체'의 뜻을 명료하게 앎으로써 몸을 애착하는 모
> 습과 내가 뛰어나다는 모습이 생기는데, 이것은 내 몸이라고 하는 '6내처
> (안·이·비·설·신·의)의 공함'과 그러므로 '얻을 것이 없음의 공함'으로 바로 떨쳐
> 버릴 수 있습니다.

四者 了知所取義故 有顧戀財相 此由外空 能正除遣

넷째는 소취의 뜻을 명료하게 앎으로써 재물을 고연하는 상이 생기는
데, 이것은 외공으로 바로 제견할 수 있습니다.

> 넷째는 '인식되는 대상'의 뜻을 명료하게 앎으로써 재물을 애착하는 모습이
> 생기는데, 이것은 '6외처(색·성·향·미·촉·법)의 공함'으로 바로 떨쳐버릴 수 있
> 습니다.

五者 了知受用義 男女承事 資具相應故 有內安樂相 外淨妙相 此由內
外空及本性空 能正除遣

다섯째는 수용의 뜻인 남녀승사와 자재 도구의 상응함을 명료하게 앎으로써 안으로 안락상과 밖으로 정묘상[190]이 생기는데, 이것은 내외공과 본성공으로 바로 떨쳐버릴 수 있습니다.

> 다섯째는 '감각적 받아들임'의 뜻인 시봉하는 남녀를 거느리고 각종 의식주와 생활 도구들을 갖춤을 명료하게 앎으로써 안으로 안락한 모습과 밖으로 품위 있어 보이는 모습이 생기는데, 이것은 '6내처와 6외처의 공함'과 '고유한 실체가 없음의 공함'으로 바로 떨쳐버릴 수 있습니다.

六者 了知建立故 有無量相 此由大空 能正除遣

여섯째는 건립을 명료하게 앎으로써 무량한 상이 생기는데, 이것은 대공으로 바로 떨쳐버릴 수 있습니다.

> 여섯째는 '삼계중 욕계와 색계의 기세간'을 명료하게 앎으로써 헤아릴 수 없는 삼천세계라는 모습이 생기는데, 이것은 '시간과 공간의 공함'으로 떨쳐버릴 수 있습니다.

---

190 외정묘상(外淨妙相)은 밖으로 그럴싸하게 깨끗하고 품위 있게 보이는 모습을 말한다.

七者 了知無色故 有內寂靜解脫相 此由有爲空 能正除遣

일곱째는 무색계를 명료하게 앎으로써 안으로 적정해탈의 상이 생기는데, 이것은 유위공으로 바로 떨쳐버릴 수 있습니다.

일곱째는 삼계중 무색계를 명료하게 앎으로써 안으로 고요한 해탈을 이루는 모습이 생기는데, 이것은 '인연 화합하는 세계의 공함'으로 바로 떨쳐버릴 수 있습니다.

八者 了知相眞如義故 有補特伽羅無我相 法無我相 若唯識相及勝義相 此由畢竟空 無性空 無性自性空及勝義空 能正除遣

여덟째는 상진여의 뜻을 명료하게 앎으로써 보특가라무아상과 법무아상과 혹은 유식상과 승의상이 생기는데, 이것들은 필경공과 무성공과 무성자성공과 승의공으로 바로 떨쳐버릴 수 있습니다.

여덟째는 상의 진여인 유식의 뜻을 명료하게 앎으로써 인식하는 주체와 인식되는 대상이 모두 고유한 실체가 없다는 모습과 모든 법이 오직 식이라는 모습과 승의가 궁극적인 진리라는 모습이 생기는데, 이것은 '인식하는 주체와 인식되는 대상 모두 고유한 실체가 없다는 공함'과 '식의 공함'과 '승의제의 공함'으로 바로 떨쳐버릴 수 있습니다.

九者 由了知淸淨眞如義故 有無爲相 無變異相 此由無爲空 無變異空
能正除遣

　아홉째는 청정진여의 뜻을 명료하게 앎으로써 무위의 상과 무변이의 상
이 생기는데, 이것은 무위공과 무변이공으로 바로 떨쳐버릴 수 있습니다.

> 　아홉째는 청정한 진여인 멸성제의 뜻을 명료하게 앎으로써 생함도 없고 멸
> 함도 없는 모습과 변하여 달라짐이 없는 모습이 생기는데, 이것은 '생함도 멸함
> 도 없다는 지혜의 공함'과 '변하여 달라짐이 없다는 지혜의 공함'으로 바로 떨
> 쳐버릴 수 있습니다.

十者 卽於彼相對治空性 作意思惟故 有空性相 此由空空 能正除遣

　열째는 곧 저 상을 대치하는 공성에 대하여 작의 사유함으로써 공성상
이 생기는데, 이것은 공공으로 바로 떨쳐버릴 수 있습니다."

> 　열째는 곧 앞의 모습을 다스리는 공의 성품에 대하여 의식을 집중하여 사유
> 함으로써 공의 성품이라는 모습이 생기는데, 이것은 '공의 지혜도 공함'으로 바
> 로 떨쳐버릴 수 있습니다."

世尊 除遣如是十種相時 除遣何等 從何等相 而得解脫

"세존이시여, 이와 같은 열 가지의 상을 떨쳐버릴 때, 어떤 것들을 떨쳐버리고 어떤 상들로부터 해탈을 득합니까?"

"세존이시여, 이와 같은 열 가지의 모습을 떨쳐버릴 때, 어떤 것들을 떨쳐버리고 어떤 모습들로부터 해탈을 터득합니까?"

善男子 除遣三摩地所行影像相 從雜染縛相 而得解脫 彼亦除遣

"선남자여, 삼매소행영상의 상을 제견하고, 잡염에 속박된 상으로부터 해탈을 득하며 그 해탈 역시 떨쳐버립니다."

"선남자여, 삼매에서 나타난 영상의 모습을 떨쳐버리고 번뇌와 망상에 얽매인 모습으로부터 해탈을 얻으며 그 해탈을 집착하는 마음 또한 떨쳐버립니다."

善男子 當知 就勝 說如是空治如是相 非不一一 治一切相 譬如無明 非
不能生 乃至 老死 諸雜染法 就勝 但說能生於行 由是 諸行 親近緣故
此中道理 當知亦爾

"선남자여, 수승함에 따라서 '이와 같은 공이 이와 같은 상을 대치한다'
라고 설함을 알아야 합니다. 하나하나가 일체상을 다스리지 못하는 것은
아닙니다. 비유하면 마치 무명이 노사에 이르기까지의 모든 잡염법을 생
기게 할 수 있지만, 수승함에 따라서 다만 행을 생기게 할 수 있다고 설하
는 것과 같습니다. 이는 제행과 가장 가까운 연(緣)이기 때문입니다. 이
가운데 도리도 또한 이와 같음을 알아야 합니다."

"선남자여, 뛰어난 정도에 따라서 '이와 같은 공이 이러한 모습을 다스린다'
라고 설함을 알아야 합니다. 하나하나의 공이 다른 일체 모든 모습을 다스리
지 못하는 것은 아닙니다. 비유하면 마치 12연기에서 무명이 행에서 노사에 이
르기까지의 모든 번뇌와 망상을 생기게 할 수 있지만, 듣는 이의 뛰어난 정도에
따라서 다만 행을 생기게 할 수 있다고 설하는 것과 같습니다. 이는 모든 행이
무명과 가장 가까운 인연이기 때문입니다. 이 가운데 도리도 또한 이와 같음을
알아야 합니다."

爾時 慈氏菩薩 復白佛言 世尊 此中 何等空 是總空性相 若諸菩薩 了知
是已 無有失壞 於空性相 離增上慢

이때 자씨보살이 다시 부처님께 여쭈었다,

"세존이시여, 이 가운데 어떤 공이 총공성의 상입니까? 만약 보살들이 이것을 명료하게 알게 되면 총공성의 상에 대해서 실괴함[191]이 없이 증상만[192]을 여읠 것입니다."

> 이때 자씨보살이 다시 부처님께 여쭈었다,
>
> "세존이시여, 이 가운데[193] 어떤 공이 총체적인 공의 성품에 해당합니까? 만약 보살들이 이것을 명료하게 알게 되면 총체적인 공의 성품이란 없다는 잘못된 악취공에 빠지지도 않고 공은 고유한 실체를 갖고 있다는 잘못된 집착도 버릴 것입니다."

爾時 世尊 歡慈氏菩薩曰 善哉善哉 善男子 汝今 乃能請問如來如是深義 令諸菩薩 於空性相 無有失壞 何以故 善男子 若諸菩薩 於空性相 有失壞者 便爲失壞一切大乘 是故 汝應諦聽諦聽 當爲汝說總空性相

이때 세존께서 자씨보살을 칭찬하시면서 말씀하셨다.

---

191 손감을 말한다. 있는 것을 없다고 집착하면 손감의 과실이다. 대표적으로 공의 허무에 빠지는 악취공이다.

192 증익을 말한다. 없는 것을 있다고 집착하면 증익의 과실이다. 예를 들어 변계소집상은 원래 실체가 없음에도 실재한다고 보는 것이다.

193 이 가운데는 변계소집상의 공성인 상무성, 의타기상의 공성인 생무성, 원성실상의 공성인 승의무성 가운데를 말한다.

"훌륭하고 훌륭합니다. 선남자여, 그대는 지금 여래에게 이와 같은 깊은 뜻을 물어서 모든 보살이 공성의 상에 대해서 실괴함이 없도록 합니다. 왜냐하면 선남자여, 만약 모든 보살이 공성의 상에 대해서 실괴함이 있다면, 곧 일체의 대승을 실괴하는 것이기 때문입니다. 그러므로 그대는 자세히 듣고 또 자세히 들어야 합니다. 마땅히 그대를 위해서 총공성의 상을 설하겠습니다."

이때 세존께서 자씨보살을 칭찬하시면서 말씀하셨다.
"참으로 훌륭합니다. 선남자여, 그대는 지금 여래에게 이와 같은 깊은 뜻을 물어서 모든 보살이 공한 성품의 모습조차 없다고 하는 악취공에 빠지는 일이 없도록 할 것입니다. 왜냐하면 선남자여, 만약 모든 보살이 공한 성품의 모습조차 없다고 하는 악취공에 빠지는 일이 있다면, 곧 모든 대승을 잃거나 무너뜨리는 것이 되기 때문입니다. 그러므로 그대는 자세히 듣고 또 자세히 들어야 합니다. 마땅히 그대를 위해서 총체적인 공한 성품의 모습이 무엇인지를 설하겠습니다."

善男子 若於依他起相 及圓成實相中 一切品類 雜染淸淨 遍計所執相 畢竟遠離性 及於此中 都無所得 如是 名爲於大乘中總空性相

"선남자여, 만약 의타기상과 원성실상 가운데서 일체 품류의 잡염과 청정의 변계소집상을 마침내 멀리 여읜 성품 및 이 가운데서 전혀 얻는 바가 없으면, 이와 같은 것을 대승 가운데서의 총공성상이라고 부릅니다."

> "선남자여, 만약 의타기상[다른 존재와 서로 의존하여 생겨난 모습]과 원성실상[원
> 만히 이룬 진실한 모습] 가운데서 오염되었다거나 청정하다거나 하는 일체 모든
> 종류의 변계소집상[두루 헤아려 집착한 모습]을 마침내 멀리 떠나보낸 성품[변계소
> 집상이 공하다는 상무자성] 및 의타기상과 원성실상 가운데 전혀 얻는 어떤 것도
> 없으면[의타기상이 공하다는 생무자성과 원성실상이 공하다는 승의무자성을 깨우치면],
> 이와 같이 '세 가지 상이 모두 공한 성품'인 것을 대승에서는 총체적인 공한 성
> 품이라고 합니다."[194]

慈氏菩薩 復白佛言 世尊 此奢摩他毘鉢舍那 能攝幾種勝三摩地

자씨보살이 다시 부처님께 여쭈었다.

"세존이시여, 이러한 사마타·비파사나는 몇 가지의 뛰어난 삼매를 포섭
할 수 있습니까?"

> 자씨보살이 다시 부처님께 여쭈었다.
> "세존이시여, 이러한 사마타·비파사나는 몇 가지의 뛰어난 삼매를 붙잡아
> 거두어들일 수 있습니까?"

---

[194] 유가유식불교에서 설하는 중요한 핵심 내용 두 가지는 일체종자심식설과 3성설이다. 이 중
3성설은 모든 존재와 현상은 변계소집성, 의타기성, 원성실성의 성품을 갖는다는 것이다. 이
러한 성품이 변계소집상, 의타기상, 원성실상이라는 모습을 가져온다. 변계소집상을 마침내
멀리 떠난다면 즉 변계소집상이 공하다는 상무자성임을 깨닫는 것이다. 의타기상 가운데
전혀 얻을 바가 없으면 즉 의타기상이 공하다는 생무자성을 깨닫는 것이다. 원성실상이 자
성이 없는 진여, 승의이므로 공하다는 것이 승의무자성이다. 이와 같이 변계소집상, 의타기
상, 원성실상이 모두 모두 공한 성품인 것을 대승에서는 총체적인 공한 성품이라고 한다.

佛告慈氏菩薩曰 善男子 如我所說 無量 聲聞 菩薩 如來 有無量種勝三摩地 當知 一切皆此所攝

부처님께서 자씨보살에게 말씀하셨다.

"선남자여, 내가 설한 바와 같이 무량한 성문과 보살과 여래에게는 무량한 뛰어난 삼매가 있습니다. 일체 삼매가 다 이에 포섭됨을 알아야 합니다."

> 부처님께서 자씨보살에게 말씀하셨다.
> "선남자여, 내가 설한 것과 같이 헤아릴 수 없는 성문과 보살과 여러에게는 헤아릴 수 없는 뛰어난 삼매가 있습니다. 일체 모든 삼매를 다 이 사마타·비파사나가 붙잡아 거두어들인다는 것을 알아야 합니다."

世尊 此奢摩他毘鉢舍那 以何爲因

"세존이시여, 이러한 사마타·비파사나는 무엇을 인으로 삼습니까?"

> "세존이시여, 이러한 사마타·비파사나는 무엇을 바탕으로 합니까?"

善男子 清淨 尸羅 淸淨 聞思所成 正見 以爲其因

"선남자여, 청정한 시라와 청정한 문소성·사소성의 정견을 그 인으로 삼습니다."

"선남자여, 청정한 계율과 교법을 듣고서 이루거나 사유하여 이룬 청정한 바른 견해를 그 바탕으로 합니다."

世尊 此奢摩他昆鉢舍那 以何爲果

"세존이시여, 이러한 사마타·비파사나는 무엇을 그 과로 삼습니까?"

"세존이시여, 이러한 사마타·비파사나는 무엇을 그 과보로 합니까?"

善男子 善淸淨戒 淸淨心 善淸淨慧 以爲其果 復次 善男子 一切聲聞及 如來等 所有世間及出世間 一切善法 當知 皆是此奢摩他昆鉢舍那 所得 之果

"선남자여, 선청정계와 선청정심과 선청정혜를 그 과로 삼습니다. 또한 선남자여, 일체 성문과 보살과 여래의 모든 세간과 출세간의 일체 선법은 사마타·비파사나로 득한 과임을 알아야 합니다."

"선남자여, 선하고 청정한 계율과 선하고 청정한 선정과 선하고 청정한 지혜를 그 과보로 합니다. 또한 선남자여, 일체 모든 성문과 보살과 여래가 모든 세간과 출세간의 세상을 이롭게 하는 일체 모든 교법은 사마타·비파사나로 터득한 과보임을 알아야 합니다."

世尊 此奢摩他昆鉢舍那 能作何業

"세존이시여, 이러한 사마타·비파사나는 어떤 업을 지을 수 있습니까?"

"세존이시여, 이러한 사마타·비파사나는 어떤 실천력을 갖게 합니까?"

善男子 此能解脫二縛爲業 所謂 相縛及麤重縛

"선남자여, 이것은 두 가지 속박에서 해탈할 수 있는 것을 업으로 삼습니다. 이른바 상박과 추중박(麤重縛)입니다."

> "선남자여, 이것은 두 가지 얽매임에서 벗어날 수 있는 실천력을 갖게 합니다. 이를테면 모습에 대한 얽매임과 무거운 번뇌장와 거친 소지장에 대한 얽매임입니다."

世尊 如佛所說 五種繫中 幾是奢摩他障 幾是毘鉢舍那障 幾是俱障

"세존이시여, 부처님께서 설하신 오계(五繫) 가운데 몇 가지가 사마타의 장애이고 몇 가지가 비파사나의 장애이며 몇 가지가 둘 모두의 장애입니까?"

> "세존이시여, 부처님께서 설하신 다섯 가지의 매임 가운데 몇 가지가 사마타를 가로막고 몇 가지가 비파사나를 가로막으며 몇 가지가 사마타·비파사나 모두를 가로막습니까?"

善男子 顧戀身財 是奢摩他障 於諸聖敎 不得隨欲 是毘鉢舍那障 樂相雜住 於少喜足 當知俱障 由第一故 不能造修 由第二故 所修加行 不到究竟

"선남자여, 몸과 재물을 돌보며 연연함이 사마타의 장애이고, 모든 성스러운 가르침에 수순하지 못함이 비파사나의 장애입니다. 서로 뒤섞여 머묾을 즐기고, 사소한 것에 기뻐하며 만족하는 것은 둘 모두의 장애임을 알아야 합니다. 첫째로 말미암아 수행을 일으킬 수 없고, 둘째로 말미암아 닦은 모든 가행은 궁극에 이르지 못합니다."

"선남자여, 몸과 재물을 돌보며 집착하는 것이 사마타를 가로막고, 모든 성스러운 가르침을 따르지 못하는 것이 비파사나를 가로막습니다. 서로 뒤섞여 잡스럽게 머무는 것을 즐기고 사소한 선법의 성과에 들떠 만족하는 것은 사마타·비파사나 모두를 가로막음을 알아야 합니다. 앞의 장애 때문에 수행을 시작할 수 없고, 뒤의 장애 때문에 그동안 거듭한 수행으로는 궁극에 이를 수 없습니다."

世尊 於五蓋中 幾是奢摩他障 幾是昆鉢舍那障 幾是俱障

"세존이시여, 오개 가운데서 몇 가지가 사마타의 장애이고 몇 가지가 비파사나의 장애이며 몇 가지가 둘 모두의 장애입니까?"

"세존이시여, 다섯 가지의 덮개 가운데서 몇 가지가 사마타를 가로막고 몇 가지가 비파사나를 가로막으며 몇 가지가 사마타·비파사나 둘 모두를 가로막습니까?"

善男子 掉擧 惡作 是奢摩他障 惛沈 睡眠 疑 是毘鉢舍那障 貪欲 瞋恚 當知俱障

"선남자여, 도거와 악작은 사마타의 장애이고, 혼침과 수면과 의는 비파사나의 장애이며, 탐욕과 진에는 둘 모두의 장애임을 알아야 합니다."

> "선남자여, 들뜸과 후회는 사마타를 가로막고, 무기력함과 흐리멍텅함과 교법에 대한 의심은 비파사나를 가로막으며, 탐욕과 성냄은 사마타·비파사나 둘 모두를 가로막는 것을 알아야 합니다."

世尊 齊何 名得奢摩他道 圓滿清淨

"세존이시여, 어느 정도이어야 사마타의 도를 원만하고 청정하게 득했다고 말합니까?"

> "세존이시여, 어느 정도의 수준이 되어야 사마타 수행의 길을 원만하고 청정하게 터득했다고 말합니까?"

善男子 乃至 所有 惛沈 睡眠 正善除遣 齊是 名得奢摩他道 圓滿淸淨

"선남자여, 나아가 모든 혼침과 수면을 바로 잘 떨쳐버리는 수준이어야 사마타의 도를 원만하고 청정하게 득했다고 말합니다."

"선남자여, 나아가 모든 무기력함과 흐리멍텅함을 바로 잘 떨쳐버리는 정도의 수준이 되어야 사마타 수행의 길을 원만하고 청정하게 터득했다고 말합니다."

世尊 齊何 名得毘鉢舍那道 圓滿淸淨

"세존이시여, 어느 정도이어야 비파사나의 도를 원만하고 청정하게 득했다고 말합니까?"

"세존이시여, 어느 정도의 수준이 되어야 비파사나 수행의 길을 원만하고 청정하게 터득했다고 말합니까?"

善男子 乃至 所有 掉擧 惡作 正善除遣 齊是 名得毘鉢舍那道 圓滿淸淨

"선남자여, 나아가 모든 도거와 악작을 바로 잘 떨쳐버리는 수준이어야 비파사나의 도를 원만하고 청정하게 득했다고 말합니다."

"선남자여, 나아가 모든 들뜸과 후회를 바로 잘 떨쳐버리는 정도의 수준이 되어야 비파사나 수행의 길을 원만하고 청정하게 터득했다고 말합니다."

世尊 若諸菩薩 於奢摩他毘鉢舍那 現在前時 應知幾種 心散動法

"세존이시여, 만약 모든 보살이 사마타·비파사나를 현전할 때 마음의 산동법[195]은 몇 가지 종류가 있다고 알아야 합니까?"

"세존이시여, 만약 모든 보살이 사마타·비파사나를 수행하고 있을 때 마음이 흐트러지고 흔들리는 것은 몇 가지 종류가 있다고 알아야 합니까?"

---

195 마음이 흐트러지고 흔들리는 것.

善男子 應知五種 一者 作意散動 二者 外心散動 三者 內心散動 四者 相
散動 五者 麤重散動

"선남자여, 다섯 가지 종류가 있음을 알아야 합니다. 첫째는 작의산동
이고, 둘째는 외심산동이며, 셋째는 내심산동이고, 넷째는 상산동이며,
다섯째는 추중산동입니다."

> "선남자여, 다섯 가지 종류가 있음을 알아야 합니다. 첫째는 작의의 산동이
> 고, 둘째는 외심의 산동이며, 셋째는 내심의 산동이고, 넷째는 상의 산동이며,
> 다섯째는 추중의 산동입니다."

善男子 若諸菩薩 捨於大乘相應作意 墮在聲聞獨覺 相應諸作意中 當
知 是名作意散動

"선남자여, 만약 보살들이 대승에 상응하는 작의를 버리고 성문·독각
과 상응하는 모든 작의 가운데 떨어져 있으면, 이를 작의산동이라고 함을
알아야 합니다.

> "선남자여, 만약 보살들이 대승에 걸맞은 뜻을 품지 않고 성문·독각에 걸맞
> 은 온갖 뜻을 품고 있는 가운데 떨어져 있으면, 이를 '의식의 집중이 흐트러지
> 고 흔들린다'라고 함을 알아야 합니다.

若於其外五種妙欲 諸雜亂相 所有尋思 隨煩腦中 及於其外所緣境中
縱心流散 當知 是名外心散動

만약 그 밖의 다섯 가지의 묘욕[196]으로 모든 잡란상을 심사하는 수번뇌
와 그 밖의 소연경 가운데서 마음이 흘러가는 대로 흩어지면, 이를 외심
산동이라고 함을 알아야 합니다.

만약 그 밖의 색·성·향·미·촉에 대한 탐욕으로 온갖 어지럽게 얼크러진 대
상을 자세히 살피는 수번뇌 가운데서 그리고 그 밖의 대상 가운데서 마음이
흘러가는 대로 흩어지면, 이를 '마음이 바깥으로 흐트러지고 흔들린다'라고 함
을 알아야 합니다.

若由惛沈及以睡眠 或由沈沒 或由愛味三摩鉢底 或由隨一三摩鉢底 諸
隨煩惱之所染汚 當知 是名內心散動

만약 혼침과 수면으로, 혹은 침몰로, 혹은 삼마발저의 맛에 빠짐으로,
혹은 하나의 삼마발저에 따르는 모든 수번뇌로 오염된다면, 이를 내심산
동이라고 함을 알아야 합니다.

---

196 5묘욕은 색·성·향·미·촉 등 5경에 대한 탐욕 또는 집착으로 색욕·성욕·향욕·미욕·촉욕
을 말한다.

> 만약 무기력함과 흐리멍텅함으로, 혹은 기분이 가라앉음으로, 혹은 더 높은 선정인 삼마발저[197]의 맛을 애착함으로, 혹은 어느 하나의 삼마발저이 따르는 온갖 수번뇌로 물든다면[198], 이를 '안으로 마음이 흐트러지고 흔들린다'라고 함을 알아야 합니다.

若依外相 於內等持所行諸相 作意思惟 名相散動

만약 외적인 상에 의하여 내적인 등지에서 현행한 모든 상에 대하여 작의 사유하면, 이를 상산동이라고 말합니다.

> 만약 바깥의 대상에 의거하여 안으로 삼매에서 나타난 온갖 모습에 대하여 의식을 집중하여 사유하면, 이를 '상에 대해 흐트러지고 흔들린다'라고 말합니다.

---

197 삼마발저(三摩鉢底,samapatti)는 선정을 가리키는 말 중 하나로 등지(等至)로 의역. 혼침(가라앉음)과 도거(들뜸)를 떠났기 때문에 '등'이라 하고 이르렀다는 의미로 지(至)라고 한다. 삼마발저는 유심과 무심에 모두 통용되지만 오직 정위(定位)에 국한해서 사용하고 산위(散位)에는 사용되지 않는다. 이외에도 선정을 가리키는 말로 삼마지(三摩地,samadhi) 또는 삼매(三昧)가 있다. 삼마지는 정위와 산위에 모두 통용되지만 유심위(有心位)에 국한해서 사용하고 무심위(無心位)에는 사용되지 않는다. 한자 의역은 등지(等持)이다. 여기서 등(等)은 앞의 삼마발저의 등과 같은 의미이고, 마음을 붙잡아 하나의 경계에 머물기 때문에 지(持)라고 한다. 이 용어도 선정(定)의 다른 이름으로 심소법 중의 하나이며 일체 유심위에서 심일경성을 포괄하며 정위와 산위에 모두 사용한다. 여러 경론에서는 공·무원·무상 등을 삼마지라고 하기도 한다. 그리고 삼마희다(三摩呬多, samahida)는 등인(等引)으로 의역한다. 선정의 힘에 의해 신심이 조화롭고 평등한 상태로 이끌려 나온 상태를 가리킨다. 삼마희다는 총괄적이기 때문에 지(地)를 붙이는데, 삼마희다지에는 정려·해탈·등지(等持)·등지(等至) 등이 있다.

198 하나의 삼마발저에 따르는 온갖 수번뇌는 각 선정의 자리에서 일어나는 방일(놓아버림)과 나태(게으름) 등을 가리킨다.

若內作意爲緣 生起所有諸受 由麤重身 計我起慢 當知 是名麤重散動

　　만약 내적인 작의를 소연으로 삼아 일으킨 모든 수를 추중신으로 말미암아 자아라고 헤아리고 아만을 일으키면, 이것을 추중산동이라고 함을 알아야 합니다."

> 　　만약 마음에 대한 의식 집중을 대상으로 하여 일으킨 온갖 느낌을 무거운 번뇌와 거친 망상 때문에 자아라고 헤아리고 그것으로 자만심을 일으키면, 이 것을 '무거운 번뇌과 거친 망상으로 흐트러지고 흔들린다'라고 함을 알아야 합니다."

世尊 此奢摩他昆鉢舍那 從初菩薩地 乃至 如來地 能對治何障

　　"세존이시여, 이러한 사마타·비파사나는 보살의 초지에서 여래지에 이르기까지 어떠한 장애를 대치할 수 있습니까?"

> 　　"세존이시여, 이러한 사마타·비파사나는 보살의 초지인 극희지에서 여래지에 이르기까지 어떠한 장애를 다스릴 수 있습니까?"

善男子 此奢摩他毘鉢舍那 於初地中 對治惡趣煩惱業生雜染障

"선남자여, 이러한 사마타·비파사나는 초지 가운데서 악취의 번뇌나 업이 일으킨 잡염의 장애를 대치합니다.

"선남자여, 이러한 사마타·비파사나는 초지인 극희지 가운데서 잘못 취한 번뇌나 업이 일으킨 번뇌와 망상의 장애를 다스립니다.

第二地中 對治微細誤犯現行障

제2지 가운데서 미세한 오범이 현행하는 장애를 대치합니다.

제2지인 이구지 가운데서 미세하게나마 계율을 잘못 범하는 장애를 다스립니다.

第三地中 對治欲貪障

제3지 가운데서 욕탐의 장애를 대치합니다.

> 제3지인 발광지 가운데서 교법을 듣고 사유하며 수행하여 이루는 지혜를 가
> 로막는 탐욕의 장애를 다스립니다.

第四地中 對治定愛及法愛障

제4지 가운데서 선정에 대한 애착과 법에 대한 애착의 장애를 대치합니다.

> 제4지인 염혜지 가운데서 선정에 대해 지나치게 집착하고 교법을 이해했다
> 고 자만하는 장애를 다스립니다.

第五地中 對治生死涅槃一向背趣障

제5지 가운데서 생사열반을 한결같이 등지고 취하는 장애를 대치합니다.

제5지인 난승지 가운데서 한결같이 생사만을 등지려거나 한결같이 열반만을 나아가려는 장애를 다스립니다.

第六地中 對治相多現行障

제6지 가운데서 상이 자주 현행하는 장애를 대치합니다.

제6지인 현전지 가운데서 더럽다거나 깨끗하다거나 둘로 나누는 생각이 자주 일어나는 장애를 다스립니다.

第七地中 對治細相現行障

제7지 가운데서 미세한 상이 현행하는 장애를 대치합니다.

제7지인 원행지 가운데서 생이 있다거나 멸이 있다거나 하는 미세한 생각이 일어나는 장애를 다스립니다.

第八地中 對治於無相作功用 及於有相不得自在障

제8지 가운데서 무상에 대해 공용을 짓거나 유상에 대해 자재함을 득하지 못하는 장애를 대치합니다.

제8지 부동지 가운데서 '대상이 없음[무상]'에 대해 애써 힘쓰거나 '대상이 있음[유상]'에 대해 있는 그대로를 터득하지 못하는 장애를 다스립니다.

第九地中 對治於一切種善巧言辭 不得自在障

제9지 가운데서 일체 선교언사에 대해 자재함을 득하지 못하는 장애를 대치합니다.

제9지인 선혜지 가운데서 일체 모든 훌륭한 가르침의 말씀에 대해 말씀 그대로 터득하지 못하는 장애를 다스립니다.

第十地中 對治不得圓滿法身證得障

제10지 가운데서 원만한 법신을 증득하지 못하는 장애를 대치합니다.

제10지 법운지 가운데서 원만한 진리의 법을 깨우쳐 터득하지 못하는 장애를 다스립니다.

善男子 此奢摩他昆鉢舍那 於如來地 對治極微細 最極微細 煩惱障及所知障 由能永害如是障故 究竟證得無着無碍一切智見 依於所作成滿所緣 建立最極清淨法身

선남자여, 이러한 사마타·비파사나는 여래지에서 극히 미세하고 가장 극히 미세한 번뇌장과 소지장을 다스립니다. 이러한 장애를 영원히 없앨 수 있으므로 궁극적으로 집착이 없고 무애한 일체지견을 증득하고, 소작성만소연[199]에 의거하여 가장 지극한 청정 법신을 건립합니다."

선남자여, 이러한 사마타·비파사나는 여래지에서 극히 미세하고 가장 극히 미세한 번뇌와 망상을 다스립니다. 이러한 장애를 영원히 없앨 수 있으므로 마

---

199 수행으로 원만히 완성한 청정한 대상.

침내 집착이 없고 걸림이 없는 일체 모든 지혜의 견해를 깨우쳐 터득하고, 수행으로 원만히 완성한 청정한 대상에 의거하여 가장 지극히 청정한 진리의 법을 구현합니다."

慈氏菩薩 復白佛言 世尊 云何 菩薩 依奢摩他毘鉢舍那 勤修行故 證得
阿耨多羅三藐三菩提

자씨보살이 다시 부처님께 여쭈었다.
"세존이시여, 보살이 어떻게 사마타·비파사나를 부지런히 수행함으로써 아뇩다라삼먁삼보리를 증득합니까?"

자씨보살이 다시 부처님께 여쭈었다.
"세존이시여, 보살이 어떻게 사마타·비파사나를 부지런히 수행함으로써 위없는 평등하고 바른 지혜를 깨우쳐 터득합니까?"

佛告慈氏菩薩曰 善男子 若諸菩薩 已得奢摩他毘鉢舍那 依七眞如 於如
所聞所思法中 由勝定心 於善審定於善思量 於善安立眞如性中 內正思
惟 彼於眞如 正思惟故 心於一切微細現行 尙能棄捨 何況麤相

부처님께서 자씨보살에게 말씀하셨다.

"선남자여, 만약 모든 보살이 이미 사마타·비파사나를 득했다면, 일곱 가지의 진여에 의거하여 소문소사법[200] 그대로인 가운데서 수승한 선정심으로 잘 심정하고 잘 사량하며 잘 안립한 진여성에 대해서 내적으로 정사유하게 됩니다. 그가 진여에 대해 정사유함으로써 마음이 일체 미세한 상[201]의 현행도 또한 지워버릴 수 있습니다. 하물며 어찌 추상을 지워버리지 못하겠습니까."

> 부처님께서 자씨보살에게 말씀하셨다.
>
> "선남자여, 만약 보살들이 이미 사마타·비파사나를 터득했다면, 일곱 가지의 진여에 의거하여 듣고 사유한 교법 그대로인 가운데서 뛰어난 선정의 마음으로, 잘 살펴서 판단하고 잘 사유해 헤아리며 교법대로 잘 이해한 진여성을 마음 안으로 바르게 사유하게 됩니다. 그가 진여를 바르게 사유함으로써 마음이 미세하게 일어나는 번뇌와 망상의 생각을 또한 지워버릴 수 있습니다. 하물며 거친 생각이야 어찌 지워버리지 못하겠습니까."

---

200 듣고 사유한 교법.

201 상(相)이란 한자어는 여러 의미를 함축하고 있기 때문에 쓰이는 상황이나 문맥에 맞게 우리말로 다르게 옮길 수 있다. 〈분별유가품〉의 이 부분에서는 '생각'이라고 옮겼다. 이 책 전체 내용 가운데 '생각', '대상', '현상', '관념', '내용' 등등으로 옮기는 것이 좋겠다는 부분도 있었지만 대부분 '모습'으로 옮겼다. 중요한 것은 여기서 옮긴 '생각'은 번뇌와 망상에 물든 생각을 가리킨다.

善男子 言細相者 謂心所執受相 或領納相 或了別相 或雜染淸淨相 或
內相 或外相 或內外相

"선남자여, 미세한 상이란 심소집수상, 혹은 영납상 혹은 요별상 혹은
잡염·청정상[202] 혹은 내상 혹은 외상 혹은 내외상을 말합니다.

> "선남자여, 미세하게 일어나는 생각이란 마음(아뢰야식)이 붙잡아 받아들이
> 는 몸(신)이란 생각, 감각하는 느낌이(수)라는 생각, 혹은 요별하는 마음(심)이라
> 는 생각, 혹은 잡염되거나 청정한 대상(법)이라는 생각, 혹은 인식하는 주체라
> 는 생각, 혹은 인식되는 대상이라는 생각, 혹은 주체와 대상의 모두라는 생각
> 등을 말합니다.

或謂我當修行一切利有情相 或正智相 或眞如相 或苦集滅道相 或有爲
相 或無爲相 或有常相 或無常相 或苦有變異性相 或苦無變異性相 或
有爲異相相 或有爲同相相 或知一切是一切已 有一切相 或補特伽羅無
我相 或法無我相

혹은 '나는 유정을 이롭게 하는 일체를 수행해야만 한다'라는 상, 혹은
정지상 혹은 진여상 혹은 고집멸도상 혹은 유위상 혹은 무위상 혹은 유

---

202 심소집수상은 신념처, 영납상은 수념처, 요별상은 심념처, 잡염·청정상은 법념처에서 일어
나는 미세한 생각을 말한다.

상상 혹은 무상상 혹은 고유변이성상 혹은 고무변이성상 혹은 유위이상 상 혹은 유위동상상, 혹은 일체가 이미 일체임을 아는 유일체상, 혹은 보 특가라무아상 혹은 법무아상을 말합니다.

> 혹는 '나는 유정을 이롭게 하는 일체 모두를 수행해야만 한다'라는 생각, 혹은 바른 지혜라는 생각, 혹은 진여라는 생각, 혹은 고성제·집성제·멸성제·도성제라는 생각, 혹은 생주이멸이라는 생각, 혹은 생주이멸이 없다는 생각, 혹은 항상 변한다는 생각, 혹은 항상 변함이 없다는 생각, 혹은 괴로움이 변함 있는 성품이라는 생각, 혹은 괴로움이 변함없는 성품이라는 생각, 혹은 생주이멸이 각각 다르다는 생각, 혹은 생주이멸이 같다는 생각, 혹은 일체 다른 모든 것이 이미 일체임을 아는 일체가 있다는 생각, 혹은 윤회하는 고유한 실체가 없다는 생각, 혹은 고유한 실체를 가진 존재는 없다는 생각 등을 말합니다.

於彼現行心能棄捨 彼旣多住如是行故 於時時間 從其一切繫蓋散動 善修治心

보살들은 마음으로 이 상들의 현행을 지워버릴 수 있습니다. 브살들은 이미 이와 같은 수행에 많이 머물렀기 때문에 수시로 그 일체의 계·개·산동을 쫓아서 대치하는 마음을 잘 수행합니다.

> 보살들은 마음으로 생각들이 일어나는 것을 지워버릴 수 있습니다. 코살들은 이미 이와 같은 수행에 많이 자리했기 때문에 수시로 그 일체 모든 매임과

從是已後 於七眞如 有七各別 自內所證 通達智生 名爲見道 由得此故
名入菩薩正性離生 生如來家 證得初地 又能受用此地勝德

이 이후로 일곱 가지의 진여에 대해 자내소증한 일곱 가지 각별한 통달지의 생함이 있으면, 이를 견도라고 합니다. 이를 증득했기 때문에 보살의 정성이생(正性離生)에 들어가서[203] 여래의 집에 태어나 초지를 증득했다고 말합니다. 또한 이 초지의 수승한 덕을 수용할 수 있습니다.

이 다음으로 일곱 가지의 진여에 대해 스스로 밝혀 터득한 일곱 가지의 각기 다른 통달지가 생기면, 이를 견도라고 합니다. 이러한 통달지를 깨우쳐 터득했기 때문에 번뇌의 삶을 떠나보내고 성스러운 길에 들어서서 여래의 집에 태어나는 초지인 극희지를 깨우쳐 터득했다고 말합니다. 또한 이 초지인 극희지의 뛰어난 덕을 갖추어 쓸 수 있습니다.

---

203 입정성이생(入正性離生)은 번뇌의 삶을 여의고 바른 성품, 즉 진리의 길로 들어섬을 말한다.

彼於先時 由得奢摩他毘鉢舍那故 已得二種所緣 謂有分別影像所緣 及無分別影像所緣 彼於今時 得見道故 更證得事邊際所緣 復於後後一切地中 進修修道 即於如是三種所緣 作意思惟

보살은 앞서 사마타·비파사나를 득했기 때문에 이미 두 가지의 소연을 득했습니다. 이른바 유분별영상소연과 무분별영상소연입니다. 보살은 이제 견도를 득했기 때문에 이어 사변제소연[204]을 증득합니다. 다시 이어지는 모든 지 가운데서 수도의 수행을 진행합니다. 곧 이러한 세 가지 소연에 대해서 작의 사유합니다.

보살은 앞서 사마타·비파사나를 터득했기 때문에 이미 두 가지의 대상을 터득했습니다. 이를테면 '분별 작용이 있는 영상인 대상'과 '분별 작용이 없는 영상인 대상'입니다. 보살은 이제 견도를 터득했기 때문에 이어 '구석구석 빠짐없는 모든 대상'을 깨우쳐 터득합니다. 다시 이어지는 일체 모든 보살의 10지 가운데서 수행의 길을 용맹정진하며 나아갑니다. 곧 이러한 세 가지의 대상에 대해서 의식을 집중하여 사유합니다.

譬如有人 以其細楔 出於麁楔 如是菩薩 依此以楔出楔方便 遣內相故 一切隨順雜染分相 皆悉除遣 相除遣故 麁重亦遣 永害一切相麁重故

---

204 구석구석 빠짐없는 모든 대상. 5온이나 12처, 18계 등 일체법의 외연을 포괄하는 진소유성, 또는 일체법에 내재하는 보편적 도리로서 여소유성을 말한다.

漸次 於彼後後地中 如煉金法 陶煉其心 乃至 證得阿耨多羅三藐三菩
提 又得所作成滿所緣

　비유하면 어떤 사람이 가는 쐐기로써 거친 쐐기를 뽑아내듯이, 보살은
쐐기로 쐐기를 뽑아내는 방편에 의해 내상을 떨쳐버리기 때문에, 일체 잡
염분에 수순하는 상을 모두 다 떨쳐버립니다. 상을 떨쳐버리기 때문에
추중 역시 떨쳐버립니다. 영원히 모든 상과 추중을 없애버렸기 때문에 점
차 그 이후 보살지 가운데서 금을 제련하는 방법과 같이 그 마음을 단련
하여 마침내 아뇩다라삼먁삼보리를 증득합니다. 또한 소작성만소연을 증
득합니다."

　비유하자면 어떤 사람이 가는 쐐기로써 거친 쐐기를 뽑아내는 것과 같습니
다. 이렇게 보살은 쐐기로 쐐기를 뽑아내는 방법으로써 마음 안의 생각을 떨
쳐버리기 때문에 일체 모든 번뇌와 망상에 순조롭게 따르는 생각을 모두 다 떨
쳐버립니다. 생각을 떨쳐버렸기 때문에 무거운 번뇌장과 거친 소지장 또한 떨
쳐버립니다. 영원히 일체 모든 생각과 무거운 번뇌장과 거친 소지장을 떨쳐버
렸기 때문에 점차 다음 이어지는 보살지 가운데서 금을 제련하는 방법과 같이
그 마음을 단련하여 마침내 위없는 평등하고 바른 지혜를 깨우쳐 터득합니다.
또한 수행으로 원만히 완성한 청정한 대상을 깨우쳐 터득합니다."

善男子 如是 菩薩 於內止觀 正修行故 證得阿耨多羅三藐三菩提

"선남자여, 이와 같이 보살은 안으로 지관을 바르게 수행함으로써 아뇩다라삼먁삼보리를 증득합니다."

> "선남자여, 이와 같이 보살은 마음 안으로 지관을 바르게 수행함으로써 위없는 평등하고 바른 지혜를 깨우쳐 터득합니다."

慈氏菩薩 復白佛言 世尊 云何 修行 引發菩薩廣大威德

자씨보살이 다시 부처님께 여쭈었다.
"세존이시여, 어떻게 수행해야 보살의 광대한 위덕을 이끌어냅니까?"

> 자씨보살이 다시 부처님께 여쭈었다.
> "세존이시여, 어떻게 수행해야 보살의 드넓은 위엄있는 공덕[205]을 이끌어냅니까?"

---

205 신통·무쟁·원지·4무애변(법무애·의무애·사무애·변설무애)의 보살의 위엄있는 공덕을 말한다.

善男子 若諸菩薩 善知六處 便能引發 菩薩所有廣大威德 一者 善知心生 二者 善知心住 三者 善知心出 四者 善知心增 五者 善知心滅 六者 善知方便

"선남자여, 만약 모든 보살이 여섯 처를 잘 알면 바로 보살의 모든 광대한 위덕을 이끌어낼 수 있습니다. 첫째는 마음의 일어남을 잘 알고, 둘째는 마음의 머묾을 잘 알며, 셋째는 마음의 벗어남을 잘 알고, 넷째는 마음의 늘어남을 잘 알며, 다섯째는 마음이 줄어듦을 잘 알고, 여섯째는 방편을 잘 아는 것입니다."

"선남자여, 만약 모든 보살이 여섯 가지의 마음자리를 잘 알면 바로 보살의 모든 드넓은 위엄있는 공덕을 이끌어낼 수 있습니다. 첫째는 마음의 일어남을 잘 알고, 둘째는 마음의 머묾을 잘 알며, 셋째는 마음의 벗어남을 잘 알고, 넷째는 마음의 늘어남을 잘 알며, 다섯째는 마음이 줄어듦을 잘 알고, 여섯째는 방편을 잘 아는 것입니다."

云何 善知心生 謂如實知十六行心生起差別 是名 善知心生

"마음의 일어남을 잘 안다는 것은 무엇인가? 열여섯 가지 행으로 마음이 일어나는 차별을 여실하게 아는 것을 일컬어 마음의 일어남을 잘 안다고 합니다.

"마음의 일어남을 잘 안다는 것은 무엇인가? 열여섯 가지 작용으로 마음이 일어나는 차별을 여실하게 아는 것을 일컬어 마음의 일어남을 잘 안다고 합니다.

十六行心生起差別者

열여섯 가지 행으로 마음이 생기하는 차별이란,

열여섯 가지 작용으로 마음이 일어나는 차별이란,

一者 不可覺知 堅住器識生 謂阿陀那識

첫째는 알아차릴 수 없는 '견주기식'이 일어납니다. 이른바 아타나식[206]입니다.

---

206 아타나(adana)식은 집지식으로 의역한다. 몸과 종자와 기세간을 집지하기 때문에 집지식이라고 한다. 제8식으로 종자를 저장하기 때문에 아뢰야식이라고도 한다. 아뢰야식은 업을 저장함으로써 그 과보로 몸, 종자, 기세간 등 세 가지 대상을 바꿔 드러내어 자기으 인식 대상(소연)으로 삼는다.

첫째는 마음 작용이 매우 미세하여 알아차릴 수 없는[207] '굳건히 머무는 기식'이 일어납니다. 이를테면 아타나식입니다.

二者 種種行相所緣識生 謂頓取一切色等境界 分別意識 及頓取內外境界 覺受 或頓於一念 瞬息須臾 現入多定 見多佛土 見多如來 分別意識

둘째는 온갖 행상의 소연식이 일어납니다. 이른바 일체 색 등의 경계를 단박에 취하는 분별의식과 안팎의 경계를 단박에 취하는 각수 혹은 단박에 일념·순식·수유[208]에 바로 자주 선정에 들어서 자주 불국토를 보고 자주 여래를 보는 분별의식입니다.

둘째는 마음이 작용하는 온갖 대상에 따라 온갖 식이 일어납니다. 이를테면 일체 모든 색·성·향·미·촉·법 등의 대상을 단박에 붙잡는 분별의식과 감각하는 주체와 감각되는 대상을 단박에 붙잡는 감각의 느낌, 혹은 단박에 한 생각, 한순간에 자주 바로 선정에 들어서 자주 불국토를 보고 자주 여래를 보는 번뇌와 함께하지 않는 무루[209]의 분별의식입니다.

---

207 마음(인식) 작용도 미세하여 알아차릴 수 없다고 해석하지만, 인식 대상인 기세간의 모습 차이도 각자에게 지극히 미세하기 때문에 알아차릴 수 없다는 해석도 있다.

208 일념은 찰나, 순식은 60찰나, 30순식을 수유라 한다.

209 번뇌를 동반하는 것은 유루, 번뇌를 동반하지 않는 것은 무루.

三者 小相所緣識生 謂欲界繫識

셋째는 소상[210]의 소연식이 일어납니다. 이른바 욕계에 계박된 식입니다.

> 셋째는 욕계를 대상으로 하는 아뢰야식이 일어납니다. 이를테면 욕계에 얽매인 식입니다.

四者 大相所緣識生 謂色界繫識

넷째는 대상의 소연식이 일어납니다. 이른바 색계에 계박된 식입니다.

> 넷째는 색계를 대상으로 하는 아뢰야식이 일어납니다. 이를테면 색계에 얽매인 식입니다.

---

210 욕계에 얽매인 아뢰야식의 인식 대상은 미세함으로 소상이라 한다. 아뢰야식은 인식 대상 중 몸과 종자에 대해서는 집수한다. 다시 말해 감각적 직관의 형태로 붙잡고 있으면서 안락과 위험을 함께 한다. 또한 기세간을 요별한다. 욕계에서 아뢰야식은 미세한 집수의 경계인 몸과 종자를 붙잡아 둔다.

五者 無量相所緣識生 謂空識無邊處繫識

다섯째는 무량한 상[211]의 소연식이 일어납니다. 이른바 공무변처와 식무변처에 계박된 식입니다.

다섯째는 무색계의 무량함을 대상으로 하는 아뢰야식이 일어나는데, 이를테면 공무변처와 식무변처에 얽매인 식입니다.

六者 微細相 所緣識生 謂無所有處繫識

여섯째는 미세한 상의 소연식이 일어납니다. 무소유처에 계박된 식입니다.

여섯째는 무색계의 미세함을 대상으로 하는 아뢰야식이 일어납니다. 이를테면 무소유처에 얽매인 식입니다.

---

211 상(相)이란 한자어는 여러 의미를 함축하고 있기 때문에 쓰이는 상황이나 문맥에 맞게 우리말로 다르게 옮길 수 있다. 〈분별유가품〉의 이 부분에서는 상을 '대상'이라고 옮겼다.

七者 邊際相所緣識生 謂非想非非想處繫識

일곱째는 변제상의 소연식이 일어납니다. 이른바 비상비비상처에 계박된 식입니다.

> 일곱째는 무색계의 극히 미세함을 대상으로 하는 아뢰야식이 일어납니다. 이를테면 비상비비상처에 얽매인 식입니다.

八者 無相識生 謂出世識 及緣滅識

여덟째는 무상식이 일어납니다. 이른바 출세식과 연멸식입니다.

> 여덟째는 '대상이 없음'을 대상으로 하는 식이 일어납니다. 이를테면 세간을 벗어나는 도성제와 상응하는 식과 번뇌를 멸하는 멸성제와 상응하는 식입니다.

九者 苦俱行識生 謂地獄識

아홉째는 고와 함께 행하는 식이 일어납니다. 이른바 지옥의 식입니다.

아홉째는 괴로움과 함께 작용하는 식이 일어납니다. 이를테면 지옥에 상응하는 식입니다.

十者 雜受俱行識生 謂欲行識

열째는 잡수²¹²와 함께 행하는 식이 일어납니다. 이른바 욕행식(욕계현행식)입니다.

열째는 괴롭거나 즐겁거나, 괴롭지도 않고 즐겁지도 않거나 하는 느낌이 함께 작용하는 식이 일어납니다. 이를테면 욕계에 상응하는 식입니다.

---

212   고수와 낙수와 불고불락수가 서로 뒤섞여서 함께 일어나는 수.

十一 喜俱行識生 謂初二靜慮識

열한째는 희수와 함께 행하는 식이 일어납니다. 이른바 초정려식과 제2
정려식입니다.

> 열한째는 기쁜 느낌과 함께 작용하는 식이 일어납니다. 이를테면 삭계의 초
> 정려에 상응하는 식과 제2정려에 상응하는 식입니다.

十二 樂俱行識生 謂第三靜慮識

열두째는 낙수와 함께 행하는 식이 일어납니다. 이른바 제3정려식입니다.

> 열두째는 즐거운 느낌과 함께 작용하는 식이 일어납니다. 이를테면 색계의
> 제3정려에 상응하는 식입니다.

十三 不苦不樂俱行識生 謂從第四靜慮 乃至 非想非非想處識

열셋째는 불고불낙수와 함께 행하는 식이 일어납니다. 이른바 제4정려식에서 비상비비상처식까지입니다.

> 열셋째는 괴롭지도 않고 즐겁지도 않은 느낌과 함께 작용하는 식이 일어납니다. 이를테면 색계의 제4정려에 상응하는 식에서 비상비비상처에 상응하는 식까지입니다.

十四 染汚俱行識生 謂諸煩惱及隨煩惱 相應識

열넷째는 염오와 함께 행하는 식이 일어납니다. 이른바 온갖 번뇌와 수번뇌와 상응하는 식입니다.

> 열넷째는 번뇌에 물듦과 함께 작용하는 식이 일어납니다. 이를테면 온갖 번뇌와 수번뇌와 상응하는 식입니다.

十五 善俱行識生 謂信等相應識

　열다섯째는 선과 함께 행하는 식이 일어납니다. 이른바 신 등과 상응하는 식입니다.

> 　열다섯째는 번뇌를 벗어남과 함께 작용하는 식이 일어납니다. 이를테면 믿음 등과 상응하는 식입니다.

十六 無記俱行識生 謂彼俱不相應識

　열여섯째는 무기와 함께 행하는 식이 일어납니다. 이른바 그것들 모두와 상응하지 않는 식입니다."

> 　열여섯째는 번뇌의 묶음과 벗어남 모두로부터 자유로워짐과 함께 조·용하는 식이 일어납니다. 이를테면 선과 염오, 모두와 상응하지 않는 식입니다."

云何 善知心住 謂如實知了別眞如

"마음의 머묾을 잘 안다는 것은 무엇인가?. 이른바 요별진여를 여실하게 아는 것입니다."

"마음의 머묾을 잘 안다는 것은 무엇인가?. 이를테면 '일체 모든 존재는 식이 낳은 것이다'라는 요별진여를 여실하게 아는 것입니다."

云何 善知心出 謂如實知出二種縛 所謂相縛及麤重縛 此能善知 應令其心 從如是出

"마음의 벗어남을 잘 안다는 것은 무엇인가? 이른바 두 가지 계박, 흔히 말하는 상박과 추중박에서 벗어나는 것을 여실하게 아는 것입니다. 이는 마땅히 그 마음이 이러한 상박과 추중박에서 능히 벗어남을 잘 아는 것입니다."

"마음의 벗어남을 잘 안다는 것은 무엇인가? 이를테면 두 가지 계박, 흔히 말하는 대상에 얽매임과 무거운 번뇌장에 거친 소지장에 얽매임에서 벗어나는 것을 여실하게 아는 것입니다. 이는 마땅히 그 마음이 대상에 얽매임과 무거운 번뇌장과 거친 소지장에 얽매임에서 벗어날 수 있음을 잘 아는 것입니다."

云何 善知心增 謂如實知能治相縛麤重縛心 彼增長時 彼積集時 亦得增長 亦得積集 名善知增

"마음이 넓어짐을 잘 안다는 것은 무엇인가? 이른바 상박과 추중박을 대치할 수 있는 마음을 여실하게 알아서, 그러한 마음이 증장할 때나 그러한 마음이 적집할 때 역시 증장함을 득하고 역시 적집함을 득함을 일컬어 '마음의 넓어짐을 잘 안다'라고 합니다."

"마음이 넓어짐을 잘 안다는 것은 무엇인가? 이를테면 대상에 얽매임과 무거운 번뇌장과 거친 소지장에 얽매임을 다스릴 수 있는 마음을 여실하게 알아서, 그러한 마음이 넓어질 때나 그러한 마음이 쌓일 때 또한 넓어지고 또한 쌓임을 얻는다는 것을 여실하게 아는 것을 일컬어 마음의 넓어짐을 잘 안다고 합니다."

云何 善知心滅 謂如實知彼所對治相及麤重所雜染心 彼衰退時 彼損滅時 此亦衰退 此亦損減 名善知減

"마음의 줄어듦을 잘 안다는 것은 무엇인가? 이른바 그 대치되는 상과 추중으로 잡염된 마음을 여실하게 알아서, 그러한 마음이 쇠토할 때나 그러한 마음이 줄어들 때 이것 역시 쇠퇴하고 이것 역시 줄어듦을 일컬어 '마음의 줄어듦을 잘 안다'라고 합니다."

> "마음의 줄어듦을 잘 안다는 것은 무엇인가? 이를테면 그 다스려지는 대상과 무거운 번뇌장과 거친 소지장으로 잡염된 마음을 여실하게 알아서, 그러한 마음이 쇠퇴할 때나 그러한 마음이 줄어들 때 이 마음 또한 쇠퇴하고 이 마음 또한 줄어들고 있음을 여실하게 아는 것을 일컬어 마음의 줄어듦을 잘 안다고 합니다."

云何 善知方便 謂如實知解脫勝處及與遍處 或修或遣 善男子

"방편을 잘 안다는 것은 무엇인가? 이른바 해탈과 승처 및 변처를 혹은 수행하거나 혹은 버리는 것을 여실하게 아는 것입니다.

> 방편을 잘 안다는 것은 무엇인가? 이를테면 8해탈[213]과 8승처[214] 및 10변

---

213 8해탈: ①내적으로 색상이 있어서 색에 대한 탐욕을 제거하기 위해 외부의 모든 색에 대한 부정관을 닦는 것 ②내적으로 색상이 없어도 욕계의 탐욕을 완전히 끊기 어려우므로 다시 외계의 부정한 상을 관하는 것 ③외부 색의 청정한 모습을 관함으로써 번뇌가 일어나지 않게 하고 정해탈을 신증하여 구족하는 것 ④공무변처에 드는 것 ⑤식무변처에 드는 것 ⑥무소유처에 드는 것 ⑦비상비비상처에 드는 것 ⑧상수멸(멸진정) 해탈에 드는 것 등이다.

214 8승처: ①내적으로 색상에 있어서 색에 대한 탐욕을 제거하기 위해 우선 외부의 적은 색을 관하는 것 ②내적으로 색상에 있어서 그것을 제거하기 위해 외부의 많은 색을 관하는 것 ③내심에 색상이 없는 상태에서 외부의 적은 색을 관하는 것 ④내심에 색상이 없는 상태에서 외부의 많은 색을 관하는 것 ⑤앞의 네 가지 관을 통해 이미 내심에 색상을 제거하여 없앴으므로 이제 다시 외부의 색 중에 청·황·적·백을 관하여 모두 그것을 제거하고 승복시킴으로써 탐욕을 대치하는데, 이것이 다시 4종류가 된다.

처[215]를 혹은 수행하거나 혹은 떨쳐버리는 것을 여실하게 아는 것입니다."

如是菩薩 於諸菩薩廣大威德 或已引發 或當引發 或現引發

"선남자여, 이와 같이 보살은 모든 보살의 광대한 위덕을 혹은 이미 이끌어냈거나 혹은 앞으로 이끌어내거나 혹은 지금 이끌어냅니다."

"선남자여, 이러한 방편으로 보살은 모든 보살의 드넓은 위엄있는 공덕[216]을 혹은 이미 이끌어냈거나 혹은 앞으로 이끌어내거나 혹은 지금 이끌어냅니다."

慈氏菩薩 復白佛言 世尊 如世尊說 於無餘依涅槃界中 一切諸受 無餘永滅 何等 諸受 於此永滅

---

215 10변처: 지·수·화·풍·청·황·적·백·공(空)·식(識) 등의 10가지 법을 소연으로 삼아 그것들이 빈틈없이 두루 편재해 있음을 관찰하는 것이다. 이것은 8해탈과 8승처를 닦은 후에는 색 등에 대해 청정한 모습을 얻고 또 관의 경계에 대해 자유자재하게 된 이후어 다시 닦는 관법이다. 10변처 중에서 앞의 여덟 가지는 색계에 해당하고 뒤의 두 가지는 무색계에 해당한다.

216 신통·무쟁·원지·4무애변(법무애·의무애·사무애·변설무애)의 보살의 위엄있는 공덕을 말한다.

자씨보살이 다시 부처님께 여쭈었다.

"세존이시여, 세존께서 무여의열반계 가운데서 일체 모든 수가 남김없이 영멸한다고 설하셨습니다. 어떤 수들이 여기에서 영멸합니까?"

> 자씨보살이 다시 부처님께 여쭈었다.
> "세존이시여, 세존께서 무여열반의 차원 가운데서 일체 모든 느낌이 남김없이 영원히 사라진다고 설하셨습니다. 어떤 느낌들이 여기에서 영원히 사라집니까?"

善男子 以要言之 有二種受 無餘永滅 何等爲二 一者 所依麤重受 二者 彼果境界受

"선남자여, 요약하여 말하면 두 가지의 수가 남김없이 영멸합니다. 무엇이 두 가지인가? 첫째는 소의추중수이고, 둘째는 그(추중) 과의 경계수입니다.

> "선남자여, 요약하여 말하면 두 가지의 느낌이 남김없이 영원히 사라집니다. 무엇이 두 가지인가? 첫째는 무거운 번뇌장과 거친 소지장에 의거하는 6근의 느낌이고, 둘째는 그 무거운 번뇌장과 거친 소지장의 결과인 대상에 대한 느낌입니다.

所依麤重受 當知 有四種 一者 有色所依受 二者 無色所依受 三者 果已
成滿麤重受 四者 果未成滿麤重受

소의추중수는 네 가지가 있음을 알아야 합니다. 첫째는 유색소의수이
고, 둘째는 무색소의수이며, 셋째는 과이성만추중수이고, 넷째는 과미성
만추중수입니다.

> 무거운 번뇌장과 거친 소지장에 의거하는 느낌은 네 가지가 있음을 알아야
> 합니다. 첫째는 물질에 의거하는 느낌이고, 둘째는 물질 아닌 것에 의거하는 느
> 낌이며, 셋째는 이미 일어난 번뇌의 느낌이고, 넷째는 아직 일어나지 않은 번뇌
> 의 느낌입니다.

果已成滿受者 謂現在受 果未成滿受者 謂未來因受

과이성만수란 현재수를 말하고, 과미성만수란 미래인수를 말합니다.

> 이미 일어난 느낌이란 현재의 느낌을 말하고, 아직 일어나지 않은 느낌이란
> 앞으로 일어날 가능성의 느낌을 말합니다.

彼果境界受 亦有四種 一者 依持受 二者 資具受 三者 受用受 四者 顧戀受

그 과의 경계수는 또한 네 가지가 있습니다. 첫째는 의지수이고, 둘째는 자구수이며, 셋째는 수용수이고, 넷째는 고연수입니다.

그 결과의 대상에 대한 느낌은 또한 네 가지가 있습니다. 첫째는 기세간에 의지하는 느낌이고, 둘째는 재물에 대한 느낌이며, 셋째는 받아들여 사용하는 느낌이고, 넷째는 돌아보며 아쉬워하는 느낌입니다.

於有餘依涅槃界中 果未成滿受 一切已滅 領彼對治明觸生受 領受共有 或復彼果已成滿受 又二種受 一切已滅 唯現 領受明觸生受

유여의열반계 가운데서 과미성만수는 일체 이미 사라집니다. 그것을 대치하는 명촉생수*를 영수하며 공유수와 혹은 다시 그 과이성만수를 영수합니다. 또한 소의추중수와 피과경계수는 일체가 이미 없어지고, 오직 지금은 명촉생수[217]를 영수합니다.

유여열반의 차원에 들어서면 아직 일어나지 않은 느낌은 일체 모두 이미 사

---

217 명촉생수: 밝은 지혜로 생기는 느낌.

라집니다. 그 느낌을 다스리는 밝은 지혜로 생기는 느낌을 받아들이고, 기세간에 의지하는 느낌 혹은 다시 이미 일어난 느낌을 받아들입니다. 또한 무거운 번뇌장과 거친 소지장에 의거하는 6근의 느낌과 그 6근의 대상인 6경에 대한 느낌 두 가지는 이미 일체 모두 없어지고, 오직 지금은 밝은 지혜로 생기는 느낌을 받아들입니다.

於無餘依涅槃界中 般涅槃時 此亦永滅 是故 說言 於無餘依涅槃界中
一切諸受 無餘永滅

　　무여의열반계 가운데서 반열반에 들 때는 이것도 역시 영멸합니다. 그러므로 '무여의열반계 가운데서 일체 모든 수가 남김없이 영멸한다'라고 설합니다."

무여열반의 차원에서 완전한 열반에 들 때는 이 밝은 지혜로 생기는 느낌도 또한 영원히 사라집니다. 그러므로 '무여열반의 차원에서는 일체 모든 느낌이 남김없이 영원히 사라진다'라고 설합니다."

爾時 世尊 說是語已 復告慈氏菩薩曰 善哉善哉 善男子 汝今 善能依止
圓滿最極清淨妙瑜伽道 請問如來 汝於瑜伽 已得決定最極善巧 吾已爲
汝 宣說圓滿最極清淨妙瑜伽道 所有一切 過去未來正等覺者 已說當說

皆亦如是 諸善男子 若善女人 皆應依此 勇猛精進 當正修學

　이때 세존께서 이러한 말씀을 마치시고는 다시 자씨보살에게 설하셨다.
　"훌륭하고 훌륭합니다. 선남자여, 그대는 지금 원만하게 가장 지극히
청정하며 오묘한 유가도에 잘 의지할 수 있어서 여래에게 청하여 물었습
니다. 그대는 유가에 대해 이미 결정적으로 가장 지극히 선교를 얻었습니
다. 나는 이미 그대를 위해 원만하게 가장 지극히 청정하고 오묘한 유가
도를 설하였습니다. 일체 과거 미래의 모든 정등각자가 과거에 설하셨고
미래에 설할 내용도 모두 또한 이와 같습니다. 모든 선남자 혹은 선여인
은 모두 이에 의지해 용맹정진하여 바르게 수학해야 합니다."

　이때 세존께서 이러한 말씀을 마치시고는 다시 자씨보살에게 설하셨다.
　"참으로 훌륭합니다. 선남자여, 그대는 지금 원만하게 가장 지극히 청정하며
오묘한 요가의 도리에 잘 의거할 수 있어서 여래에게 청하여 물었습니다. 그대
는 요가에 대해 이미 결정적으로 가장 지극히 훌륭한 가르침을 얻었습니다. 나
는 이미 그대를 위해 원만하게 가장 지극히 청정하고 오묘한 요가의 도리를 설
하였습니다. 일체 과거 미래의 모든 정등각자가 과거에 설하셨고 앞으로 설할
내용도 모두 또한 이와 같습니다. 모든 선남자와 선여인은 모두 이에 의거해 용
맹정진하여 바르게 수행하고 학습해야 합니다."

爾時 世尊 欲重宣此義 而說頌曰
於法假立瑜伽中 若行放逸失大義

依止此法及瑜伽 若正修行得大覺

見有所得求免離 若謂此見爲得法
慈氏彼去瑜伽遠 譬如大地與虛空

利生堅固而不作 悟已勤修利有情
智者作此窮劫量 便得最上離染喜

若人爲欲而說法 彼名捨欲還取欲
愚癡得法無價寶 反更遊行而乞匃

於靜諠雜戲論着 應捨發起上精進
爲度諸天及世間 於此瑜伽汝當學

  이때 세존께서 이러한 뜻을 거듭 펼치시고자 게송으로 설하셨다.

교법과 요가 가운데서 만약 수행에 방일하면 큰 뜻을 잃게 되고
이 교법과 요가에 근거하여 만약 바르게 수행하면 큰 깨달음을 얻으라.

견해를 얻어서 고난을 벗어나길 바라며 만약 이 견해로 득법했다 말하면
자씨여, 그가 요가와 멀어짐이 마치 대지와 허공 같도다.

중생 이익의 뜻은 굳세나 짓지 않고 깨우쳐 정근 수행하여 유정을 이롭게 하
기를

지혜로운 자는 영겁으로 지으니 곧 잡염 여읜 최상의 기쁨을 얻으리.

만약 어떤 이가 욕심으로 설법하면 욕심을 버리자고 함이 도리어 욕심을 취함이 되니
어리석은 이 한없는 가치의 보배로운 법을 얻고도 도리어 다시 떠돌며 구걸하는구나.

다투고 떠드는 잡스러운 희론의 집착을 마땅히 버리고 더 높은 정진을 일으켜 모든 하늘과 세간을 제도하기 위하여 이러한 요가를 그대는 마땅히 배우시오.

爾時 慈氏菩薩 復白佛言 世尊 於是解深密法門中 當何名此教 我當云何奉持

이때 자씨보살이 다시 부처님께 여쭈었다.
"세존이시여, 이 해심밀법문 가운데서 이 가르침을 무엇이라 이름하고, 우리는 어떻게 받들어 지녀야 합니까?"

이때 자씨보살이 다시 부처님께 여쭈었다.
"세존이시여, 이 '비밀스러운 법을 풀어 설한 교법' 가운데서 이 가르침을 무엇이라 이름하고, 우리는 어떻게 받들어 지녀야 합니까?"

佛告慈氏菩薩曰 善男子 此名瑜伽了義之敎 於此瑜伽了義之敎 汝當奉持

부처님께서 자씨보살에게 말씀하셨다.

"선남자여, 이것을 유가의 요의에 대한 가르침이라고 이름하고, 이 유가의 요의에 대한 가르침을 그대들은 받들어 지녀야 합니다."

> 부처님께서 자씨보살에게 말씀하셨다.
> "선남자여, 이것을 '요가의 완전한 뜻에 대한 가르침'이라고 이름하고, 이 요가의 완전한 뜻에 대한 가르침을 그대들은 받들어 지녀야 합니다."

說此瑜伽了義敎時 於大會中 有六白千衆生 發阿耨多羅三藐三菩提心 三百千聲聞 遠塵離垢 於諸法中 得法眼淨 一白五十千聲聞 諸漏永盡 心得解脫 七十五千菩薩 獲得廣大瑜伽作意

이 유가요의의 교를 설하실 때 대법회 가운데 있던 육십만의 중생들이 아뇩다라삼먁삼보리심을 일으켰고, 삼십만의 성문들이 번뇌를 덜리 여의고 모든 법에 대하여 법안의 청정함을 얻었으며, 십오만의 성문들이 모든 번뇌를 영원히 다하고 마음의 해탈을 얻었으며, 칠만 오천의 보살들이 광대한 유가작의를 얻었다.

이 요가의 완전한 뜻에 대한 가르침을 설하실 때 큰 법회 가운데 있던 육십만의 중생들이 아뇩다라삼먁삼보리심을 일으켰고, 삼십만의 성문들이 번뇌를 멀리 여의고 모든 법에 대하여 법안의 청정함을 얻었으며, 십오만의 성문들이 모든 번뇌를 영원히 다하고 마음의 해탈을 얻었으며, 칠만 오천의 보살들이 광대한 요가에 대한 뜻을 얻었다.

제7장

바라밀다 수행은 어떻게 하는가(地波羅蜜多品)

〈지바라밀다품〉에 들어가며

〈지바라밀다품〉은 보살의 10지와 연계하여 보살이 수행하는 10바라밀다를 설한 품입니다. 앞서 〈분별유가품〉에서는 사마타·비파사나 수행에 대하여 자세히 밝혔다면 〈지바라밀다품〉에서는 보살의 바라밀다 수행에 대하여 설하고 있습니다. 사마타·비파사나 수행은 성문·독각·보살의 3승에 모두 공통되는 수행입니다. 보살의 수행은 성문과 독각이 추구하는 자리(自利)의 사마타·비파사나 수행에서 멈추지 않습니다. 이타(利他)의 바라밀다 수행으로 완성되는 것입니다. 바라밀다 수행이야말로 부처님의 평등한 교법 정신에 상응하는 진정한 구도의 길입니다. 보살이 불지에 도달하여 무상정등각을 이루고 중생과 더불어 원융한 평등 세상을 밝히기 위해서는 반드시 10바라밀다 수행을 실천해야 하는 것입니다. 그렇다고 자리와 이타가 둘로 나뉘지는 않습니다. 부처님의 교법을 깊이 새겨듣고 교법의 뜻을 제대로 이해하고 판단하여 아무런 걸림 없이 원융하게 진리와 함께하는 것이 자리(自利)의 길입니다. 이러한 자리(自利)의 길은 곧 이타행(利他行)의 흔들림 없는 바탕이기도 한 것입니다. 자리와 이타는 서로를 성장시켜 가는 것입니다. 무아의 경지에서는 자리가 이타이고 이타가 자리입니다. 그래서 보살은 각 지 마다 사마타·비파사나 수행으로 마음 작용(=식)으로 드러나는 대상들을 하나하나 떨쳐버리고, 바라밀다 수행으로 어리석음과 그 어리석음으로 인한 번뇌장과 소지장을 다스리는 것입니다.

바라밀다 수행에서 흔히 보시·인욕·지계·정진·선정·반야 등 6바라밀다를 강조합니다. 〈지바라밀다품〉에서는 10바라밀다를 설합니다. 6바라밀다 외에 방편·원·역·지 바라밀다를 설하고 있습니다. 이 4가지 바라밀다는 독립적인 것이 아니라 도움을 주는 바라밀다라고 설합니다. 방편바라밀다는 보시·인욕·지계바라밀다에 도움을 주고, 원바라밀다는 정진바라밀다에 도움을 주며, 역바라밀다는 선정바라밀다에 도움을 주고, 지바라밀다는 반야바라밀다에 도움을 준다고 밝히고 있습니다. 〈지바라밀다품〉에서 중요한 것은 6바라밀다를 대승 보살의 수행으로만 한정하지 않고 초기불교의 계(戒)·정(定)·혜(慧) 3학과 연계하여 설한다는 점입니다. 그러면서 바라밀다를 3학보다 높은 지위에 위치시킵니다. 즉 보시·인욕·지계 바라밀다는 높은 계학에 속하고, 선정바라밀다는 높은 심학에 속하며, 반야바라밀다는 높은 혜학에 속하고 정진바라밀은 3학에 두루 통한다고 설합니다.

보살의 10지와 관련하여 바라밀다를 다음과 같이 3단계로 나눕니다.

"선남자여, 만약 모든 보살이 헤아릴 수 없는 시간이 지나도록 보시 등 육바라밀을 수행하여 선법을 성취했으나 온갖 번뇌가 그대로 나타납니다. 그 번뇌들을 제압하여 굴복시킬 수 있으나 아직 굴복시키지 못합니다. 이른바 보살의 초지인 극희지 앞에 있는 승해행지에서 초급과 중급의 뛰어난 이해 수준으로 교법을 수행할 때 이것을 바라밀다라고 합니다. 다시 헤아릴 수 없는 시간 동안 보시 등 육바라밀을 수행하여 점차 다시 매우 높은 선법을 성취했으나 온갖 번뇌가 아직도 나타납니다. 그 번뇌들을 제압하여 굴복시킬 수 있으나 아직 굴복시키지 못합니다. 이른바 초지인 극희지 이상부터를 근바라밀다라고 합니다. 다시 헤아릴 수 없는 시간 동안 보시 등을 수행하여 점차 다시 더욱더 높은 선법을 성취하여 일체 모든 번뇌가 일어나지 않습니다. 이를테면 제8지인 부동지 이상부터를 대바라밀다라고 합니다."

이러한 설법을 통해 바라밀다는 보살의 초지 이전부터 수행하는 것이며 헤아릴 수 없는 수행의 시간을 거쳐서 온갖 번뇌를 제압하여 굴복시킨다고 설합니다. 나아가 제8지인 부동지부터 일체 모든 번뇌가 일어나지 않는 단계의 바라밀다를 대바라밀다라고 설합니다. 바라밀다가 끊임없는 정진수행의 과정임을 확인시키고 있습니다.

제7장 바라밀다 수행은 어떻게하는가(地波羅蜜多品)

爾時 觀自在菩薩 白佛言 世尊 如佛所說 菩薩十地 所謂極喜地 離垢地 發光地 焰慧地 極難勝地 現前地 遠行地 不動地 善慧地 法雲地 復說佛 地 爲第十一 如是諸地 幾種淸淨 幾分 所攝

　이때 관자재보살이 부처님께 여쭈었다.

　"세존이시여, 부처님께서 설하셨듯이, 보살의 10지는 이른바 극희지·이 구지·발광지·염혜지·극난승지·현전지·원행지·부동지·선혜지·법운지 입니다. 다시 불지(佛地)를 제11지로 설하셨습니다. 이러한 모든 지는 몇 가지 종류의 청정으로 몇 가지의 분을 포섭합니까?"

> 　이때 관자재보살이 부처님께 여쭈었다.
> 　"세존이시여, 부처님께서 설하셨듯이, 보살의 십지(十地)는 이른바 극희 지·이구지·발광지·염혜지·극난승지·현전지·원행지·부동지·선혜지·법운지 입니다. 다시 불지(佛地)를 제11지로 설하셨습니다. 이러한 모든 지는 몇 가지의 청정으로 몇 가지의 단계를 거두어들입니까?"

爾時 世尊告觀自在菩薩曰 善男子 當知諸地 四種淸淨 十一分攝

이때 세존께서 관자재보살에게 말씀하셨다.

"선남자여, 모든 지는 네 가지의 청정으로 열한 가지 분을 포섭함을 알아야 합니다.

이때 세존께서 관자재보살에게 말씀하셨다.

"선남자여, 모든 지는 네 가지의 청정으로 열한 가지 단계를 거두어들임을 알아야 합니다.

云何 名爲四種淸淨 能攝諸地 謂增上意樂淸淨 攝於初地 增上戒淸淨 攝第二地 增上心淸淨 攝第三地 增上慧淸淨 於後後地 轉勝妙故 當知 能攝從第四地乃至佛地 善男子 當知 如是四種淸淨 普攝諸地

네 가지의 청정으로 모든 지를 포섭할 수 있다는 것은 무엇을 말하는가? 이른바 증상의요[218]의 청정이 초지를 포섭하고, 증상계의 청정이 제2지를 포섭하며, 증상심의 청정이 제3지를 포섭합니다. 중상혜의 청정은 이후의 지가 더욱 수승하고 묘해지기 때문에 제4지에서 불지까지를 능히

---

218 의요는 승해를 자성으로 삼는다. 청정한 믿음(淨信)이 선행되거나 교법에 대한 올바른 판단이 선행되어 성취한 모든 불법에 대하여 확실히 이해하고 결정한 것을 일컬어 보살의 증상의요라고 한다.

포섭함을 알아야 합니다. 선남자여, 이러한 네 가지의 청정함이 널리 모든 지를 포섭함을 알아야 합니다.

네 가지 종류의 청정으로 모든 지를 거두어들일 수 있다는 것은 무엇을 말하는가? 이를테면 높은 교법에 대한 확실한 이해와 판단의 청정함이 초지인 극희지를 거두어들이고, 높은 계율의 청정함이 제2지인 이구지를 거두어들이며, 높은 선정의 청정함이 제3지인 발광지를 거두어들입니다. 다음에 이어지는 지가 더욱 뛰어나고 묘해지기 때문에 높은 지혜의 청정함으로 제4지인 염혜지에서 불지까지를 거두어들일 수 있음을 알아야 합니다. 선남자여, 이러한 네 가지의 청정함이 널리 모든 지를 거두어들임을 알아야 합니다.

云何 名爲十一種分 能攝諸地

열한 가지의 분으로 모든 지를 포섭할 수 있다는 것은 무엇을 말하는가?

열한 가지의 단계로 모든 지를 거두어들일 수 있다는 것은 무엇을 말하는가?

謂諸菩薩 先於勝解行地 依十法行 極善修習勝解忍故 超過彼地 證入
菩薩正性離生 彼諸菩薩 由是因緣 此分圓滿

이른바 모든 보살은 먼저 승해행지[219]에서 십법행[220]에 의해 승해인[221]
을 지극히 잘 수습했기 때문에 그 지(승해행지)를 넘어서 보살의 정성이생
(견도)[222]에 증입합니다. 그 모든 보살은 이러한 인연으로 말미암아 이 분
을 원만히 합니다.

> 이를테면 보살은 먼저 승해행지에서 열 가지의 법행에 의거하여 교법이 설
> 하는 무분별지를 지극히 잘 수행하고 학습했기 때문에 그러한 승해행지를 넘
> 어서 번뇌를 벗어나 보살의 길인 바른 성품을 보는 견도를 깨우쳐 들어갑니다.
> 그렇게 한 모든 보살은 이러한 인연으로 말미암아 이러한 초지인 극희지의 단
> 계를 원만히 거두어들입니다.

---

219 초지에 들어가기 전에 10법행을 통해 교법을 확실히 이해하는 단계.

220 10가지의 교법 수행으로, ①계경 등의 법을 베껴 써서 ②수지하고 ③공양하며 ④타인에게
널리 베풀고 ⑤타인의 설법을 공경하며 청문하며 ⑥스스로 완독(翫讀)하거나 받아들이며
⑦받아들이고서 큰 소리로 외우고(諷誦) ⑧남에게 자세히 설하여 열어 보이며 ⑨홀로 한적
한 곳에서 사유하고 관찰하고 ⑩그에 따라 수상(修相)을 깨닫는 것이다.

221 교법이 설하는 무분별지를 아는 것.

222 삿된 성품(邪性)을 뒤집어 득한 무루의 성품이 정성이고 견도를 막는 번뇌가 생으로, 대반
야경에서는 유소득이 생이고 일체 무소득이 이생이라고 한다. 번뇌에서 벗어난 성품을 말
한다.

而未能於微細毀犯誤現行中 正知而行 由是因緣 於此分中 猶未圓滿 爲
令此分得圓滿故 精勤修習 便能證得 彼諸菩薩 由是因緣 此分圓滿

그러나 아직 미세한 훼범의 잘못이 현행하는 가운데서 바로 알고 행할
수 없습니다. 이런 인연으로 말미암아 이 분 가운데서 아직도 원만하지
못합니다. 이 분을 원만히 하기 위해서 정근수습하여 곧 증득할 수 있습
니다. 그 모든 보살은 이런 인연으로 말미암아 이 분을 원만히 합니다.

> 그러나 아직 미세하게 계율을 훼손하고 범하는 잘못이 나타나는 가운데서
> 바르게 알고서 수행할 수 없습니다. 이런 인연으로 말미암아 이 제2지인 이구
> 지의 단계 가운데서 아직도 원만하지 못합니다. 이 제2지인 이구지의 단계를
> 원만히 하기 위해서 정성스럽게 열심히 수행하고 학습하여 곧 깨우쳐 터득할
> 수 있습니다. 그 모든 보살은 이런 인연으로 말미암아 이 제2지인 이구지의 단
> 계를 원만히 거두어들입니다.

而未能得世間圓滿 等持等至 及圓滿聞持陀羅尼 由是因緣 於此分中 猶
未圓滿 爲令此分得圓滿故 精勤修習 便能證得 彼諸菩薩 由是因緣 此
分圓滿

그러나 아직 세간의 원만한 등지(等持)와 등지(等至) 및 원만한 굴지다라
니를 득할 수 없습니다. 이런 인연으로 말미암아 이 분 가운데서 아직도

원만하지 못합니다. 이 분을 원만히 하기 위해서 정근수습하여 곧 증득할 수 있습니다. 그(제3지) 모든 보살은 이런 인연으로 말미암아 이 분을 원만히 합니다.

그러나 아직 세간의 원만한 등지(等持)²²³와 등지(等至)²²⁴ 및 원만한 문지 다라니²²⁵를 터득할 수 없습니다. 이런 인연으로 말미암아 이 제3지인 발광지의 단계 가운데서 아직도 원만하지 못합니다. 이 제3지인 발광지의 단계를 원만히 하기 위해서 정성을 다해 열심히 수행하고 학습하여 곧 깨우쳐 터득할 수 있습니다. 그 모든 보살은 이런 인연으로 말미암아 이 제3지인 발광지의 단계를 원만히 거두어들입니다.

---

223 등지(等持)는 산스크리트어로 samadhi, 한자 음역은 삼지(三摩地) 또는 삼매(三昧). 여기서 부(浮)와 침(沈)을 떠나기 때문에 등(等)이라 하고 마음을 붙잡아 하나의 경계에 머물기 때문에 지(持)라고 함. 심소법 중의 하나로 일체의 유심위에서의 심일경성을 포괄하며 정위(定位)와 산위(散位)를 통칭한다. 여러 경론에서는 공·무원·무상들을 삼마지라고 이름하기도 한다.

224 등지(等至)는 산스크리트어로 samapatti, 한자 음역은 삼마발저(三摩鉢底). 등은 부(浮)와 침(沈)을 떠나기 때문에 등(等)이라 하고 지(至)는 지극(至極)을 말하니 그 적정함이 지극함에 이르렀음을 말한다. 유심·무심의 모든 정위 중에 있는 정의 체를 통틀어 지칭한 것이다. 이 외에 등인(等引)이 있는데, 산스크리트어로 samahita, 한자음역은 삼마희다(三摩呬多)이다. 혼침과 도거 등을 떠나 평등하게 이끌어내거나 평등을 이끌어냈거나 평등에 의해 이끌려 나온 것을 말한다. 〈유가사지론〉의 유가사 17지 가운데 6지인 삼마희다지가 있다. 이 지는 삼마지를 갖춘 지라고 한다. 삼마희다는 총괄적이기 때문에 지(地)를 붙이는데, 삼마희다지에는 정려·해탈·등지(等持)·등지(等至) 등이 있다.

225 교법을 듣고서 기억하여 잊지 않는 다라니. 다라니는 진언(眞言), 총지(總持), 주(呪)로 의역. 무량무변한 이치를 섭수해 지니고 있는 짧은 구절을 말한다.

而未能令隨所獲得菩提分法 多修習住 心未能捨諸等至愛 及與法愛 由
是因緣 於此分中 猶未圓滿 爲令此分得圓滿故 精勤修習 便能證得 彼
諸菩薩 由是因緣 此分圓滿

　　그러나 아직 획득한 보리분법[226]에 따라서 자주 수습에 머물 수 없고,
마음이 아직 모든 등지애[227]와 함께 법애[228]를 버릴 수 없습니다. 이런 인
연으로 말미암아 이 분 가운데서 아직도 원만하지 못합니다. 이 분을 원
만히 하기 위해서 정근수습하여 곧 증득할 수 있습니다. 그 모든 보살은
이런 인연으로 말미암아 이 분을 원만히 합니다.

　　그러나 아직 획득한 37보리분법에 따라서 자주 수행하고 학습함에 머물 수
없고, 마음이 아직 모든 등지에 대한 애착와 함께 교법에 대한 애착을 버릴 수
없습니다. 이런 인연으로 말미암아 이 제4지인 염혜지의 단계 가운데서 아직
도 원만하지 못합니다. 이 제4지인 염혜지의 단계를 원만히 하기 위해서 정성
을 다해 열심히 수행하고 학습하여 곧 깨우쳐 터득할 수 있습니다. 그 모든 보
살은 이런 인연으로 말미암아 이 제4지인 염혜지의 단계를 원만히 거두어들입
니다.

---

226 37보리분법 또는 37조도품.

227 등지(等至)에 대한 애착.

228 교법에 대한 애착.

而未能於諸諦道理 如實觀察 又未能於生死涅槃 棄捨一向背趣作意 又
未能修方便所攝菩提分法 由是因緣 於此分中 猶未圓滿爲令此分得圓
滿故 精勤修習 便能證得 彼諸菩薩 由是因緣 此分圓滿

그러나 아직 모든 진리의 도리에 대해서 여실하게 관찰할 수 없고, 또
한 아직 생사와 열반에 대하여 한결같이 등지거나 나아가는 작의를 버릴
수 없으며, 또한 아직 보리분법을 포섭하는 방편을 수습할 수 없습니다.
이런 인연으로 말미암아 이 분 가운데서 아직도 원만하지 못합니다. 이
분을 원만히 하기 위해서 정근수습하여 곧 증득할 수 있습니다. 그 모든
보살은 이런 인연으로 말미암아 이 분을 원만히 합니다.

> 그러나 아직 모든 진리의 도리에 대해서 여실하게 관찰할 수 없습니다. 또한
> 아직 생사와 열반에 대하여 한결같이 등지거나 나아가는 데에 의식을 집중하
> 여 생사와 열반을 저버릴 수 없습니다. 또한 아직 37보리분법을 거두어들이는
> 방편을 수행하고 학습할 수 없습니다. 이런 인연으로 말미암아 이 제5지인 극
> 난승지의 단계 가운데서 아직도 원만하지 못합니다. 이 제5지인 극난승지의 단
> 계를 원만히 하기 위해서 정성을 다해 열심히 수행하고 학습하여 곧 깨우쳐 터
> 득할 수 있습니다. 그 모든 보살은 이런 인연으로 말미암아 이 제5지인 극난승
> 지의 단계를 원만히 거두어들입니다.

而未能於生死流轉 如實觀察 又由於彼多生厭故 未能多住無相作意 由
是因緣 於此分中 猶未圓滿爲令此分得圓滿故 精勤修習 便能證得 彼

諸菩薩 由是因緣 此分圓滿

그러나 아직 생사유전에 대해 여실하게 관찰할 수 없고, 또한 그것에 대해 자주 염오를 일으키기 때문에 아직 무상작의[229]에 자주 머물 수 없습니다. 이런 인연으로 말미암아 이 분 가운데서 아직도 원만하지 못합니다. 이 분을 원만히 하기 위해서 정근수습하여 곧 증득할 수 있습니다. 그 모든 보살은 이런 인연으로 말미암아 이 분을 원만히 합니다.

> 그러나 아직 생사유전에 대해 여실하게 관찰할 수 없습니다. 또한 성사유전에 대해 자주 싫어하고 내치기 때문에 아직 '상이 없음'에 의식을 집중하여 자주 머물 수 없습니다. 이런 인연으로 말미암아 이 제6지인 현전지의 단계 가운데서 아직도 원만하지 못합니다. 이 제6지인 현전지의 단계를 원만히 하기 위해서 정성을 다해 열심히 수행하고 학습하여 곧 깨우쳐 터득할 수 있습니다. 그 모든 보살은 이런 인연으로 말미암아 이 제6지인 현전지의 단계를 원만히 거두어들입니다.

而未能令無相作意 無缺無間 多修習住 由是因緣 於此分中 猶未圓滿 爲令此分得圓滿故 精勤修習 便能證得 彼諸菩薩 由是因緣 此分圓滿

---

229 대상을 배제하고 의식을 집중함.

그러나 아직 무상작의를 무결하고 쉼없이 자주 수습함에 머물 수 없습니다. 이런 인연으로 이 분 가운데서 아직도 원만하지 못합니다. 이 분을 원만히 하기 위해서 정근수습하여 곧 중득할 수 있습니다. 그 모든 보살은 이런 인연으로 말미암아 이 분을 원만히 합니다.

> 그러나 아직 '대상이 없음'에 의식을 집중하여 빠짐없고 쉼없이 많이 수행하고 학습하며 머물 수 없습니다. 이런 인연으로 이 제7지인 원행지의 단계 가운데서 아직도 원만하지 못합니다. 이 제7지인 원행지의 단계를 원만히 하기 위해서 정성을 다해 열심히 수행하고 학습하여 곧 깨우쳐 터득할 수 있습니다. 그 모든 보살은 이런 인연으로 말미암아 이 제7지인 원행지의 단계를 원만히 거두어들입니다.

而未能於無相住中 捨離功用 又未能得於相自在 由是因緣 於此分中 猶未圓滿爲令此分得圓滿故 精勤修習 便能證得 彼諸菩薩 由是因緣 此分圓滿

그러나 아직 무상에 머무는 가운데서 공용을 버릴 수 없고, 또 아직 상에 대해 자재함을 득할 수 없습니다. 이런 인연으로 이 분 가운데서 아직도 원만하지 못합니다. 이 분을 원만히 하기 위해서 정근수습하여 곧 중득할 수 있습니다. 그 모든 보살은 이런 인연으로 말미암아 이 분을 원만히 합니다.

그러나 아직 '대상이 없음'에 머무는 가운데서 애써 '대상이 없음'을 붙잡으려 힘씁니다. 또 아직 대상에 대한 걸림 없는 자유로움을 터득하지 못합니다. 이런 인연으로 말미암아 이 제8지인 부동지의 단계 가운데서 아직도 원만하지 못합니다. 이 제8지인 부동지의 단계를 원만히 하기 위해서 정성을 다해 열심히 수행하고 학습하여 곧 깨우쳐 터득할 수 있습니다. 그 모든 보살은 이런 인연으로 이 제8지인 부동지의 단계를 원만히 거두어들입니다.

而未能於異名衆相 訓詞差別 一切品類宣說法中 得大自在 由是因緣 於此分中 猶未圓滿 爲令此分得圓滿故 精勤修習 便能證得 彼諸菩薩 由是因緣 此分圓滿

그러나 아직 다른 명, 여러 상, 훈사[230]의 차별, 모든 품류의 선설법에 대하여 대자재[231]함을 득할 수 없습니다. 이런 인연으로 말미암아 이 분 가운데서 아직도 원만하지 못합니다. 이 분을 원만히 하기 위허서 정근수습하여 곧 증득할 수 있습니다. 그 모든 보살은 이런 인연으로 말미암아 이 분을 원만히 합니다.

그러나 아직 교법 속의 다른 이름들, 교법의 의미들, 교법에 대한 풀이의 다

---

230 교법에 대한 풀이.

231 대자재는 법무애혜·의무애혜·사무애혜·변재무애혜 등 사무애혜를 말한다. 법무애혜는 교법에 대한 걸림이 없는 지혜, 의무애혜는 교법의 뜻에 걸림이 없는 지혜, 사무애혜는 교법의 해석에 걸림이 없는 지혜, 변재무애혜는 교법을 설함에 걸림이 없는 지혜이다.

양한 차이점들, 모든 종류의 교법을 밝혀 설함에 대하여 걸림 없는 큰 자유로움를 터득할 수 없습니다. 이런 인연으로 이 제9지인 선혜지 가운데서 아직도 원만하지 못합니다. 이 제9지인 선혜지를 원만히 하기 위해서 정성을 다해 열심히 수행하고 학습하여 곧 깨우쳐 터득할 수 있습니다. 그 모든 보살은 이런 인연으로 말미암아 이 제9지인 선혜지를 원만히 거두어들입니다.

而未能得圓滿法身 現前證受 由是因緣 於此分中 猶未圓滿爲令此分得 圓滿故 精勤修習 便能證得 彼諸菩薩 由是因緣 此分圓滿

그러나 아직 원만한 법신을 득하여 현전에서 증득해 받아들일 수 없습니다. 이런 인연으로 말미암아 이 분 가운데서 아직도 원만하지 못합니다. 이 분을 원만히 하기 위해서 정근수습하여 곧 증득할 수 있습니다. 그 모든 보살은 이런 인연으로 말미암아 이 분을 원만히 합니다.

그러나 아직 원만한 법신을 터득하여 바로 지금 자리에서 깨우쳐 받아들일 수 없습니다. 이런 인연으로 말미암아 이 제10지인 법운지의 단계 가운데서 아직도 원만하지 못합니다. 이 제10지인 법운지의 단계를 원만히 하기 위해서 정성을 다해 수행하고 학습하여 곧 깨우쳐 터득할 수 있습니다. 그 모든 보살은 이런 인연으로 말미암아 이 제10지인 법운지의 단계를 원만히 거두어들입니다.

而未能得遍於一切所知境界 無着無碍 妙智妙見 由是因緣 於此分中 猶
未圓滿爲令此分得圓滿故 精勤修習 便能證得 由是因緣 此分圓滿 此分
滿故 於一切分 皆得圓滿 善男子 當知 如是十一種分 普攝諸地

그러나 아직 두루 일체 알아야 할 경계에 대하여 집착이 없그 장애가
없는 묘지·묘견을 득할 수 없습니다. 이런 인연으로 말미암아 이 분 가
운데서 아직도 원만하지 못합니다. 이 분을 원만히 하기 위해서 정근수습
하여 곧 증득할 수 있습니다. 이런 인연으로 인하여 이 분을 원만히 합니
다. 이 분이 원만해짐으로써 일체 분에 대하여 모두 원만함을 득합니다.
선남자여, 이와 같은 열한 가지 분으로 널리 모든 지를 포섭함을 알아야
합니다."

그러나 아직 두루 알아야 할 일체 모든 대상에 대하여 집착이 없고 장애가
없는 깊디깊은 지혜와 깊디깊은 견해를 터득할 수 없습니다. 이런 인연으로 말
미암아 이 제11지인 불지의 단계 가운데서 아직도 원만하지 못합니다. 이 제11
지인 불지의 단계를 원만히 하기 위해서 정성을 다해 열심히 수행하고 학습하
여 곧 깨우쳐 터득할 수 있습니다. 이런 인연으로 이 제11지인 불지를 원만히
거두어들입니다. 이 제11지인 불지의 단계가 원만해짐으로써 일체 모든 단계에
대하여 모두 원만함을 터득합니다. 선남자여, 이와 같은 열한 가지 단계로 널리
모든 지를 거두어들임을 알아야 합니다."

觀自在菩薩 復白佛言 世尊 何緣 最初 名極喜地 乃至 何緣 說名佛地

관자재보살이 다시 부처님께 여쭈었다.

"세존이시여, 무슨 인연으로 최초를 극희지라고 부르고, 나아가 무슨 인연으로 불지라고 부릅니까?"

관자재보살이 다시 부처님께 여쭈었다.

"세존이시여, 무슨 인연으로 처음을 극희지라고 부르고, 나아가 무슨 인연으로 마지막을 불지라고 부릅니까?"

佛告觀自在菩薩曰 善男子 成就大義 得未曾得出世間心 生大歡喜 是故 最初 名極喜地

부처님께서 관자재보살에게 말씀하셨다.

"선남자여, 대의를 성취하여 일찍이 득하지 못한 출세간의 마음을 득하여 대환희심을 일으킵니다. 그러므로 초지를 극희지라고 부릅니다.

부처님께서 관자재보살에게 말씀하셨다.

"선남자여, 큰 뜻을 성취하여 일찍이 터득하지 못한 속세를 벗어나는 마음을 터득하여 큰 환희심을 일으킵니다. 그러므로 초지를 극희지라고 부릅니다.

遠離一切微細犯戒 是故 第二 名離垢地

일체 미세한 계의 범함을 떠나보냅니다. 그러므로 제2지를 이구지라고 부릅니다.

> 일체 모든 미세한 계율의 어김을 떠나보냅니다. 그러므로 제2지를 이구지라고 부릅니다.

由彼所得三摩地 及聞持陀羅尼 能爲無量智光依止 是故 第三 名發光地

그 이구지에서 득한 삼매와 문지다라니[232]를 무량지광의 의지처로 삼습니다. 그러므로 제3지를 발광지라고 부릅니다.

> 그 제2지인 이구지에서 터득한 삼매와 교법을 듣고서 새긴 말씀을 헤아릴 수 없는 지혜가 빛나는 근거로 삼습니다. 그러므로 제3지를 발광지라고 부릅니다.

---

232 교법을 듣고서 새긴 핵심적인 말씀.

由彼所得菩提分法 燒諸煩惱 智如火焰 是故 第四 名焰慧地

그 발광지에서 득한 보리분법이 모든 번뇌를 불사르니, 지혜가 마치 불꽃과 같습니다. 그러므로 제4지를 염혜지라고 부릅니다.

> 그 발광지에서 터득한 37보리분법[233]이 모든 번뇌를 불사르니, 지혜가 마치 불꽃과 같습니다. 그러므로 제4지를 염혜지라고 부릅니다.

由卽於彼菩提分法 方便修習 最極艱難 方得自在 是故 第五 名極難勝地

곧 그 염혜지에서 보리분법의 방편을 수습함이 가장 지극히 어렵지만 비로소 자재함을 득합니다. 그러므로 까닭에 제5지를 극난승지라고 부릅니다.

> 곧 그 염혜지에서 37보리분법의 방편을 수행하고 학습함이 가장 지극히 어렵지만 비로소 걸림 없는 자유로움을 터득합니다. 그러므로 제5지를 극난승지라고 부릅니다.

---

233 깨달음으로 나아가는 37가지의 수행 요소로, 4념처·4정근·4신족·5근·5력·7각지·8정도를 말한다.

現前 觀察諸行流轉 又於無相 多修作意 方現在前 是故 第六 名現前地

현전에서 모든 행의 유전을 관찰하고, 또한 무상에 대해 자즈 작의를 수행하여 비로소 바로 지금 자리하게 합니다. 그러므로 제6지를 현전지라고 이름합니다.

> 바로 지금 이 자리에서 모든 작용의 흐름을 보고 살핍니다. 또한 '대상기 없음'에 대해 자주 의식을 집중하여 수행하고 학습합니다. 그래서 비로소 바로 지금 이 자리에서 '대상이 없게' 합니다. 그러므로 제6지를 현전지라고 이름합니다.

能遠證入無缺無間無相作意 與淸淨地 共相隣接 是故 第七 名遠行地

무결하고 끊임없이 무상작의에 증입하여 멀리 청정지와 함께 서로 인접합니다. 그러므로 제7지를 원행지라고 부릅니다.

> 빠짐없고 끊임없이 '대상이 없음'에 의식을 집중하여 깨우쳐 들어가 멀리 청정한 자리에 서로 가까이 함께합니다. 그러므로 제7지를 원행지라고 부릅니다.

由於無相 得無功用 於諸相中 不爲現行煩惱所動 是故 第八 名不動
地

무상에 대해 무공용을 득함으로써 모든 대상 가운데서 번뇌의 작용이
현행하지 않습니다. 그러므로 제8지를 부동지라고 부릅니다.

'대상이 없음'에 대해 애써 힘들이지 않고 자연스럽게 터득함으로써 모든 대상
가운데서 번뇌가 일어나지 않습니다. 그러므로 제8지를 부동지라고 부릅니다.

於一切種說法 自在 獲得無碍廣大智慧 是故 第九 名善慧地

일체 종류의 설법에 대해 자재하고 무애광대한 지혜를 득합니다. 그러
므로 제9지를 선혜지라고 부릅니다.

일체 모든 종류의 교법을 설하는 데에 걸림 없이 자유롭고 막힘없이 드넓은
지혜를 터득합니다. 그러므로 제9지를 선혜지라고 부릅니다.

麤重之身廣 如虛空 法身圓滿 譬如大雲皆能遍覆 是故 第十 名法雲地

추중신[234]이 허공처럼 넓으나 법신의 원만함이 마치 큰 구름처럼 모두 두루 덮을 수 있습니다. 그러므로 제10지를 법운지라고 부릅니다.

> 무거운 번뇌장과 거친 소지장이 허공처럼 넓으나 궁극적인 진리의 원만함이 마치 큰 구름처럼 모두 두루 덮을 수 있습니다. 그러므로 제10지를 법운지라고 부릅니다.

永斷最極微細煩惱及所知障 無着無碍 於一切種所知境界 現正等覺故 第十一 說名佛地

가장 지극히 미세한 번뇌장와 소지장을 영원히 단멸하여 집착이 없고 걸림이 없어서 일체 종류의 알아야 할 경계에 대하여 정등각을 이룹니다. 그러므로 제11지를 불지라고 부릅니다."

> 가장 지극히 미세한 번뇌장와 소지장을 영원히 끊어 없애버려서 집착이 없고 걸림이 없이 일체 모든 종류의 알아야 할 모든 대상에 대하여 바로 바르고

---

234 거칠고 무거운 것, 산스크리트어로 dausthulya. 무거운 것은 번뇌장, 거친 것은 소지장. 번뇌와 망상의 장애를 말한다.

觀自在菩薩 復白佛言 於此諸地 有幾愚癡 有幾麤重 爲所對治

관자재보살이 다시 부처님께 여쭈었다.

"이 모든 지에는 몇 가지의 우치가 있고 몇 가지의 추중이 있어, 이들을 대치합니까?"

佛告觀自在菩薩曰 善男子 此諸地中 有二十二種愚癡 十一種麤重 爲所對治

부처님께서 관자재보살에게 말씀하셨다.

"선남자여, 이 모든 지 가운데 스물두 가지의 우치와 열한 가지의 추중이 있습니다. 이들을 대치합니다.

부처님께서 관자재보살에게 말씀하셨다.

"선남자여, 이 모든 지 가운데 스물두 가지의 어리석음과 열한 가지의 번뇌장과 소지장이 있습니다. 이들을 다스립니다.

謂於初地 有二愚癡 一者 執着補特伽羅及法愚癡 二者 惡趣雜染愚癡
及彼麤重 爲所對治

초지에 두 가지의 우치가 있습니다. 첫째는 보특가라와 법에 집착하는 우치이고, 둘째는 악취잡염의 우치입니다. 그리고 그것들의 추중이 있습니다. 이들을 대치합니다.

초지인 극희지에 두 가지의 어리석음이 있습니다. 첫째는 인식하는 나와 인식되는 대상에 집착하는 어리석음이고, 둘째는 잘못 나아가 번뇌에 물드는 어리석음입니다. 그리고 그것들에 따른 번뇌장과 소지장이 있습니다. 이들을 다스립니다.

於第二地 有二愚癡 一者 微細誤犯愚癡 二者 種種業趣愚癡 及彼麤重
爲所對治

제2지에 두 가지의 우치가 있습니다. 첫째는 미세 오범의 우치이고, 둘째는 온갖 업취의 우치입니다. 그리고 그것들의 추중이 있습니다. 이들을 대치합니다.

> 제2지인 이구지에 두 가지의 어리석음이 있습니다. 첫째는 미세하게 계율을 범하는 어리석음이고, 둘째는 온갖 업에 이끌리는 어리석음입니다. 그리고 그것들에 따르는 무거운 번뇌장과 거친 소지장이 있습니다. 이들을 다스립니다.

於第三地 有二愚癡 一者 欲貪愚癡 二者 圓滿聞持陀羅尼愚癡 及彼麤重 爲所對治

제3지에 두 가지 우치가 있습니다. 첫째는 탐욕의 우치이고, 둘째는 문지다라니에 만족하는 우치입니다. 그리고 그것들의 추중이 있습니다. 이들을 대치합니다.

> 제3지인 발광지에 두 가지 어리석음이 있습니다. 첫째는 탐욕에서 벗어나지 못하는 어리석음이고, 둘째는 들어 새긴 진언에 머물러 만족하는 어리석음입니다. 그리고 그것들에 따르는 번뇌장과 소지장이 있습니다. 이를 다스립니다.

於第四地 有二愚癡 一者等至愛愚癡 二者 法愛愚癡 及彼麤重 爲所對治

제4지에 두 가지 우치가 있습니다. 첫째는 등지[235]애의 우치이고, 둘째는 법애의 우치입니다. 그리고 그것들의 추중이 있습니다. 이들을 대치합니다.

> 제4지인 염혜지에 두 가지 어리석음이 있습니다. 첫째는 등지에 대한 애착에 빠지는 어리석음이고, 둘째는 들어 새긴 교법에 대한 애착에 빠지는 어리석음입니다. 그리고 그것들에 따르는 번뇌장과 소지장이 있습니다. 이들을 다스립니다.

於第五地 有二愚癡 一者一向作意 棄背生死愚癡 二者一向作意 趣向涅槃愚癡 及彼麤重 爲所對治

제5지에 두 가지 우치가 있습니다. 첫째는 한결같이 작의하여 생사를 등져버리려는 우치이고, 둘째는 한결같이 작의하여 열반만을 취해가려는 우치입니다. 그리고 그것들의 추중이 있습니다. 이들을 대치합니다.

---

235 등지(等至,samapatti)는 삼마발저(三摩鉢底)라고 음역. 등지(等持,samadhi,삼마지,손매)의 상태가 자리 잡은 더 깊은 경지를 말함. 등인(等引,samahita,삼마희타)은 삼매에 깊이 듦으로써 3명(천안명·숙명명·누진명) 6통(천안통·숙명통·누진통·천이통·타심통·신족통) 등의 여러 많은 공덕을 얻는 자리를 말한다.

> 제5지인 난승지에 두 가지 어리석음이 있습니다. 첫째는 한결같이 생사를 등 저버리려는 데에 뜻을 집중하는 어리석음이고, 둘째는 한결같이 열반으로만 나아가려는 데 뜻을 집중하는 어리석음이며, 그리고 그것들에 따르는 번뇌장 과 소지장이 있습니다. 이들을 다스립니다.

於第六地 有二愚癡 一者 現前觀察諸行流轉愚癡 二者相多現行愚癡 及 彼麤重 爲所對治

제6지에 두 가지 우치가 있습니다. 첫째는 현전에 모든 행의 유전을 관 찰하는 우치이고, 둘째는 상이 자주 현행하는 우치입니다. 그리고 그것들 의 추중이 있습니다. 이들을 대치합니다.

> 제6지인 현전지에 두 가지 어리석음이 있습니다. 첫째는 바로 지금 자리에서 모든 작용의 흐름을 관찰하여 번뇌와 망상을 없애는 데에 집착하는 어리석음 이고 둘째는 대상이 자주 바로 나타나서 청정에 집착하는 어리석음입니다. 그 리고 그것들에 따르는 번뇌장과 소지장이 있습니다. 이들을 다스립니다.

於第七地 有二愚癡 一者 微細相現行愚癡 二者 一向無相作意方便愚癡 及彼麤重 爲所對治

제7지에 두 가지 우치가 있습니다. 첫째는 미세한 상이 현행하는 우치이고 둘째는 한결같이 무상만을 작의하는 방편의 우치입니다. 그리고 그것들의 추중이 있습니다. 이들을 대치합니다.

> 제7지인 원행지에 두 가지 어리석음이 있습니다. 첫째는 미세한 상이 나타나서 생에 집착하는 어리석음이고 둘째는 한결같이 '대상이 없음'에만 의식을 집중하여 적멸에 집착하는 어리석음입니다. 그리고 그것들에 따르는 번뇌장과 소지장이 있습니다. 이들을 다스립니다.

於第八地 有二愚癡 一者 於無相 作功用愚癡 二者 於相自在愚癡 及彼麤重 爲所對治

제8지에 두 가지 우치가 있습니다. 첫째는 무상에 대해 공용하는 우치이고 둘째는 상에 대해 자재하려는 우치입니다. 그리고 그것들의 추중이 있습니다. 이들을 대치합니다.

> 제8지 부동지에 두 가지 어리석음이 있습니다. 첫째는 '대상이 없음'에 대해 애써 이루려는 어리석음이고 둘째는 대상에 대해 애써 자유롭게 하려는 어리석음입니다. 그리고 그것들에 따르는 번뇌장과 소지장이 있습니다. 이를 다스립니다.

於第九地 有二愚癡 一者 於無量說法 無量法句文字 後後慧辯陀羅尼自在愚癡 二者 辯才自在愚癡 及彼麤重 爲所對治

제9지에 두 가지 우치가 있습니다. 첫째는 무량한 설법과 무량한 법구·문·자와 이후의 지혜로운 다라니변의 자재에 대한 우치이고, 둘째는 재주 있는 변재의 자재에 대한 우치입니다. 그리고 그것들의 추중이 있습니다. 이들을 대치합니다.

> 제9지인 선혜지에 두 가지 어리석음이 있습니다. 첫째는 헤아릴 수 없는 설법과 헤아릴 수 없는 교법의 명·구·문과 이후의 지혜로운 다라니의 말씀에 대해서 막힘없이 자유롭지 못한 어리석음이고, 둘째는 막힘없이 자유롭게 빼어나게 설하지 못하는 어리석음입니다. 그리고 그것들에 따르는 번뇌장과 소지장이 있습니다. 이를 다스립니다.

於第十地 有二愚癡 一者 大神通愚癡 二者 悟入微細祕密愚癡 及彼麤重 爲所對治

제10지에 두 가지의 우치가 있습니다. 첫째는 대신통에 대한 우치이고, 둘째는 미세한 비밀[236]의 오입에 대한 우치입니다. 그리고 그것들의 추중

---

236 사람의 몸으로 태어나면서 갖게 되는 소지장(망상과 미혹)으로 제법에 대한 자재로움을 얻지 못하게 하는 포착하기 어려운 영역을 말한다. 소지장은 무시무종 아뢰야식으로 상속된다.

이 있습니다. 이들을 대치합니다.

> 제10지인 법운지에 두 가지의 어리석음이 있습니다. 첫째는 일체 모든 것을 관통하여 능통하지 못하는 어리석음이고, 둘째는 시작도 끝도 없이 상속되는 소지장을 깨치고 들어가지 못하는 어리석음입니다. 그리고 그것들에 따른 번뇌장과 소지장이 있습니다. 이들을 다스립니다.

於如來地 有二愚癡 一者於一切所知境界 極微細着愚癡 二者極微細碍愚癡 及彼麤重 爲所對治

여래지에 두 가지 우치가 있습니다. 첫째는 일체 알아야 할 모든 경계에 대하여 극히 미세하게 집착하는 우치이고 둘째는 극히 미세하게 장애하는 우치입니다. 그리고 그것들의 추중이 있습니다. 이들을 대치합니다.

> 여래지에 두 가지 어리석음이 있습니다. 첫째는 일체 모든 알아야 할 경계에 대하여 아주 미세하게 집착하는 소지장의 어리석음이고 둘째는 아주 미세하게 가로막는 번뇌장의 어리석음입니다. 그리고 그것들에 따른 번뇌장과 소지장이 있습니다. 이들을 다스립니다.

善男子 由此二十二種愚癡 及十一種麤重故 安立諸地 而阿耨多羅三藐
三菩提 離彼繫縛

    선남자여, 이러한 스물두 가지의 우치와 열한 가지의 추중으로 말미암
아 모든 지를 안립합니다. 그러나 아뇩다라삼먁삼보리는 추중의 계박을
여 니다."

>   선남자여, 이 스물두 가지의 어리석음과 열한 가지의 번뇌장과 소지장을 통
> 해 모든 보살의 모든 지를 교법으로 설합니다. 그러나 아뇩다라삼먁삼보리는
> 번뇌장과 소지장의 얽매임에서 멀리 벗어나게 합니다."

觀自在菩薩 復白佛言 世尊 阿耨多羅三藐三菩提 甚奇希有 乃至 成就
大利大果 令諸菩薩 能破如是大愚癡羅網 能越如是大麤重稠林 現前證
得阿耨多羅三藐三菩提

    관자재보살이 다시 부처님께 여쭈었다.

    "세존이시여, 아뇩다라삼먁삼보리는 매우 기묘하고 희유하며 나아가
큰 이익과 큰 과보를 성취합니다. 모든 보살이 이러한 큰 우치의 굴레를
부수고 이러한 큰 추중의 장애 숲을 건너서 현전에서 아뇩다라삼먁삼보
리를 증득할 수 있게 합니다."

관자재보살이 다시 부처님께 여쭈었다.
"세존이시여, 아뇩다라삼먁삼보리는 매우 기묘하고 드물며 나아가 큰 이익과 큰 과보를 성취합니다. 모든 보살은 이러한 큰 어리석음의 굴레를 부수고 이러한 큰 번뇌장과 소지장으로 덮인 숲을 건너서 바로 지금 자리에서 아뇩다라삼먁삼보리를 깨우쳐 터득할 수 있습니다."

觀自在菩薩 復白佛言 世尊 如是諸地 幾種殊勝之所安立

관자재보살이 다시 부처님께 여쭈었다.
"세존이시여, 이러한 모든 지는 몇 가지 종류의 수승을 안립한 것입니까?"

관자재보살이 다시 부처님께 여쭈었다.
"세존이시여, 이러한 모든 지는 몇 가지 종류의 뛰어남을 교법으로 설한 것입니까?"

佛告觀自在菩薩曰 善男子 略有八種 一者 增上意樂淸淨 二者 心淸淨 三者 悲淸淨 四者 到彼岸淸淨 五者 見佛供養承事淸淨 六者 成熟有情淸淨 七者 生淸淨 八者 威德淸淨

부처님께서 관자재보살에게 말씀하셨다.

"선남자여, 대략 여덟 가지가 있습니다. 첫째는 증상의요의 청정이고, 둘째는 심의 청정이며, 셋째는 비의 청정이고, 넷째는 도피안의 청정입니다. 다섯째는 부처님을 뵙고 공양승사하는 청정이고, 여섯째는 유정을 성숙시키는 청정이며, 일곱째는 생의 청정이고, 여덟째는 위덕의 청정입니다."

부처님께서 관자재보살에게 말씀하셨다.

"선남자여, 대략 여덟 가지가 있습니다. 첫째는 높은 교법에 대한 확실한 이해와 판단의 청정함이고, 둘째는 선정의 청정함이며, 셋째는 자비의 청정함이고, 넷째는 바라밀의 청정함입니다. 다섯째는 부처님을 뵙고 공양하며 받들어 섬김의 청정함이고, 여섯째는 유정을 교화하고 성숙시키는 청정함이며, 일곱째는 유정에게 이익을 주기 위해 갖가지 생을 받는 청정함이고, 여덟째는 위대한 공덕의 청정함입니다."

善男子 於初地中 所有增上意樂淸淨 乃至 威德淸淨 後後諸地 乃至 佛地 所有增上意樂淸淨 乃至 威德淸淨 當知 彼諸淸淨 展轉增勝 唯於佛地 除生淸淨

"선남자여, 초지 가운데서 증상의요의 청정과 나아가 위덕의 청정까지 있습니다. 이후의 모든 지에서 나아가 불지에까지 증상의요의 청정과 나아가 위덕의 청정이 있습니다. 그 모든 청정은 서로서로 더욱 중대하고 수승해짐을 알아야 합니다. 오직 불지에서는 생의 청정은 제외됩니다.

> "선남자여, 초지인 극환희지 가운데서 높은 교법에 대한 확실한 이해와 판단의 청정함과 나아가 위대한 공덕의 청정함까지 있습니다. 다음 이어지는 모든 보살의 지와 나아가 불지에까지 높은 교법에 대한 확실한 이해와 판단의 청정함과 나아가 위대한 공덕의 청정함이 있습니다. 그 모든 청정함은 서로서로 더욱더 커지고 뛰어나게 됨을 알아야 합니다. 다만 불지에서는 유정에게 이익을 주기 위해 갖가지 생을 받는 청정함은 제외됩니다.

又初地中所有功德 於上諸地 平等皆有 當知 自地功德殊勝 一切菩薩 十地功德 皆是有上 佛地功德 當知 無上

또한 초지 가운데 있는 공덕은 위의 모든 지에서도 평등하게 모두 있지만, 자기 지의 공덕이 뛰어남을 알아야 합니다. 일체 보살의 10지의 공덕은 모두 위가 있지만, 불지의 공덕은 위가 없음을 알아야 합니다.'

> 또한 초지인 극환희지 가운데 있는 공덕은 위의 모든 지에서도 평등하게 모두 있지만, 각 지마다 나름의 뛰어난 공덕이 있음을 알아야 합니다. 일체 모든 보살의 10지의 공덕은 다 더 뛰어난 상위의 공덕이 있지만, 불지의 공덕은 위가 더 없음을 알아야 합니다."

觀自在菩薩 復白佛言 世尊 何因緣故 說菩薩生 於諸有生 最爲殊勝

관자재보살이 다시 부처님께 여쭈었다.

"세존이시여, 무슨 인연으로 보살의 생이 모든 유정의 생보다 가장 수승하다고 설하십니까?"

관자재보살이 다시 부처님께 여쭈었다.

"세존이시여, 무슨 인연으로 보살의 생이 모든 유정의 생보다 가장 뛰어나다고 설하십니까?"

佛告觀自在菩薩曰 善男子 四因緣故 一者 極淨善根 所集起故 二者 故意思擇力所取故 三者 悲愍濟度諸衆生故 四者 自能無染 除他染故

부처님께서 관자재보살에게 말씀하셨다.

"선남자여, 네 가지 인연 때문입니다. 첫째는 극히 청정한 선근을 집기하기 때문이고, 둘째는 고의로 사택력을 취하기 때문이며, 셋째는 모든 중생을 가엾이 여겨 제도하기 때문이고, 넷째는 스스로 잡염이 없어 남의 잡염도 제거할 수 있기 때문입니다."

부처님께서 관자재보살에게 말씀하셨다.

"선남자여, 네 가지 인연 때문입니다. 첫째는 세상을 이롭게 하는 지극히 청정한 성품을 모아 일으키기 때문이고, 둘째는 참으로 사유하여 판단하고 선택하는 힘을 취하기 때문이며, 셋째는 모든 중생을 가엾이 여겨 제도하기 때문이고, 넷째는 스스로 번뇌와 망상이 없어 남의 번뇌와 망상도 없앨 수 있기 때문입니다."

觀自在菩薩 復白佛言 世尊 何因緣故 說諸菩薩 行廣大願 妙願 勝願

관자재보살이 다시 부처님께 여쭈었다.

"세존이시여, 무슨 인연으로 모든 보살은 대원, 묘원, 승원을 널리 행한다고 설하십니까?"

관자재보살이 다시 부처님께 여쭈었다.

"세존이시여, 무슨 인연으로 모든 보살은 모든 중생을 제도하겠다는 큰 서원과 위로 보리를 구하는 묘한 서원과 연각과 독각을 넘어서는 뛰어난 서원을 널리 실천한다고 설하십니까?"

佛告觀自在菩薩曰 善男子 四因緣故 謂諸菩薩 能善了知涅槃樂住 堪能速證 而復棄捨速證樂住 無緣無待 發大願心 爲欲利益諸有情故 處多種種長時大苦 是故 我說 彼諸菩薩 行廣大願 妙願 勝願

부처님께서 관자재보살에게 말씀하셨다.

"선남자여, 네 가지 인연 때문입니다. 모든 보살은 열반락주를 요지하여 속히 증득할 수 있습니다. 그러나 다시 낙주를 속히 증득함을 버리고, 연함도 없고 기댐이 없는 대원심을 발하여 모든 유정을 이익되게 하려 긴 시간 온갖 큰 고통에 자주 처합니다. 그러므로 나는 모든 보살이 대원과 묘원과 승원을 행한다고 설합니다."

부처님께서 관자재보살에게 말씀하셨다.

"선남자여, 네 가지 인연 때문입니다. 모든 보살은 열반에 즐거이 머묾을 명료하게 잘 알아서 빠르게 깨우쳐 터득할 수 있습니다. 그러나 다시 즐거이 머묾을 빠르게 깨우쳐 터득함을 버리고 인연 없이 바램 없이 큰 서원의 마음을 일으켜서, 모든 유정을 이롭게 하려고 길고 긴 시간 온갖 큰 고통을 자주 마주합니다. 그러므로 나는 모든 보살이 모든 중생을 제도하겠다는 큰 서원과 위로 보리를 구하는 묘한 서원과 연각과 독각을 넘어서는 뛰어난 서원을 실천한다고 설합니다."

觀自在菩薩 復白佛言 世尊 是諸菩薩 凡有幾種 所應學事

관자재보살이 다시 부처님께 여쭈었다.

"세존이시여, 모든 보살은 무릇 몇 가지의 학습해야 할 일이 있습니까"

佛告觀自在菩薩曰 善男子 菩薩學事 略有六種 所謂 布施 持戒 忍辱 精
進 靜慮 慧到彼岸

부처님께서 관자재보살에게 말씀하셨다.
"선남자여, 보살이 학습해야 할 일은 대략 여섯 가지가 있습니다. 이른
바 보시·지계·인욕·정진·정려·지혜바라밀입니다."

觀自在菩薩 復白佛言 世尊 如是六種所應學事 幾是增上戒學所攝 幾是
增上心學所攝 幾是增上慧學所攝 佛告觀自在菩薩曰

관자재보살이 다시 부처님께 여쭈었다.
"세존이시여, 이와 같은 여섯 가지의 학습해야 할 일 가운데 몇 가지를

중상계학으로 포섭하고, 몇 가지를 중상심학으로 포섭하며, 몇 가지를 중
상혜학으로 포섭합니까?”

善男子 當知 初三 但是增上戒學所攝 靜慮一種 但是增上心學所攝 慧
是增上慧學所攝 我說 精進 遍於一切

“선남자여, 처음 세 가지는 다만 중상계학으로 포섭하고, 정려 한 가지
는 다만 중상심학으로 포섭하며, 지혜는 중상혜학으로 포섭합니다. 정진
은 두루 일체로 포섭한다고 나는 설합니다.”

觀自在菩薩 復白佛言 世尊 如是六種所應學事 幾是福德資糧所攝 幾是智慧資糧所攝

관자재보살이 다시 부처님께 여쭈었다.

"세존이시여, 이와 같은 여섯 가지의 학습해야 할 일들은 몇 가지를 복덕의 자량으로 포섭하고, 몇 가지를 지혜의 자량으로 포섭합니까?"

> 관자재보살이 다시 부처님께 여쭈었다.
> "세존이시여, 이와 같은 여섯 가지의 학습해야 할 일들 가운데 몇 가지를 복덕을 갖춘 자질과 역량으로 거두어들이고, 몇 가지를 지혜를 갖춘 자질과 역량으로 거두어들입니까?"

佛告觀自在菩薩曰 善男子 若增上戒學所攝者 是名福德資糧所攝 若增上慧學所攝者 是名智慧資糧所攝 我說 精進靜慮二種 遍於一切

부처님께서 관자재보살에게 말씀하셨다.

"선남자여, 만약 증상계학으로 포섭하는 것이라면 이것은 복덕의 자량으로 포섭하는 것이라고 말합니다. 만약 증상혜학으로 포섭하는 것이라면 이것은 지혜의 자량으로 포섭하는 것이라고 말합니다. 정진과- 정려바라밀 두 가지는 일체에 두루 한다고 나는 설합니다."

부처님께서 관자재보살에게 말씀하셨다.

"선남자여, 만약 높은 계율을 학습함으로써 거두어들이는 것이라면 이것은
복덕을 갖춘 자질과 역량으로 거두어들이는 것이라고 말합니다. 만약 높은 지
혜를 학습함으로써 거두어들이는 것이라면 이것은 지혜를 갖춘 자질과 역량으
로 거두어들이는 것이라고 말합니다. 정진바라밀과 정려바라밀 두 가지는 복
덕과 지혜를 모두 갖춘 자질과 역량으로 거두어들인다고 나는 설합니다."

觀自在菩薩 復白佛言 世尊 於此六種所學事中 菩薩 云何 應當修學

관자재보살이 다시 부처님께 여쭈었다.

"세존이시여, 이 여섯 가지 학습해야 할 일 가운데서 보살은 어떻게 수
학해야 합니까?"

관자재보살이 다시 부처님께 여쭈었다.

"세존이시여, 이 여섯 가지 학습해야 할 일 가운데서 보살은 어떻게 수행하
고 학습해야 합니까?"

**佛告觀自在菩薩曰 善男子 由五種相 應當修學 一者 最初 於菩薩藏波
羅密多 相應微妙 正法敎中 猛利信解 二者 次於十種法行 以聞思修所
成妙智 精進修行 三者 隨護菩提之心 四者 親近眞善知識 五者 無間勤**

修善品

부처님께서 관자재보살에게 말씀하셨다.

"선남자여, 다섯 가지 상으로 수학해야 합니다. 첫째는 최초에 보살장의 바라밀다와 상응하는 미묘한 정법의 가르침에 대하여 용맹하게 믿고 예리하게 이해하는 것입니다. 둘째는 다음에 십법행을 문·사·수소성의 묘지로 정진 수행하는 것입니다. 셋째는 보리심을 지키며 따르는 것입니다. 넷째는 참된 선지식과 친근하는 것입니다. 다섯째는 쉼 없이 부지런히 선품237을 닦는 것입니다."

> 부처님께서 관자재보살에게 말씀하셨다.
> "선남자여, 다섯 가지 갈래로 마땅히 수행하고 배워야 합니다. 첫째= 최초에 보살이 간직한 바라밀다에 걸맞은 깊디깊은 바른 교법의 가르침에 대하여 용맹하게 믿고 예리하게 이해하는 것입니다. 둘째는 다음에 10가지 법행238을 듣고 사유하고 수행하여 이룬 깊은 지혜로 정진 수행하는 것입니다. 셋재는 지혜를 불태우는 마음을 지키며 따르는 것입니다. 넷째는 참된 선지식과 가까이 하는 것입니다. 다섯째는 쉼 없이 부지런히 세상을 이롭게 하는 진리를 구하는 성품을 닦는 것입니다."

---

237 자신과 중생을 이롭게 하는 성품.

238 불경을 ①서사(書寫) ②공양(供養) ③보시(施他) ④제청(諦聽) ⑤피독(披讀) ⑥수지(受持) ⑦개연(開演) ⑧풍송(諷誦) ⑨사유(思惟) ⑩수습(修習)하는 10가지 수행.

觀自在菩薩 復白佛言 世尊 何因緣故 施設如是所應學事 但有六數

관자재보살이 다시 부처님께 여쭈었다.

"세존이시여, 무슨 인연으로 이와 같은 학습해야 할 일들이 단지 여섯 가지만 있다고 시설하셨습니까?"

관자재보살이 다시 부처님께 여쭈었다.

"세존이시여, 무슨 인연으로 이와 같은 학습해야 할 일들이 단지 여섯 가지만 있다고 교법으로 설하셨습니까?"

佛告觀自在菩薩曰 善男子 二因緣故 一者 饒益諸有情故 二者 對治諸煩惱故

부처님께서 관자재보살에게 말씀하셨다.

"선남자여, 두 가지 인연 때문입니다. 첫째는 모든 유정을 요익[239]하기 때문이고, 둘째는 모든 번뇌를 대치하기 때문입니다.

부처님께서 관자재보살에게 말씀하셨다.

"선남자여, 두 가지 인연 때문입니다. 첫째는 모든 유정을 한가득 이롭게 하

---

239 풍요롭게 이롭게 함.

當知 前三 饒益有情 後三 對治一切煩惱

앞의 세 가지는 유정을 요익하게 하며, 뒤의 세 가지는 모든 번뇌를 대치함을 알아야 합니다.

앞의 세 가지 바라밀다는 유정을 한가득 이롭게 하며, 뒤의 세 가지 바라밀다는 모든 번뇌를 다스림을 알아야 합니다.

前三 饒益諸有情者 謂諸菩薩 由布施故 攝受資具 饒益有情 由持戒故 不行損害逼迫惱亂 饒益有情 由忍辱故 於彼損害逼迫惱亂 堪能忍受 饒益有情

앞의 세 가지가 모든 유정을 요익하게 한다는 것은, 모든 보살이 보시로 말미암아 자재와 도구를 섭수하게 해서 유정을 요익하게 하고, 지계로 말미암아 손해를 끼치거나 핍박하거나 뇌란하게 하지 않아서 유정을 요익하게 하며, 인욕으로 말미암아 그 손해와 핍박과 뇌란하게 함을 인욕하게 해서 유정을 요익하게 함을 말합니다.

> 앞의 세 가지 바라밀다가 모든 유정을 한가득 이롭게 한다는 것은 이렇습니다. 모든 보살이 보시를 하기 때문에 살림살이를 도움받음으로써 유정을 한가득 이롭게 하는 것이고, 지계를 하기 때문에 손해를 입히거나 핍박을 주거나 어지럽게 하지 않음으로써 유정을 한가득 이롭게 하는 것이며, 인욕을 하기 때문에 손해와 핍박과 어지럽힘을 참아 견디고 받아들임으로써 유정을 한가득 이롭게 하는 것을 말합니다.

後三 對治諸煩惱者 謂諸菩薩 由精進故 雖未永伏 一切煩惱 亦未永害 一切隨眠 而能勇猛修諸善品 彼諸煩惱 不能傾動善品加行 由靜慮故 永伏煩惱 由般若故 永害隨眠

뒤의 세 가지가 모든 번뇌를 대치한다는 것은, 모든 보살이 정진으로 말미암아 비록 아직 일체 번뇌를 영원히 복속하지 못하고 또한 아직 일체 수면[240]을 영원히 없애지 못하더라도 그러나 용맹하게 모든 선품을 수행하여 저 모든 번뇌가 선품의 가행을 꺾지 못하고, 정려로 말미암아 번뇌를 영원히 복속하며, 반야로 말미암아 수면을 영원히 없앰을 말합니다."

---

240 잠재된 번뇌의 종자.

뒤의 세 가지 바라밀다가 일체 모든 번뇌를 다스린다는 것은 이렇습니다. 모든 보살이 정진을 하기 때문에 비록 아직 일체 모든 번뇌를 영원히 굴복시키지 못하고 또한 아직 모든 잠재된 번뇌의 종자를 영원히 없애지 못하더라도 그러나 용맹하게 모든 훌륭한 성품을 수행할 수 있고 저 모든 번뇌가 훌륭한 성품을 거듭하여 수행하는 것을 꺾을 수 없습니다. 정려를 하기 때문에 번뇌를 영원히 굴복시킵니다. 반야를 구하기 때문에 잠재된 번뇌의 종자를 영원히 없앱니다."

觀自在菩薩 復白佛言 世尊 何因緣故 施設所餘波羅密多 但有四數

관자재보살이 다시 부처님께 여쭈었다.

"세존이시여, 무슨 인연으로 나머지 바라밀다는 다만 네 가지만이 있다고 시설하셨습니까?"

관자재보살이 다시 부처님께 여쭈었다.

"세존이시여, 무슨 인연으로 나머지 바라밀다는 다만 네 가지만이 있다고 교법으로 설하셨습니까?"

佛告觀自在菩薩曰 善男子 由前六種波羅密多 爲助伴故

부처님께서 관자재보살에게 말씀하셨다.
"선남자여, 앞의 여섯 가지 바라밀다의 조반이 되기 때문입니다.

부처님께서 관자재보살에게 말씀하셨다.
"선남자여, 앞의 여섯 가지 바라밀다와 함께하며 도움을 주기 때문입니다.

謂諸菩薩 於前三種波羅密多所攝有情 以諸攝事方便善巧 而攝受之 安
置善品 是故 我說 方便善巧波羅密多 與前三種而爲助伴

모든 보살은 앞의 세 가지 바라밀다로 포섭한 유정을 모든 포섭하는 일
에서 방편선교[241]로써 섭수하고 선품을 안치합니다. 그러므로 나는 방편
선교바라밀다가 앞의 세 가지 바라밀다의 조반이 된다고 설하였습니다.

모든 보살은 앞의 세 가지 바라밀다로 거두어들인 유정을 모든 거두어들이
는 일에 있어서 훌륭한 방법과 수단으로써 유정을 거두어들이고 유정에게 훌
륭한 성품이 자리하게 합니다. 그러므로 나는 방편선교바라밀다가 앞의 세 가

---

241 교법을 전하는 훌륭한 방법.

지 바라밀다와 함께하며 도움을 준다고 설하였습니다.

若諸菩薩 於現法中 煩惱多故 於修無間 無有堪能 羸劣意樂故 下界勝
解故 於內心住 無有堪能 於菩薩藏 不能聞緣善修習故 所有靜慮 不能
引發出世間慧 彼便攝受少分狹劣福德資糧 爲未來世煩惱輕微 心生正
願 如是 名願波羅密多 由此願故 煩惱微薄 能修精進 是故 我說 願波羅
密多 與精進波羅密多 而爲助伴

　만약 모든 보살이 현법 가운데서 번뇌가 많기 때문에 끊임없는 수행을
감당할 수 없거나, 영열한 의요 때문에 하계의 승해 때문에 내心에 안주
함을 감당할 수 없거나, 보살장에 대하여 듣고서도 능히 잘 수습하지 못
하기 때문에 모든 정려가 능히 출세간의 지혜를 이끌어 낼 수 없다면, 그
는 곧 소분의 협소하고 열등한 복덕의 자량을 섭수하여, 미래세의 번뇌가
경미해지도록 마음으로 바른 원을 일으킵니다. 이를 원바라밀다라고 부
릅니다. 이 원으로 말미암아 번뇌가 경미해져서 능히 정진을 수행합니다.
그러므로 나는 원바라밀다가 정진바라밀다의 조반이 된다고 설합니다.

　만약 모든 보살이 현행하는 법 가운데서 번뇌가 많기 때문에 끊임없는 수행
을 감당할 수 없습니다. 아직 부족한 믿음과 이해와 판단 때문에 욕계에 대해
너무 몰두하여 이해하기 때문에 안으로 마음이 편안히 머물 수 없습니다. 보살
세계를 듣고서도 잘 수행하고 학습하지 못하기 때문에 모든 정려가 세속을 벗

어나는 지혜를 이끌어낼 수 없습니다. 그렇다면 그는 곧 아직 많이 부족한 협소하고 열등한 복덕의 자질과 역량을 반성하며 앞으로 번뇌가 가볍고 덜해지도록 마음으로 바른 서원을 일으킵니다. 이를 원바라밀다라고 부릅니다. 이러한 원바라밀다 때문에 번뇌가 가볍고 덜해져서 힘써 정진을 잘 수행할 수 있습니다. 그러므로 나는 원바라밀다가 정진바라밀다와 함께하며 도움을 준다고 설합니다.

若諸菩薩 親近善士 聽聞正法 如理作意 爲因緣故 轉劣意樂 成勝意樂 亦能獲得上界勝解 如是 名力波羅密多 由此力故 於內心住 有所堪能 是故 我說 力波羅密多 與靜慮波羅密多 而爲助伴

만약 모든 보살이 선지식과 친근하여 정법을 청문하고 여리작의[242]를 인연으로 하여 영열한 의요를 전환하여 수승한 의요를 성취하고 또한 상계의 승해를 획득할 수 있다면, 이러한 것을 역바라밀다라고 부릅니다. 이러한 역바라밀다로 말미암아 내심의 안주함을 감당할 수 있습니다. 그러므로 나는 역바라밀다가 선정바라밀다의 조반이 된다고 설합니다.

만약 모든 보살이 선지식[243]과 가까이하여 바른 교법을 듣고 이치에 맞게 의식을 집중하여 사유함으로써 아직 부족한 의지와 이해와 판단을 확실한 의지와 이해와 판단으로 바꾸어 성취하고 또한 색계와 무색계에 대한 뛰어난 이해

---

242 교법의 도리에 맞게 의식을 집중하여 사유함.

243 지혜와 덕망을 갖추어 불법을 잘 전하는 수행자.

를 터득할 수 있다면, 이를 역바라밀다라고 부릅니다. 이러한 역바라밀다 때문에 마음 안에서 평안히 머물 수 있습니다. 그러므로 나는 역바라밀다가 선정바라밀다와 함께하며 도움을 준다고 설합니다.

若諸菩薩 於菩薩藏 已能聞緣 善修習故 能發靜慮 如是 名智波羅密多 由此智故 堪能引發出世間慧 是故 我說 智波羅密多 與慧波羅密多 而 爲助伴

만약 모든 보살이 보살장에 대하여 이미 듣고서 능히 잘 수습하였기 때문에 능히 정려를 일으킨다면, 이를 지바라밀다라고 부릅니다. 이 지로 말미암아 출세간의 지혜를 이끌어낼 수 있습니다. 그러므로 나는 지바라밀다가 반야바라밀다의 조반이 된다고 설합니다."

만약 모든 보살이 보살 세계에 대하여 이미 듣고서 잘 수행하고 학습하였기 때문에 정려를 일으킬 수 있다면, 이를 지바라밀다라고 부릅니다. 이러한 지바라밀다 때문에 세속을 벗어나는 지혜를 이끌어낼 수 있습니다. 그러므로 나는 지바라밀다가 반야바라밀다와 함께하며 도움을 준다고 설합니다."

觀自在菩薩 復白佛言 世尊 何因緣故 宣說六種波羅密多 如是次第

관자재보살이 다시 부처님께 여쭈었다.

"세존이시여, 무슨 인연으로 여섯 가지 바라밀다를 이와 같은 순서로 널리 설하셨습니까?"

관자재보살이 다시 부처님께 여쭈었다.

"세존이시여, 무슨 인연으로 여섯 가지 바라밀다를 이와 같은 순서로 널리 설하셨습니까?"

佛告觀自在菩薩曰 善男子 能爲後後引發依故 謂諸菩薩 若於身財 無所顧悋 便能受持淸淨禁戒 爲護禁戒 便修忍辱 修忍辱已 能發精進 發精進已 能辦靜慮 具靜慮已 便能獲得出世間慧 是故 我說波羅密多 如是次第

부처님께서 관자재보살에게 말씀하셨다.

"선남자여, 이후의 바라밀다를 이끌어낼 수 있는 의지처가 되기 때문입니다. 모든 보살이 만약 몸과 재물에 대해 돌아보며 인색한 바가 없다면 곧 금지된 계율을 청정하게 수지합니다. 금지된 계율을 지키기 위하여 곧 인욕을 수행합니다. 인욕을 수행하고 나서는 정진을 일으킬 수 있습니다. 정진을 일으키고 나서는 정려를 힘쓸 수 있습니다. 정려를 갖추고 나서는 곧 출세간의 지혜를 획득할 수 있습니다. 그러므로 나는 바라밀다를 이와 같은 순서대로 설합니다."

> 부처님께서 관자재보살에게 말씀하셨다.
> "선남자여, 다음에 이어지는 바라밀다를 이끌어낼 수 있는 바탕이 되기 때문입니다. 모든 보살이 만약 몸과 재물에 대해 돌아보면서 아까워하는 바가 없으면 곧 금지된 계율을 청정하게 받들어 지닙니다. 금지된 계율을 지키기 위하여 곧 인욕을 닦습니다. 인욕을 닦고 나서는 정진을 일으킬 수 있습니다. 정진을 일으키고 나서는 정려를 힘쓸 수 있습니다. 정려를 갖추고 나서는 곧 세속을 벗어난 지혜를 얻을 수 있습니다. 그러므로 나는 바라밀다를 이와 같은 순서대로 설합니다."

觀自在菩薩 復白佛言 世尊 如是六種波羅密多 各有幾種品類差別

관자재보살이 다시 부처님께 여쭈었다.
"세존이시여, 이러한 여섯 가지의 바라밀다는 각각 몇 가지 품투의 차별이 있습니까?"

> 관자재보살이 다시 부처님께 여쭈었다.
> "세존이시여, 이러한 여섯 가지의 바라밀다는 각각 몇 가지 종류의 차별된 것이 있습니까?"

佛告觀自在菩薩曰 善男子 各有三種 施三種者 一者 法施 二者 財施 三
者 無畏施

부처님께서 관자재보살에게 말씀하셨다.

"선남자여, 각각 세 가지가 있습니다. 보시의 세 가지 종류란 첫째는 법
보시이고, 둘째는 재물보시이며, 셋째는 무외보시입니다.

> 부처님께서 관자재보살에게 말씀하셨다.
> "선남자여, 각각 세 가지가 있습니다. 보시의 세 가지 종류란, 첫째는 교법을
> 보시하는 것이고, 둘째는 재물을 보시하는 것이며, 셋째는 두려움이 없도록 하
> 는 보시입니다.

戒三種者 一者 轉捨不善戒 二者 轉生善戒 三者 轉生饒益有情戒

계의 세 가지란 첫째는 불선을 버리도록 하는 계이고, 둘째는 선을 생
기도록 하는 계이며, 셋째는 유정을 요익하게 하는 계입니다.

> 계의 세 가지란 첫째는 세상을 이롭게 하지 못하는 것을 버리도록 하는 계이
> 고, 둘째는 세상을 이롭게 하는 것을 잘 하도록 하는 계이며, 셋째는 유정을 한
> 가득 이롭게 하는 계입니다.

忍三種者 一者 耐怨害忍 二者 安受苦忍 三者 諦察法忍

　인의 세 가지란 원한과 손해를 참는 인이고, 둘째는 고통을 편안히 받아들이는 인이며, 셋째는 모든 법을 치밀하게 관찰하는 인입니다.

> 　인의 세 가지란 첫째는 원한과 손해를 참는 인이고, 둘째는 괴로움을 편안히 받아들이는 인이며, 셋째는 모든 교법을 치밀하게 살피는 인입니다.

精進三種者 一者 被甲精進 二者 轉生善法 加行精進 三者 饒益有情 加行精進

　정진의 세 가지란 첫째는 갑옷으로 무장한 정진이고, 둘째는 선법을 굴리는 가행정진이며, 셋째는 유정을 요익하게 하는 가행정진입니다.

> 　정진의 세 가지란, 첫째는 갑옷으로 무장하듯이 용맹스럽게 하는 정진이고, 둘째는 세상을 이롭게 하는 교법을 일으켜 전하도록 거듭 수행하는 정진이며, 셋째는 유정을 한가득 이롭게 하도록 거듭 수행하는 정진입니다.

靜慮三種者 一者 無分別寂靜 極寂靜 無罪故 對治煩惱衆苦 樂住靜慮 二者 引發功德靜慮 三者 引發饒益有情靜慮

정려의 세 가지란, 첫째는 무분별 적정이고 지극한 적정이며 무죄이기 때문에 번뇌와 온갖 고통을 대치하여 낙주하는 정려이고, 둘째는 공덕을 이끌어내는 정려이며, 셋째는 유정을 요익하게 함을 이끌어내는 정려입니다.

정려의 세 가지란, 첫째는 분별 작용이 없는 적정이고 지극한 적정이며 죄가 없기 때문에 번뇌와 온갖 괴로움을 다스려서 즐거움에 머무는 정려이고, 둘째는 공덕을 이끌어내는 정려이며, 셋째는 유정을 한가득 이롭게 함을 이끌어내는 정려입니다.

慧三種者 一者 緣世俗諦慧 二者 緣勝義諦慧 三者 緣饒益有情慧

반야의 세 가지란, 첫째는 세속제에 관한 반야이고, 둘째는 승의제에 관한 반야이며, 셋째는 유정의 요익에 관한 반야입니다."

반야의 세 가지란, 첫째는 세속의 온갖 이치에 관한 반야(지혜)이고, 둘째는 궁극적인 진리 관한 반야이며, 셋째는 유정을 한가득 이롭게 함에 관한 반야입니다."

觀自在菩薩 復白佛言 世尊 何因緣故 波羅密多 說名波羅密多

　관자재보살이 다시 부처님께 여쭈었다.

　"세존이시여, 무슨 인연으로 바라밀다를 바라밀다라고 이름ᄒᆞ여 설합니까?"

　관자재보살이 다시 부처님께 여쭈었다.

　"세존이시여, 무슨 인연으로 바라밀다를 바라밀다라고 이름하여 설합니까?"

佛告觀自在菩薩曰 善男子 五因緣故 一者 無染着故 二者 無顧戀故 三者 無罪過故 四者 無分別故 五者 正迴向故

　부처님께서 관자재보살에게 말씀하셨다.

　"선남자여, 다섯 가지 인연 때문입니다. 첫째는 오염된 집착이 없기 때문이고, 둘째는 돌아보며 연연함이 없기 때문이며, 셋째는 죄과가 없기 때문이고, 넷째는 무분별하기 때문이며, 다섯째는 정회향하기 때문입니다.

　부처님께서 관자재보살에게 말씀하셨다.

　"선남자여, 다섯 가지 인연 때문입니다. 첫째는 오염된 집착이 없기 때문이고, 둘째는 돌아보며 아쉬워함이 없기 때문이며, 셋째는 그릇된 허물이 없기 때문이고, 넷째는 분별 작용이 없기 때문이며, 다섯째는 바르게 회향하기 때문입니다.

無染着者 謂不染着波羅密多諸相違事

오염된 집착이 없다는 것은 바라밀다와 모든 상위한 일에 오염되어 집착하지 않음을 말합니다.

번뇌와 망상에 대한 집착이 없다는 것은 바라밀다에 어긋나는 모든 번뇌와 망상에 물들어 집착하지 않음을 말합니다.

無顧戀者 謂於一切波羅密多 諸果異熟 及報恩中 心無繫縛

돌아보며 연연함이 없다는 것은 일체 바라밀다의 모든 결과의 이숙 및 보은 가운데 마음의 계박이 없음을 말합니다.

과거를 돌아보며 아쉬워함이 없다는 것은 일체 모든 바라밀다의 모든 과보가 다르게 나타나거나 과보가 가져오는 은덕에 대해서 마음의 얽매임이 없음을 말합니다.

無罪過者 謂於如是波羅密多 無間雜染法 離非方便行

죄과가 없다는 것은 이와 같은 바라밀다에는 잡염법이 끼어듦이 없고 그릇된 방편행을 멀리함을 말합니다.

그릇된 허물이 없다는 것은 이와 같은 바라밀다에는 번뇌와 망상이 끼어들 틈이 없고 그릇된 방편을 행하지 않는다는 것을 말합니다.

無分別者 謂於如是波羅密多 不如言詞執着自相

무분별이란 것은 이러한 바라밀다에는 말 그대로 자상에 집착하지 않음을 말합니다.

분별 작용이 없다는 것은 이러한 바라밀다에는 말 그대로 고유한 본성이나 실체가 있다고 집착하지 않음을 말합니다.

正廻向者 謂以如是所作所集波羅密多 廻求無上大菩提果

정회향한다는 것은 이와 같이 짓고 쌓은 바라밀다로써 회향하여 무상 대보리의 과보를 구함을 말합니다."

바르게 회향한다는 것은 이와 같이 실천하고 쌓은 바라밀다로써 회향하여 아뇩다라삼막삼보리를 깨우쳐 터득한 과보를 구하는 것을 말합니다."

世尊 何等 名爲波羅密多諸相違事

"세존이시여, 어떤 것들을 바라밀다와 상위한 일이라고 말합니까?"

"세존이시여, 어떤 것들을 바라밀다에 어긋나는 일이라고 말합니까?"

善男子 當知 此事 略有六種

"선남자여, 이 일에는 대략 여섯 가지가 있음을 알아야 합니다.

> "선남자여, 이 바라밀다에 어긋나는 일에는 대략 여섯 가지가 있음을 알아야
> 합니다.

一者 於喜樂欲財富自在諸欲樂中 深見功德及與勝利

첫째는 욕과 재부가 자재하는 모든 욕락을 기뻐하며 즐기는 가운데서
깊이 공덕과 뛰어난 이익을 보는 것입니다.

> 첫째는 색·성·향·미·촉의 욕락과 재물의 부유함이 충족되는 모든 욕락을
> 기뻐하며 즐기는 가운데서 깊이 공덕과 뛰어난 이익을 찾는 것입니다.

二者 於隨所樂縱身語意 而現行中 深見功德及與勝利

둘째는 즐기는 바를 따라서 신업·구업·의업이 현행하는 가운데서 깊
이 공덕과 더불어 뛰어난 이익을 보는 것입니다.

> 둘째는 즐거움을 따라서 몸으로 짓는 업, 말로 짓는 업, 뜻으로 짓는 업이 현
> 재 행해지는 가운데서 깊이 공덕과 더불어 뛰어난 이익을 보는 것입니다.

三者 於他輕蔑不堪忍中 深見功德及與勝利

셋째는 타인의 경멸을 참아내지 못하는 가운데서 깊이 공덕과 더불어 뛰어난 이익을 보는 것입니다.

> 셋째는 남들이 경멸하는 것을 참아내지 못하는 가운데서 깊이 공덕과 더불어 뛰어난 이익을 보는 것입니다.

四者 於不勤修着欲樂中 深見功德及與勝利

넷째는 부지런히 수행하지 않고 욕락에 집착하는 가운데서 깊이 공덕과 더불어 뛰어난 이익을 보는 것입니다.

> 넷째는 부지런히 수행하지 않고 욕망과 즐거움에 집착하는 가운데서 깊이 공덕과 더불어 뛰어난 이익을 보는 것입니다.

五者 於處慣鬧世雜亂行 深見功德及與勝利

　다섯째는 언제나 시끄러운 세간의 잡란된 행에 처하면서 깊이 공덕과 더불어 뛰어난 이익을 보는 것입니다.

　　다섯째는 언제나 시끄러운 세간에서 잡다하게 어지러운 행위를 하면서 깊이 공덕과 더불어 뛰어난 이익을 보는 것입니다.

六者 於見聞覺知言說戲論 深見功德及與勝利

　여섯째는 보고 듣고 생각하고 아는 것과 희론을 언설하는 것에서 깊이 공덕과 더불어 뛰어난 이익을 보는 것입니다."

　　여섯째는 세간에서 보고 듣고 생각하고 아는 것과 세간의 잡다한 주장과 논쟁을 일삼는 것에서 깊이 공덕과 더불어 뛰어난 이익을 보는 것입니다."

世尊 如是一切波羅密多 何果異熟

"세존이시여, 이와 같은 모든 바라밀다는 어떤 이숙과[244]를 가져옵니까?"

"세존이시여, 이와 같은 모든 바라밀다는 어떤 다르게 성숙한 과보를 가져옵니까?"

善男子 當知 此亦略有六種

"선남자여, 이것 역시 대략 여섯 가지가 있음을 알아야 합니다.

"선남자여, 이것 또한 대략 여섯 가지의 과보가 있음을 알아야 합니다.

---

244 다르게 성숙되는 과보. 바라밀다 수행이 가져오는 자리이타의 과보. 이숙과는 과거에 지었던 행위로 미래에 어떤 결과를 얻을 때, 시간적으로 멀리 떨어져 있는 행위(업)와 그 과보 간의 인과를 이숙인, 이숙과라고 함. 이 경우 인의 성질은 선하거나 불선이지만 과는 선도 불선도 아닌 무기의 성질을 갖는다. 그래서 다르게 무르익은 과, 이숙과라고 한다.

一者 得大財富 二者 往生善趣 三者 無怨無壞 多諸喜樂 四者 爲衆生主
五者 身無惱害 六者 有大宗葉

　첫째는 큰 재부[245]를 얻는 것이고, 둘째는 선취에서 왕생하는 것이며,
셋째는 원한도 없고 파괴도 없이 온갖 기쁨과 즐거움이 많은 것입니다.
넷째는 중생의 주인이 되는 것이고, 다섯째는 몸에 괴로움과 해침이 없으
며, 여섯째는 집단이 크게 왕성하는 것입니다."

> 　첫째는 물질적 부에 얽매이지 않는 큰 부를 얻는 것이고, 둘째는 계율의 걸
> 림이 없는 세상에 태어나는 것이며, 셋째는 원한도 없고 파괴도 없이 온갖 기
> 쁨과 즐거움이 많게 되는 것입니다. 넷째는 번뇌에 사로잡힌 중생이 아니라 번
> 뇌를 벗어난 자유인이 되는 것이고, 다섯째는 업으로 매인 몸의 구속을 벗어나
> 괴로움과 해침이 없는 것이며, 여섯째는 모든 중생이 함께 평등한 세상이 되는
> 것입니다."

世尊 何等 名爲波羅密多間雜染法

　"세존이시여, 어떤 것들을 바라밀다 사이의 잡염법이라고 합니까?"

245　여기서 큰 재부란 물질적으로 크다는 것이라기보다 물질을 넘어서는 의미의 재부를 의미한
　　다고 볼 수 있다.

善男子 當知 略由四種加行 一者 無悲加行故 二者 不如理加行故 三者
不常加行故 四者 不慇重加行故

"선남자여, 대략 네 가지의 가행 때문임을 알아야 합니다. 첫째는 무자
비한 가행 때문이고, 둘째는 여리에 어긋나는 가행 때문이며, 셋째는 항
상하지 않는 가행 때문이고, 넷째는 존중하지 않는 가행 때문입니다.

"선남자여, 대략 네 가지의 거듭되는 수행 때문임을 알아야 합니다. 첫째는
자비가 없이 거듭되는 수행 때문이고, 둘째는 이치에 어긋나게 거듭되는 수행
때문이며, 셋째는 늘 하지 않고 그침이 거듭되는 수행 때문이고, 넷째는 교법을
존중하지 않고 거듭되는 수행 때문입니다.

不如理加行者 謂修行餘波羅密多時 於餘波羅密多 遠離失壞

이치에 어긋나는 가행이란 어떤 바라밀다를 수행할 때 그 밖의 바라밀
다를 멀리하고 실괴함을 말합니다."

> 이치에 어긋나는 가행이란 어떤 바라밀다를 수행할 때 잘못된 수행으로 그 밖의 다른 바라밀다를 멀리하여 잃어버리고 그동안 쌓은 것을 무너뜨리는 수행을 말합니다."

世尊 何等 名爲非方便行

"세존이시여, 어떤 것들을 비방편행이라고 합니까?"

> "세존이시여, 어떤 것들을 그릇된 방법의 수행이라고 합니까?"

善男子 若諸菩薩 以波羅密多 饒益衆生時 但攝財物 饒益衆生 便爲喜足 而不令其出不善處安置善處 如是 名爲非方便行

"선남자여, 만약 모든 보살이 바라밀다로써 중생을 요익하게 할 때 단지 재물로 포섭하여 중생을 요익하게 하면 곧 기뻐하며 만족합니다. 그러나 그들이 불선처에서 벗어나 선처에 편안히 있게 하지 못하게 됩니다. 이러한 것을 비방편행이라고 말합니다.

"선남자여, 만약 모든 보살이 바라밀다로써 중생을 한가득 이롭게 할 때 단지 재물만 가지고 중생을 넉넉히 이롭게 하면 곧 기뻐하며 만족합니다. 그러나 그들은 번뇌에 물든 세상에서 벗어나 번뇌에서 벗어난 좋은 세상에서 편안히 있게 하지 못합니다. 이러한 것을 그릇된 방법의 수행이라고 말합니다.

何以故 善男子 非於衆生 唯作此事 名實饒益 譬如糞穢 若多若少 終無有能令成香潔 如是 衆生 由行苦故 其性是苦 無有方便但以財物 暫相饒益 可令成樂 唯有安處妙善法中 方可得名第一饒益

"왜냐하면 선남자여, 중생에게 오직 이 일을 하는 것만으로는 실로 요익이라고 말할 수 없습니다. 비유하면 더러운 똥은 많든 적든 끝내 향기롭고 깨끗이 할 수 없음과 같습니다. 이와 같이 중생은 행고[246]이기 때문에 그 성품이 고입니다. 다만 재물만을 방편으로 하여 잠시 상대를 요익하게 해서 낙을 이루게 할 수는 없습니다. 오직 묘선법[247] 가운데 안처함이 있을 때, 비로소 제일의 요익이라고 말할 수 있습니다."

"왜냐하면 선남자여, 중생에게 이러한 일을 하는 것만으로 실로 한가득 이롭게 한다고 말할 수 없습니다. 비유하면 더러운 똥은 많든 적든 끝내 향기롭고 깨끗이 할 수 없음과 같습니다. 이와 같이 중생은 살아가는 것이 괴로움이

---

246 살아가는 것이 괴로움.

247 세상을 이롭게 하는 깊은 진리를 담고 있는 교법.

기 때문에 그 성품이 괴로움입니다. 다만 재물만을 방편으로 하여 잠깐 상대를 넉넉히 이롭게 한다고 해서 진정한 즐거움을 이루게 할 수는 없습니다. 오직 세상을 이롭게 하는 깊은 교법 가운데 편안히 머물 수 있을 때, 비로소 가장 넉넉한 이로움이라고 말할 수 있습니다."

觀自在菩薩 復白佛言 世尊 如是一切波羅密多 有幾淸淨

관자재보살이 다시 부처님께 여쭈었다.
"세존이시여, 이러한 일체 바라밀다는 몇 가지의 청정이 있습니까?"

관자재보살이 다시 부처님께 여쭈었다.
"세존이시여, 이러한 일체 모든 바라밀다는 몇 가지의 청정함이 있습니까?"

佛告觀自在菩薩曰 善男子 我終不說 波羅密多 除上五相 有餘淸淨 然我卽依如是諸事 總別當說波羅密多淸淨之相

부처님께서 관자재보살에게 말씀하셨다.
"선남자여, 나는 결코 바라밀다가 앞의 다섯 가지 상을 제외하고 그밖에 청정함이 있다고 설하지 않았습니다. 그래서 나는 곧 이와 같은 모든 일에 의거해서 바라밀다의 청정한 상을 총·별로 설하겠습니다.

> 부처님께서 관자재보살에게 말씀하셨다.
> "선남자여, 나는 결코 바라밀다가 바라밀다로 불리는 이유로 앞에서 언급한 다섯 가지 모습[248]을 제외하고 그밖에 다른 청정함이 있다고 설하지 않았습니다. 그래서 나는 곧 이와 같은 모든 청정함에 의거해서 바라밀다가 청정한 이유를 총체적으로 개별적으로 설하겠습니다.

總說一切波羅密多清淨相者 當知七種 何等爲七 一者 菩薩 於此諸法 不求他知 二者 於此諸法 見已 不生執着 三者 卽於如是諸法 不生疑惑 謂爲能得大菩提不 四者 終不自讚毁他有所輕蔑 五者 終不憍傲放逸 六者 終不少有所得便生喜足 七者 終不由此諸法 於他發起嫉妬慳悋

일체 바라밀다의 청정한 상을 총체적으로 설하면 일곱 가지임을 알아야 합니다. 어떤 것들이 일곱 가지인가? 첫째는 보살이 이 모든 법에 대하여 타인이 알아주기를 구하지 않는 것입니다. 둘째는 이 모든 법을 견하고서 집착을 일으키지 않는 것입니다. 셋째는 곧 이 모든 법에 대해 대보

---

248 앞의 다섯 가지 모습은, "五因緣故 一者 無染着故 二者 無顧戀故 三者 無罪過故 四者 無分別故 五者 正廻向故 無染着者"라고 하여 앞에서 6바라밀다가 바라밀다로 불리는 이유로 다섯 가지 성품을 언급한 바 있다.

리를 득할 수 있을지 없을지 의혹을 일으키지 않는 것입니다. 넷째는 결코 자기를 칭찬하면서 남을 헐뜯고 경멸하지 않는 것입니다. 다섯째는 결코 교만하거나 방일하지 않는 것입니다. 여섯째는 결코 조금 얻는 바가 있다고 곧 기뻐하며 만족해 하지 않는 것입니다. 일곱째는 결코 이 모든 법으로 말미암아 타인의 질투나 인색함을 일으키지 않는 것입니다.

일체 모든 바라밀다의 청정한 모습을 총체적으로 설하면 일곱 가지임을 알아야 합니다. 어떤 것들이 일곱 가지인가? 첫째는 보살이 이 모든 교법에 대하여 타인이 알아주기를 구하지 않는 것입니다. 둘째는 이 모든 교법에 대해 알고 나서는 집착을 일으키지 않는 것입니다. 셋째는 곧 이러한 모든 교법에 대해 큰 지혜를 얻을 수 있을지 없을지 의혹을 일으키지 않는 것입니다. 넷째는 결코 자기를 칭찬하면서 남을 헐뜯고 경멸하지 않는 것입니다. 다섯째는 결코 교만하거나 흐트러지지 않는 것입니다. 여섯째는 결코 조금 교법을 터득했다고 곧 기뻐하여 만족해 하지 않는 것입니다. 일곱째는 결코 이 모든 교법으로 말미암아 다른 이가 질투나 인색함을 일으키지 않는 것입니다.

別說一切波羅密多淸淨相者 亦有七種 何等爲七 謂諸菩薩 如我所說七種布施淸淨之相 隨順修行 一者 由施物淸淨 行淸淨施 二者 由戒淸淨 行淸淨施 三者 由見淸淨 行淸淨施 四者 由心淸淨 行淸淨施 五者 由語淸淨 行淸淨施 六者 由智淸淨 行淸淨施 七者 由垢淸淨 行淸淨施 是名七種施淸淨相

일체 바라밀다의 청정한 상을 개별적으로 설하면 역시 일곱 가지가 있습니다. 어떤 것들이 일곱 가지인가? 모든 보살이 내가 설한 대로 일곱 가지 보시의 청정한 상에 따라서 수행합니다. 첫째는 보시물이 청정함으로 말미암아 청정한 보시를 행함이고, 둘째는 계율이 청정함으로 말미암아 청정한 보시를 행함이며, 셋째는 견해가 청정함으로 말미암아 청정한 보시를 행함입니다. 넷째는 마음이 청정함으로 말미암아 청정한 보시를 행함이고, 다섯째는 말이 청정함으로 말미암아 청정한 보시를 행함이며, 여섯째는 지혜가 청정함으로 말미암아 청정한 보시를 행함이고, 일곱째는 때가 청정함[249]으로 말미암아 청정한 보시를 행함입니다. 이것을 보시의 일곱 가지 청정한 상이라고 말합니다.

> 일체 모든 바라밀다의 청정한 모습을 개별적으로 설하면 또한 일곱 가지가 있습니다. 어떤 것들이 일곱 가지인가? 모든 보살이 내가 설한 대로 보시의 일곱 가지 청정한 모습에 따라서 수행합니다. 첫째는 보시물이 청정함으로 말미암아 청정한 보시를 행하는 것입니다. 둘째는 계율이 청정함으로 말미암아 청정한 보시를 행하는 것입니다. 셋째는 견해가 청정함으로 말미암아 청정한 보시를 행하는 것입니다. 넷째는 마음이 청정함으로 말미암아 청정한 보시를 행하는 것입니다. 다섯째는 말이 청정함으로 말미암아 청정한 보시를 행하는 것입니다. 여섯째는 지혜가 청정함으로 말미암아 청정한 보시를 행하는 것입니다. 일곱째는 탐·진·치의 번뇌가 청정함으로 말미암아 청정한 보시를 행하는 것입니다. 이것을 보시의 일곱 가지 청정한 모습이라고 말합니다.

---

249 구청정(垢淸淨)은 게으름과 탐진치 등의 때를 여읜 청정.

又諸菩薩 能善了知制立律儀一切學處 能善了知出離所犯 具常尸羅 堅固尸羅 常作尸羅 常轉尸羅 受學一切所有學處 是名七種戒清淨相

또한 모든 보살은 계율 제정과 의례 설립의 일체 학처를 잘 요지할 수 있습니다. 이미 계율을 범한 것에서 출리함을 잘 요지할 수 있습니다. 언제나 시라[250]를 갖춥니다. 시라를 견고히 합니다. 언제나 시라를 짓습니다. 언제나 시라를 굴립니다. 일체 학처를 수학합니다. 이것을 겨의 일곱 가지 청정한 상이라고 말합니다.

또한 모든 보살은 계율의 제정과 의례의 설립에 관한 일체 모든 학습할 내용을 명료하게 잘 알 수 있습니다. 이미 계율과 의례를 위반한 것에 대해 벗어나는 것을 명료하게 잘 알 수 있습니다. 언제나 계율을 갖춥니다. 계율을 견고히 지킵니다. 언제나 계율을 실천합니다. 언제나 계율을 전합니다. 일체 모든 학습할 내용을 받아들여 학습합니다. 이것을 계의 일곱 가지 청정한 모습이라고 말합니다.

若諸菩薩 於自所有業果異熟 深生仰信 一切所有不饒益事 現在前時 不生憤發 亦不反罵 不瞋不打 不恐不弄 不以種種不饒益事 反相加害 不懷怨結 若諫誨時 不令恚惱 亦復不待他來諫誨 不由恐怖有染愛心 而

---

250 시라는 산스크리트어로 sila. 6바라밀다 중 하나인 지계(持戒)나 계율을 말한다.

行忍辱 不以作恩而便放捨 是名七種忍清淨相

만약 모든 보살이, 자신의 모든 업의 과와 이숙[251]에 대해 깊이 믿음을 낸다면 일체 불요익한 일이 바로 앞에서 일어날 때 분노를 일으키지 않습니다. 또한 되받아 욕하지 않으며 성내거나 때리거나 하지도 않습니다. 두렵게 하거나 조롱하거나 하지도 않습니다. 갖가지 불요익한 일로써 도리어 상대에게 해를 가하거나 원한을 품거나 하지 않습니다. 만약 뉘우칠 때면 상대를 성나게 하거나 괴롭히거나 하지 않습니다. 역시 다시 타인이 와서 뉘우치기를 기다리지도 않습니다. 공포나 염애의 마음으로 인욕을 행하지 않습니다. 은혜를 베풀지만 곧 방기해 버리지 않습니다. 이것을 인욕의 일곱 가지 청정한 상이라고 말합니다.

> 만약 모든 보살이, 자신이 행하는 모든 업이 가져오는 과보와 좋은 영향에 대해 깊이 믿음을 낸다면 일체 모든 넉넉히 이롭지 못한 일들이 바로 앞에서 벌어질 때 분노를 일으키지 않습니다. 또한 되받아 욕하지 않으며 성내거나 때리거나 하지도 않습니다. 두렵게 하거나 조롱하거나 하지도 않습니다. 넉넉히 이롭지 못한 온갖 일로써 오히려 상대에게 해를 가하거나 원한을 품거나 하지 않습니다. 만약 상대가 뉘우칠 때면 그를 성나게 하거나 괴롭히거나 하지 않습니다. 또한 다시 다른 이가 와서 뉘우치기를 기다리지도 않습니다. 두려움이나 번뇌에 물든 애착의 마음으로 인욕을 행하지 않습니다. 은혜를 베풀더라도 곧 내팽개치지 않습니다. 이것을 인욕의 일곱 가지 청정한 모습이라고 말합니다.

---

251 자신의 선한 행위가 자신과 세상을 이롭게 하는 좋은 영향으로 나타남.

若諸菩薩 通達精進平等之性 不由勇猛勤精進故 自擧凌他 具大勢力 具
大精進 有所堪能 堅固勇猛 於諸善法 終不捨軛 如是 名爲七種精進淸
淨之相

만약 모든 보살이, 정진의 평등한 성품에 통달합니다. 용맹스럽게 근정
진하기 때문에 자신을 내세우거나 남을 업신여기거나 하지 않습니다. 대
세력을 갖춥니다. 대정진을 갖춥니다. 감당할 능력이 있습니다. 견고용맹
합니다. 모든 선법을 결코 벗어나지 않습니다. 이러한 것을 정진의 일곱
가지 청정한 상이라고 말합니다.

> 만약 모든 보살이, 정진의 평등한 성품에 통달합니다. 용맹스럽게 부지런히
> 정진하기 때문에 자신을 내세우거나 남을 업신여기지 않습니다. 큰 기세와 힘
> 을 갖춥니다. 큰 용맹정진을 갖춥니다. 용맹정진을 감당할 능력이 있습니다. 굳
> 세고 용맹합니다. 세상을 이롭게 하는 모든 교법을 결코 벗어나지 않습니다. 이
> 와 같은 것을 정진의 일곱 가지 청정한 모습이라고 말합니다.

若諸菩薩 有善通達相三摩地靜慮 有圓滿三摩地靜慮 有俱分三摩地靜
慮 有運轉三摩地靜慮 有無所依三摩地靜慮 有善修治三摩地靜慮 有於
菩薩藏 聞緣修習 無量三摩地靜慮 如是 名爲七種靜慮淸淨之相

만약 모든 보살이, 선통달상삼매정려가 있습니다. 원만삼매정려가 있습

니다. 구분(俱分)삼매정려가 있습니다. 운전삼매정려가 있습니다. 무소의 삼매정려가 있습니다. 선수치삼매정려가 있습니다. 보살장에 대해서 들은 것을 수습하는 무량삼매정려가 있습니다. 이것을 정려의 일곱 가지 청정한 상이라고 말합니다.

> 만약 모든 보살이, 세속의 모습에 잘 통달하는 선통달 삼매[252]정려가 있습니다. 원만한 진여를 대상으로 하는 원만 삼매정려가 있습니다. 세속의 모습과 원만한 진여 모두를 대상으로 함께하는 구분 삼매정려가 있습니다. 번뇌를 없애기 위해 수행에 힘쓰는 지혜[가행지]에 의거하는 운전 삼매정려가 있습니다. 의거할 바 없는 진여의 무분별지[근본지]에 의거하는 무소의 삼매정려가 있습니다. 잘 수행하여 번뇌를 잘 다스리는 후득지에 의거하는 선수치 삼매정려가 있습니다. 보살 세계에 대해서 듣고 사유하며 수행하는 무량 삼매정려가 있습니다. 이것을 정려의 일곱 가지 청정한 모습이라고 말합니다.[253]

若諸菩薩 遠離增益損減二邊 行於中道 是名爲慧 由此慧故 如實了知解脫門義 謂空 無願 無相 三解脫門 如實了知有自性義 謂遍計所執 若依

---

252 삼마지는 삼매라고도 함. 하나의 대상에만 의식을 집중시켜 일심불란한 경지로 의역으로는 등지(等持).

253 대승불교에서는 부처가 번뇌장과 소지장의 단멸을 증득함으로써 드러나는 진여를 깨친 완전한 지혜 또는 진여의 지혜인 무분별지를 가리켜 반야, 마하반야, 대반야, 보리, 대원경지, 구경각이라고 한다. 유가유식불교에서는 진여의 무분별지를 본질의 입장에서 근본지, 근본무분별지라 하고 진여를 완전히 깨칠 때 비로소 드러난다는 증득의 입장에서는 후득지 또는 후득무분별지라 하며, 가행 즉 선정 수행을 통해 증득하는 진여의 무분별지의 일부로서의 갖가지 무루혜를 가행지, 가행무분별지라 하며, 가행지는 근본지를 깨쳐 후득지가 드러나게 하는 원인이 된다고 말한다.

他起 若圓成實 三種自性 如實了知無自性義 謂相生勝義 三種無自性性 如實了知世俗諦義 謂於五明處 如實了知勝義諦義謂於七眞如 又無分別 離諸戲論 純一理趣 多所住故 無量總法 爲所緣故 及昆鉢舍那故 能善成辦法隨法行 是名七種慧淸淨相

　　만약 모든 보살이 증익과 손감의 두 가지 극단을 멀리 여의고 중도를 행하면, 이것을 지혜라고 합니다. 이 지혜로 말미암아, 해탈문의 뜻을 여실하게 알게 되니 공(空)·무원(無願)·무상(無相)의 세 가지 해탈문을 말합니다. 유자성의 뜻을 여실하게 알게 되니 변계소집성과 혹은 의타기성과 혹은 원성실성의 세 가지 자성을 말합니다. 무자성의 뜻을 여실하게 알게 되니 상무자성과 생무자성과 승의무자성의 세 가지 무자성 성품을 말합니다. 세속제의 뜻을 여실하게 알게 되니 오명처를 말합니다. 승의제의 뜻을 여실하게 알게 되니 일곱 가지 진여를 말합니다. 또 무분별하고 모든 희론을 떠나 순수한 하나의 도리의 취지에 자주 머무르기 때문에 무량총법[254]을 소연으로 삼기 때문에 그리고 그에 따른 비파사나를 하기 때문에 법과 수법의 행을 잘 이룰 수 있습니다. 이것을 지혜의 일곱 가지 청정한 상이라고 말합니다."

　　만약 모든 보살이 '있다'라는 유견이나 '영원하다'라는 상견의 극단, '없다'라는 무견이나 '단멸한다'라는 단견의 극단, 이 두 가지 극단을 멀리 벗어나고 중도를 행하면, 이것을 지혜라고 합니다. 이 지혜로 말미암아 해탈문의 뜻을 여실

254　무량총법은 교법의 언어로 설명할 수 없는 드러나지 않는 총체적인 교법의 뜻을 말한다.

하게 알게 되니, 일체가 공이고 원하는 바가 없으며 마주하는 대상이 없는, 세 가지 해탈문을 말합니다. 고유한 실체가 있다는 뜻을 여실하게 알게 되니, 변계소집성과 혹은 의타기성과 혹은 원성실성의 세 가지 자성을 말합니다. '고유한 실체가 없다'라는 뜻을 여실하게 알게 되니, 상무자성과 생무자성과 승의무자성의 세 가지 무자성 성품을 말합니다. 세속제의 뜻을 여실하게 알게 되니, 다섯 가지의 명처[255]를 여실하게 안다는 것을 말합니다. 승의제의 뜻을 여실하게 알게 되니, 일곱 가지의 진여를 여실하게 안다는 것을 말합니다. 또 분별함이 없이 모든 잡다한 논쟁을 떠나 순수한 하나의 도리에 맞는 취지에 자주 머무르기 때문에, 헤아릴 수 없는 총법을 대상으로 삼기 때문에, 그에 따른 비파사나를 수행하기 때문에, 교법과 교법에 따른 수행을 힘써 잘 이루어 갖출 수 있습니다. 이것을 지혜의 일곱 가지 청정한 모습이라고 말합니다."

觀自在菩薩 復白佛言 世尊 如是五相 各有何業

관자재보살이 다시 부처님께 여쭈었다.

"세존이시여, 이와 같은 다섯 가지의 상에는 각각 어떤 업이 있습니까?"

---

255 오명처(五明處)는 내명처(內明處), 인명처(因明處), 성명처(聲明處), 의방명처(醫方明處), 공업명처(工業明處)이다. 내명처는 바른 수행을 위하여 교법과 교법에 따른 수행을 자세하게 펼쳐 보여서 다른 이를 이롭게 하고 깨우쳐주기 위함이다. 인명처는 외도의 잘못을 논리적으로 굴복시키는 법을 나타내 보인 것이다. 성명처는 언어에 대해 자세히 밝혀 교법에 대한 공경과 믿음을 내도록 하기 위함이다. 의방명처는 병과 병의 원인을 밝혀 갖가지 중생들의 질병을 고치기 위함이다. 공업명처는 짓거나 만드는 기술과 활동을 밝혀 중생들을 삶을 증진하기 위함이다.

관자재보살이 다시 부처님께 여쭈었다.
"세존이시여, 이와 같은 다섯 가지의 모습에는 각각 어떤 업이 있습니까?"

佛告觀自在菩薩曰 善男子 當知 彼相 有五種業

부처님께서 관자재보살에게 말씀하셨다.
"선남자여, 그 상에 다섯 가지 업이 있음을 알아야 합니다.

부처님께서 관자재보살에게 말씀하셨다.
"선남자여, 그 다섯 가지 모습에 다섯 가지 업이 있음을 알아야 합니다-.

謂諸菩薩 無染着故 於現法中 於所修習波羅密多 恒常殷重 勤修加行
無有放逸

모든 보살은 오염된 집착이 없으므로 현법[256] 가운데서 수습한 바라밀
다에 대해 항상 간절하게 부지런히 가행을 수습하여 방일하지 않습니다.

---

256 현생. 이번 생.

모든 보살은 번뇌와 망상에 집착하지 않으므로 이번 생 가운데서 수행하고 학습한 바라밀다에 대해 언제나 간절하게 부지런히 수행을 거듭하여 게으르지 않습니다.

無顧戀故 攝受當來不放逸因

고연함이 없으므로 앞으로 방일하지 않을 원인을 섭수합니다.

돌아보며 아쉬워함이 없으므로 앞으로 흐트러지지 않을 근거를 거두어들입니다.

無罪過故 能正修習極善圓滿 極善清淨 極善鮮白 波羅密多

죄과가 없으므로 극히 선원만하고 극히 선청정하며 극히 선선명한 바라밀다를 바르게 수습할 수 있습니다.

그릇된 허물이 없으므로 그지없이 원만하고 그지없이 청정하며 그지없이 선명한 바라밀다를 바르게 수행하고 학습할 수 있습니다.

無分別故 方便善巧波羅密多 速得圓滿

　무분별하므로 방편선교로 바라밀다를 빠르게 원만히 득합니다.

> 　분별이 없으므로 훌륭한 방편으로 바라밀다를 빠르게 원만히 터득합니다.

正廻向故 一切生處 波羅密多 及彼可愛諸果異熟 皆得無盡 乃至 無上
正等菩提

　정회향하므로 모든 중생이 처한 곳에서 바라밀다 및 그 소중한 모든 과
와 이숙이 모두 다함이 없음을 득하고 나아가 무상정등보리을 득합니다."

> 　바르게 회향하므로 모든 중생이 처한 곳에서 바라밀다 및 그 소중한 모든 과
> 보와 다른 좋은 영향이 모두 다할 수 없음을 터득하고 나아가 위없이 바르고
> 평등한 지혜[아뇩다라삼막삼보리]를 터득합니다."

觀自在菩薩 復白佛言 世尊 如是所說波羅密多 何者 最廣大 何者 無染
汚 何者 最明盛 何者 不可動 何者 最淸淨

관자재보살이 다시 부처님께 여쭈었다.

"세존이시여, 이와 같이 설하신 바라밀다에서 어떤 것이 가장 광대하고, 어떤 것이 염오가 없으며, 어떤 것이 가장 밝고 왕성하고, 어떤 것이 동요할 수 없으며, 어떤 것이 가장 청정합니까?"

관자재보살이 다시 부처님께 여쭈었다.

"세존이시여, 이와 같이 설하신 바라밀다에서 어떤 것이 가장 넓고 크며, 어떤 것이 번뇌와 망상에 물듦이 없고, 어떤 것이 가장 밝고 왕성하며, 어떤 것이 흔들릴 수 없고, 어떤 것이 가장 청정합니까?"

佛告觀自在菩薩曰 善男子 無染着性 無顧戀性 正廻向性 最爲廣大 無罪過性 無分別性 無有染汚

부처님께서 관자재보살에게 말씀하셨다.

"선남자여, 오염된 집착이 없는 성품과 돌아보며 연연함이 없는 성품과 정회향하는 성품이 가장 광대합니다. 죄과 없는 성품과 무분별한 성품이 오염이 없습니다.

부처님께서 관자재보살에게 말씀하셨다.

"선남자여, 번뇌와 망상에 집착이 없는 성품과 돌아보며 아쉬워함이 없는 성품과 바르게 회향하는 성품이 가장 넓고 큽니다. 그릇된 허물이 없는 성품과

> 분별이 없는 성품은 번뇌와 망상에 물듦이 없습니다.

思擇所作 最爲明盛 已入 無退轉法地者 名不可動 若十地攝 佛地攝者 名最淸淨

　사택소작[257]이 가장 밝고 왕성합니다. 이미 무퇴전법지[258]라는 것은 '동요할 수 없다'라는 것입니다. 만약 제10지를 포섭하고 불지를 포섭하면 '가장 청정하다'라고 합니다."

> 　사유하고 판단하여 실천 수행하는 초지인 극희지부터 제7지인 원행지가 가장 밝고 왕성합니다. 이미 물러섬이 없는 교법의 자리에 든 제8지인 부동지와 제9지인 선혜지는 '흔들릴 수 없다'라고 합니다. 만약 보살의 제10지인 법운지를 거두어들이고 불지를 거두어들인다면 '가장 청정하다'라고 합니다."

觀自在菩薩 復白佛言 世尊 何因緣故 菩薩所得波羅密多 諸可愛果 及 諸異熟 常無有盡 波羅密多 亦無有盡

257　사택으로 지은 것, 뛰어난 사유와 판단으로 실천 수행하는 것으로 보살의 초지에서 제7지까지 해당한다.

258　물러섬이 없는 교법의 지위로 제8지와 제9지가 해당한다.

관자재보살이 다시 부처님께 여쭈었다.

"세존이시여, 무슨 인연으로 보살이 득한 바라밀다의 모든 소중한 과 및 모든 이숙은 항상 다함이 없으며, 바라밀다도 또한 다함이 없습니까?"

> 관자재보살이 다시 부처님께 여쭈었다.
> "세존이시여, 무슨 인연으로 보살이 터득한 바라밀다의 모든 소중한 과보 및 모든 좋은 영향은 항상 다함이 없으며, 바라밀다도 또한 다함이 없습니까?"

佛告觀自在菩薩曰 善男子 展轉相依生起 修習無間斷故

부처님께서 관자재보살에게 말씀하셨다.

"선남자여, 전전하며 서로 의지해 생기하면서 수습함이 중단되지 않기 때문입니다."

> 부처님께서 관자재보살에게 말씀하셨다.
> "선남자여, 인연 화합으로 서로 의존하여 일으키면서 수행하고 학습함이 끊임없기 때문입니다."

觀自在菩薩 復白佛言 世尊 何因緣故 是諸菩薩 深信愛樂波羅密多 非
於如是波羅密多 所得可愛 諸果異熟

관자재보살이 다시 부처님께 여쭈었다.

"세존이시여, 무슨 인연으로 이 모든 보살은 바라밀다를 깊이 믿고 사랑하여 즐거하지만, 이와 같은 바라밀다로 득한 소중한 모든 과와 이숙에 대해서는 그리하지 않습니까?"

> 관자재보살이 다시 부처님께 여쭈었다.
> "세존이시여, 이 모든 보살은 바라밀다를 깊이 믿고 사랑하여 즐거하지만, 무슨 인연으로 이러한 바라밀다로 터득한 소중한 모든 과보와 좋은 영향에 대해서는 그리하지 않습니까?"

佛告觀自在菩薩曰 善男子 五因緣故 一者 波羅密多 是最增上喜樂因故
二者 波羅密多 是其究竟 饒益一切自他因故 三者 波羅密多 是當來世
彼可愛果 異熟因故 四者 波羅密多 非諸雜染所依事故 五者 波羅密多
非是畢竟變壞法故

부처님께서 관자재보살에게 말씀하셨다.

"선남자여, 다섯 가지 인연 때문입니다. 첫째는 바라밀다가 최증상의 기쁨과 즐거움의 원인이기 때문입니다. 둘째는 바라밀다가 모든 자타를 궁극적으로 요익하게 하는 원인이기 때문입니다. 셋째는 바라밀다가 앞으로 내세의 저 소중한 과와 이숙의 원인이기 때문입니다. 넷째는 바라밀다가 모든 잡염이 의거한 일이 아니기 때문입니다. 다섯째는 바라밀다가 끝내 변하거나 무너지는 법이 아니기 때문입니다."

부처님께서 관자재보살에게 말씀하셨다.
"선남자여, 다섯 가지 인연 때문입니다. 첫째는 바라밀다가 가장 드높은 기쁨과 즐거움의 원인이기 때문입니다. 둘째는 바라밀다가 모든 나와 남을 궁극적으로 한가득 이롭게 하는 원인이기 때문입니다. 셋째는 바라밀다가 앞으로 내세의 저 소중한 과보와 다른 좋은 영향의 원인이기 때문입니다. 넷째는 바라밀다가 모든 번뇌와 망상이 발붙이는 곳이 아니기 때문입니다. 다섯째는 바라밀다가 끝내 변하거나 무너지는 법이 아니기 때문입니다."

觀自在菩薩 復白佛言 世尊 一切波羅密多 各有幾種最勝威德

관자재보살이 다시 부처님께 여쭈었다.
"세존이시여, 모든 바라밀다는 각각 몇 가지의 가장 수승한 위덕이 있습니까?"

관자재보살이 다시 부처님께 여쭈었다.
"세존이시여, 모든 바라밀다는 각각 몇 가지의 가장 뛰어나게 위대한 공덕이

佛告觀自在菩薩曰 善男子 當知 一切波羅密多 各有四種最勝威德 一者 於此波羅密多 正修行時 能捨慳恡 犯戒 心憤 懈怠 散亂 見趣 所治 二者 於此正修行時 能爲無上正等菩提 眞實資糧 三者 於此正修行時 於現法中 能自攝受饒益有情 四者 於此正修行時 於未來世 能得廣大無盡可愛諸果異熟

부처님께서 관자재보살에게 말씀하셨다.

"선남자여, 일체 바라밀다는 각각 네 가지의 가장 수승한 위덕이 있음을 알아야 합니다. 첫째는 이 바라밀다를 바르게 수행할 때 인색·범계·분노·나태·산란·견취 등 대치해야 할 것을 버릴 수 있습니다. 둘째는 이를 바르게 수행할 때 무상정등보리를 위한 진실한 자량이 될 수 있습니다. 셋째는 이를 바르게 수행할 때 현법 가운데서 스스로 섭수하여 유정을 요익하게 할 수 있습니다. 넷째는 이를 바르게 수행할 때 미래세에 광대하고 다함 없는 소중한 모든 과보와 이숙[259]을 얻을 수 있습니다."

---

259 이숙과는 과거에 지었던 행위로 미래에 어떤 결과를 얻을 때, 시간적으로 멀리 떨어져 있는 행위(업)와 그 과보 간의 인과를 이숙인, 이숙과라고 함. 이 경우 인의 성질은 선하거나 불선이지만 과는 선도 불선도 아닌 무기의 성질을 갖는다. 그래서 다르게 무르익은 과, 이숙과라고 한다.

부처님께서 관자재보살에게 말씀하셨다.

"선남자여, 모든 바라밀다는 각각 네 가지의 가장 뛰어난 큰 공덕이 있음을 알아야 합니다. 첫째는 이 바라밀다를 바르게 수행할 때 인색함, 계를 범함, 마음의 분노함, 게으름, 어지러움, 견해에 집착함 등을 다스려 버릴 수 있습니다. 둘째는 이 바라밀다를 바르게 수행할 때 위없이 바르고 평등한 지혜를 터득하기 위한 참다운 자질과 역량이 될 수 있습니다. 셋째는 이 바라밀다를 바르게 수행할 때 이번 생 가운데서 스스로 거두어들여서 유정을 한가득 이롭게 할 수 있습니다. 넷째는 이 바라밀다를 바르게 수행할 때 앞으로의 세상에서 드넓고 다함 없는 소중한 모든 과보를 얻을 수 있고 다른 좋은 영향을 줄 수 있습니다."

觀自在菩薩 復白佛言 世尊 如是一切波羅密多 何因何果 有何義利

관자재보살이 다시 부처님께 여쭈었다.

"세존이시여, 이와 같은 일체 바라밀다는 어떤 인과 어떤 과, 어떤 이익이 있습니까?"

관자재보살이 다시 부처님께 여쭈었다.

"세존이시여, 이러한 일체 모든 바라밀다는 어떤 원인과 어떤 과보, 어떤 이로움이 있습니까?"

佛告觀自在菩薩曰 善男子 如是一切波羅密多 大悲 爲因 微妙可愛 諸
果異熟 饒益一切有情 爲果 圓滿無上廣大菩提 爲大義利

부처님께서 관자재보살에게 말씀하셨다.

"선남자여, 이와 같은 모든 바라밀다는 대자비를 인으로 하고, 미묘하고
소중한 모든 과보와 이숙 그리고 일체 유정을 요익하게 함을 과로 하며,
원만한 무상광대보리를 큰 이익으로 삼습니다."

> 부처님께서 관자재보살에게 말씀하셨다.
> "선남자여, 이와 같은 모든 바라밀다는 큰 자비를 근거로 하고, 미묘하고 소
> 중한 모든 과보와 다른 좋은 영향 그리고 모든 유정을 한가득 이롭게 함을 과
> 보로 하며, 원만한 위없이 드넓은 지혜를 큰 이로움으로 삼습니다."

觀自在菩薩 白佛言 世尊 若諸菩薩 具足一切無盡財寶 成就大悲 何緣
世間 現有衆生貧窮可得

관자재보살이 부처님께 여쭈었다.

"세존이시여, 만약 모든 보살이 일체 무진장 재보를 다 갖추고 큰 자비
를 성취하였다면, 무슨 인연으로 세간에는 중생에게 빈궁함이 있을 수 있
습니까?"

> 관자재보살이 부처님께 여쭈었다.
>
> "세존이시여, 만약 모든 보살이 일체 다할 수 없는 재물과 보배를 다 갖추고 큰 자비를 이루었다면, 무슨 인연으로 세상의 현실에서는 중생에게 가난함과 어려움이 있습니까?"

佛告觀自在菩薩曰 善男子 是諸衆生 自業過失 若不爾者 菩薩 常懷饒
益他心 又常具足無盡財寶 若諸衆生 無自惡業能爲障碍 何有世間貧窮
可得 譬如餓鬼 爲大熱渴逼迫其身 見大海水悉皆涸竭 非大海過 是諸
餓鬼 自業果耳 如是 菩薩 所施財寶 猶如大海 無有過失 是諸衆生 自業
果耳 猶如餓鬼 自惡業力 令無有果

부처님께서 관자재보살에게 말씀하셨다.

"선남자여, 이 모든 중생이 스스로 지은 업의 과실입니다. 만약 그렇지 않다면 보살이 항상 남을 요익하게 하려는 마음을 품고, 또한 항상 다함 없는 재보를 충분히 갖추고 있는데도 만약 모든 중생이 스스로 지은 악업이 장애가 될 수가 없다면, 어찌 세간에 빈궁이 있을 수 있겠습니까? 비유하면 아귀가 매우 뜨거운 열로 인한 갈증 때문에 그 몸을 핍박받는데 큰 바닷물이 모두 다 고갈된 것처럼 보이는 것은, 큰 바닷물의 허물이 아니라 이 모든 아귀가 스스로 지은 업의 허물일 뿐임과 같습니다. 이렇게 보살이 베푼 재보는 마치 큰 바다와 같아서 허물이 없고 모든 중생이 스스로 지은 업의 허물일 뿐입니다. 마치 아귀가 스스로 지은 악업의 힘으로 있는 과보를 없애는 것과 같습니다."

부처님께서 관자재보살에게 말씀하셨다.

"선남자여, 이 모든 중생이 스스로 지은 업의 허물입니다. 만약 그렇지 않다면 보살이 언제나 남을 한가득 이롭게 하려는 마음을 품고, 또한 언제나 다함 없는 재물과 보배를 넉넉히 갖추고 있음에도 만약 모든 중생이 스스로 지은 악업이 장애가 될 수가 없다면, 어찌 세상의 현실에서 가난함과 어려움이 있을 수 있겠습니까? 비유하면 아귀가 매우 뜨거운 열로 인한 갈증 때문에 그 몸을 핍박받는데 큰 바닷물이 모두 다 말라버려진 것처럼 보이는 것은, 큰 바닷물의 허물이 아니라 이 모든 아귀가 스스로 지은 업의 허물일 뿐임과 같습니다. 이렇게 보살이 베푼 재물과 보배는 마치 큰 바다와 같아서 허물이 없고 모든 중생이 스스로 지은 업의 허물일 뿐입니다. 마치 아귀가 스스로 지은 악업의 힘으로 있는 좋은 과보를 없애는 것과 같습니다."

觀自在菩薩 復白佛言 世尊 菩薩 以何等波羅蜜多 取一切法無自性性

관자재보살이 다시 부처님께 여쭈었다.

"세존이시여, 보살은 어떤 바라밀다들로써 일체법의 무자성 성품을 취합니까?"

관자재보살이 다시 부처님께 여쭈었다.

"세존이시여, 보살은 어떤 바라밀다들로써 일체 모든 존재는 고유한 실체가 없다는 성품을 취할 수 있습니까?"

佛告觀自在菩薩曰 善男子 以般若波羅密多 能取諸法無自性性

부처님께서 관자재보살에게 말씀하셨다.

"선남자여, 반야바라밀다로써 모든 법의 무자성 성품을 취할 수 있습니다."

부처님께서 관자재보살에게 말씀하셨다.

"선남자여, 반야바라밀다로써 모든 존재는 고유한 실체가 없다는 성품을 취할 수 있습니다."

世尊 若般若波羅密多 能取諸法無自性性 何故 不取有自性性

"세존이시여, 만약 반야바라밀다가 모든 법의 무자성 성품을 취할 수 있다면, 무슨 이유로 유자성의 성품을 취하지 않습니까?"

"세존이시여, 만약 반야바라밀다가 모든 존재는 고유한 실체가 없다는 성품을 취할 수 있다면, 무슨 이유로 고유한 실체가 있다는 성품을 취하지 않습니까?"

善男子 我終不說 以無自性性 取無自性性 然無自性性 離諸文字 自內所 證 不可捨於言說文字 而能宣說 是故 我說 般若波羅密多 能取諸法無 自性性

"선남자여, 나는 결코 무자성 성품으로써 무자성 성품을 취한다고 설하 지 않았습니다. 그러나 무자성 성품은 모든 문자를 여의고 스스로 내면 에서 증득한 것입니다. 하지만 언설과 문자를 버리고서 선설할 수는 없습 니다. 그러므로 나는 반야바라밀다가 모든 법의 무자성 성품을 취할 수 있다고 설합니다."

"선남자여, 나는 결코 고유한 실체가 없다는 성품으로써 고유한 실체가 없다 는 성품을 취한다고 설하지 않았습니다. 그러나 고유한 실체가 없다는 성품은 모 든 문자를 멀리 떠나고 스스로 내면에서 깨우쳐 터득한 것입니다. 하지만 언설과 문자를 버리고서 밝혀 설명할 수는 없습니다. 그러므로 나는 반야바라밀다를 통 해서 모든 존재는 고유한 실체가 없다는 성품을 취할 수 있다고 설합니다.'

觀自在菩薩 復白佛言 世尊 如佛所說 波羅密多 近波羅密多 大波羅密 多 云何 波羅密多 云何 近波羅密多 云何 大波羅密多

관자재보살이 다시 부처님께 여쭈었다.
"세존이시여, 부처님께서 설하신 것과 같이 바라밀다와 근바라밀다와

대바라밀다가 있는데, 무엇이 바라밀다이고, 무엇이 근바라밀다이며, 무
엇이 대바라밀다입니까?"

관자재보살이 다시 부처님께 여쭈었다.
"세존이시여, 부처님께서 설하신 것과 같이 바라밀다와 근바라밀다와 대바
라밀다가 있습니다. 무엇이 바라밀다이고, 무엇이 근바라밀다이며, 무엇이 대
바라밀다입니까?"

佛告觀自在菩薩曰 善男子 若諸菩薩 經無量時 修行施等 成就善法 而
諸煩惱 猶故現行 未能制伏 然爲彼伏 謂於勝解行地 軟中勝解 轉時 是
名波羅密多 復於無量時 修行施等 漸復增上成就善法 而諸煩惱 猶故現
行 然能制伏 非彼所伏 謂從初地已上 是名近波羅密多 復於無量時 修
行布施等 轉復增上成就善法 一切煩惱 皆不現行 謂從八地已上 是名大
波羅密多

부처님께서 관자재보살에게 말씀하셨다.

"선남자여, 만약 모든 보살이 무량한 시간이 지나도록 보시 등을 수행
하여 선법을 성취했으나 온갖 번뇌가 그대로 현행합니다. 제압하여 조복
할 수 있으나 미처 조복하지 못합니다. 이른바 승해행지에서 연품·중품
의 수승한 이해 수준을 굴릴 때 이것을 바라밀다라고 합니다. 다시 무량
한 시간 동안 보시 등을 수행하여 점차 다시 더 높은 선법을 성취했으나

온갖 번뇌가 그대로 현행합니다. 제압하여 조복할 수 있으나 미처 조복하지 못합니다. 이른바 초지 이상부터를 근바라밀다라고 합니다. 다시 무량한 시간 동안 보시 등을 수행하여 점차 다시 더욱더 높은 선법을 성취하여 일체 번뇌가 모두 현행하지 않습니다. 이른바 제8지 이상부터를 대바라밀다라고 말합니다."

부처님께서 관자재보살에게 말씀하셨다.

"선남자여, 만약 모든 보살이 헤아릴 수 없는 시간이 지나도록 보시 등 육바라밀을 수행하여 선법[260]을 성취했으나 온갖 번뇌가 그대로 나타납니다. 그 번뇌들을 제압하여 굴복시킬 수 있으나 아직 굴복시키지 못합니다. 이른바 보살의 초지인 극희지 앞에 있는 승해행지[261]에서 초급과 중급의 뛰어난 이해 수준으로 교법을 수행할 때 이것을 바라밀다라고 합니다. 다시 헤아릴 수 없는 시간 동안 보시 등 육바라밀을 수행하여 점차 다시 매우 높은 선법을 성취했으나 온갖 번뇌가 아직도 나타납니다. 그 번뇌들을 제압하여 굴복시킬 수 있으나 아직 굴복시키지 못합니다. 이른바 초지인 극환희지 이상부터를 근바라밀다라고 합니다. 다시 헤아릴 수 없는 시간 동안 보시 등을 수행하여 점차 다시 더욱더 높은 선법을 성취하여 일체 모든 번뇌가 다 일어나지 않습니다. 이를테면 제8지인 부동지 이상부터를 대바라밀다라고 말합니다."

---

260 자신과 세상을 이롭게 하는 교법.

261 승해행지(勝解行地)는 〈유가사지론〉에서 말하는 보살의 12주(住) 중 2번째 주에 해당한다. 보살의 초지에 들어가기 전 단계이다. 3번째 주가 극환희주(極歡喜住)로 보살 10지 중 초지인 극희지의 이름과 같다.

觀自在菩薩 復白佛言 世尊 此諸地中 煩惱隨眠* 可有幾種

관자재보살이 다시 부처님께 여쭈었다.

"세존이시여, 이 모든 지 가운데 번뇌의 수면[262]은 몇 가지가 있을 수 있습니까?"

> 관자재보살이 다시 부처님께 여쭈었다.
> "세존이시여, 이 모든 보살지 가운데 잠재된 번뇌의 종자는 몇 가지가 있을 수 있습니까?"

佛告觀自在菩薩曰 善男子 略有三種

부처님께서 관자재보살에게 말씀하셨다.

"선남자여, 대략 세 가지가 있습니다.

> 부처님께서 관자재보살에게 말씀하셨다.
> "선남자여, 대략 세 가지가 있습니다.

---

262 번뇌의 습기인 잠재된 번뇌의 종자로 아뢰야식에 저장된다.

一者 害伴隨眠 謂於前五地 何以故 善男子 諸不俱生現行煩惱 是俱生煩惱現行 助伴 彼於爾時 永無復有 是故 說名害伴隨眠

첫째는 해반수면[263]으로 앞의 다섯 지에 있는 것을 말합니다. 왜냐하면 선남자여, 모든 불구생 현행의 번뇌는 바로 구생번뇌[264]의 현행을 조반하기 때문입니다. 그것이 이때는 영원히 다시는 있지 않게 됩니다. 그러므로 해반수면이라고 이름하여 설합니다.

> 첫째는 '몸과 더불어 생기는 번뇌를 돕지 않는 잠재된 번뇌의 종자'입니다. 초지인 환희지[극희지]부터 제5지인 난승지까지 있는 것을 말합니다. 왜냐하면 선남자여, 몸과 더불어 생기지 않는 모든 현행의 번뇌는 바로 몸과 더불어 생기는 번뇌가 일어나는 것을 도우며 함께하기 때문입니다. 그것이 이때는 영원히 다시는 있지 않게 됩니다. 그러므로 '몸과 더불어 생기는 번뇌를 돕지 않는 잠재된 번뇌의 종자'라고 이름하여 설합니다.

二者 贏劣隨眠 謂於第六第七地中 微細現行 若修所伏 不現行故

둘째는 이열수면으로 제6지와 제7지 가운데서 미세하게 현행하는 것을

---

263 해반수면은 몸과 더불어 생기는 번뇌를 돕지 않는 잠재된 번뇌의 종자.

264 구생번뇌은 무시 이래로 허망하게 훈습된 내적인 원인의 힘으로 말미암은 번뇌로 항상 몸과 더불어 생긴다.

말합니다. 만약 수행해서 조복하면 현행하지 않기 때문입니다.

> 둘째는 다스리기 쉬운 약하고 열등한 번뇌의 종자입니다. 제6지인 현전지와 제7지인 원행지 가운데서 미세하게 일어나는 것을 말합니다. 만약 수행해서 굴복시키면 일어나지 않기 때문입니다.

三者 微細隨眠 謂於第八地已上 從此已去 一切煩惱 不復現行 唯有所知障 爲依止故

셋째는 미세수면으로 제8지 이상에 있는 것을 말합니다. 이 이후에는 모든 번뇌가 다시는 현행하지 않습니다. 오직 소지장만이 있고 의지처로 삼기 때문입니다."

> 셋째는 미세한 번뇌의 종자입니다. 제8지인 부동지 이상에 있는 것을 말합니다. 이 이후에는 모든 번뇌가 다시는 일어나지 않습니다. 오직 소지장만이 남아있어 이를 다스리는 대상으로 수행하기 때문입니다."

觀自在菩薩 復白佛言 世尊 此諸隨眠 幾種麤重 斷所顯示

관자재보살이 다시 부처님께 여쭈었다.

"세존이시여, 이 모든 수면은 몇 가지의 추중을 끊어야 드러나는 것입니까?"

> 관자재보살이 다시 부처님께 여쭈었다.
> "세존이시여, 이 모든 잠재된 번뇌의 종자는 몇 가지의 번뇌장과 소지장을 끊어야 드러나는 것입니까?"

佛告觀自在菩薩曰 善男子 但由二種 謂由在皮麤重斷故 顯彼初二 復由在膚麤重斷故 顯彼第三 若在於骨 麤重斷者 我說永離一切隨眠 位在佛地

부처님께서 관자재보살에게 말씀하셨다.

"선남자여, 다만 두 가지뿐입니다. 피부에 있는 추중을 끊음으로써 그 처음의 두 가지를 드러내고, 다시 살에 있는 추중을 끊음으로써 그 세 번째를 드러냅니다. 만약 뼈에 있는 추중마저 끊는다면, 모든 수면을 영원히 여의어 불지에 자리한다고 나는 설합니다."

부처님께서 관자재보살에게 말씀하셨다.

　　"선남자여, 다만 두 가지뿐입니다. 살갗에 있는 번뇌장과 소지장을 끊음으로써 그 처음의 해반수면과 이열수면을 드러내고, 다시 살에 있는 번뇌장과 소지장을 끊음으로써 그 미세수면을 드러냅니다. 만약 뼛속 깊이 있는 번뇌장과 소지장 마저 끊는다면, 모든 수면[잠재된 번뇌의 종자]을 영원히 멀리하여 불지에 자리한다고 나는 설합니다."

觀自在菩薩 復白佛言 世尊 經幾不可數劫 能斷如是麤重

　　관자재보살이 다시 부처님께 여쭈었다.

　　"세존이시여, 셀 수 없는 겁을 얼마나 지나야 이와 같은 추중을 끊을 수 있습니까?"

　　관자재보살이 다시 부처님께 여쭈었다.

　　"세존이시여, 셀 수 없는 겁을 얼마나 지나야 이와 같은 번뇌장과 소지장을 끊을 수 있습니까?"

佛告觀自在菩薩曰 善男子 經於三大不可數劫 或無量劫 所謂年月 半月 晝夜 一時 半時 須臾 瞬息 刹那 量劫 不可數故

부처님께서 관자재보살에게 말씀하셨다.

"선남자여, 셀 수 없는 큰 겁을 세 번, 혹은 무량한 겁을 지나야 합니다. 이른바 연·월·반월·주야·한시·반시·수유·순식·찰나의 분량으로 세는 겁으로도 셀 수 없기 때문입니다."

부처님께서 관자재보살에게 말씀하셨다.

"선남자여, 셀 수 없는 큰 겁을 세 번, 혹은 헤아릴 수 없는 겁을 지나야 합니다. 이를테면 해·달·반달·낮과 밤·한 시·반 시·수유·순식·찰나[265]의 단위로 세는 겁으로도 셀 수 없기 때문입니다."

觀自在菩薩 復白佛言 世尊 是諸菩薩 於諸地中 所生煩惱 當知何相 何失 何德

관자재보살이 다시 부처님께 여쭈었다.

"세존이시여, 이 모든 보살은 모든 지 가운데서 일어나는 번뇌에 어떤 상과 어떤 과실과 어떤 덕이 있다고 알아야 합니까?"

관자재보살이 다시 부처님께 여쭈었다.

"세존이시여, 이 모든 보살은 모든 보살지 가운데서 일어나는 번뇌에 어떤

---

265 수유는 10의 -15승, 순식은 그 1/10, 찰나는 눈 깜박할 사이로 수유의 1/100라고 한다. 모두 아주 짧은 순간을 상징한다.

모습과 어떤 허물과 어떤 공덕이 있다고 알아야 합니까?"

佛告觀自在菩薩曰 善男子 無染汚相 何以故 是諸菩薩 於初地中 定於
一切諸法法界 已善通達 由此因緣 菩薩 要知 方起煩惱 非爲不知 是故
說名無染汚相

　부처님께서 관자재보살에게 말씀하셨다.

　"선남자여, 무오염상입니다. 왜냐하면 이 모든 보살은 초지 가운데서 결
정적으로 일체 모든 법의 법계에 대해서 이미 잘 통달했기 때문입니다.
이런 인연으로 보살은 반드시 알고 나서 비로소 번뇌를 일으키는 것이지
모르고서 그러는 것이 아닙니다. 그러므로 오염 없는 상이라고 말합니다.

　부처님께서 관자재보살에게 말씀하셨다.

　"선남자여, 번뇌와 망상이 없는 모습입니다. 왜냐하면 이 모든 보살은 초지인
극희지 가운데서 결정적으로 모든 존재의 법계인 진여에 대해서 이미 잘 통달
했기 때문입니다. 이런 인연으로 보살은 반드시 번뇌와 망상이 무엇인지 알고서
비로소 번뇌를 일으키는 것입니다. 번뇌와 망상이 무엇인지 모르는 채 번뇌를
일으키는 것이 아닙니다. 그러므로 번뇌와 망상이 없는 모습이라고 말합니다.

於自身中 不能生苦故 無過失

　자신 가운데서 고를 일으킬 수 없기 때문에 과실이 없습니다.

> 　번뇌와 망상으로 자기의 몸 가운데서 괴로움을 일으킬 수 없기 때문에 허물
> 이 없습니다.

菩薩 生起如是煩惱 於有情界 能斷苦因 是故 彼有無量功德

　보살은 이와 같이 번뇌를 일으켜서 유정의 세계에서 괴로움의 원인을
끊을 수 있습니다. 그러므로 그에게 무량한 공덕이 있습니다."

> 　보살은 이와 같이 번뇌를 일부러 일으켜서 유정의 세계에서 괴로움의 원인
> 을 끊을 수 있습니다. 그러므로 그에게 헤아릴 수 없는 공덕이 있습니다."

觀自在菩薩 復白佛言 甚奇 世尊 無上菩提 乃有如是大功德利 令諸菩
薩生起煩惱 尚勝一切有情 聲聞 獨覺 善根 何況其餘無量功德

관자재보살이 다시 부처님께 여쭈었다.

"매우 기묘합니다, 세존이시여. 무상보리에는 곧 이와 같은 큰 공덕의 이익이 있습니다. 모든 보살이 일으키는 번뇌조차 오히려 모든 유정과 성문 독각의 선근보다 뛰어납니다. 하물며 그밖의 한량없는 공덕은 어떠하겠습니까?"

> 관자재보살이 다시 부처님께 여쭈었다.
> "매우 깊고 깊습니다, 세존이시여. 위없는 지혜는 곧 이와 같은 큰 공덕의 이로움이 있습니다. 모든 보살이 일으키는 번뇌조차 오히려 모든 유정과 성문 독각이 자신과 세상을 이롭게 하려는 성품보다 뛰어납니다. 하물며 그 밖의 헤아릴 수 없는 공덕은 어떠하겠습니까?"

觀自在菩薩 復白佛言 世尊 如世尊說 若聲聞乘 若復大乘 唯是一乘 此何密意

관자재보살이 다시 부처님께 여쭈었다.

"세존이시여, 세존께서 '만약 성문승이든 혹은 다시 대승이든 오직 일승일 뿐이다'라고 설하셨습니다. 이에는 어떤 밀의가 있습니까?"

> 관자재보살이 다시 부처님께 여쭈었다.
> "세존이시여, 세존께서 '만약 성문승이든 혹은 다시 대승이든 오직 일승일

뿐이다'라고 설하셨습니다. 이에는 어떤 비밀스러운 뜻이 있습니까?"

佛告觀自在菩薩曰 善男子 如我於彼聲聞乘中 宣說種種諸法自性 所謂
五蘊 或內六處 或外六處 如是等類 於大乘中 卽說彼法 同一法界 同一
理趣故 我不說乘差別性 於中 或有如言於義 妄起分別 一類 增益 一類
損減 又於諸乘差別道理 謂互相違 如是展轉 遞如諍論 如是 名爲此中
密意

부처님께서 관자재보살에게 말씀하셨다.

"선남자여, 내가 저 성문승 가운데서 갖가지 모든 법의 자성를 널리 설
했습니다. 이른바 오온과 혹은 6내처와 혹은 6외처입니다. 이와 같은 것
들은 대승 가운데서 곧 그 법이 동일한 법계이고 동일한 이취[266]라고 설
하기 때문에 나는 승의 차별성을 설하지 않았습니다. 그 가운데 혹 말 그
대로의 뜻에 있어서 망령되게 분별을 일으키니, 한 부류는 증익하고 한
부류는 손감합니다. 또 모든 승의 차별된 도리에 대해서 서로 다르다고
말합니다. 이와 같이 상호 간에 번갈아 쟁론을 점점 더 일으킵니다. 이와
같은 것을 이 가운데의 밀의라고 말합니다."

부처님께서 관자재보살에게 말씀하셨다.

---

266 이취(理趣)는 도리에 맞게 나아간다는 뜻이다.

"선남자여, 내가 저 성문승 가운데서 온갖 모든 존재의 실체를 밝혀 설했습니다. 이를테면 5온과 혹은 6내처와 혹은 6외처입니다. 이와 같은 것들은 대승 가운데서 곧 그 교법이 같은 하나의 법계 가운데 있고 같은 하나의 도리에 맞게 나아간다고 설합니다. 그러므로 나는 성문승이나 대승이 차별성을 갖는다고 설하지 않습니다. 그 가운데 혹 말 그대로의 뜻에 있어서 망령되게 분별을 일으키니, 한 부류는 있는 것을 없다고 하고 한 부류는 없는 것을 있다고 하는 것입니다. 또 모든 깨달음의 차별된 도리에 대해서 서로 어긋난다고 말합니다. 이와 같이 서로 사이에 번갈아 논쟁을 점점 더 일으킵니다. 이와 같은 것을 이 가운데 비밀스러운 뜻이라고 말합니다."

爾時 世尊 欲重宣此義 而說頌曰
諸地攝想所對治 殊勝生願及諸學
由依佛說是大乘 於此善修成大覺

宣說諸法種種性 復說皆同一理趣
謂於下乘或上乘 故我說乘無異性

如言於義妄分別 或有增益或損減
謂此二種互相違 愚癡意解成乖諍

이때 세존께서 이 뜻을 거듭 펼치시기 위해 게송으로 설하셨다.

모든 지에서 다스릴 대상을 거두어들이는 일, 뛰어남과 태어남과 서원 및 모든 학습.
　　부처님이 설하신 이 대승에 의거하여 이들을 잘 닦아 큰 깨달음을 이루네.

　　모든 법의 온갖 성품을 널리 설하시고 다시 모두가 같은 하나의 이취라고 설하심은
　　하열한 교법이나 뛰어난 교법이나 나는 교법의 깨달음에 차별이 없음을 설한다네.

　　말 그대로의 뜻에 대해서 허망하게 분별하여 혹은 부풀리고 혹은 줄이고 덜함이 있으니
　　이 두 가지가 서로 다르다고 말하면서 어리석게 뜻을 이해했다며 다투는구나.

爾時 觀自在菩薩摩訶薩 復白佛言 世尊 於是海深密法門中 此名何敎 我當云何奉持

　　이때 관자재보살이 다시 부처님께 여쭈었다.
　　"세존이시여, 이 해심밀법문 가운데서, 이것을 무슨 가르침이라 이름하고, 저희는 어떻게 받들어 지녀야 합니까?"

佛告觀自在菩薩曰 善男子 此名諸地波羅密多了義之教 於此諸地波羅密多了義之教 汝當奉持 說此諸地波羅密多了義敎時 於大會中 有七十五千菩薩 皆得菩薩大承光明三摩地

부처님께서 관자재보살에게 말씀하셨다.

"선남자여, 이것을 '제지바라밀다요의지교'라 이름하고, 이 '제지바라밀다요의지교'를 그대들은 마땅히 받들어 지니시오."

이 '제지바라밀다요의지교'를 설하실 때, 큰 법회 가운데 칠만 오천의 보살이 있었는데, 함께 다 같이 보살대승광명삼매를 얻었다.

제8장

여래는 무엇을
이루었는가(如來成所作事品)

〈여래성소작사품〉에 들어가며

　〈여래성소작사품〉에서는 '여래가 지어서 이룬 일'을 설합니다.

　부처님은 모든 육신은 반드시 해체되고 사라지며 만남은 반드시 헤어짐과 함께 함을 강조합니다. 부처님은 여래가 세상에 출현하든 출현하지 않든 진리의 법은 존재한다고 설합니다. 부처님이 입멸하신 뒤에 부처님을 따르던 제자들은 부처님이 설한 말씀이 망실되거나 혹 잘못 전해지거나 하지 않도록 불경을 결집합니다. 제자들은 각자 기억하는 말씀을 함께 암송하면서 만장일치로 확정하는 방식으로 부처님의 말씀을 정리하였습니다. 이후 200년 뒤쯤 BC 3세기 무렵 마우리아 왕조 3대 아쇼카왕의 적극적인 후원으로 3차 결집이 이루어집니다. 이때 비로소 팔리어 문자로 경전이 기록됩니다. BC 1세기 무렵 쿠샨왕조의 카니시카왕 때 당시 다양한 불교의 종파의 해석을 통합하여 산스크리트어로 제4차 불경 결집이 이루어집니다. 이 무렵 대승경전도 등장합니다. 대승불교가 등장하면서 영원불변한 진리의 법을 법신이라고 부르게 되고 역사적 인물인 석가모니 부처님은 몸으로 나타나신 화신이라고 부르게 됩니다. 그리고 이후 용맹정진 수행을 통해 부처님 경지에 오른 분들을 상징화하여 보신이라고 부르게 됩니다. 이리하여 3신불이 등장하게 되는 것입니다.

　모든 보살지의 바라밀다 수행을 다하여 번뇌와 망상에서 벗어나 열반과 지혜로 여래의 무상정등각을 이루면 이것이 여래 법신의 모습입니다. 그러나 법신의 모습은 언어로 분별하여 논쟁함이 없고 인연화합으로 생기거나 멸함이 없기 때문에 불가사의합니다. 일체 모든 여래 화신이 하는 일은 세상의 일체 모든 온갖 것을 일으켜서 여래의 공덕들로 장엄하게 머물고 유지하는 것입니다. 그래서 화신이 드러내 보이는 모습은 생겨 일어남이 있고, 법신의 모습은 언제나 머물기 때문에 생겨 일어남이 없습니다.

〈여래성소작사품〉은 여래 화신인 석가모니 부처님께서 출가하여 고행을 수행하고, 고행을 버리고서 진리의 법에 대하여 등정각을 이루시고 중생들을 근기에 맞게 훌륭하게 잘 교화하신 일들을 설합니다. 여래 화신이 펼치신 교법의 말씀은 크게 세 가지로, 계경[經]과 조복[律]과 본모[論]입니다. 바로 삼장입니다. 계경은 이 세상에서 중생들이 번뇌로 살아가는 세속제와 그 번뇌에서 벗어나는 승의제를 제대로 거두어들이는 일에 의거하여 모든 교법을 드러내 보이는 것입니다. 조복은 성문 및 모든 보살에게 수행자가 지켜야 할 계율을 교법으로 드러내 보이는 것입니다. 본모는 교법의 뜻을 밝히기 위한 논장으로 세속제와 승의제, 그리고 37보리분법의 내용을 체계적으로 정리하여 모든 교법의 뜻을 자세히 밝힌 것입니다.

여래 화신은 아뢰야식이나 마나식이나 그 밖의 6식의 작용으로 마음이 드러나지 않습니다. 여래 화신은 작의분별을 행하지 않습니다. 오직 선정의 힘으로 뜻한 대로 마음이 드러납니다. 여래 화신은 마음이 있는 것도 아니고 또한 마음이 없는 것도 아닙니다. 왜냐하면 나라고 하는 마음이 없기 때문이고 중생을 구제하는 자비로운 마음이 있기 때문입니다.

여래의 법신인 진여 법성은 여래의 화신이 나타나는 데에 힘이 되는 인연이고 여래의 화신이라는 몸을 일으키는 인연입니다. 그 여래의 화신은 여래의 법신인 진여 법성의 힘으로 머물고 유지됩니다.

제8장 여래는 무엇을 이루었는가(如來成所作事品)

爾時 曼殊室利菩薩摩訶薩 請問佛言 世尊 如佛所說如來法身 如來法
身 有何等相

이때 만수실리보살마하살이 부처님께 여쭈었다.

"세존이시여, 부처님께서 여래 법신을 설하셨습니다. 여래 법신은 어떤
상들이 있습니까?"

> 이때 만수실리보살마하살이 부처님께 여쭈었다.
> "세존이시여, 부처님께서 여래의 법신[267]을 설하셨습니다. 여래의 법신은 어
> 떤 모습들이 있습니까?"

---

267 법신(法身), 보신(報身), 화신(化身): 대승불교에서 말하는 삼신. 법신은 비로자나불로서 진리
그 자체를 가리킨다. 보신은 보살이 바라밀 수행을 완성함으로써 헤아릴 수 없는 과보로 법
신의 진리를 성취한 것을 가리킨다. 아미타불, 약사여래 등이 이에 속한다. 화신은 속세의
몸을 타고난 석가모니불을 가리킨다. 석가모니불이 열반하면서 자신의 열반과 상관없이 불
멸의 진리는 존재한다고 하면서 자신의 몸에 의지하지 말고 불법과 자신을 등불 삼아 정진
하라고 하였다. 이후 이 불변의 진리를 법신으로 석가모니불을 화신으로 하여 이신설(二身
說)이 등장하였다. 그 뒤에 보신의 개념이 더하여 삼신설(三身說)로 발전하였다.

佛告曼殊室利菩薩曰 善男子 若於諸地波羅密多 善修出離 轉依成滿 是名如來法身之相 當知 此相 二因緣故 不可思議 無戲論故 無所爲故 而諸衆生 計着戲論 有所爲故

　부처님께서 만수실리보살에게 말씀하셨다.
　"선남자여, 만약 모든 지의 바라밀다를 잘 수행하여 출리[268]하고 전의성만[269]을 이루면 이를 여래 법신의 상이라고 부릅니다. 이 상은 두 가지 인연 때문에 불가사의함을 알아야 합니다. 희론이 없기 때문이며, 유위할 바가 없기 때문입니다. 그러나 모든 중생은 희론을 헤아려 집착하고 유위하는 바가 있기 때문입니다."

　부처님께서 만수실리보살에게 말씀하셨다.
　"선남자여, 만약 모든 보살지의 바라밀다를 잘 수행하여 번뇌와 망상에서 벗어나 열반과 지혜로 여래의 지혜를 이루면 이를 여래 법신의 모습이라그 부릅니다. 이 모습은 두 가지 인연 때문에 불가사의함을 알아야 합니다. 언어로 분별하여 논쟁함이 없기 때문이고, 인연 화합으로 생기거나 멸할 것이 없기 때문입니다. 그러나 모든 중생은 헤아려 집착하며 언어로 분별하여 논쟁에 휘말립니다. 인연 화합으로 생기거나 멸하기 때문입니다.

268　출리는 망상(미혹)과 업에서 멀리 벗어남. 번뇌장과 소지장에서 벗어남을 의미한다.

269　전의는 아뢰야식이라는 소의를 전환시키는 것. 즉 아뢰야식에 저장되어 있는 번뇌장과 소지장의 종자를 열반과 보리로 전환시키는 것을 말한다. 성만은 진여 법신이 인위에 있을 때 원만, 과위에 있을 때 성만이라고 한다. 《해심밀경》 3권에 '여래지에서 두 가지의 장애인 번뇌장과 소지장을 영원히 없애니 소작성만소연에 의거하여 가장 지극히 청정한 법신을 건립한다'라고 하였다.

世尊 聲聞 獨覺 所得轉依 名法身不

"세존이시여, 성문과 독각이 증득한 전의를 법신이라고 부르지 않습니까?"

"세존이시여, 성문과 독각이 번뇌와 망상에서 벗어나 깨우친 진리를 법신이라고 부르지 않습니까?"

善男子 不名法身

"선남자여, 법신이라고 부르지 않습니다."

"선남자여, 법신이라고 부르지 않습니다."

世尊 當名何身

"세존이시여, 어떤 신이라 불러야 합니까?"

"세존이시여, 어떤 신이라 불러야 합니까?"

善男子 名解脫身 由解脫身故 說一切聲聞 獨覺 與諸如來 平等平等 由
法身故 說有差別 如來法身 有差別故 無量功德 最勝差別 算數譬喩 所
不能及

"선남자여, 해탈신이라고 부릅니다. 해탈신으로 말미암아 모든 성문·독
각은 모든 여래와 더불어 평등 평등하다고 설합니다. 법신으로 말미암아
차별이 있다고 설합니다. 여래의 법신은 해탈신과는 차별이 있습니다. 무
량한 여래 법신의 공덕이 갖는 가장 수승한 차별은 헤아려 비유할 수 없
을 만큼 미칠 수 없습니다."

"선남자여, 해탈신이라고 부릅니다. 해탈신을 거친다는 점에서 모든 성문·독
각은 모든 여래와 더불어 평등하고 평등하다고 설합니다. 법신으로 말미암아
차별이 있다고 설합니다. 여래의 법신은 해탈신과는 차별이 있습니다. 헤아릴
수 없는 여래 법신의 공덕이 갖는 가장 뛰어난 차별은 헤아려 비유할 수 없을
만큼 해탈신은 미칠 수가 없습니다."

曼殊室利菩薩 復白佛言 世尊 我當云何 應知如來生起之相

만수실리보살이 다시 부처님께 여쭈었다.
"세존이시여, 제가 무엇이 여래께서 일으킨 상이라고 알아야 합니까?"

만수실리보살이 다시 부처님께 여쭈었다.
"세존이시여, 제가 무엇이 여래께서 일으킨 모습이라고 알아야 합니까?"

佛告曼殊室利菩薩曰 善男子 一切如來 化身作業 如世界起 一切種類
如來功德衆所莊嚴住持爲相 當知 化身相 有生起 法身之相 無有生起

부처님께서 만수실리보살에게 말씀하셨다.
"선남자여, 일체 여래 화신의 작업은 세계가 일체 온갖 것을 일으키는
것과 같이 여래의 공덕들로 장엄하게 주지되는 바를 상으로 삼습니다. 화
신의 상은 일으킴이 있고, 법신의 상은 일으킴이 없습니다."

부처님께서 만수실리보살에게 말씀하셨다.
"선남자여, 일체 모든 여래의 화신이 하신 일들은, 세계가 일체 모든 온갖 것
을 일으키는 것과 같이 여래의 공덕들로 장엄하게 머물고 유지되는 것을 모습
으로 합니다. 화신이 드러내 보이는 모습은 생겨 일어남이 있고, 법신의 모습은

언제나 머물기 때문에 생겨 일어남이 없습니다."

曼殊室利菩薩 復白佛言 世尊 云何 應知示現化身方便善巧

만수실리보살이 다시 부처님께 여쭈었다,

"세존이시여, 무엇이 화신의 방편선교[270]를 시현하는 상이라고 알아야 합니까?"

만수실리보살이 다시 부처님께 여쭈었다,

"세존이시여, 무엇이 화신이 중생들을 근기에 맞게 훌륭하게 잘 교화하시는 방편을 드러낸 모습이라고 알아야 합니까?"

佛告曼殊室利菩薩曰 善男子 遍於一切三千大千佛國土中 或衆推許 增上王家 或衆推許 大福田家 同時入胎 誕生 長大 受欲 出家 示行苦行 捨苦行已 成等正覺 次第示現 是名如來示現化身方便善巧

부처님께서 만수실리보살에게 말씀하셨다.

---

270 중생들의 처지와 수준에 맞게 훌륭하게 교화하는 방법.

"선남자여, 두루 일체 삼천대천의 불국토 가운데서 혹은 많은 이들이 추대한 매우 훌륭한 왕가나, 혹은 많은 이들이 추대한 큰 복전가에서 동시에 잉태되어 탄생하고 성장하며 욕락을 누립니다. 출가하여 고행을 수행합니다. 고행을 버리고서 등정각을 이룹니다. 이를 차례대로 시현합니다. 이를 '여래께서 화신의 방편선교를 시현한다'라고 말합니다."

> 부처님께서 만수실리보살에게 말씀하셨다.
> "선남자여, 두루 일체 모든 삼천대천의 불국토 가운데서 혹은 많은 이들이 추대한 매우 훌륭한 왕의 가문이나 혹은 많은 이들이 추대한 큰 귀한 가문에서 동시에 잉태되어 탄생하고 성장하며 욕망과 쾌락을 누립니다. 출가하여 고행을 수행합니다. 고행을 버리고서 등정각을 이룹니다. 이러한 과정을 차례대로 드러내 보여줍니다. 이러한 것을 '여래께서 화신의 모습으로 중생들을 근기에 맞게 잘 교화하는 방편을 드러내 보인다'라고 말합니다."

曼殊室利菩薩 復白佛言 世尊 凡有幾種 一切如來 身所住持 言音差別
由此言音 所化有情 未成熟者 令其成熟 已成熟者 緣此爲境 速得解脫

만수실리보살이 다시 부처님께 여쭈었다.

"세존이시여, 일체 여래께서 몸으로 주지한 언음의 차이가 무릇 몇 가지가 있어서, 이 언음으로 교화받은 유정 가운데 미성숙자는 성숙하게 하고, 이미 성숙한 자는 이를 인연으로 경계로 삼아서 빠르게 해탈을 득할 수 있는 것입니까?"

만수실리보살이 다시 부처님께 여쭈었다.

"세존이시여 일체 모든 여래께서 몸을 타고나 세상에 머물러 펼치신 교법의 말씀은 몇 가지로 나눌 수 있어서, 이러한 말씀으로 교화받는 유정 가운데 교법을 제대로 이해 못 한 자는 제대로 이해시키고 이미 제대로 이해한 자는 이 교법을 인연으로 교법을 거울삼아 빠르게 해탈을 터득할 수 있습니까?".

佛告曼殊室利菩薩曰 善男子 如來言音 略有三種 一者 契經 二者 調伏 三者 本母

부처님께서 만수실리보살에게 말씀하셨다.

"선남자여, 여래의 언음은 대략 세 가지가 있습니다. 첫째는 계경이고, 둘째는 조복이며, 셋째는 본모(本母)입니다."

부처님께서 만수실리보살에게 말씀하셨다.

"선남자여, 여래의 교법의 말씀에는 크게 세 가지가 있습니다. 첫째는 계경이고, 둘째는 조복이며, 셋째는 본모(本母)입니다."[271]

---

271 계경은 경장, 조복은 율장, 본모는 논장.

世尊 云何 契經 云何 調伏 云何 本母

"세존이시여, 계경은 무엇이고, 조복은 무엇이며, 본모는 무엇입니까?"

"세존이시여, 계경은 무엇이고, 조복은 무엇이며, 본모는 무엇입니까?"

曼殊室利 若於是處 我依攝事 顯示諸法 是名契經 謂依四事 或依九事
或復衣於二十九事

"만수실리여, 만약 이곳에서 내가 섭사[272]에 의해 모든 법을 드러내 보이면, 이것을 계경이라고 합니다. 말하자면 네 가지의 일에 의해, 혹은 아홉 가지의 일에 의해, 혹은 다시 스물아홉 가지의 일에 의해 모든 법을 드러내 보입니다."

"만수실리 보살이여, 이 세상에서 내가 중생들이 번뇌로 살아가는 세속제와 그 번뇌에서 벗어나는 승의제를 제대로 거두어들이는 일에 의거하여 모든 교법을 드러내 보이는 것을 계경이라고 합니다. 네 가지의 거두어들이는 일에 의거하여 혹은 아홉 가지의 거두어들이는 일에 의거하여 혹은 스물아홉 가지의

---

272 중생들이 번뇌에 물들어 살아가는 세속제와 그것을 벗어난 승의제에 대해 제대로 거두어들이는 일.

거두어들이는 일에 의거하여 모든 교법을 드러내 보입니다."

云何 四事

"무엇을 네 가지의 거두어들이는 일이라고 합니까?"

"무엇을 네 가지의 거두어들이는 일이라고 합니까?"

一者 聽聞事 二者 歸趣事 三者 修學事 四者 菩提事

"첫째는 청문사이고, 둘째는 귀취사[273]이며, 셋째는 수학사이고, 넷째는 보리사입니다."

"첫째는 귀담아 듣는 일입니다. 둘째는 경전을 잘 사유하여 판단하는 일입니다. 셋째는 계·정·혜를 수행하고 학습하는 일입니다. 넷째는 보리(지혜)를 깨우쳐 터득하는 일입니다."

---

[273] 사유하여 이루는 지혜, 즉 사소성혜를 이루는 일로 사유하는 과정에 이해하지 못하는 부분은 항상 경전으로 돌아가 다시 살펴 나가는 것을 말한다.

云何 九事

"무엇을 아홉 가지의 거두어들이는 일이라고 합니까?"

"무엇을 아홉 가지의 거두어들이는 일이라고 합니까?"

一者 施設有情事 二者 彼所受用事 三者 彼生起事 四者 彼生已住事 五者 彼染淨事 六者 彼差別事 七者 能宣說事 八者 所宣說事 九者 諸衆會事

"첫째는 유정을 시설하는 일[5온]입니다. 둘째는 유정이 수용하는 일[12처]입니다. 셋째는 유정이 생기하는 일[12연기]입니다. 넷째는 유정이 살아서 머무는 일[4식]입니다. 다섯째는 유정이 잡염되고 청정해지는 일[4성체]입니다. 여섯째는 유정이 차별하는 일[18계]입니다. 일곱째는 널리 설법하는 주체의 일[과거 칠불과 불제자]입니다. 여덟째는 널리 설법하는 내용의 일[37보리분법]입니다. 아홉번째는 설법을 듣는 대중의 일[8부중]입니다."

"첫째는 유정이 무엇인지 드러내는 일, 즉 5온입니다. 둘째는 유정이 세상을 받아들여 사는 일, 즉 12처입니다. 셋째는 유정이 어떻게 태어나 살아가는가 하는 일, 즉 12연기입니다. 넷째는 유정이 살아서 머무는 일, 즉 4식입니다. 다섯째는 유정이 번뇌와 망상에 물들고 번뇌와 망상에서 벗어나는 일, 즉 4성제입니다. 여섯째는 유정이 분별하여 살아가는 일, 즉 18계입니다. 일곱째는 누가 유정들에게 널리 설법하는가 하는 일, 즉 과거 칠불과 불제자입니다. 여덟째는 무엇을 유정들에게 널리 설법하는가 하는 일, 즉 37보리분법입니다. 아홉번째는 설법을 듣는 대중들은 누구인가 하는 일, 즉 8부중생입니다."

云何 名爲二十九事

"무엇을 스물아홉 가지의 거두어들이는 일이라고 합니까?"

"무엇을 스물아홉 가지의 거두어들이는 일이라고 합니까?"

謂依雜染品

"이른바 잡염품에 의해,

"이를테면 번뇌와 망상에 물든 성품에 의하여,

有攝諸行事 彼次第隨轉事 即於是中 作補特伽羅想已 於當來世 流轉
因事 作法想已 於當來世 流轉因事

　제행을 포섭하는 일[5온], 차례로 수전하는 일[12연기], 곧 이 가운데서
보특가라의 상을 짓고서 미래세에서 유전하는 인이 되는 일[인집], 법의 상
을 짓고서 미래세에서 유전하는 인이 되는 일[법집]이 있습니다.

> 　첫째는 모든 작용을 거두어들이는 일로 5온이, 둘째는 차례로 따라서 연기
> 하는 일로 12연기가, 셋째는 곧 이 가운데서 자아가 있다는 생각을 하면서 미
> 래에 떠돌며 윤회하는 원인이 되는 일로 인집이, 넷째는 존재하는 실체가 있
> 다는 생각을 하면서 미래에 떠돌며 윤회하는 원인이 되는 일로 법집이 있습니
> 다.[274]

依清淨品,

　청정품에 의하여,

> 　번뇌와 망상을 벗어난 성품에 의거하여,

274　인집은 거칠고 법집은 미세하다 아집은 반드시 법집에 의거하여 생겨난다. 잡염품의 체는
　　　오온이고 잡염품의 유전은 연으로 생하고 유전의 근본 원인은 인집과 법집 때문이다.

有繫念於所緣事 即於是中 勤精進事 心安住事 現法樂住事 超一切苦緣 方便事

염을 소연 일에 매어두는 일, 곧 이 가운데서 부지런히 정진하는 일, 마음이 안주하는 일, 현법에 낙주하는 일, 일체의 고를 넘어서는 방편의 일이 있습니다.

> 다섯째는 교법을 듣는 것에 집중하는 일로 문혜(聞慧), 여섯째는 곧 집중해서 들었던 것에 대해 부지런히 정진 사유하는 일로 사혜(思慧), 일곱째는 마음 편안히 머물게 하는 일로 가행정(加行定,未至定), 여덟째는 바로 교법에 즐거이 머무는 일로 근본정(根本定), 아홉째는 일체 모든 괴로움[苦聖諦]을 넘어서는 [涅槃] 방편의 일로 순해탈분(順解脫分)[275]이 있습니다.

彼遍知事 此復三種 顛倒遍知 所依處故 依有情想 外有情中 邪行遍知 所依處故 內離增上慢遍知 所依處故

그것(고성제)의 변지사가 있습니다. 이에는 다시 세 가지가 있습니다. 전도하여 소의처를 변지하기 때문이고, 유정의 상(想)에 의해 외부 유정 가운데 사행으로 소의처를 변지하기 때문이며, 내적으로 증상만을 여의어

---

275 대승보살의 다섯 계위 중 자량위, 이 지위는 해탈에 수순하는 선법을 쌓아가는 단계이기 때문에 순해탈분이라 한다.

소의처를 변지하기 때문입니다.

> 열째는 고성제를 두루 아는 일이 있습니다. 이에는 다시 세 가지가 있습니다. 잘못 뒤바꿔서 소의처[276]를 두루 알기 때문이고, 유정의 잘못된 생각에 의거해 다른 유정 가운데 삿된 행으로 소의처를 두루 알기 때문이며, 인집으로 인한 증상만을 떠나서 소의처를 두루 알기 때문입니다.[277]

修依處事 作證事 修習事 令彼堅固事 彼行相事

소의처를 수행하는 일, 작증하는 일이며, 수습하는 일, 수습을 견고하게 하는 일, 그것(견도)의 행상하는 일[상견도]이 있습니다.

> 열한째는 고성제의 원인을 밝히는 일로 집성제, 열두째는 괴로움을 진정 괴로움이 아님을 밝히는 일로 멸성제, 열셋째는 괴로움을 멸하기 위해 수행하고 학습하는 일로 도성제, 열넷째는 수행과 학습을 더욱 굳세게 하는 일로 교법으로 설하는 것을 관하는 견도(見道), 열다섯째는 그 견도에서 마음을 수행하는

---

276 소의처는 고성제가 자리하는 삼계(욕계·색계·무색계)의 몸을 말한다.

277 앞의 두 가지 변지는 오직 욕계의 고제를 두루 아는 것이고, 세 번째 변지는 색계 무색계의 고제를 두루 아는 것이다. 욕계는 인집에 사로잡혀 있는 세계이다. 인집을 벗어난 법집이라는번뇌에 사로잡힌 색계의 몸에 대해 변지하는 것을 일컬어 '내적으로 증상만을 떠남으로 소의처를 변지한다'라고 한다.

일²⁷⁸로 교법으로 설하기 어려운 진여를 관하는 상견도(相見道)가 있습니다.

彼所緣事 已斷未斷 觀察善巧事 彼散亂事 彼不散亂事 不散亂依處事

그것[상견도]의 소연의 일, 이미 끊어진 것[견소단의 단계]과 아직 끊어지지 않은 것[수소단]을 관찰하는 선교의 일, 그 산란한 일[견도의 선정에서 나와 수도로 들어가지 않은 중간의 산란한 마음], 그 불산란한 일[욕계의 수혹을 끊는 방편가행의 선정], 불산란이 의거하는 곳의 일[선정의 의지처가 되는 법]이 있습니다.

열여섯째는 상견도에서 관하는 대상의 일이며, 열일곱째는 이미 끊어진 견소단²⁷⁹의 단계와 아직 끊어지지 않은 수소단²⁸⁰을 자세히 잘 관찰하는 일, 열여덟째는 그 산란한 일, 즉 견도의 선정에서 나와 수도로 들어가지 않은 중간의 산란한 마음, 열아홉째는 그 산란하지 않은 일로 욕계의 수혹을 끊는 방편가행의 선정, 스무째는 산란하지 않음이 의거하는 곳의 일로 선정의 의지처가 되는 교법이 있습니다.

---

278 견도에는 진견도와 상견도가 있다. 진견도는 안립제(대상에 대하여 설명하고 정의한 것)를 관하는 것이고, 상견도는 비안립제(진여 같은 것)를 관하는 것이다.

279 견도에서 끊어지는 번뇌.

280 수도에서 끊어지는 번뇌.

不棄修習 劬勞加行事 修習勝利事 彼堅牢事 攝聖行事 攝聖行眷屬事

수습을 포기하지 않고 힘써 가행하는 일[욕계의 수소단의 번뇌를 끊는 무간도·해탈도], 승리를 수습하는 일[색계의 수소단의 번뇌를 끊는 무간도·해탈도], 그 견고하게 하는 일[수도의 마지막 단계로 무색계의 수소단의 번뇌를 끊는 무간도·해탈도, 금강정], 성스러운 행을 거두는 일[진지, 근본지에 속하는 진지, 무생지], 성스러운 행의 권속들을 거두는 일[후득지에 속하는 진지, 무생지]이 있습니다.

> 스물한째는 수행과 학습을 포기하지 않고 힘써 수행을 거듭하는 일로 욕계의 수소단의 번뇌를 끊는 무간도·해탈도, 스물두째는 뛰어난 이로움을 수행하고 학습하는 일로 색계의 수소단의 번뇌를 끊는 무간도·해탈도, 스물셋째는 그러한 수행과 학습을 굳세게 하는 일로 수도의 마지막 단계로 무색계의 수소단의 번뇌를 끊는 무간도·해탈도, 금강정, 스물넷째는 성스러운 수행을 거두어들이는 일로 진지, 근본지에 속하는 진지, 무생지, 스물다섯째는 성스러운 수행에 따르는 것을 거두어들이는 일로 후득지에 속하는 진지, 무생지[281]가 있습니다.

281　〈구사론〉 무학위에서는 '나는 이미 고를 알고, 이미 집을 끊었고, 이미 멸을 작증하고, 이미 도를 닦았다'라는 자각적 앎이 일어나는데, 이를 진지(盡智)라고 한다. '고를 알았으므로 더 이상 알게 없고, 집을 끊었으므로 더 끊을 것이 없고, 멸을 작증하였으므로 더 작증할 것이 없고, 이미 도를 닦았으므로 더 닦을 것이 없다'라는 자각적 앎이 일어나는데 이를 무생지(無生智)라고 한다.

通達眞實事 證得涅槃事 於善說法毘奈耶中 世間正見 超昇一切外道所
得正見頂事 及卽於此 不修退事 於善說法毘奈耶中 不修習故 說明爲退
非見過失故名爲退

　진실을 통달하는 일[무여열반에 들려고 진실을 수습하는 일, 무학과(無學果)],
열반을 증득하는 일[멸진정에서 아뢰야식 가운데서 반열반하는 것], 선설법[경
과 논]과 비내야[계율] 가운데서 세간의 정견[순해탈분의 선근]조차 일체 외
도가 득한 정견의 정상을 뛰어넘는 일, 그리고 세간의 정견에 대해 수습
하지 않고 물러나는 일이 있습니다. 선설법과 계율 가운데서 수습하지 않
기 때문에 물러난다고 말하는 것이지, 견의 과실로 물러난다고 말하는
것은 아닙니다."

> 　스물여섯째는 진실을 통달하는 일로 무여열반에 들려고 진실을 수습하는
> 일[무학과(無學果)]. 스물일곱째는 열반을 증득하는 일로 멸진정에서 아뢰야식
> 가운데서 반열반하는 것, 스물여덟째는 선설법[경과 논]과 비내야[계율]²⁸² 가
> 운데서 세간에 대한 바른 견해[순해탈분의 선근]조차 일체 외도가 득했다는 바른
> 견해의 정상을 뛰어넘는 일, 그리고 스물아홉째는 세간의 바른 견해에 대해 수
> 행하고 학습하지 않고 물러나는 일입니다. 선설법과 계율 가운데서 수행하고
> 학습하지 않기 때문에 물러난다고 말하는 것이지, 견의 잘못으로 물러난다고
> 말하는 것이 아닙니다."²⁸³

282　선설법은 경과 논, 비내야는 율.

283　수행 과정에서 세 가지 마음과 열여섯 가지 마음을 수행한다고 한다. 세 가지는 인집을 버리
　　　는 마음, 법집을 버리는 마음, 모두를 버리는 마음을 말한다. 16가지 마음이란 4성제에 관해
　　　욕계와 색무색계에서 각각 8인(八忍)과 8지(八智)가 일어나는데, 이를 합쳐서 말한다.

曼殊室利 若於是處 我依聲聞及諸菩薩 顯示別解脫及別解脫 相應之法 是名調伏

"만수실리여, 만약 여기에서 내가 성문 및 모든 보살에게 별해탈 및 별해탈에 상응하는 법을 드러내 보이면, 이것을 조복이라고 합니다."

"만수실리여, 만약 여기에서 내가 성문 및 모든 보살에게 별해탈[284] 및 별해탈에 상응하는 교법을 드러내 보이면, 이것을 조복이라고 합니다."

世尊 菩薩 別解脫 幾相所攝

"세존이시여, 보살의 별해탈은 몇 가지 상으로 포섭합니까?"

"세존이시여, 보살의 별해탈은 몇 가지 모습으로 거두어들입니까?"

---

284 수행자가 지켜야 할 계율에 관한 조항을 모아둔 것.

善男子 當知七相 一者 宣說受軌則事故 二者 宣說隨順他勝事故 三者 宣說隨順毀犯事故 四者 宣說有犯自性故 五者 宣說無犯自性故 六者 宣說出所犯故 七者 宣說捨律儀故

　"선남자여, 일곱 가지의 상으로 포섭합니다. 첫째는 궤칙을 받는 일을 선설하기 때문입니다. 둘째는 타승(他勝)[285]에 수순하는 일을 선설하기 때문입니다. 셋째는 훼범[286]에 수순하는 일을 선설하기 때문입니다. 넷째는 유범의 자성을 선설하기 때문입니다. 다섯째는 무범의 자성을 선설하기 때문입니다. 여섯째는 범한 것에서 벗어남을 선설하기 때문입니다. 일곱째는 율의의 버림을 선설하기 때문입니다."

> "선남자여, 일곱 가지의 모습으로 거두어들입니다. 첫째는 계를 받는 일을 밝혀 설하기 때문입니다. 둘째는 중대 범죄에 따르는 일을 밝혀 설하기 때문입니다. 셋째는 가벼운 범죄에 따르는 일을 밝혀 설하기 때문입니다. 넷째는 범죄를 저지름이란 무엇인가를 밝혀 설하기 때문입니다. 다섯째는 범죄가 없음이란 무엇인가를 밝혀 설하기 때문입니다. 여섯째는 저지른 범죄에서 벗어남을 밝혀 설하기 때문입니다. 일곱째는 계율을 버림을 밝혀 설하기 때문입니다."

285　타승은 타승처법을 말하며, 범어로 parajika(波羅夷). 4중죄로 간음과 도둑질과 살생과 거짓말을 가리킨다. 선법을 자, 악법을 타라고 할 때, 악법이 선법을 이긴다는 의미에서 타승이라고 한다.

286　훼범은 4중죄를 제외한 가벼운 범죄.

曼殊室利 若於是處 我以十一種相 決了分別 顯示諸法 是名本母

"만수실리여, 만약 여기에서 내가 열한 가지의 상으로 완전하게 분별하여 모든 법을 현시하면 이것을 본모라고 합니다.

"만수실리여, 만약 여기에서 내가 열한 가지의 모습으로 완전하게 분별하여 모든 교법을 드러내 보이면, 이것을 본모라고 합니다.

何等 名爲十一種相 一者 世俗相 二者 勝義相 三者 菩提分法所緣相 四者 行相 五者 自性相 六者 彼果相 七者 彼領受開示相 八者 彼障碍法相 九者 彼隨順法相 十者 彼過患相 十一者 彼勝利相

무엇을 열한 가지의 상이라고 하는가? 첫째는 세속의 상이고, 둘째는 승의의 상이며, 셋째는 보리분법 소연의 상이고, 넷째는 행상입니다. 다섯째는 자성의 상이고 여섯째는 보리분법의 과보의 상이며, 일곱째는 보리분법을 영수하고 개시하는 상이고, 여덟째는 보리분법을 장애하는 법의 상입니다. 아홉째는 보리분법을 수순하는 법의 상이고, 열째는 보리분법의 과환의 상이며, 열한째는 보리분법의 승리의 상입니다.

무엇을 열한 가지의 모습이라고 하는가? 첫째는 세속의 모습입니다. 둘째는 승의의 모습입니다. 셋째는 보리분법의 대상이 되는 모습입니다. 넷째는 행의 모습입니다. 다섯째는 보리분법의 실제 모습입니다. 여섯째는 보리분법의 과보의 모습입니다. 일곱째는 보리분법을 받아들이고 열어 보이는 모습입니다. 여덟째는 보리분법을 가로막는 법의 모습입니다. 아홉째는 보리분법을 따르는 법의 모습이고, 열째는 보리분법의 지나친 허물의 모습이며, 열한째는 보리분법의 뛰어난 이로움의 모습입니다.

世俗相者 當知三種 一者 宣說補特伽羅故 二者 宣說遍計所執自性故 三者 宣說諸法作用事業故

세속의 상이란 세 가지임을 알아야 합니다. 첫째는 보특가라를 선설하기 때문이고, 둘째는 변계소집자성을 선설하기 때문이며, 셋째는 모든 법의 작용과 사업을 선설하기 때문입니다.

세속의 모습이란 세 가지임을 알아야 합니다. 첫째는 윤회하는 중생을 밝혀 설하기 때문이고, 둘째는 변계소집이 무엇인지를 밝혀 설하기 때문이며, 셋째는 모든 존재가 어떻게 작용하고 업을 도모하는지를 밝혀 설하기 때문입니다.

勝義相者 當知 宣說七種眞如故

승의의 상이란 일곱 가지의 진여를 선설하기 때문임을 알아야 합니다.

승의의 모습이란 일곱 가지의 진여를 밝혀 설하기 때문임을 알아야 합니다.

菩提分法所緣相者 當知 宣說遍一切種所知事故

보리분법의 소연의 상이란 두루 일체 종류의 알아야 할 일을 선설하기 때문임을 알아야 합니다.

37보리분법의 대상이 되는 모습이란 깨달음을 이루기 위해 두루 일체 모든 종류의 알아야 할 일을 밝혀 설하기 때문임을 알아야 합니다.

行相者 當知 宣說八行觀故 云何 名爲八行觀耶 一者 諦實故 二者 安住 故 三者 過失故 四者 功德故 五者 理趣故 六者 流轉故 七者 道理故 八 者 總別故

행상이란 여덟 가지의 행관(行觀)²⁸⁷을 밝혀 설하기 때문임을 알아야 합니다. 무엇을 여덟 가지의 행관이라 하는가. 첫째는 제실을 관찰하기 때문입니다. 둘째는 안주를 관찰하기 때문입니다. 셋째는 과실을 관찰하기 때문입니다. 넷째는 공덕을 관찰하기 때문입니다. 다섯째는 이취²⁸⁸를 관찰하기 때문입니다. 여섯째는 유전을 관찰하기 때문입니다. 일곱째는 도리를 관찰하기 때문입니다. 여덟째는 총별을 관찰하기 때문입니다.

> 관찰 수행의 모습이란 여덟 가지의 관찰 수행, 즉 비파사나 수행을 밝혀 설하기 때문임을 알아야 합니다. 무엇을 여덟 가지의 비파사나 수행이라그 하는가. 첫째는 제실을 관찰하기 때문입니다. 둘째는 안주를 관찰하기 때문입니다. 셋째는 과실을 관찰하기 때문입니다. 넷째는 공덕을 관찰하기 때문입니다. 다섯째는 이취를 관찰하기 때문입니다. 여섯째는 유전을 관찰하기 때문입니다. 일곱째는 도리를 관찰하기 때문입니다. 여덟째는 총별을 관찰하기 때문입니다.

諦實者 謂諸法眞如

제실이란 모든 법의 진여를 말합니다.

---

287 8가지의 관찰 수행, 즉 비파사나 수행을 말한다.
288 전도됨이 없이 이치에 통함.

> 제실이란 모든 존재의 진여를 말합니다.

安住者 謂或安立補特伽羅 或復安立諸法遍計所執自性 或復安立一向
分別反問置記 或復安立隱密顯了記別差別

안주란 보특가라를 안립하거나 혹은 또한 모든 법의 변계소집자성을 안립하거나 혹은 다시 일향과 분별과 반문과 치기[289]를 안립하거나 혹은 다시 은밀과 현료의 기별의 차별을 안립하는 것을 말합니다.

> 안주란 윤회하는 중생에 대해 교법으로 설하거나 혹은 또한 모든 존재에 대한 변계소집의 실체에 대해 교법으로 설하거나 혹은 다시 일정한 대답과 분별과 되물음과 답하지 않음에 대해 교법으로 설하거나 혹은 다시 은밀하거나 드러내거나 하는 말씀의 차이를 교법으로 설하는 것을 말합니다.

---

289 질문에 답하는 네 가지 방식을 사종기라 함. 모든 질문 중 한결같이 일정하게 대답해 주어야 할 경우 일향기, 잘 분별해서 알려주어야 할 경우 분별기, 반문하는 형식으로 답해야 하는 경우 반문기, 대답하지 않고 그냥 내버려두는 경우 사치기 또는 묵치기라 한다.

過失者 謂我宣說 諸雜染法 有無量門 差別過患

　　과실[290]이란 내가 '모든 잡염법은 무량한 부문의 차별된 과환이 있다'라고 선설한 것을 말합니다.

> 　　지나치거나 모자람이란 내가 '모든 번뇌와 망상에 물든 존재는 헤아릴 수 없는 갈래로 차별되는 지나침의 허물이 있다'라고 밝혀 설한 것을 말합니다.

功德者 謂我宣說 諸淸淨法 有無量門 差別勝利

　　공덕이란 내가 '모든 청정법은 무량한 부문의 차별되는 뛰어난 이익이 있다'라고 선설한 것을 말합니다.

> 　　공덕이란 내가 '모든 번뇌와 망상에서 벗어난 존재는 헤아릴 수 없는 갈래로 차별되는 뛰어난 이로움이 있다'라고 밝혀 설한 것을 말합니다.

290　여실하게 보지 않고 지나치게 보거나 모자라게 보는 것.

理趣者 當知六種 一者 眞義理趣 二者 證得理趣 三者 敎導理趣 四者 遠離二邊理趣 五者 不可思議理趣 六者 意趣理趣

이취[291]란 여섯 가지가 있음을 알아야 합니다. 첫째는 진의이취입니다. 둘째는 증득이취입니다. 셋째는 교도이취입니다. 넷째는 원리이변이취[292]입니다. 다섯째는 불가사의이취입니다. 여섯째는 의취이취[293]입니다.

> 이취란 여섯 가지가 있음을 알아야 합니다. 첫째는 진실한 뜻으로 나아가는 것입니다. 둘째는 무상정등각의 증득으로 나아가는 것입니다. 셋째는 교법의 지도에 따라 나아가는 것입니다. 넷째는 양극단의 이분법을 멀리 떠나 중도로 나아가는 것입니다. 다섯째는 분별을 넘어서 심오한 진여로 나아가는 것입니다. 여섯째는 교법에 대한 믿음과 바른 판단으로 용맹정진 나아가는 것입니다.

流轉者 所謂三世 三有爲相 及四種緣

유전이란 이른바 삼세와 세 가지의 유위상[294] 및 네 가지의 연(緣)입니다.

> 유전이란 이를테면 과거·현재·미래를 말하고, 생함·머물고 변함·멸함의 세

---

291 이치대로 나아감. 전도됨이 없이 통하는 것.

292 증익과 손감, 상과 단, 고와 낙이라는 양극단을 멀리 떠나 중도를 이루는 이취.

293 의요이치라고도 한다.

294 생, 주·이, 멸의 세 가지로 변하는 존재의 모습.

가지의 변하는 존재의 모습을 말하며, 인연·등무간연·소연연·증상연의 네 가지 연[295]을 말합니다.

道理者 當知四種 一者 觀待道理 二者 作用道理 三者 證成道理 四者 法爾*道理

도리란 네 가지가 있음을 알아야 합니다. 첫째는 관대도리입니다. 둘째는 작용도리입니다. 셋째는 증성도리입니다. 넷째는 법이도리[296]입니다.

도리란 네 가지가 있음을 알아야 합니다. 첫째는 관대의 도리입니다. 둘째는 작용의 도리입니다. 셋째는 증성의 도리입니다. 넷째는 교법 그대로의 도리입니다.

---

295 4연은 인식 현상이나 인식이 생기는 조건으로 인연·등무간연·소연연·증상연을 말함. 모든 유위법은 모두 이 4연으로 생긴다. ①인연: 인은 원인이고 연은 조건이다. 그래서 원인 자체가 조건이 되는 것. ②등무간연: 차제연이라고도 함. 앞에 생긴 마음[전념]이 다음 생기는 마음[후념]을 불러일으키는 원인이 된다. 불교에서는 두 마음이 한꺼번에 일어나지 않고 한 마음이 떠나야 또 한 마음이 일어난다고 한다. 그래서 앞뒤가 평등하고[등] 그 사이에 아무런 마음이 일어나지 않기[무간] 때문에 등무간연이라고 한다. ③소연연: 연연 이라고도 함. 소연(마음 작용의 대상)이 원인이 되어 마음이나 마음 작용이 생길 때 그 마음이나 작용을 소연연이라고 한다. ④증상연: 다른 유위법이 생기는 데 힘을 주는 적극적인 원인과 다른 유위법이 생기는 것을 장애하지 않는 소극적 원인을 말한다.

296 교법 그대로의 도리.

觀待道理者 謂若因若緣 能生諸行 及起隨說 如是 名爲觀待道理

관대[297]도리란 인이나 연으로 모든 행이 생기고 또한 수설[298]을 일으킬 수 있는 것을 말합니다. 이를 관대 도리라고 합니다.

> 관찰하여 설명하는 도리란 인이나 연으로 모든 존재의 작용이 생기고 또한 존재의 작용에 따라 이름과 표상을 언설로 일으킬 수 있는 것을 말합니다. 이를 관대의 도리라고 합니다.

作用道理者 謂若因若緣 能得諸法 或能成辨 或復生已 作諸業用 如是 名爲作用道理

작용도리란 인이나 연으로 모든 법을 득하거나 혹은 명료하게 분별하거나 혹은 다시 생기고서 모든 업으로 작용할 수 있다는 것을 말합니다. 이를 작용도리라고 합니다.

> 작용의 도리란 인이나 연으로 모든 존재를 터득하거나 혹은 명료하게 판별

---

297 모든 행이 일어나는 데는 인과 연이 수반되고 그러한 행을 드러내기 위해서는 명과 구와 문, 즉 언어로 설하는 것이 요구된다. 그러한 것을 관대라고 한다.

298 모든 행에 각기 이름[명]을 붙이고 이름이 표상을 불러일으킨다. 이러한 이름과 표상의 결합에 따라서 언설을 일으키는 것.

하거나 혹은 다시 생기고서 모든 업으로 작용할 수 있는 것을 말합니다. 이를 작용의 도리라고 합니다.

證成道理者 謂若因若緣 能令所立 所說 所標 義得成立 令正覺悟 如是 名爲證成道理

증성도리란 인이나 연으로 입증되고 설명되고 표명된 뜻이 성립하도록 하여 바르게 깨우치게 할 수 있는 것을 말합니다. 이를 증성도리라고 합니다.

증명하여 성립시키는 도리란 인이나 연으로 입증되고 설명되고 표명된 뜻이 성립하도록 하여 바르게 깨우치게 할 수 있는 것을 말합니다. 이를 증성의 도리라고 합니다.

又此道理 略有二種 一者 淸淨 二者 不淸淨

또한 이 증성도리는 대략 두 가지가 있습니다. 하나는 청정한 것이고 다른 하나는 청정하지 않은 것입니다.

> 또한 이 증명하여 성립시키는 도리는 크게 두 가지가 있습니다. 하나는 청정한 것이고 다른 하나는 청정하지 않은 것입니다.

由五種相 名爲淸淨由七種相 名不淸淨

다섯 가지의 상으로 청정한 것을 말하고, 일곱 가지의 상으로 청정하지 않은 것을 말합니다.

> 다섯 가지의 모습으로 청정한 것을 말하고, 일곱 가지의 모습으로 청정하지 않은 것을 말합니다.

云何 由五種相 名爲淸淨 一者 現見所得相 二者 依止現見所得相 三者 自類譬喩所引相 四者 圓成實相 五者 善淸淨言敎相

다섯 가지의 상으로 청정하다는 것은 어떤 것들인가. 첫째는 현견소득상이고, 둘째는 의지현견소득상이며, 셋째는 자류소인상입니다. 넷째는 원성실상이고, 다섯째는 선청정언교상입니다.

現見所得相者 一切行 皆無常性 一切行 皆是苦性 一切法 皆無我性 此爲世間現量所得 如是等類 是名現見所得相

현견소득상이란 일체행이 모두 무상성이고 일체행이 모두 고성이며 일체법이 모두 무아성임을 말합니다. 이는 세간의 현량으로 얻어진 것입니다. 이러한 것들을 현견소득상이라고 말합니다.

依止現見所得相者 謂一切行 皆刹那性 他世有性 淨不淨業 無失壞性 由彼能依 麤無常性 現可得故 由諸有情 種種差別 依種種業 現可得故

由諸有情 若樂若苦 淨不淨業 以爲依止 現可得故 由此因緣 於不現見
可爲比度 如是等類 是名依止現見所得相

의지현견소득상이란, 일체행이 모두 찰나의 성품이고 다른 세상에도
있는 성품이며 청정과 부정의 업이 실괴하지 않는 성품입니다. 그 능의[299]
의 거친 무상성으로 말미암아 바로 득할 수 있기 때문이고, 모든 유정의
갖가지 차이는 갖가지 업으로 바로 득할 수 있기 때문이며, 모든 유정의
고나 낙은 청정과 부정의 업에 의거하여 바로 득할 수 있기 때문입니다.
이런 인연으로 말미암아 바로 앞에서 보지 못하는 것에 대해서도 비량으
로 헤아릴 수 있는 것을 말합니다. 이를 의지현견소득상이라고 합니다.

'직접 관찰하여 획득한 것에 근거한 모습'은, 일체 모든 마음 작용이 모두 순
간적인 성품이고 직접 관찰하지 않아도 알 수 있는 성품이며 잘 되거나 잘못된
업의 결과를 반드시 가져오는 성품임을 말합니다. 직접 관찰한 모습이 거칠게
변하는 성품으로 말미암아 이 성품에 근거하여 바로 미세하게 변하는 모습을
획득할 수 있기 때문이고, 모든 유정이 갖가지 삶으로 차이를 보이는 것은 갖가
지 업의 결과에 따른 것임을 바로 획득할 수 있기 때문이며, 모든 유정이 즐겁
거나 괴로운 것은 청정하거나 부정한 업의 결과에 따른 것임을 바로 획득할 수
있기 때문입니다. 이런 인연으로 말미암아 직접 관찰할 수 없는 것에 대해서도
추리하여 헤아릴 수 있는 것을 말합니다. 이를 '직접 관찰로 획득한 것에 근거
한 모습'이라고 합니다.

---

299 능의는 근거하는 주체로 여기서는 거친 무상성을 말하며, 이때 소의는 찰나의 미세한 무상
성이 된다. 즉 직접 관찰할 수 있는 거친 무상성은 직접 관찰할 수 없는 미세한 무상성에 기
반해 있다는 것이다.

自類譬喩所引相者 謂於內外諸行聚中 引諸世間共所了知 所得生死 以
爲譬喩 引諸世間共所了知 所得生等 種種苦相 以爲譬喩 引諸世間共所
了知 所得不自在相 以爲譬喩 又復於外 引諸世間共所了知 所得衰盛 以
爲譬喩 如是等類 當知 是名自類譬喩所引相

자류비유소인상이란, 내외의 모든 행취[300] 가운데서 모든 세간이 함께
알고 얻게 된 생사를 인용해 (찰나 무상의) 비유로 삼고, 모든 세간이 함께
알고 득한 생 등의 온갖 고상을 인용해 (고의) 비유로 삼으며, 모든 세간이
함께 알고 득한 자재롭지 못한 상을 인용해 (무아의) 비유로 삼고, 또한 다
시 외부에서 모든 세간이 함께 알고 득한 성하고 쇠함을 인용해서 (무상
의) 비유로 삼는 것을 말합니다. 이와 같은 것들을 자류비유소인상이라고
함을 알아야 합니다.

'자기 부류의 비유로 인용한 모습'이란, 안팎으로 모든 번뇌의 마음 작용 가
운데서 모든 세상 사람이 함께 알고 얻게 된 생사를 인용해 찰나 무상의 비유
로 삼고, 모든 세상 사람이 함께 알고 얻게 된 생 등의 온갖 괴로운 모습을 인용
해 고의 비유로 삼으며, 모든 세상 사람이 함께 알고 얻게 된 자재롭지 못한 모
습을 인용해 무아의 비유로 삼고, 또한 다시 밖으로 모든 세상 사람이 함께 알
고 얻게 된 성하고 쇠함을 인용해서 무상의 비유로 삼는 것을 말합니다. 이러한
것들을 '자기 부류의 비유로 인용한 모습'이라고 함을 알아야 합니다.

---

300 번뇌의 마음 작용.

圓成實相者 謂卽如是現見所得相 若依止現見所得相 若自類譬喩所得
相 於所成立 決定能成 當知 是名圓成實相

    원성실상이란 곧 이와 같은 현견소득상이나, 혹은 의지현견소득상이나
혹은 자류비유소득상이 성립한 것을 결정적으로 완성할 수 있는 것을 말
합니다. 이를 원성실상이라고 함을 알아야 합니다.

>   '원만히 진실을 이룬 모습'이란 곧 이와 같은 '직접 관찰하여 획득한 모습'이
> 나, 혹은 '직접 관찰하여 획득한 것에 근거한 모습'이나 혹은 '자기 부류의 비유
> 로 인용한 모습'이 성립한 것에 대해 결정적으로 완성할 수 있는 것을 말합니
> 다. 이를 '원만히 진실을 이룬 모습'이라고 함을 알아야 합니다.

善淸淨言敎相者 謂一切智者之所宣說 如言涅槃 究竟寂靜 如是等類
當知 是名善淸淨言敎相 善男子 是故 由此五種相故 名善觀察淸淨道理
由淸淨故 應可修習

    선청정언교상이란, 일체지자가 선설한 것으로 열반은 결국 적정하다는
말과 같은 것을 말합니다. 이것을 선청정언교상이라고 함을 알아야 합니
다. 선남자여, 그러므로 이 다섯 가지 상으로 말미암아 청정도리를 잘 관
찰한다고 말합니다. 청정하기 때문에 잘 수습해야 합니다."

'세상을 이롭게 하는 청정한 말씀의 가르침의 모습'이란, 일체 모든 지혜를 갖춘 자가 밝혀 설한 것으로 열반은 결국 적정하다는 말과 같은 것을 말합니다. 이것을 '세상을 이롭게 하는 청정한 말씀의 가르침의 모습'이라고 함을 알아야 합니다. 선남자여, 그러므로 이 다섯 가지 모습으로 말미암아 '청정의 도리를 잘 관찰한다'라고 합니다. 청정하기 때문에 마땅히 수행하고 학습해야 합니다."

曼殊室利菩薩 復白佛言 世尊 一切智相者 當知 有幾種

만수실리보살이 다시 부처님께 여쭈었다.
"세존이시여, 일체지[301]의 상이란 몇 가지가 있다고 알아야 합니까?"

만수실리보살이 다시 부처님께 여쭈었다.
"세존이시여, 일체 모든 지혜의 모습이란 몇 가지가 있다고 알아야 합니까?"

佛告曼殊室利菩薩曰 善男子 略有五種 一者 若有出現世間 一切智聲 無不普聞 二者 成就三十二種大丈夫相 三者 具足十力 能斷一切衆生一

---

301 일체의 계, 일체의 사, 일체의 품, 일체의 시(時)에 대해 여실하게 알기 때문에 일체지라 한다.

切疑惑 四者 具足四無所畏 宣說正法 不爲一切他論所伏 而能催伏一切
邪論 五者 於善說法毘奈耶中 八支聖道 四沙門等 皆現可得 如是生故
相故 斷疑網故 非他所伏 能伏他故 聖道沙門 現可得故 如是五種 當知
名爲一切智相

부처님께서 만수실리보살에게 말씀하셨다.

"선남자여, 대략 다섯 가지가 있습니다. 첫째는 만약 세간에 출현하면,
일체지의 음성이 두루 들리지 않는 곳이 없습니다. 둘째는 서른두 가지
대장부상을 성취합니다. 셋째는 10력*을 갖추어 능히 일체 중생의 모든
의혹을 끊을 수 있습니다. 넷째는 4무소외*를 모두 갖추어 정법을 널리
설하고, 일체의 다른 주장에 굴복되지 않고 모든 삿된 이론을 항복시킬
수 있습니다. 다섯째는 선설법과 비내야 가운데서 8정도와 4사문과* 등
을 모두 바로 증득할 수 있습니다. 이와 같이 태어나기 때문이고, (서른두
가지의) 상을 성취하기 때문이며, 의심의 그물망을 끊기 때문이고, 다른 것
에 굴복되지 않고 다른 것을 항복시키기 때문이며, 성스러운 8정도와 4
사문과를 바로 증득할 수 있기 때문입니다. 이러한 다섯 가지를 일체지의
상이라고 말한다는 것을 알아야 합니다."

부처님께서 만수실리보살에게 말씀하셨다.
"선남자여, 크게 다섯 가지가 있습니다. 첫째는 만약 세간에 출현하면, 일체
모든 지혜의 음성이 두루 들리지 않는 곳이 없습니다. 둘째는 서른두 가지 대

장부상을 성취합니다. 셋째는 열 가지 힘[302]을 갖추어 능히 일체 모든 중생의 모든 의혹을 끊을 수 있습니다. 넷째는 4무소외[303]를 모두 갖추어 정법을 널리 설하고, 일체 모든 외도의 주장에 굴복되지 않고 모든 삿된 주장을 항복시킬 수 있습니다. 다섯째는 경과 논[선설법]과 계율[비내야] 가운데서 8정도와 4사문과[304] 등을 모두 바로 깨우쳐 터득할 수 있습니다. 이와 같이 태어나기 때문이고, 서른두 가지의 모습을 성취하기 때문이며, 의심의 그물망을 끊기 때문이고, 외도의 주장에 굴복되지 않고 외도들을 항복시키기 때문이며, 성스러운 8정도와 4사문과를 바로 깨우쳐 터득할 수 있기 때문입니다. 이러한 다섯 가지를 일체 모든 지혜의 모습이라고 함을 알아야 합니다."

302 10력은 부처님이 지닌 10가지 지혜의 힘. ①이치와 이치 아님을 아는 지혜의 힘(處非處智力) ②업의 과보와 이숙을 아는 지혜의 힘(業異熟智力) ③선정과 해탈의 깊이를 아는 지혜의 힘(靜慮解脫等持等至智力) ④중생의 근기를 아는 지혜의 힘(根上下智力) ⑤갖가지 0 해하는 정도를 아는 지혜의 힘(種種勝解智力) ⑥갖가지 경계를 아는 지혜의 힘(種種界智力) ⑦두루 취하는 작용을 아는 지혜의 힘(遍趣行智力) ⑧과거에 가진 생각을 아는 지혜의 힘(宿住隨念智力) ⑨생사에 사로잡힌 중생을 아는 지혜의 힘(死生智力) ⑩번뇌가 다했음을 아는 지혜의 힘(漏盡智力).

303 4무소외는 설법할 때에 4가지 두려움이 없음. ①모든 법을 평등하게 깨달아 타인의 비난을 두려워하지 않음(諸法現等覺無畏) ②일체 모든 번뇌를 다 멸하여 타인의 비난을 드려워하지 않음(一切漏盡智無畏) ③깨달음을 장애하는 법을 결정적으로 설하여 타인의 비난을 두려워하지 않음(障法不虛決定授記無畏) ④모든 번뇌를 벗어나는 진여를 증득하여 타인의 비난을 두려워하지 않음(爲證一切具足出道如性無畏).

304 4사문과는 아라한이 되는 4가지의 단계. ①예류과는 수다원의 번역어로 입류(入流)라고도 한다. 세 가지 결박인 유신견(아견)·계금취견[삿된 견해]·의심을 끊고 성스러운 흐름에 들어간 단계로 견도에 해당 ②일래과는 사다함의 번역어로 세 가지 번뇌 외 탐·진·치의 3독심도 약화시켜서 이 세상에 한 번만 다시 돌아와 괴로움을 다하는 단계 ③불환과는 아나함의 번역어로 욕계에서 죽어서 색계나 무색계에 나고는 번뇌가 사라져 다시 돌아오지 않는 단계 ④아라한과는 모든 번뇌를 다 끊고 해탈한 성문 증과의 최고 단계로 응진·응공·불생·이악으로도 번역한다.

善男子 如是證成道理 由現量故 由比量故 由聖教量故 由五種相 名爲
淸淨

"선남자여, 이러한 증성도리는, 현량으로써, 비량으로써, 성교량으로써
증성하며, 앞의 다섯 가지 상으로 청정하다고 말합니다.

"선남자여, 이 증명하여 성립시키는 도리는, 직접 관찰함으로써, 추론함으로
써, 성스러운 가르침으로써 증명하여 성립시키며, 앞의 다섯 가지 모습으로 청
정하다고 말합니다.

云何 由七種相 名不淸淨 一者 此餘同類可得相 二者 此餘異類可得相
三者 一切同類可得相 四者 一切異類可得相 五者 異類譬喩所得相 六者
非圓成實相 七者 非善淸淨言敎相

일곱 가지의 상으로 말미암아 청정하지 않다는 것은 어떤 것들인가. 첫
째는 차여동류가득상이고, 둘째는 차여이류가득상이며, 셋째는 일체동류
가득상이고, 넷째는 일체이류가득상이고, 다섯째는 이류비유소득상이며,
여섯째는 비원성실상이고, 일곱째는 비선청정언교상입니다.

일곱 가지의 모습으로 말미암아 청정하지 않다는 것은 어떤 것들인가. 첫째
는 차여동류가득상이고, 둘째는 차여이류가득상이며, 셋째는 일체동류가득상

若一切法 意識所識性 是名一切同類可得相 若一切法 相性業法因果 異相 由隨如是一一異相 決定展轉各各異相 是名一切異類可得相

  만약 일체법이 의식으로 인식되는 성품이라면, 이것을 일체동류가득상이라고 말합니다. 만약 일체법의 상·성·업·법·인과가 다른 상들이 이와 같은 하나하나 다른 상에 따라서 서로서로 각각 다른 상으로 결정되면, 이를 일체이류가득상이라고 말합니다."

善男子 若於此餘同類可得相及譬喩中 有一切異類相者 由此因緣 於所成立 非決定故 是名非圓成實相 又於此餘異類可得相及譬喩中 有一切

同類相者 由此因緣 於所成立 不決定故 亦名非圓成實相 非圓成實故
非善觀察清淨道理 不清淨故 不應修習 若異類譬喩所引相 若非善清淨
言教相 當知 體性 皆不清淨

"선남자여, 혹은 차여동류가득상 및 비유 가운데서 일체이류상이 있다
면, 이 인연으로 인하여 성립하는 바를 결정하지 못하기 때문에 이것을
비원성실상이라고 말합니다. 또 차여이류가득상 및 비유 가운데서 일체
동류상이 있다면, 이 인연으로 인하여 성립하는 바를 결정하지 못하기
때문에 또한 비원성실상이라고 말합니다. 비원성실상이기 때문에 청정의
도리를 잘 관찰하지 못하고, 청정하지 않기 때문에 수습해서는 안 됩니
다. 만약 이류비유소인상 혹 비선청정언교상이라면 체성이 모두 청정하지
않음을 알아야 합니다.

"선남자여, 혹은 '이 밖의 같은 부류로 인식되는 모습' 및 비유 가운데서 '일
체 다른 부류의 모습'이 있다면, 이 인연으로 인하여 성립될 것을 결정하지 못
하기 때문에 이것을 '원만히 이룬 진실하지 않은 모습'이라고 말합니다. 또 '이
밖의 다른 부류로 인식되는 모습' 및 비유 가운데서 '일체 같은 부류의 모습'이
있다면, 이 인연으로 인하여 성립될 것을 결정하지 못하기 때문에 또한 '원만히
이룬 진실하지 않은 모습'이라고 말합니다. '원만히 이룬 진실하지 않은 모습'이기
때문에 청정의 도리를 잘 관찰하지 못하고, 청정하지 않기 때문에 수습해서는
안 됩니다. 만약 '다른 부류의 비유로 이끌어낸 모습' 혹 '훌륭하게 청정한 말씀
의 가르침이 아닌 모습'이라면 체성이 모두 청정하지 않음을 알아야 합니다.

法爾道理者 謂如來 出世若不出世 法性安住 法住法界 是名法爾道理

　법이도리란, 여래께서 세상에 출현하거나 출현하지 않거나 법성이 안주하는 법주와 법계를 말합니다. 이를 법이도리라고 합니다.

> 　법 자체의 도리란, 여래께서 세상에 출현하거나 출현하지 않거나 시작도 끝도 없이 이미 성립한 이치의 성품이 흔들림 없이 머묾을 말하고 또 머무는 세계를 말합니다. 이를 법 자체의 도리라고 합니다.

總別者 謂先總說一句法已 後後諸句 差別分別 究竟顯了

　총별이란 먼저 한 구절로 총괄하여 법을 말하고 나서 다음에 이어서 모든 구절의 차별을 분별하여 마침내 명료하게 드러내는 것을 말합니다.

> 　총체적인 모습과 개별적인 모습이란 먼저 한 구절로 총괄하여 정리한 법을 말하고 나서 다음에 이어서 모든 구절에서 개별적으로 차이를 분별하면서 마침내 명료하게 드러내는 것을 말합니다.[305]

---

[305] 〈대지도론〉 제31권에서 "총상이란 예를 들어 '무상(無常)' 같은 것이다. 별상이란 제법이 무상해도 각기 개별적인 것이 있으니, 예를 들어 땅은 딱딱한 상을 갖고 있고 물은 축축한 상을 갖고 있는 것과 같다"라고 설명하고 있다.

自性相者 謂我所說有行有緣 所有能取菩提分法 謂念住等 如是 名爲彼
自性相 彼果相者 謂若世間 若出世間 諸煩惱斷及所引發 世出世間 諸果
功德 如是 名爲得彼果相 彼領受開示相者 謂卽於彼 以解脫智 而領受
之 及廣爲他 宣說開示 如是 名爲彼領受開示相

자성상이란 내가 설한 바, 행이 있고 소연이 있어 능취하는 모든 보리
분법을 말합니다. 4념주 등 이와 같은 것을 보리분법의 자성상이라고 말
합니다. 그것(보리분법)의 과상이란 세간이나 출세간의 모든 번뇌의 단멸
및 그 결과 이끌어낸 세간과 출세간의 모든 과의 공덕을 말합니다. 이를
그것(보리분법)의 과상을 득한다고 말합니다. 그것의 영수개시상이란, 곧
그것(보리분법)을 해탈지로써 영수하고 다른 이를 위해 선설하여 열어 보
이니, 이를 그것의 피영수개시상이라고 말합니다.

보리분법이 무엇인지는 내가 설한 대로 작용이 있고 대상이 있어 이들을 취
하는 주체로서의 모든 보리분법을 말합니다. 4념주 등 37보리분법을 말합니
다. 보리분법이 가져오는 과보의 모습이란, 세간이나 출세간의 모든 번뇌를 끊
어버림과 끊어버린 과보로 이끌어낸 세간과 출세간의 모든 공덕까지를 말합니
다. 이를 보리분법이 가져오는 과보의 모습을 얻는다고 말합니다. 보리분법을
받아들이고 열어 보이는 모습이란, 곧 보리분법을 해탈의 지혜로써 받아들이
고, 다른 이를 위해 밝혀 설하여 열어 보이니, 이를 보리분법을 받아들이고 열
어 보이는 모습이라고 말합니다.

彼障碍法相者 謂卽於修菩提分法 能隨障碍 諸染汚法 是名彼障碍法相
彼隨順法相者 謂卽於彼多所作法 是名彼隨順法相 彼過患相者 當知
卽彼諸障碍法 所有過失 是名彼過患相 彼勝利相者 當知 卽彼諸隨順
法 所有功德 是名彼勝利相

　그(보리분법) 장애법의 상이란, 곧 보리분법을 수행함에 있어 장애를 수
반하는 모든 염오법을 일컬어, 이를 그 장애법의 상이라고 말합니다. 그
(보리분법) 수순법의 상이란, 곧 그것(보리분법)을 많이 지은 법을 일컬어,
이를 그 수순법의 상이라고 말합니다. 그 과환상이란, 곧 보리분법을 장
애하는 모든 법의 과실을 일컬어, 이를 그(보리분법을 장애하는) 과환상이라
고 말합니다. 그 승리상이란, 곧 보리분법에 수순하는 모든 법의 모든 공
덕을 일컬어, 이를 그(보리분법) 승리상이라고 말합니다."

> 　보리분법을 가로막는 존재의 모습이란, 곧 보리분법을 수행하는 과정을 가
> 로막는 모든 번뇌와 망상의 존재를 말합니다. 이를 보리분법을 가로막는 존재
> 의 모습이라고 합니다. 보리분법을 잘 따르는 존재의 모습이란, 곧 보리분법을
> 많이 실천하는 존재의 모습을 말합니다. 이를 보리분법을 잘 따르는 존재의 모
> 습이라고 합니다. 보리분법의 과실된 허물의 모습이란, 곧 보리분법을 가로막
> 는 모든 존재의 지나침과 모자람의 모습을 말합니다. 이를 보리분법의 과실된
> 허물의 모습이라고 합니다. 보리분법의 뛰어난 이로운 모습이란, 곧 보리분법
> 을 잘 따르는 모든 존재의 모든 공덕을 말합니다. 이를 보리분법의 뛰어난 이로
> 운 모습이라고 합니다."

曼殊室利菩薩 復白佛言 唯願 世尊 爲諸菩薩 略說契經 調伏 本母 不共
外道 陀羅尼義 由此不共陀羅尼義 令諸菩薩 得入如來所說諸法甚深密
意

만수실리보살이 다시 부처님께 여쭈었다.

"오직 원합니다. 세존이시여, 모든 보살을 위해서 계경·조복·본모를 외
도와는 함께하지 않는 다라니(不共陀羅尼)의 뜻으로 간략히 설해주십시
오. 그래서 이 함께하지 않는 다라니의 뜻으로 말미암아 모든 보살이 여
래께서 설하신 모든 법의 매우 심오한 밀의를 깨우치게 해주십시오."

> 만수실리보살이 다시 부처님께 여쭈었다.
> "간절히 원합니다. 세존이시여, 모든 보살을 위해서 계경·조복·본모를 말씀
> 하셨습니다. 이를 외도와는 견줄 수 없는 다라니[306]로 간략히 설해주십시오.
> 그래서 외도들과는 견줄 수 없는 다라니의 뜻을 통해 모든 보살이 여래께서 설
> 하신 모든 교법의 매우 깊은 비밀스러운 뜻을 깨우치게 해주십시오."

佛告曼殊室利菩薩曰 善男子 汝今諦聽 吾當爲汝 略說不共陀羅尼義 令
諸菩薩 於我所說密意言詞 能善悟入 善男子 若雜染法 若淸淨法 我說
一切 皆無作用 亦都無有補特伽羅 以一切種離所爲故 非雜染法 先染

---

306 부처님의 수많은 교법이 갖는 심오한 밀의를 총괄하여 담아 축약한 문구.

後淨 非淸淨法 後淨先染

　부처님께서 만수실리보살에게 말씀하셨다.

　"선남자여, 그대는 지금 주의 깊게 들으시오. 내가 마땅히 그대들을 위해서 외도와 함께하지 않는 다라니의 뜻을 간략히 설하여, 모든 보살이 내가 설한 밀의의 말씀을 잘 깨우치도록 하겠습니다. 선남자여, 나는 잡염법이나 청정법이나 일체가 다 작용이 없으며 또한 어떤 보특가라도 없다고 설합니다. 일체는 유위를 여의었기 때문에, 잡염법이 먼저 오염되었다가 나중에 청정해지는 것이 아니며, 청정법이 먼저 오염되었다가 나중에 청정해지는 것이 아닙니다.

> 　부처님께서 만수실리보살에게 말씀하셨다.
> 　"선남자여, 그대는 지금 주의 깊게 들으시오. 내가 마땅히 그대들을 위해서 외도와는 견줄 수 없는 총괄하여 함축한 문구로 간략히 설하여, 모든 보살이 내가 설한 비밀스러운 뜻의 말씀을 잘 깨우치도록 하겠습니다. 선남자여, 나는 번뇌와 망상에 물든 존재나 번뇌와 망상을 벗어난 존재나 일체가 다 작용이 없으며 또한 그 어떤 윤회하는 주체도 전혀 없다고 설합니다. 일체 모든 것은 유위를 떠났기 때문에, 번뇌와 망상에 물든 존재가 앞서 물들었다가 나중에 벗어나는 것이 아니며, 번뇌와 망상에 벗어난 존재가 앞서 물들었다가 나중에 벗어나는 것이 아닙니다.

凡夫異生 於麤重身 執着諸法補特伽羅自性差別 隨眠妄見 以爲緣故 計我我所 由此妄見 謂我見 我聞 我嗅 我嘗 我觸 我知 我食 我作 我染 我淨 如是等類 邪加行轉 若有如實知 如是者 便能永斷麤重之身 獲得一切煩惱不住 最極淸淨 離諸戲論 無爲依止 無有加行 善男子 當知 是名略說不共陀羅尼義

　범부 이생들은 추중신으로 제법과 보특가라[307]*의 자성과 차별에 집착합니다. 수면과 망견으로 연(緣)을 삼기 때문에 '나'와 '나의 소유'라고 헤아립니다. 이러한 망견으로 '나는 본다' '나는 듣는다' '나는 냄새 맡는다' '나는 맛본다' '나는 접촉한다' '나는 안다' '나는 먹는다' '나는 일한다' '나는 오염되었다' '나는 청정하다'라고 하며, 이러한 종류들의 삿된 가행을 이어갑니다. 만약 여실하게 이와 같음을 아는 이라면 바로 소지장과 번뇌장을 영원히 끊을 수 있습니다. 일체 번뇌에 머물지 않는 가장 지극한 청정을 획득할 수 있습니다. 모든 희론을 여의고 무위에 의거하여 가행을 없앨 수 있습니다. 선남자여, 이것이 '외도와 함께하지 않는 다라니의 뜻을 대략 설했다'라는 것임을 알아야 합니다."

　각자 잘못된 견해를 갖고 사는 범부들은 번뇌장와 소지장으로 모든 존재는 고유한 실체가 있다고 집착[법집]하고, 윤회하는 주체에는 차별적인 내가 있다고 집착[인집]합니다. 잠재된 번뇌와 망령된 견해에 얽매이기 때문에 '나'와 '나의 것'이라고 헤아립니다. 이러한 망령된 견해로 '나는 본다', '나는 듣는다', '나는 냄새 맡는다', '나는 맛본다', '나는 접촉한다', '나는 안다', '나는 먹는다', '나

307　보특가라(pudgala)는 윤회의 주체인 아(我)를 말한다.

는 일한다', '나는 오염되었다', '나는 청정하다'라고 합니다. 나아가 이러한 종류들의 삿된 행위를 계속하게 됩니다. 만약 여실하게 이와 같음을 아는 이라면 바로 번뇌장과 소지장을 영원히 끊을 수 있습니다. 일체 모든 번뇌에 머물지 않는 가장 지극한 청정을 터득할 수 있습니다. 모든 삿된 주장에서 벗어나 인위적인 행위를 거둠으로써 삿된 행위를 멈출 수 있습니다. 선남자여, 바로 이것이 '외도와는 견줄 수 없는 함축된 총괄한 문구로 뜻을 간략히 설했다'라는 것임을 알아야 합니다."

爾時 世尊 欲重宣此義 而說頌曰
一切清淨雜染法皆無作用數取趣*
由我宣說離所爲染汚清淨非先後

於麤重身隨眠見爲緣計我及我所
由此妄謂我見等我食我爲我染淨

若如實知如是者乃能永斷麤重身
得無染淨無戲論無爲依止無加行

*삭취취: 보특가라, 윤회하는 주체.

이때 세존께서 이 뜻을 거듭 널리 펴시기 위해 게송으로 말씀하셨다.

> 모든 잡염범과 청정법은 모두 작용도 작용하는 아(我)도 없으니,
> 나는 유위를 여의었다 설하니 오염도 청정도 앞뒤가 없다네.
>
> 번뇌와 망상으로 수면과 망견을 대상 삼아 나와 나의 것을 헤아리니,
> 이로 허망하게 나는 본다, 나는 먹는다, 행한다, 더럽다, 깨끗하다 등 말하네.
>
> 만약 여실하게 이와 같음을 아는 이는 마침내 번뇌와 망상을 영원히 끊을 수 있고,
> 잡염과 청정이 없고 희론이 없음을 얻어 무위에 자리하여 가행이 없도다.

爾時 曼殊室利菩薩摩訶薩 復白佛言 世尊 云何 應知 諸如來心生起之相

이때 만수실리보살이 다시 부처님께 여쭈었다.

"세존이시여, 모든 여래의 마음이 생기하는 상을 어떻게 알 수 있습니까?"

> 이때 만수실리보살이 다시 부처님께 여쭈었다.
> "세존이시여, 모든 여래의 마음이 살아 일어나는 모습을 어떻게 알 수 있습니까?"

佛告曼殊室利菩薩曰 善男子 夫如來者 非心意識生起所顯 然諸如來 有無加行心法生起 當知 此事 猶如變化

　부처님께서 만수실리보살에게 말씀하셨다.

　"선남자여, 대저 여래란 심·의·식[308]이 생기하여 드러난 것이 아니라 모든 여래에게는 무가행의 심법이 생깁니다. 이 일은 오히려 변화[309]와 같음을 알아야 합니다."

　부처님께서 만수실리보살에게 말씀하셨다.

　"선남자여, 대저 여래란 아뢰야식이나 말나식이나 그 밖의 6식이 생겨 일어나 드러난 것이 아닙니다. 모든 여래는 수행을 거듭함이 없이 마음 작용이 살아 일어납니다. 이 일은 오히려 선정의 힘으로 뜻한 대로 마음이 드러난 것이지 작의 분별로 마음이 드러난 것이 아님을 알아야 합니다."

曼殊室利菩薩 復白佛言 世尊 若諸如來法身 遠離一切加行 旣無加行 云何而有心法生起

308　집기(集起)하는 것이 심, 사량(思量)하는 것이 의, 요별(了別)하는 것이 식. 아뢰야식이 심, 말나식(染汚意)이 의, 그 밖의 6가지 식을 요별식이라 한다.

309　여기서 변화는 선정의 힘으로 마음을 뜻한 대로 현전시키는 것이지 작의의 분별로 인한 것이 아님. 정위(正定)에 들 때 비록 작의는 없지만 선정에 들기 전의 작의의 힘으로 인해 변화를 나타내 보이는데 이것도 또한 이와 같아서 인위(因位)에서의 지혜의 힘으로 인해 심법이 생긴다.

만수실리보살이 다시 부처님께 여쭈었다.

"세존이시여, 만약 모든 여래의 법신이 일체 가행을 멀리 여의어 이미 무가행이면, 어떻게 심법이 생기할 수 있습니까?"

만수실리보살이 다시 부처님께 여쭈었다.
"세존이시여, 만약 모든 여래의 법신이 일체 모든 수행을 거듭함을 멀리 벗어나 수행을 거듭함이 없다면, 어떻게 마음 작용이 살아 일어날 수 있습니까?"

佛告曼殊室利菩薩曰 善男子 先所修習 方便般若 加行力故 有心生起 善男子 譬如正入無心睡眠 非於覺悟而作加行 由先所作加行勢力 而復覺悟 又如正在滅盡定中 非於起定而作加行 由先所作加行勢力 還從定起 如從睡眠及滅盡定 心更生起 如是 如來 由先修習 方便般若 加行力故 當知 復有心法生起

부처님께서 만수실리보살에게 말씀하셨다.

"선남자여, 먼저 수습한 방편반야³¹⁰의 가행의 힘으로 마음이 생기합니다. 선남자여, 비유하면 바로 무심의 수면에 들었다가 깨어날 때 가행을 짓지 않아도 앞서 지은 가행의 힘으로 다시 깨어나는 것과 같습니다. 또 바로 멸진정³¹¹ 가운데 있다가 선정에서 나올 때 가행을 짓지 않아도 앞

---

310 훌륭한 방법을 통해 중생의 근기에 따라 중생을 진리의 세계로 이끄는 지혜.

311 심(마음)과 심소(마음 작용)를 모두 멸한 선정.

서 지은 가행의 힘으로 다시 선정에서 나오는 것과 같습니다. 수견 및 멸진정에서 마음이 다시 생기합니다. 이와 같이 여래는 앞서 수습훈- 방편반야의 가행의 힘으로 다시 심법[312]이 생기함을 알아야 합니다."

> 부처님께서 만수실리보살에게 말씀하셨다.
> "선남자여, 앞서 중생을 제도하기 위해 수행하고 학습한 지혜를 거듭하여 수행한 힘 때문에 마음이 살아 일어납니다. 선남자여, 비유하면 바로 의식 없는 수면에 들었다가 깨어날 때 힘써 행위을 더 하지 않아도 앞서 계속한 행위의 힘으로 다시 깨어나는 것과 같습니다. 또 바로 멸진정 가운데 있다가 선정에서 나올 때 힘써 수행을 거듭하지 않아도 앞서 수행을 거듭한 힘으로 다시 선정에서 나오는 것과 같습니다. 그와 같이 수면 및 멸진정에서 마음이 다시 살아 일어납니다. 이와 같이 여래는 앞서 중생을 제도하기 위해 수행하고 학습한 지혜를 거듭하여 수행한 힘 때문에 다시 마음과 마음 작용이 살아 일어남을 알아야 합니다.

曼殊室利菩薩 復白佛言 世尊如來化身 當言有心爲無心耶

만수실리보살이 다시 부처님께 여쭈었다.
"세존이시여, 여래의 화신은 유심이라고 말해야 합니까? 무심이라고 말해야 합니까?"

---

[312] 유가유식불교의 5위100법 중 5위 중 첫번째인 심법으로 아뢰야식, 말나식, 6식을 말한다.

만수실리보살이 다시 부처님께 여쭈었다.

"세존이시여, 여래가 이 세상에 몸으로 나타나신 여래는 마음이 있다고 말해야 합니까? 마음이 없다고 말해야 합니까?"

佛告曼殊室利菩薩曰 善男子 非是有心 亦非無心 何以故 無自依心故 有依他心故

부처님께서 만수실리보살에게 말씀하셨다.

"선남자여, 유심도 아니고 역시 무심도 아닙니다. 왜냐하면 자의심[313]이 없기 때문이고 의타심[314]이 있기 때문입니다."

부처님께서 만수실리보살에게 말씀하셨다.

"선남자여, 마음이 있는 것도 아니고 또한 마음이 없는 것도 아닙니다. 왜냐하면 나라고 하는 마음이 없기 때문이고 중생을 구제하는 자비로운 마음이 있기 때문입니다."

---

313 나라고 하는 것에 의거한 마음.
314 중생을 구제하는 자비심.

曼殊室利菩薩 復白佛言 世尊 如來所行 如來境界 此之二種 有何差
別

만수실리보살이 다시 부처님께 여쭈었다.

"세존이시여, 여래의 소행과 여래의 경계, 이 두 가지는 어떤 차별이 있
습니까?"

만수실리보살이 다시 부처님께 여쭈었다.

"세존이시여, 여래가 머무는 영역과 여래가 대상으로 하는 세계, 이 두 가지
는 어떤 차별이 있습니까?"

佛告曼殊室利菩薩曰 善男子 如來所行 謂一切種 如來共有 不可思議
無量功德 衆所莊嚴 淸淨佛土 如來境界 謂一切種 五界差別 何等爲五
一者 有情界 二者 世界 三者 法界 四者 調伏界 五者 調伏方便界 如是
名爲二種差別

부처님께서 만수실리보살에게 말씀하셨다.

"선남자여, 여래의 소행이란 여래가 공유하는 일체 모든 종류의 불가사
의한 무량한 공덕들로 장엄한 청정한 불국토를 말합니다. 여래의 경계란
모든 종류에 대한 다섯 계로의 차별을 말합니다. 다섯 가지는 어떤 것들
인가? 첫째는 유정계이고, 둘째는 세계이며, 셋째는 법계이고, 넷째는 조

복계이며, 다섯째는 조복방편계입니다. 이와 같이 여래의 소행과 여래의 경계라는 두 가지의 차별을 말합니다."

부처님께서 만수실리보살에게 말씀하셨다.

"선남자여, 여래가 머무는 영역이란 여래가 함께하는 일체 모든 종류의 불가사의한 헤아릴 수 없는 공덕들로 장대하고 엄숙하게 이룩한 청정한 부처님의 세계를 말합니다. 여래가 대상으로 하는 세계는 일체 모든 종류를 다섯 영역으로 나누어 말합니다. 다섯 가지는 어떤 것들인가? 첫째는 번뇌에 물든 중생의 세계이고, 둘째는 중생들이 살아가는 세계이며, 셋째는 중생들이 생각하는 세계이고, 넷째는 중생들의 번뇌장과 소지장을 다스리는 세계이며, 다섯째는 중생들의 번뇌장과 소지장을 다스리는 방법의 세계입니다. 이렇게 여래가 머무는 영역과 여래가 대상으로 하는 세계, 두 가지로 나누어 말합니다."

曼殊室利菩薩 復白佛言 世尊 如來 成等正覺 轉正法輪 入大涅槃 如是三種 當知何相

만수실리보살이 다시 부처님께 여쭈었다.

"세존이시여, 여래께서는 등정각을 이루고, 정법륜을 굴리며, 대열반에 드셨습니다. 이러한 세 가지를 어떤 상이라고 알아야 합니까?"

만수실리보살이 다시 부처님께 여쭈었다.

"세존이시여, 여래께서 위없이 평등하고 바른 깨달음을 이루고, 바른 교법의 말씀을 설하며 전파하시고, 위대한 열반에 드셨습니다. 이러한 세 가지를 어떤 모습이라고 알아야 합니까?"

佛告曼殊室利菩薩曰 善男子 當知 此三 皆無二相 謂非成等正覺 非不成等正覺 非轉正法輪 非不轉正法輪 非入大涅槃 非不入大涅槃 何以故 如來法身 究竟淨故 如來化身 常示現故

부처님께서 만수실리보살에게 말씀하셨다.

"선남자여, 이 세 가지는 모두 둘이 없는 상임을 알아야 합니다. 등정각을 이룬 것도 아니고 등정각을 이루지 않은 것도 아닙니다. 정법륜을 굴린 것도 아니고 정법륜을 굴리지 않은 것도 아닙니다. 대열반에 들어가신 것도 아니고 대열반에 들어가시지 않은 것도 아닙니다. 왜냐하면 여래의 법신은 궁극으로 청정하기 때문이고, 여래의 화신은 항상 나타내 보이기 때문입니다."

부처님께서 만수실리보살에게 말씀하셨다.

"선남자여, 이 세 가지는 하시고 안 하시고 하는 분별이 없는 모습임을 알아야 합니다. 위없이 평등하고 바른 깨달음을 이룬 것도 아니고, 위없이 평등하고 바른 깨달음을 이루지 않은 것도 아닙니다. 바른 교법의 말씀을 설하여 전파하신 것도 아니고 바른 교법의 말씀을 설하여 전파하시지 않은 것도 아닙니다. 위대한 열반에 들어가신 것도 아니고, 위대한 열반에 들어가시지 않은 것도 아닙니다. 왜냐하면 여래의 법신은 궁극적으로 청정하기 때문이고, 여래의 화신은

曼殊室利菩薩 復白佛言 世尊 諸有情類 但於化身 見聞奉事 生諸功德 如來 於彼 有何因緣

만수실리보살이 다시 부처님께 여쭈었다.

"세존이시여, 모든 유정의 무리는 다만 화신만 보고 듣고 받들어 섬기면서 모든 공덕을 일으킵니다. 여래는 그 화신에 대해 어떤 인연이 있습니까?"

만수실리보살이 다시 부처님께 여쭈었다.
"세존이시여, 모든 유정의 무리는 다만 몸으로 나타나신 여래에 대해서만 보고 듣고 받들어 섬기면서 모든 공덕을 일으킵니다. 여래의 법신은 여래의 화신에 대해 어떤 인연이 있습니까?"

佛告曼殊室利菩薩曰 善男子 如來 是彼增上所緣之因緣故 又彼化身 是如來力所住持故

부처님께서 만수실리보살에게 말씀하셨다.

"선남자여, 여래는 그 화신의 증상연과 소연의 인연[315]이기 때문이고, 또 그 화신은 여래의 힘이 주지하기 때문입니다."

부처님께서 만수실리보살에게 말씀하셨다.

"선남자여, 여래의 법신인 진여 법성은 여래의 화신이 나타하는 데에 힘이 되는 인연과 여래의 화신이라는 몸[인식 대상]을 일으키는 인연이기 때쿤이고, 또 그 여래의 화신은 여래의 법신인 진여 법성의 힘으로 머물고 유지되기 때문입니다."

曼殊室利菩薩 復白佛言 世尊 等無加行 何因緣故 如來法身 爲諸有情 放大智光 及出無量化身影像 聲聞 獨覺 解脫之身 無如是事

만수실리보살이 다시 부처님께 여쭈었다.

"세존이시여, 똑같이 가행이 없는데, 무슨 인연으로 여래의 법신은 모든 유정을 위해서 큰 지혜의 빛을 내고 무량한 화신의 영상을 드러내는데, 성문·독각의 해탈신은 이러한 일이 없습니까?"

---

315 안식을 예로 들면 안식의 인연은 안근이다. 소연연은 안식과의 관계에서 일체석으로 곧 물질적인 대상을 가리킨다. 왜냐하면 6경은 식과 경의 관계에서 인식대상(소연)으로 불리고 색경은 안식이 생기하는 조건(연)이 되기에 소연연이라 한다. 증상연은 안식(6스) 자체를 제외한 일체법으로 6근과 6경을 합친 것을 말한다.

佛告曼殊室利菩薩曰 善男子 譬如 無等加行 從日月輪 水火 二種頗胝迦寶 放大光明 非餘水火頗胝迦寶 謂大威德 有情 所住持故 諸有情業 增上力故 又如從彼善工業者之所雕飾 末尼寶珠 出印文像 不從所餘不雕飾者 如是緣於無量法界 方便般若 極善修習 磨瑩集成 如來法身 從是能放大智光明 及出種種化身影像 非唯從彼解脫之身有如斯事

부처님께서 만수실리보살에게 말씀하셨다.

"선남자여, 비유하면 똑같이 가행이 없는데, 해·달에서 나온 물과 불의 두 가지 파지가보*는 큰 광명을 발하지만 그 나머지 물과 불의 파지가보는 그렇지 못한 것과 같습니다. 큰 위덕을 지닌 유정에 의해 주지되기 때문이고, 모든 유정의 업의 증상력 때문입니다. 또 저 능숙한 장인(匠人)이 조각한 마니보주*에서는 무늬의 모습이 새겨져 나타나지만, 그 나머지 무늬가 새겨지지 않은 것에서는 나타나지 않는 것과 같습니다. 이와 같이 무량한 법계를 소연으로 하는 방편반야로 지극히 잘 수습하고 연마하여 집성한 여래의 법신은 이로부터 큰 지혜의 광명을 내고 온갖 화신의 영상을 드러내지만, 저들 해탈신에게는 이와 같은 일이 일어나지 않습니다."

부처님께서 만수실리보살에게 말씀하셨다.

"선남자여, 비유하면 똑같이 수행을 거듭하지 않는데도, 해·달에서 나온 물과 불의 두 가지 파지가보[316]는 큰 광명을 발하지만, 그 나머지 물과 불의 파지가보는 그렇지 못한 것과 같습니다. 큰 위대한 공덕을 지닌 유정이 머물러 지니기 때문이고, 모든 유정이 함께한 노력이 이끌어낸 높은 힘 때문입니다. 또 저 능숙한 장인(匠人)이 조각한 마니보주[317]에서는 무늬의 모습들이 새겨져 나타나지만, 그 나머지 무늬들이 새겨지지 않은 것에서는 나타나지 않는 것과 같습니다. 이와 같이 헤아릴 수 없는 법계를 대상으로 하는 중생을 구제하는 훌륭한 방편을 갖춘 지혜를 통해 매우 훌륭하게 수행하고 학습하며 갈고닦아서 모두 모아 이룬 여래의 법신은 이로부터 큰 지혜의 광명을 내고 온갖 화신의 모습을 나타내지만, 저들 해탈신에게는 이러한 일이 일어나지 않습니다."

曼殊室利菩薩 復白佛言 世尊 如世尊說 如來菩薩 威德住持 令諸衆生 於欲界中 生刹帝利 婆羅門等 大富貴家人 身財寶 無不圓滿 或欲界天 色無色界 一切身財 圓滿可得 世尊 此中有何密意

만수실리보살이 다시 부처님께 여쭈었다.

"세존이시여, 세존께서는 '여래와 보살이 주지하는 위덕은 모든 중생이 욕계 가운데서 크샤트리아·바라문 등의 대부호의 집안에 태어나 몸과 재보가 원만하지 않음이 없도록 하거나 혹은 욕계천이나 색계·무색계 등에서 일체 몸과 재보를 원만하게 득하게 할 수 있다'라고 했습니다. 세존이

---

316 투명한 보배 구슬로 수정(水晶).

317 뜻대로 보물을 가져다 주는 구슬.

시여, 이 가운데 어떤 밀의가 있습니까?"

만수실리보살이 다시 부처님께 여쭈었다.

"세존이시여, 세존께서는 '여래와 보살이 머물고 지니는 위대한 공덕은 모든 중생이 욕계 가운데서 크샤트리아·바라문 등의 대부호의 집안에 태어나 몸과 재산과 보물이 원만하지 않음이 없도록 하거나 혹은 욕계천이나 색계·무색계 등에서 일체 모든 몸과 재산과 보물이 원만하게 할 수 있다'라고 했습니다. 세존이시여, 이 가운데 어떤 비밀스러운 뜻이 있습니까?"

佛告曼殊室利菩薩曰 善男子 如來菩薩 威德住持 若道 若行 於一切處
能令衆生 獲得身財皆圓滿者 卽隨所應 爲彼宣說此道此行 若有能於此
道此行正修行者 於一切處 所獲身財 無不圓滿 若有衆生 於此道行 違
背輕毀 又於我所 起損惱心及瞋恚心 命終已後 於一切處 所得身財 無
不下劣 曼殊室利 由是因緣 當知 如來及諸菩薩 威德住持 非但能令身
財圓滿 如來菩薩 住持威德 亦令衆生身財下劣

부처님이 만수실리보살에게 말씀하셨다.

"선남자여, 여래와 보살이 주지하는 위덕으로써, 도(道)나 행이나 일체처에서 중생들이 몸과 재산을 모두 원만하게 획득하도록 할 수 있습니다. 곧 상응하는 바에 따라 그들을 위해 이러한 도와 이러한 행을 선설한 것입니다. 만약 이러한 도와 이러한 행을 바르게 수행할 수 있는 자가 있다면 일체 처에서 획득한 몸와 재산이 원만하지 않음이 없을 것입니다. 만약 어떤 중생이 이러한 도와 행을 위배하고 가벼이 훼손하며 또한 내가 설한 것[我所]에 대해 헐뜯거나 성내는 마음을 일으키면, 명이 끝난 후 일체 처에서 획득한 몸과 재산이 하열하지 않음이 없을 것입니다. 만수실리여, 이런 인연으로 말미암아 여래와 모든 보살이 주지하는 위덕은 다만 몸과 재산을 원만하게 할 수 있을 뿐만 아니라, 여래와 보살이 주지하는 위덕은 또한 중생의 몸과 재산을 하열하게 함을 알아야 합니다."

부처님이 만수실리보살에게 말씀하셨다.

"선남자여, 여래와 보살이 머물러 지니는 위대한 공덕으로써, 깨달음에 이르는 도(道)나 행이나 일체 모든 자리에서 중생들이 몸과 재산을 모두 원만하게 얻도록 할 수 있습니다. 곧 중생들이 응하는 바에 따라 그들을 위해서 이러한 도와 이러한 행을 밝혀 설하는 것입니다. 만약 이러한 도와 이러한 행을 바르게 수행할 수 있는 자라면 일체 모든 자리에서 얻은 몸과 재물이 원만하지 않음이 없을 것입니다. 만약 어떤 중생이 이러한 도와 행을 어기고 가벼이 훼손하며, 또 내가 설한 것에 대해 헐뜯거나 성내는 마음을 일으키면, 목숨이 끝난 후 일체 자리에서 얻은 몸과 재산이 형편없을 것입니다. 만수실리여, 이런 인연으로 말미암아 여래와 모든 보살이 머물러 지니는 높은 공덕은 단지 몸과 재산을 원만하게 할 수 있을 뿐 아니라 여래와 보살이 머물러 지니는 높은 공덕은 또한 중생의 몸과 재산을 형편없게 할 수 있음도 알아야 합니다."

曼殊室利菩薩 復白佛言 世尊 諸穢土中 何事 易得 何事 難得 諸淨土中 何事 易得 何事 難得

만수실리보살이 다시 부처님께 여쭈었다.

"세존이시여, 모든 예토 가운데서 어떤 일이 득하기 쉽고 어떤 일이 득하기 어렵습니까? 모든 정토[318] 가운데서 어떤 일이 득하기 쉽고 어떤 일이 득하기 어렵습니까?"

> 만수실리보살이 다시 부처님께 여쭈었다.
> "세존이시여, 모든 청정하지 못한 중생의 세계 가운데서 어떤 일이 얻기 쉽고 어떤 일이 얻기 어렵습니까? 모든 부처님의 세계 가운데서 어떤 일이 얻기 쉽고 어떤 일이 얻기 어렵습니까?"

佛告曼殊室利菩薩曰 善男子 諸穢土中 八事易得 二事難得

부처님께서 만수실리보살에게 말씀하셨다.

"선남자여, 모든 예토 가운데서 여덟 가지의 일은 득하기 쉽고 두 가지 일은 득하기 어렵습니다.

---

[318] 정토는 청정한 부처의 세계로 아미타불이 주재하는 서방극락정토, 약사여래불이 주재하는 동방유리광정토, 미륵불이 주재하는 도솔천, 비로자나불이 주재하는 연화장세계 등을 말하고, 예토는 청정하지 못한 중생의 현실 세계를 말한다.

부처님께서 만수실리보살에게 말씀하셨다.

"선남자여, 모든 청정하지 못한 중생의 세계 가운데서 여덟 가지의 일은 얻기 쉽고 두 가지 일은 얻기 어렵습니다.

何等 名爲八事易得

어떤 것들을 여덟 가지의 득하기 쉬운 일이라고 합니까?

어떤 것들이 여덟 가지의 얻기 쉬운 일이라고 합니까?

一者 外道 二者 有苦衆生 三者 種姓家世 興衰差別 四者 行諸惡行 五者 毁犯尸羅 六者 惡趣 七者 下乘 八者 下劣意樂 加行 菩薩

첫째는 외도입니다. 둘째는 괴로워하는 중생입니다. 셋째는 종성과 가세(家世)의 흥성하고 쇠퇴함의 차별입니다. 넷째는 모든 악행을 행하는 것입니다. 다섯째는 계율을 훼손하고 범하는 일입니다. 여섯째는 악취입니다. 일곱째는 하승한 교법입니다. 여덟째는 하열한 의요로 가행하는 보살입니다.

첫째는 도를 벗어나는 것입니다. 둘째는 괴로워하는 중생입니다. 셋째는 가문과 집안이 흥성하고 쇠퇴함의 차별입니다. 넷째는 온갖 악행을 행하는 것입니다. 다섯째는 계율을 어지럽히고 범하는 일입니다. 여섯째는 미혹된 세계로 나아가는 것입니다. 일곱째는 수준 낮은 교법입니다. 여덟째는 수준 낮은 이해와 판단력으로 수행을 거듭하는 보살입니다.

何等 名爲二事難得

어떤 것들을 두 가지의 득하기 어려운 일이라고 합니까?

어떤 것들을 두 가지의 얻기 어려운 일이라고 합니까?

一者 增上意樂 加行 菩薩之所遊集 二者 如來 出現于世

첫째는 증상의요로 가행하는 보살들이 유행하며 집회하는 일입니다. 둘째는 여래가 세상에 출현하는 일입니다.

첫째는 높은 이해와 판단력으로 수행을 거듭하는 보살들이 유행하며 집회하는 일입니다. 둘째는 여래가 세상에 출현하는 일입니다.

曼殊室利 諸淨土中 與上相違 當知 八事甚爲難得 二事易得

　만수실리여, 모든 정토에서는 이상에서 말한 것과 상반됩니다. 여덟 가지는 득하기 어렵고 두 가지는 득하기 쉬움을 알아야 합니다."

　만수실리여, 모든 정토에서는 이상에서 말한 것과 서로 반대됩니다. 여덟 가지는 얻기 어렵고 두 가지는 얻기 쉬움을 알아야 합니다."

爾時 曼殊室利菩薩 復白佛言 世尊 於此解深密法門中 此名何敎 我當云何奉持

　이때 만수실리보살이 부처님께 여쭈었다.
　"세존이시여, 이 해심밀의법문에 대해서 이를 무슨 가르침이라고 이름하고, 우리는 어떻게 받들어 지녀야 합니까?"

　이때 만수실리보살이 부처님께 여쭈었다.
　"세존이시여, 이 '비밀스러운 법을 풀어 설한 교법'에 대해서 이를 무슨 가르침이라고 이름하고, 우리는 어떻게 받들어 지녀야 합니까?"

佛告曼殊室利菩薩曰 善男子 此名如來成所作事了義之敎 於此如來成
所作事了義之敎 汝當奉持

부처님께서 만수실리보살에게 말씀하셨다.

"선남자여, 이를 '여래성소작사요의지교'라고 이름하니, 이와 같은 여래
성소작사요의지교를 그대들은 봉지해야 합니다."

> 부처님께서 만수실리보살에게 말씀하셨다.
> "선남자여, 이를 '여래가 지어서 완성한 일에 관한 요의의 가르침'이라고 이
> 름하니, 이와 같은 '여래가 지어서 완성한 일에 관한 요의의 가르침'을 그대들
> 은 받들어 지녀야 합니다."

說是如來成所作事了義敎時 於大會中 有七十五千菩薩摩訶薩 皆得圓
滿法身證覺

여래성소작사요의지교를 설하셨을 때 대중 가운데 칠만 오천의 보살들
이 모두 원만법신의 증각을 득하였다.

> '여래가 지어서 완성한 일에 관한 요의의 가르침'을 설하셨을 때 대중들 가
> 운데 칠만 오천의 보살들이 모두 원만한 법신의 진리를 깨우쳐 터득하였다.

옮긴이 후기

　20년 전쯤 《해심밀경》을 만났습니다. 역사를 전공하고 고등학교에서 역사를 가르치며 나름 폭넓은 독서 활동을 하던 중 불교를 만나게 되었습니다. 우리는 누구나 살아가면서 즐거움과 기쁨 뒤에 더한 괴로움과 슬픔을 만납니다. 즐거움과 기쁨은 누군가와 함께 오지만 괴로움과 슬픔은 개별적인 자기만의 것으로 다가옵니다. 역사는 세상의 모든 일들은 개인적인 것으로 환원되지 않고 시간의 흐름 가운데 사회적 관계망이 엮어내는 역사적 실존으로 귀결된다고 말합니다. 이러한 역사적 관점은 인간이 문명적 사유를 통해 이룩한 훌륭한 성과이기도 합니다. 인류는 지금도 끊임없이 발전하고 진화하고 있다고 말합니다. AI시대를 이야기하는 요즘 세상을 보면 인류가 앞으로 이루어낼 성과가 어떠할지 가늠하기 어려울 정도입니다.

　하지만 역사는 변화무쌍한 세상의 일을 이야기합니다. 불교는 역사적 관점과는 전혀 다른 사유 방식으로 세상의 일(=세속제)를 설합니다. 세속제를 안고 가는 저편의 궁극적인 진리(=승의제)를 설합니다. 초기경전《니까야》에서부터 많은 대승 경전을 접하고 읽었습니다. 처음에는 깊이 공부하고자 한 것이 아니라 교양 수준의 가벼운 경전 읽기로 시작했지만, 점차 철학적 이론서를 접하는 자세로 읽게 되었습니다. 저의 경우는 흔히 말하는 종교적 믿음으로 불교 경전을 읽은 것이 아니라 역사 속의 불교를 이해하기 위한 수단으로 읽기 시작했습니다. 일부의 대승 경전은 저의 취향과 맞지 않아서 참 읽어내기 쉽지 않았습니다. 그러던 중 대승 경전의 하나인 《해심밀경》을 만났습니다. 《해심밀경》을 처음 접했을 때는 취향 때문이 아니라 내용이 너무 어려워 읽어내기 힘들었습니다. 그래서 한참 동안 손을 놓고 있었습니다. 그러다 유가유식불교와 관련된 책과 자료들을 접하면서 다시 《해심밀경》을 본격적으로 읽을 수 있게 되었습니다. 그리고 원측의 《해심밀경소》(백진순 옮김/동국대학교출판부)를 통해서 나름 좀 더 치밀하고 자세하게 해득할 수 있었습니다.

옮긴이라고 하기에는 부끄럽게도 한문 실력이 거의 무학 수준일 뿐만 아니라, 불교를 체계적으로 공부해 본 적도 없습니다. 그러나 용기를 내어 《해심밀경》을 우리말로 옮겨 보았습니다. 그것은 먼저 저 스스로 《해심밀경》을 제대로 해득하기 위한 목적이었습니다. 한문과 불교학에 대한 기초가 부족한 저로서는 그 과정은 참으로 쉽지 않았습니다. 그럼에도 관련 자료를 읽고 참조하며 수십 번을 반복해서 읽는 과정에서 조금씩 유가유식불교의 과학적이고 체계적인 교설 내용을 이해할 수 있었습니다. 그런 점에서 불경을 우리말로 옮기는 일은 끊임없는 공부와 사유로 조금씩 조금씩 나아가는 수행의 길일지도 모르겠습니다. 그리고 온 존재로 진리를 추구했을 유가사의 진지한 삶을 조금이나마 엿볼 수 있었습니다. 부족한 점이 많은 《해심밀경》 번역서입니다. 그래도 이 책을 읽으시는 분들이 《해심밀경》이 설하는 깊은 지혜의 말씀을 이해하는 데에 조금이라도 도움이 되기를 바라는 마음입니다.

1400년 전 무렵 온갖 어려움을 겪으며 타클라마칸 사막을 지나 히말라야를 넘어 인도로 가 17년간의 구법 기행을 마치고 돌아와 수많은 경전들을 한문으로 옮긴 삼장법사 현장 스님. 이 《해심밀경》도 그중 하나입니다. 현장 스님께 닿지 못하겠지만 그저 무한한 존경의 마음을 표합니다.

그리고 제가 처음 접했던 《해심밀경》(묘주역/민족사)을 우리말로 옮기신 묘주 스님과 방대한 분량의 원측의 《해심밀경소》(백진순 옮김/동국대학교출판부)를 우리말로 옮기신 백진순님께 감사드립니다.